용수의 중관논리의 기원

김 성 철

도서출판
오타쿠

김성철金星喆

법명은 도남圖南. 1957년생. 서울대학교 치과대학을 졸업한 후, 동국대학교 대학원에서 인도불교를 전공하여 박사학위를 취득하였다(1997년). 현재 동국대 경주캠퍼스 불교학부 교수, 불교사회문화연구원장, 사단법인 한국불교학회 회장이다. 동국대 경주캠퍼스 불교문화대학장, 불교문화대학원장, 티벳장경연구소장과 ≪불교평론≫ 편집위원장을 역임하였다. 10여 권의 저·역서와 80여 편의 논문이 있으며, 저서 가운데 ≪원효의 판비량론 기초 연구≫ 등 3권이 대한민국학술원 우수학술도서로 선정되었고, ≪승랑 - 그 생애와 사상의 분석적 탐구≫는 한국연구재단 10년 대표 연구 성과로 선정된 바 있다. 제6회 가산학술상(가산불교문화연구원, 1996), 제19회 불이상(불이회, 2004), 제1회 올해의 논문상(불교평론, 2007), 제6회 청송학술상(청송장학회, 2012)을 수상하였다. '김성철 체계불학' 스마트폰 앱(Google Play)이 있으며 '김성철 교수의 체계불학' 카페(www.kimsch.net)를 운영하고 있다.

용수의 중관논리의 기원

발행일 2019년 5월4일 　　 펴낸곳 도서출판 오타쿠
지은이 김성철 　　 펴낸이 김용범
www.otakubook.org 　　 otakubook@naver.com
주소 (우)04374 서울특별시 용산구 이촌로 18길 21-6 이촌상가 2층 203호
전화번호 02-6339-5050
출판등록 2018.11.1
등록번호 2018-000093
ISBN 979-11-965849-7-9 [93220]

가격 25,000원 　　 [eBook(가격: 9,000원)으로도 판매합니다]

이 도서의 국립중앙도서관 출판예정도서목록(CIP)은 서지정보유통지원시스템 홈페이지(http://seoji.nl.go.kr)와 국가자료종합목록시스템(http://www.nl.go.kr/kolisnet)에서 이용하실 수 있습니다. (CIP 제어번호 : CIP2019016690)

※ 이 책에는 네이버 글꼴이 적용되어 있습니다.

책머리에

이 책은 1997년 2월 동국대학교 대학원에서 취득했던 나의 박사학위논문이다. 학위논문의 부록으로 실었던 고대 인도의 3종 논리서(『짜라까상히따』, 『니야야수뜨라』, 『방편심론』) 번역문은 제외했고, 가독성을 높이기 위해서 한자표기를 대폭 줄인 것 외에 구성이나 내용면에서 수정한 것은 거의 없다. 동국대학교 도서관에 비치하였기에 별도의 책으로 발간할 생각을 하지 않았다. 일단 세상에 선을 보인 글을 다시 새롭게 꾸며서 출간한다는 일이 썩 좋아 보이지 않았기 때문이었다. 그러나 이러한 과도한 결벽증이 후학 양성이나 학문의 발전을 오히려 저해할 수도 있겠다는 생각이 들었다. 뒤늦게나마 학위논문을 새롭게 편집하여 단행본으로 발간하게 된 이유다.

지금 돌이켜 보면 참으로 치열하게 공부하고 탐구하여 완성한 학위논문이었다. 치과 개원의로서 1987년 동국대학교 대학원 인도철학과 석사과정에 입학한 이후 박사과정을 마칠 때까지 마치 주경야독과 같이 환자진료와 대학원수업을 병행하면서 생활하였다. 내 병원을 찾았다가 그냥 돌아갔을 환자에게는 미안한 일이지만, 박사과정을 마칠 때까지 대학원 수업을 빠진 일이 거의 없었다. 치과에 출근하면 오전 시간은 대개 공부에 할애하였고 환자진료는 주로 오후에 했다. 오전에 신환이 오면 간단한 응급처치를 마친 후 다음 약속은 반드시 오후로 잡았다.

대학원에 들어가기 전이긴 하지만, 개업 초에는 공부와 진료를 병행하는 것이 쉽지 않았다. 환자를 치료한 후 원장실에 들어와 책을 펼쳐도 진료하던 기운이 잦아들지 않아서 책의 내용이 머리에 들어오지 않았다. 그러나 집요하게 노력을 하다 보니 진료를 하면서도 전문적인 공부가 가능해졌다. 책을 보다가 환자가 오면 읽고 있던 문장에 '자[尺]'를 올려놓고서 진료를 시작한다. 치료를 위해 구강 내의 적절한 신경에 국소마취를 하고서 원장실로 들어와서 조금 전에 '자'를 올려놓았던 곳부터 다시 읽기 시작한다. 그러다가 마취약이 효과를 발휘할 때쯤 되면, 읽고 있던 문장에 다시 '자'를 올려놓은 후 손을 씻고서 진료를 시작한다. 진료가 끝나면 다시 손을 씻고서 원장실로 들어와 '자'로 표시한 부분부터 다시 읽는다. 하루에도 수십 번씩 이런 과정을 되풀이하면서 공부를 하다 보니 1년 정도 지나서는 환자 진료와 공부를 병행하는 일이 가능해졌다. 그 당시 나의 소원 가운데 하나가 "단 하루라도 좋으니까 중단 없이 공부할 수 있었으면 좋겠다."는 것이었다. 참으로 지난(至難)한 날들이었다.

나의 박사학위논문 역시 이런 역경 속에서 완성되었다. 진료 틈틈이 작문한 서너 줄의 문장으로 이루어진 수천 마디의 글줄이 모여서 한 권의 책이 된 것이었다. 아니 학위논문뿐만 아니라, 1999년 7월 치과 문을 내릴 때까지 내가 만들었던 모든 책과 논문들이 이런 방식으로 저술되었다. 『중론』(1993), 『불교의 중심철학』(1995), 『회쟁론』(1999), 『백론·십이문론』(1999) 등의 번역서와 『회쟁론 범문·장문 문법해설집』(1999)이 그런 책들이다.

『중론』 제2장 「관거래품」을 분석하여 「Nāgārjuna의 운동부정론」이라는 제목의 논문으로 석사학위를 받은 이후, 계속 중관학 공부에 집중했는데, 그 당시 『중론』을 읽을 때마다 항상 떠오르는 의문이 있었다. 하나는 용수가 구사하는 논법의 유래였고, 다른 하나는 그 논법의 유형이었다. 『중론』에서는 초기불전이나 아비달마논서에서 볼 수 없는 독특한 논법이 구사되는데, 그 기원이 어디에 있는지 궁금했다. 예를 들면 "만일 가는 자가 간다면 감이 둘이 있게 된다. 첫째는 가는 자의 감이고 둘째는 가는 작용의 감이다[중론, 2-10].”라는 게송이나 “만일 연료로 인해 불이 존재한다면 불이 성립되고 나서 다시 성립되는 꼴이다. …[중론, 10-9 전반)”와 같은 게송은 그 비판 대상은 다르지만 그 논파 방식이 유사했고, 이들 게송에서 사용된 ‘감이 둘이 있게 된다.’거나 ‘불이 성립되고 나서 다시 성립되는 꼴이 된다.’와 같이 의미의 중복을 지적하는 독특한 논리의 유래가 궁금했다.

중관논리의 독특한 논파 방식을 유형별로 분류하고 그 유래를 찾아내겠다는 과제를 안고서 공부하던 중 카지야마유이치(梶山雄一)의 논문을 읽다가, 『방편심론(方便心論)』이나 『니야야수뜨라(Nyāya Sūtra)』에 등장하는 상응(相應) 또는 자띠(jāti)에서 중관논리의 기원을 찾을 수 있다는 점을 알게 되었다. 카지야마의 논지를 면밀히 검토하다가 중관논리의 기원에 대한 연구가 그 규모와 심도 면에서 박사학위논문으로서 어울릴 것 같았다. 먼저 『니야야수뜨라』 제5장에서 소개하는 24가지 자띠논법과 『방편심론』 제4장에 실린 20가지 상응논법의 의미에 대해 여러 주석서와 연구서를 참조하면서 정리하였다. 이는 이 책 제Ⅱ장에 정리되어 있다.

그다음의 과제는 『중론』 게송의 유형을 찾아내는 일이었다. 『중론』 청목소는 총 455수의 게송으로 이루어져 있는데, 1993년 출간했던 『중론』 원고에서 게송만 추출하여 100여 장의 문서로 출력한 후, 다시 게송 하나하나를 오려서 총 455장의 ‘게송 카드’를 만들었다. 그리고 거의 매일 일정 시간을 할애하여 게송 카드를 숙독하면서 유사한 패턴의 게송들을 추리기 시작하였다. 『중론』의 게송들은 그 성격상 ‘선언적 게송들’, ‘비유적 게송들’ 그리고 ‘논리적 게송들’의 3가지로 분류할 수 있다. 이 가운데 중관학의 특성을 찾을 수 있는 것이 ‘논리적 게송들’인데 이 게송들만 추려서 다시 읽으면서 논파 방식이 유사한 게송들끼리 모았다. 논리적 게송이 적힌 카드들을 모두 방바닥에 펼쳐 놓고서 분류작업을 시작하였다. 처음에는 15가지 정도의 논파 패턴이 보였는데 읽고 또 읽다 보니 패턴의 가짓수가 점차 줄어들었고, 6개월 정도 지나자 중관논리의 윤곽이 드러났다. 지금은 당연한 얘기이겠지만, 중관논리의 핵심은 4구비판의 논리에 있다는 점을 알게 되었던 것이다. 이 책 제V장의 제1절 '『중론』의 논리 구조'가 바로 이런 과정을 거쳐서 작성되었다.

그 후 나는 '4구비판의 논리'를 핵심으로 삼아서 중관학과 관계된 논문이나 책을 쓰거나 강의를 하였다. 이 책에서는 4구 가운데 제1구가 범하는 오류를 '내포의 오류', 제2구가 범하는 오류를 '배제의 오류'라고 명명하였는데, 학위 취득 후 수정과 보완을 거듭하다가, 어느 시점부터 나는 사구 각각이 범하는 오류를 차례대로 '①의미중복의 오류, ②사실위배의 오류, ③상호모순의 오류, ④언어유희의 오류'라고 부르고 있다. 이런 명명은 일본이든 구미든 세계 어느 곳의 중관학 연구자도 시도하거나 사용한 적이 없는 나만의 고안이었다.

그런데 수년 전 탄허(呑虛, 1913-1983) 스님 관련 논문을 쓰기 위해서 스님의 어록을 읽다가 증익방(增益謗), 손감방(損減謗), 상위방(相違謗), 희론방(戲論謗)이라는 단어가 눈에 번쩍 띄었다. 유(有), 무(無), 역유역무(亦有亦無), 비유비무(非有非無)의 4구의 문제점을 설명하는 용어였다. 유라고 하면 실재보다 '덧붙이고 늘이는 비방'이 되고, 무라고 하면 실재보다 '덜어내고 줄이는 비방'이 되며, 역유역무라고 하면 '모순을 병치하는 비방'이 되고, 비유비무라고 하면 '장난으로 논란하는 비방'이 된다. 내가 명명했던 ①의미중복의 오류는 증익방이며, ②사실위배의 오류는 손감방, ③상호모순의 오류는 상위방이고, ④언어유희의 오류는 희론방에 다름 아니었다. 나는 즉시 대장경 검색 프로그램인 CBETA를 열어 그 용어의 유래를 알아보았다. 세친의 『섭대승론석』이나 호법의 『대승광백론석론』에서 유, 무, 역유역무, 비유비무를 예로 들면서 차례대로 증익방, 손감방, 상위방, 희론방으로 명명하고 있었다. 그간 불전을 읽으면서 이런 용어를 간과한 것에 대해 자괴감이 들기도 했지만, 다른 한편으로는 박사학위 논문을 쓰기 위해서 근 6개월에 걸쳐서 『중론』 게송들을 분석한 후 도출한 결론이 세친이나 호법과 같은 옛 논사들의 통찰과 일치한다는 점에서 흐뭇하기도 했다.

박사학위논문을 완성하고서 어느새 만 22년의 세월이 흘렀다. 위에서 설명했듯이, 사구 각각이 범하는 오류를 표현하기 위해서 전통적으로 증익, 손감, 상위, 희론이라는 술어(術語, technical term)를 사용했다는 점을 알게 된 것 외에는 '중관논리의 기원이나 유형'과 관련된 연구에서 새롭게 알게 된 것은 없다. 따라서 이 책은 중관논리의 기원을 구명(究明)한 연구서로서 독립적인 위상과 가치를 지닐 것이다.

초기불교나 선불교, 유식학이나 화엄학 등 불교학의 다른 분야와 비교할 때, 중관학 연구자의 수는 아직 많이 부족하다. 이 책의 단행본 출간으로 인해 우리 불교학계에서 중관학 연구가 활성화되고 중관학 연구자의 저변이 보다 넓어지기 바란다.

2019년 4월15일
경주 남산南山이 보이는 연구실에서
도남圖南 김성철金星喆 합장合掌

차 례

서론

1. 문제의 제기

'대승불교의 아버지'라고 불리는 용수(龍樹, Nāgārjuna: 150-250경)의 공 사상은 『중론(中論, Mādhyamika-śāstra)』, 『육십송여리론(六十頌如理論, Yukti-ṣaṣtikā)』, 『공칠십론(空七十論, Śūnyatā-saptati)』, 『회쟁론(廻諍論, Vigraha-vyāvartanī)』, 『광파론(廣破論, Vaidalya-Prakaraṇa)』등의 오여리론(五如理論)에 적극적으로 천명되어 있다.[1] 서구의 동양학 연구자들에 의해 문헌학과 합리주의에 토대를 둔

1) 흔히, 중관적 반야 공 사상이 용수의 사상을 대표한다고 하지만, 『대지도론』이나 『십주비바사론』등의 논서를 보게 되면, 용수가 반야 이외에도 정토, 화엄, 밀교등 다양한 대승불교사상을 갖고 있었음이 확인된다. 이로 인해 용수는 후학들에 의해 팔종의 조사라고 불렸다. 한편, 『보행왕정론』이나 『권계왕송』, 『인연심론송』등에서도, 비단 中觀的 공 사상뿐만 아니라 아비달마적인 세계관이나 修行觀을 力說하고 있는 모습이 발견된다. 따라서, 용수 개인은 중관적 공 사상 이외에 대·소승의 다양한 교설이 융합된 세계관과 인생관을 갖고 있었다고 볼 수 있다. 용수 사상 전체를 조망하기 위해서는 비단 중관적 空 思想뿐만 아니라 龍樹의 논서에 등장하는 대·소승 사상 모두를 그 대상으로 삼아야 할 것이다. 따라서 본 논문에서 다루고 있는 주제인 중관논리는 용수 개인의 사상 전체 중 극히 일부분에 불과하다. 용수는 중관적 공 사상을 통해 여래, 수행, 속박, 해탈, 업과 四諦가 모두 空하다고 논증하지만, 실천적으로는 붓다에 대해 찬탄을 바치기도 하였으며(『四讚歌』), 세속적인 수행의 중요성을 역설하기도 하였다(『寶行王正論』, 『勸戒王頌』). 다시 말해 철학적으로 모든 것을 해체하는 중관적 공 사상의 바탕에는, 용수의 뜨거운 종교적인 열정이 깔려 있었다. 비단, 불교뿐만 아니라 인도 문명 전체에서는 철학과 종교는 상호대립이 아니라 상호조화의 입장에 선다(金善根, 간디의 종교관 연구, 인도학인도철학 창간 제1집, 민족사, 1989, p.115.). 이는, 『중론』 전체가 서두의 歸敬偈(第1 觀因緣品)와 말미의 歸敬頌(第27 觀邪見品)으로 포장되어 있다는 점에서도 확인된다. 그런데, 본 논문의 소재는 용수의 사상 전체 중 순수 철학적인 면, 그 중에서도 '철학'을 해체시키는 철학인 '공의 철학'에 국한되기

근대적 의미의 불교학이 시작된 이래, 이러한 논서들에 나타나 있는 중관사상의 기원을 규명해 보려는 노력은 다양한 각도에서 시도되어 왔다. 이들의 학술적 성과를 간략히 요약 정리하면 다음과 같다.

첫째, 용수의 공 사상은 그의 대표적인 저술인 『중론』에 집약되어 있는데 이는 『반야경』등 초기 대승 경전에 그 연원을 둔다고 보는 것이 전통적 해석이며 대부분의 현대 학자들 역시 이에 대해 동의하고 있다.[2] 『중론』 서두에 실린 귀경게는 불생역불멸(不生亦不滅) 불상역부단(不常亦不斷) 불일역불이(不一亦不異) 불래역불출(不來亦不出)의 쌍차(雙遮)부정의 대구(對句)로 시작하는바 이런 형식의 진술은 반야계 경전 도처에서 쉽게 발견되는 것이다.[3] 또 『반야경』에 등장하는 수많은 비유도 『중론』에서 그대로 채택되고 있는 것을 볼 수 있다.[4]

에 용수의 사상 중 일부분에 대한 조망일 뿐임을 먼저 밝혀둔다. 그러나 철학적 해체에 대한 올바른 이해가 先行되어야 진정한 종교적 열정이 가능할 것이다(空사상의 宗敎性에 대해서는 다음의 연구서를 참조하기 바람: F. J. Streng, *Emptiness: A Study in Religious meaning*, Abingdon Press, New York, 1967.).

2) Murti, *The Central Philosophy of Buddhism*, George Allen & Unwin Ltd., 1960, p.83 ; 金東華, 大乘佛敎思想, 寶蓮閣, 1992, p.137 ; 야지마 요우기찌 著, 송인숙 譯, 空의 철학, 대원정사, 1992, p.8 ; 金仁德, 中論頌硏究, 佛光出版部, 1995, p.12.

3) 眞野龍海, 龍樹における般若經の理解, 龍樹敎學の硏究, 大藏出版, 동경, 1983, p.205. 참조.

4) Robinson은 『中論』의 내용 중 다음과 같은 부분이 『八千頌般若經』에서 인용된 것이라고 설명한다: ①등불이 自와 他를 비춘다는 비유(『中論』, '7-8'). ②제2의 머리는 자를 수 없다는 비유(『中論』, '7-31'). ③환과 같고 꿈과 같고 신기루와 같다는 비유(『中論』, '7-34'). ④여자가 남자에 도달하고 남자가 여자에 도달한다는 비유(『中論』, '10-6'). ⑤젊은이는 늙어지지 못하고 늙은이도 늙어지지 못한다는 설명(『中論』, '13-5'). ⑥우유는 야구르트와 같으리라는 비유(『中論』, '13-6'). ⑦싹 등은 씨앗에서 나온다는 비유(『中論』, '17-7'). ⑧업은 負債와 같다는 비유(『中論』, '17-14'). ⑨성인께서 幻의 힘으로 幻想의 城을 만든다는 비유(『中論』, '17-31'). ⑩신기루와 같고 꿈과 같다는 비유(『中論』, '17-33', '23-8'). ⑪幻人과 같고 거울에 비친 모습과 같다는 비유 (『中論』, '23-9'). ⑫뱀을 잘못 잡고 주문을 잘못 왼다는 비유(『中論』, '24-11'). ⑬스스로 타고 있는 말을 잊는다는 비유

둘째, 초기불전의 무기설(無記說) 역시 4류[5] 14난문(難問, caturdaśāvyākṛta vastūni)[6]에 대해 답을 하지 않았다는 점에서 『중론』의 진술 형식과 맥을 같이한다. 즉, 세간의 상주·무상 여부, 세간의 유변(有邊)·무변 여부, 영혼과 육체의 일(一)·이(異) 여부, 여래 사후의 유·무 여부에 대해 묻는 4구적 난문에 대해 붓다는 답을 하지 않았다는 것이 무기설의 요점인데 용수 역시 『중론』을 통해 이런 4구적 사고방식을 모두 부정하고 있다는 점에서 무기설의 취지를 재현하고 있다.[7]

(『中論』, '24-15'). ⑭빛과 어둠은 함께 하지 못한다는 비유(『中論』, '25-14'). ⑮오온은 등불과 같이 상속한다는 비유(『中論』, '27-22'): Robinson, *Early Mādhyamika in India and China*, Motilal Banarasidass, Delhi, 1978, p.64.

5) 이는 徐盛源의 분류 방식으로 第一類는 世界 常住 無常의 문제, 第二類는 世界 有限 無限의 문제, 第三類는 命과 육체의 同一 別異의 문제, 第四類는 如來 死後의 존속 여부에 대한 문제이다(徐盛源, 雜阿含에 나타난 Vatsagotra의 질문, 佛敎思想論叢, 鏡海法印 申正午博士 華甲紀念會, 1991, pp.280~281). 이런 네 가지 종류의 難問을 四句 또는 二邊的으로 배열하면 十無記, 十四無記, 十六無記를 야기한 難問의 모습을 갖추게 된다.

6) 이는 漢譯 阿含經의 배열이다. 빠알리經에서는 十問으로 배열한다(徐盛源, 위의 책, p.281).

7) Murti, 앞의 책, pp.36~54. 難問을 네 가지 형식으로 진술하는 분류 방식은 그 기원을 고따마 붓다 이전이라고 볼 수 있다. 왜냐하면 붓다 당시의 六師外道 중 하나인 산자야 벨랏티뿟따(Sañjaya Belaṭṭhiputta) 역시 四句的으로 정리된 난문을 소재로 삼아 자신의 사상의 특징을 토로하고 있기 때문이다. 후대 자이나(Jaina)교의 인식 이론인 syād-vāda에서는 총 7가지 판단을 들고 있지만 이 역시 四句的 분류 형식의 변형에 불과하다. 四句는 "① 긍정 ② 부정 ③ 긍정과 부정 ④ 非-긍정과 非-부정(또는 無因論)"이라는 형식으로 도식화할 수 있는데 첫째, 산자야 벨랏티뿟따의 경우는 四句的 난문에 대해 답변을 회피한다. 둘째, 자이나교의 syād-vāda에서는 四句的 난문에 대한 답을 選言的(disjunctive)으로 수용한다. 셋째, 붓다는 사구적 난문에 대해 직접적인 답은 삼가지만 사제설이나 십이연기설, 또는 오온설등의 연기설을 설하여 사구적 난문이 들게 만든 사고방식을 치료해 준다. 넷째, 용수는 비단 형이상학적 난문뿐만 아니라 인간의 모든 언어, 사고, 분별 행위를 四句的으로 분류하여 그 문제점을 지적해 주고 있다. 이에 대한 자세한 내용은 論者의 拙論 「龍樹의 無記觀」(인도철학 3집, 1993)을 참조하기 바람.

셋째, 용수는 십이연기설(十二緣起說)의 진정한 취지를 되살리려는 의도에서 『중론』을 작성했다고 볼 수 있다.[8] 즉 십이연기설을 단순히 삼세양중적(三世兩重的)인 인과관계로 해석할 수도 있지만 그것이 십이연기설의 진정한 취지는 아니다. 십이연기설이 전생과 현생, 현생과 내생 간의 단순한 인과 관계를 나타낸 것이라면 이는 그 당시 불교에 의해 배척되었던 외도들의 인과 이론과 다를 바가 없게 된다. 십이연기설이 외도의 인과 이론과 다른 점은 그 중도성(中道性)에 있다. 즉 과거와 현재, 현재와 미래의 인과 관계, 또 십이지(十二支) 각 지분들의 전후 인과 관계가 이어지는 것도 아니고(不常) 단절된 것도 아니라는(不斷) 중도성이 불교적 인과 이론인 십이연기설의 특징이다. 이런 중도성의 파악으로 인해 무명이 사라지게 되면 이어지는 행 지분도 멸하게 되며 마침내 십이연기 모든 지분들이 소멸에 드는 열반에 이르게 된다. 이를 십이연기의 환멸문(還滅門)이라고 이름하는 바 이것이 십이연기설의 목적이다. 용수는 『중론』에서 십이연기설의 이러한 '중도적 성격'과 '환멸문적 목적'에 토대를 두고 다양한 인과, 능소, 체용, 체상 쌍들의 실재성을 논파하고 있는 것이다.[9]

넷째, 용수 당시 경량부(Sautrāntika)나 독자부(Vātsīputrīya) 논사들에 의해 이루어진, 전통적 아비달마 교리에 대한 비판적 사유가 『중론』을 작성하게끔 하는 토대가 되었다. 무아와 윤회의 딜레마를 해결하기 위해서 독자부 논사들은 오온과 같은 것도 아니고 다른 것도 아닌 인아(人我, pudgalātman)라는 윤회의 주체를 설정하게 된다.[10] 불교는 원래 아뜨만과 같은 불변의 실체를 부정하면서도 윤회를 인정하는 '무아 윤회'의 시각을 견지하고 있었는데[11] 독자부에서는 이러한 무아 윤회 이론이 봉착하게 되는 딜레마에서 벗어나기 위해 윤회

8) 寺本婉雅, 龍樹造 中論 無畏疏 解題, 國書刊行會, 東京, 1977, p.4.
9) 拙譯, 中論, 經書院, 1993, 譯者 後記(pp.493~494).
10) Murti, 앞의 책, p.81.
11) 鄭承碩, 무아 윤회의 反불교적 예증, 印度哲學 第5輯, 民族社, 1995, p.35.

의 주체로서 오온과 불일불이(不一不異)한 보특가라(pudgala) 개념을 고안해 낸 것이었다. 한편 경량부에서는, 기존의 요소(法: dharma) 실재론적 아비달마 이론의 결함을 보완하기 위해 '개념 축조(vikalpa)' 이론을 도입하였다. 즉, 현상의 주관적 성격을 자각하게 됨에 따라, 이들은 비바사론사(Vaibhāṣika)들이 주장하던 실재들 중 많은 것들이 단지 관념(prajñāpti-sat: 가명적 존재)일 뿐이라고 주장하였던 것이다.[12] 예를 들어, 유부(有部)에서는 '득(得, prāpti)'과 '비득(aprāpti)'을 실유법(實有法, dravya-dharma)이라고 간주하였는데[13] 경량부 논사들은 경전적 실증성과 논리적 확증성의 부재를 들어 '득'과 '비득'은 단지 명칭만 있는 것(prajñāpti)에 불과하다고 비판[14]하면서 그에 대한 대안으로 종자(bīja)설을 내세우게 된다.[15] 이 양 학파는 전통적 아비달마 이론에 내재하는 논리적 모순을 발견해 내기는 했지만, 자파 나름의 이론을 다시 구성하였기에 이들의 이론이 철저한 중관적 비판론으로까지 향상하지는 못하였다. 그러나 이 두 학파에 의해 이루어진 비판적 사고는 기존의 아비달마 이론에 내재한 결함을 발견하였다는 점에서 중관 사상 형성의 토대가 되었다고 볼 수 있다.

다섯째, 용수의 비판적 논증은 고대 인도의 논리 사상에 기원을 둔다. 즉, 『중론』등 용수의 논서에서 구사되고 있는 논리는 고대 인도의 논리학서인 『방편심론』이나 『니야야 수뜨라(Nyāya Sūtra)』에 등장하는 '궤변(chala)', '오난[16](jāti)', '부처(負處, nigrahasthāna)'에서 도출

---

12) Murti, 위의 책, pp.81~82.
13) 徐盛源, 『俱舍論』과 『成業論』을 통해 본 種子(bīja)說, 伽山學報 第5號, 伽山文庫, 1996, p.162.
14) 위의 책, p.165.
15) 위의 책, pp.165~176.
16) jāti를 誤難이라고 번역하는 것은 후대에 니야야 학파에 의한 평가가 개입되어 숙어화된 의미에 토대를 둔 것이다. 엄밀히 말해 jāti 논법 성립 당시에는 상대의 量에서 過誤를 발생시키는 논법이라는 의미만 갖고 있었기에 이를 生過라고 번역하는 것이 옳다. 또 '자띠' 논법을 '相應' 논법이라고 표현하기도 하는데, '相應'이

된 것으로, 용수는 니야야 학파에 의해 잘못된 논증으로 비판받던 이런 논증법들을 역(逆)으로 이용하여 발전시킴으로써 공의 논리를 완성하였던 것이다. 또 전통적으로 용수의 논증 방법이라고 간주되는 귀류논증(prasaṅga)법 역시 니야야 학파에서 보조적 논증 방법으로 생각하던 '사택(思擇, tarka)'을 논증에 적용한 것이다.[17]

그런데 위에 요약한 앞의 네 가지 학설들은 많은 학자들에 의해 재삼 확인된 이론이지만, 중관논리의 기원에 대한 학설인 마지막 다섯 번째 이론은 카지야마유이치(梶山雄一, 1925-2004) 등 몇몇 일본 학자들에 의해 제기된 것으로 그 전체적인 구도는 아직 명확치 못한 감이 있다. 용수의 『중론』에서 각각의 주제를 '검토(parīkṣa: 觀)'하기 위한 목적 하에 각 품 내의 각 게송에서 구사되고 있는 논리를 보게 되면 여타의 그 어느 논서나 경전에서도 쉽사리 발견되지 않는 독특한 논법이 발견된다.[18] 용수는 『반야경』의 공 사상이나 '원시 경전'의 십이연기 사상등에 토대를 두고 '중관 사상'을 성립시키게 되는데, 그 독특한 '공의 논리' 역시 용수의 창안일 수는 없을 것이다. 용수 당시 통용되던 그 어떤 논리 사상의 영향 하에, '공의 논리'가 완성되었을 것이다. 그리고 이러한 『중론』 특유의 부정 논리의 기원에 대해 카지야마유이치 등은 위와 같이 주장하고 있는 것이다.

물론 서구어권의 학자들도 중관적 부정 논리에 대해 심도있는 연구를 진행시켜 왔지만 이들은 용수 이후 인도 중관파의 양대 조류인 자립논증파(svatāntrika)와 귀류논증파(prāsaṅgika)의 논쟁사에 대한 연구에 치중하든지, 형식논리학이나 논리철학과의 단편적인 비교 연구

란 『方便心論』에서 이 논법에 대해 붙인 호칭이다. 이에 대한 자세한 논의는 본서 제Ⅰ장 4절을 참조하기 바란다.

17) 梶山雄一, 中觀思想の歷史と文獻, 講座大乘佛敎7 中觀思想, p.6.

18) 예를 들면 다음과 같은 게송들이다: "만일 가는 자가 간다고 한다면 가는 작용이 두 개로 되는 오류에 빠진다. 가는 자라고 부르는 것 거기에 있는 가는 자와 그 자가 간다는 것이다(『중론』, '2-11')."

에 머물고 있을 뿐이어서 중관적 부정 논리의 기원에 대한 서구어권 학자들의 연구성과는 아직 미흡한 감이 있다.

일찍이 우이하쿠주(宇井伯壽, 1882-1963)가 『니야야 수뜨라』의 성립 과정을 밝히려는 목적에서 한역본만 현존하는 『방편심론』[19]을 학계에 소개한 바 있으며[20], 최근 들어 카지야마(梶山)는 「불교지식론의 형성」[21]이라는 논문을 통해 우이(宇井)의 연구 성과를 비판적으로 검토하면서 『방편심론』 제4 상응품(相應品)의 '상응' 논법과 『니야야 수뜨라』 제5편 제1 「자띠(jāti)장」의 '자띠(jāti)' 논법을 『광파론』이나 『회쟁론』에 등장하는 용수의 논의와 비교 연구하였다. 우이하쿠주는 『방편심론』의 저자가 용수 이전의 소승불교도일 것이라고 주장하며 『방편심론』 제4 상응품의 성격이 『니야야 수뜨라』 제5편 제1 자띠장(章)의 성격과 동일하여 두 경론 모두 '자띠(또는 相應)' 논법을 부당한 논법으로 간주했다고 보았지만, 카지야마는 이에 대해 우이와 상반된 논지를 펴고 있다.[22] 즉, 『방편심론』의 저자는 용수일 수도 있으며, 『니야야 수뜨라』에서 부당한 논법으로 비판받던 '자띠' 논법이 『방편심론』에서는 정당한 논법으로 수용되었다는 것이다. 이에 대해서는 필자 역시 카지야마의 견해에 전적으로 동의한다. 그런데, 앞에서 '중관논리'의 토대가 되었다고 카지야마가 주장했던 논법들 중 '궤변(詭辯, chala)', '부처(負處, nigrahasthāna)', '사택(思擇, tarka)' 등은 용수의 논서에서 쉽게 발견되지 않는다. 다만 '자띠(jāti: 誤難?)' 논법만이 『회쟁론』이나 『광파론』등에서 눈에 띌 뿐이다. 따라서 필자

19) 大正32. pp.23~28.

20) 宇井伯壽, 方便心論の註釋的研究, 印度哲學研究2, 東京, 1965, pp.473~485 ; 宇井伯壽, 正理學派の成立並に正理經編纂年代, 印度哲學研究1, 東京, 1965, pp.200~205.

21) 梶山雄一, 佛教知識論の形成, 講座大乘佛教9 認識論と論理學, 春秋社, 東京, 1984.

22) 이러한 카지야마의 연구 성과는 山口益의 『廣破論』 발굴, 연구에 토대를 두고 있다: 山口益, 中觀佛教論攷, 山喜房佛書林, 東京, 1965. 참조.

는 '자띠(또는 상응)' 논법이 '중관논리'의 토대가 되었다는 가설을 세우고 본 논문을 통해 이를 확증해 보고자 한다. 물론 카지야마도 자신의 논문을 통해 『광파론』과 『회쟁론』에서 발견되는 '자띠', 또는 '상응' 논법에 대해 소개하고 있기는 하지만 이러한 논법들이 용수의 논서들 중 어느 곳에 등장하고 용수의 논서에서 구사되는 논리가 『니야야 수뜨라』의 어느 곳에 재인용되고 있다는 등의 평면적 사실만 밝히고 있을 뿐으로[23] '자띠(jāti)', '상응' 논법의 특징이나 의의, '중관논리'와의 관계 등에 대한 포괄적인 논의는 결하고 있다. 필자는 카지야마의 연구 결과에 토대를 두고, 본 논문을 통해 '상응', '자띠(jāti)' 논법의 정확한 의미 및 이 논법들과 '중관논리'와의 관계에 대해 보다 면밀히 검토해 봄으로써 '중관논리'의 기원을 밝혀 보고자 한다.

2. 연구방법

카지야마유이치는 자신의 논문 「불교지식론의 형성」을 통해 『방편심론』의 '상응' 논법과 『니야야 수뜨라』의 '자띠(jāti)' 논법을 용수의 『광파론』 및 『회쟁론』의 내용과 비교 연구하고 있는데[24], 이는 중관적 부정 논리의 기원을 밝히는 데 일말의 단서를 제공했다는 점에서 현대 중관학 연구의 획기적인 업적이라고 말할 수 있을 것이다. 그러나 짤막한 분량의 논문으로 발표되었기에 각각의 '상응(相應)' 논법이나 '자띠(jāti)' 논법 전체의 의미에 대한 연구나 '상응' 논법과 중관논리의 관계에 대한 조망이 결여되어 있다.

---

23) 梶山雄一, 앞의 책, p.42, '相應·誤難 對照表' 참조.
24) 카지야마유이치, 위의 책, pp.32~52.

필자는 카지야마의 연구 성과를 토대로 '중관논리의 기원'이 '상응' 논법에 있다는 점을 포괄적으로 조망해 보고자 한다. 이를 위해서는 다음과 같은 몇 가지 사항에 대한 면밀한 검토가 필수적이다.

먼저, 『방편심론』에 등장하는 20가지 '상응' 논법과 『니야야 수뜨라』에서 인용되는 24가지 '자띠(jāti)' 논법들 각각의 진정한 의미에 대한 이해가 요구된다. 『방편심론』은 산스끄리뜨본이나 티베트역본은 현존하지 않고 오직 난삽한 문장의 한역본만 현존한다. 서구어권 학자들에 의해 그다지 연구되지 못한 이유도 그 한역 문장의 난해성에 기인하는 듯하다. 따라서 『방편심론』에 등장하는 '상응' 논법의 진정한 의미를 파악하기 위해서는 '상응' 논법과 동일한 취지의 논법이라고 사료되는 『니야야 수뜨라』제5편 제1 자띠(jāti)장의 '자띠(jāti)' 논법과의 비교 연구가 이루어져야 할 것이다. 『니야야 수뜨라』에서는 24가지 '자띠(jāti)' 논법을 간략히 인용하고 있을 뿐만 아니라, 니야야 학파의 입장에서 이루어진 그 논법의 부당성에 대한 논의도 함께 싣고 있다. 더욱이 『니야야 수뜨라』는 니야야 학파의 토대가 된 경전으로, 경전 성립 이후 수많은 주석자들에 의해 각각의 경문에 대한 상세한 해설이 이루어져 왔다. 현존하는 것으로 『니야야 수뜨라(Nyāya Sūtra: 正理經)』 성립 시기에 가장 근접한 주석서인 왓스야야나(Vātsyāyana: 기원 후 400~450경)의 『니야야 브하샤(Nyāya Bhāṣya: 正理疏)』를 비롯하여, 웃됴따까라(Uddyoṭakara: 기원 후 550~600경)의 『니야야 와르띠까(Nyāya Vārṭika: 正理評釋)』 및 와차스빠띠 미슈라(Vāchaspati Miśra, 850년경)의 『니야야 와르띠까 땃뜨빠리야티까(Nyāya Vārṭika Tātparyaṭīkā: 정리평석眞義註)』, 우다야나(Udayana: 984년)의 『니야야 와르띠까 땃뜨빠리야티까 빠리슛디(Nyāya Vārṭika Tātparyaṭīkā Pariśuddhi: 정리평석진의주해명)』 등 4대 주석서를 포함하여 『니야야 수뜨라』의 경문 이해에 도움을 주는 수많은 주석서들이 있다.[25] 따라서 『방편심론』의 '상응' 논법의 의미를 파악하기 위해서는 『니야야 수뜨라』와 그 주석서에서 상세한 해설을 곁들이고 있는 '자띠(jāti)' 논법의 정확한 의미를 먼저 파악해 보아야 할 것이다. 이렇게 『니야야 수뜨라』 제5편 제1장에 등장하는 '자띠' 논법에 대한 명확한 이해가 선행되어야 이를 토대로 난삽한 한역문으로 이루어져 있는 『방편심론』의 '상응' 논법의 의미에 대한 이해가 보다 확실해질 수 있을 것이다. 필자는 이를 본 논문 제Ⅱ장에서 고찰해 보았다.

'상응' 논법의 의미가 확실해졌으면, 그 다음에는 용수가 이 논법을 자파의 논법으로 간주하고 의식적으로 구사했다는 사실이 확인되어야 할 것이다. 이를 위해서는 '상응' 논법에 대해 용수가 어떤 자세를 취했는지 검토해 보아야 한다. 현존하는 『니야야 수뜨라』 내에서 타 학파와의 대론이 실려 있는 '검토(parīkṣa)'에 해당하는 경문에 용수의 논법이 다수 인용되며 비판되고 있는 모습이 보인다. 한편 용수의 『광파론』이나 『회쟁론』에서는 니야야 논사의 실재론적인 주장들이 인용되며 비판되고 있는 것이 발견된다. 따라서 현존하는 모습의 『니야야 수뜨라』와 『광파론』 및 『회쟁론』은 니야야 논사와 용수 간에 이루어진 대론을 토대로 하여 거의 같은 시기에 성립되었다고 볼 수 있다.[26] 이 대론 과정에서 용수가 구사하는 논법이 바로 '상응' 논법인데, 정언적(定言的) 논증식을 옹호하는 니야야 논사는 '상응' 논법에

25) 이 가운데 『니야야 수뜨라(*Nyāya Sūtra*: 正理經)』와 그 주석서인 왓스야야나(Vātsyāyana: 기원 후 400~450경)의 『니야야 브하샤(*Nyāya Bhāṣya*: 正理疏)』 및, 웃됴따까라(Uddyoṭakara: 기원 후 550~600경)의 『니야야 와르띠까(*Nyāya Vārṭika*: 正理評釋)』의 영역문이 하기의 책에 실려 있다: Gaṅgānaṭha Jhā Trs., *Nyāya Sūtras of Gautama* Vol. Ⅰ~Ⅳ, Motilal Banarasidass, 1984. 以下 본 논문의 모든 脚註에서 指目하는 『니야야 브하샤』와 『니야야 와르띠까』의 인용문과 쪽수는 모두 이 영역본에 대한 것이다.

26) 『니야야 수뜨라』의 성립 시기를 확정하는 데 결정적 힌트가 되는 것이 바로 『니야야 수뜨라』에 등장하는 용수와의 대론이다. 또 이 대론은 용수의 논서에도 그대로 인용되고 있다. 따라서 용수와 니야야 논사간에 이루어진 대론 과정을 복원해 보면 총 5편으로 이루어진 『니야야 수뜨라』 각 편의 성립시기를 추정해 볼 수 있는 것이다.

의해 비판되는 소재의 실재성만을 옹호하는 것이 아니라 '상응' 논법 자체의 타당성에 대해서까지 비판을 가하고 있는 것이다. 이런 대론 과정에서 용수가 '상응' 논법에 대해 취한 자세를 면밀히 조사해 보아 용수가 의식적으로 이 논법을 구사했다는 사실이 확인되면 '상응' 논법이 '중관논리'의 토대가 되었다는 가설이 보다 확실해질 것이다. 이런 논쟁 과정은 본 논문 제Ⅲ장을 통해 복원해 보았다.

제Ⅳ장에서는 용수의 논서에서 발견되는 '상응' 논법을 모두 추출해 보았다. 『방편심론』의 20가지 '상응' 논법이나 『니야야 수뜨라』의 24가지 '자띠(jāti)' 논법이 모두 다 용수에 의해 채택된 것은 아니다. '상응' 논법의 정신은 용수의 논서 전편에 걸쳐 스며 있지만, 그 외형을 그대로 드러내며 구사되고 있는 상응 논법은 '시동(時同) [= 무인(無因) 상사(相似): ahetu sama]', '무궁(無窮), 반유(反喩) 상사(prasaṅga, pratidṛṣṭānta sama)', '도(到), 부도(不到) 상응(= 도, 부도 상사: prāpti, aprāpti sama)'등 몇 가지뿐이다. 또, 용수와 니야야 논사 간에 이루어진 토론이 '상응' 논법을 둘러싸고 몇 단계에 걸쳐 전개된 예는 그리 많지 않다. 그러나 용수가 니야야 논사의 주장에 대해 1회적으로 '상응' 논법을 구사한 예는 많이 있다. 어쨌든 『광파론』이나 『회쟁론』, 『중론』등에서 발견되는 이러한 '상응' 논법들을 모두 추출해야 용수의 논서 작성에 상응 논법이 어느 정도 영향을 끼쳤는지 확인해 볼 수 있을 것이다.

제Ⅴ장에서는 먼저 『중론』의 논리 구조를 요약하여 설명한 후 이를 '상응' 논법의 논리 구조와 비교해 보았다. 『광파론』에서 구사되고 있는 '상응' 논법은 『방편심론』이나 『니야야 수뜨라』에 등장하는 형식에서 그리 이탈해 있지 않다. 『회쟁론』의 경우도 그 주석이 용수 자신에 의해 이루어진 것이기에 용수에 의해 구사되는 '상응' 논법을 원형 그대로 발견할 수 있다. 그러나 『중론』은 슐로까(Śloka)[27] 형식의

27) 『중론』(=中頌: Mādhyamika Kārikā)은 모두 Śloka 형식의 게송으로 이루어져 있

운문으로 작성되었기에 상응 논법의 원형을 찾아내기가 그리 쉽지는 않다. 『중론』 작성에 끼친 상응 논법의 영향을 파악하려면 먼저 『중론』의 논리 구조에 대한 조망이 선행해야 한다. 그 후 『중론』의 논리 구조와 '상응' 논법의 논리 구조를 비교해 봄으로써 양자간의 동질성을 파악할 수 있을 것이다.

이렇게 해서 '상응' 논법의 진정한 의미도 확정되고, 용수의 중관논리의 형성에 상응 논법이 토대가 되었다는 사실도 밝혀지게 되면, 이러한 상응 논법이 도대체 연기설(緣起說)이나 공성의 교리와 연관될

다. Śloka란 『Veda』의 Anuṣṭubh(4×4調의 讚歌: * anu; ~에 따라. * ṣṭubh; ~음을 발하다)에서 발달된 서사시 형식으로 16음절 짜리 反節 詩 두 首, 또는 8음절 짜리 Pāda 4개로 이루어져 있다. Pathyā(정상)形과 Vipulā(확장)形의 두 가지가 있다(Macdonell, *A Sanskrit Grammar for Students*, Oxford University Press, 1927, Appendix. 참조.). 이를 소개하면 아래와 같다.

[· 長音이나 短音 모두 가능 / – 長音 / ⌣ 短音]

Pathyā형

· · · · ⌣ – – · · · · · ⌣ – ⌣·

Vipulā형

· – ⌣ – ⌣ ⌣ ⌣ · · · · · ⌣ – ⌣·

· ⌣ – – ⌣ ⌣ ⌣ · · · · · ⌣ – ⌣·

· – ⌣ – – ⌣ ⌣ · · · · · ⌣ – ⌣·

· – ⌣ – –, – – · · · · · ⌣ – ⌣·

* 長音: ā ī ū ai e au o , 두 개의 연속된 자음 앞의 母音은 장음으로 본다. ṃ이나 ḥ도 하나의 자음으로 본다.
* 短音: a i u, 단 후속하는 子音이 하나뿐인 경우
* 참고로, 『중론』에서 구사되는 통상적인 불교 용어가 간혹 다른 단어로 바뀌거나 단어의 배열에 무리한 倒置가 있는 경우는 대개 Śloka 시형식에 맞추기 위한 것이다. 예를 들어 귀경게의 不生不滅이 산스끄리뜨문에는 不滅不生으로 기술되어 있는데, 이는 Śloka 시형식에 맞추기 위한 倒置이다. 또 『중론』 第4 觀五陰品 第7 偈頌에서 五蘊을 나열하면서 識을 vijñāna 대신에 citta로 표현하고 있다. 이는 총 음절 수를 맞추기 위해 3음절짜리 단어인 vijñāna 대신에 2음절 짜리 단어인 citta를 사용한 것일 뿐으로 여기서 특별히 의미를 찾을 것은 없다. [※ 이에 대한 상세한 설명은, '김성철, 「중론 Śloka의 제작방식과 번역」, 전자불전연구소 학술대회 자료집, 2003' 참조]

수 있는지 검토해 보아야 할 것이며, 티베트 전승에서 용수의 진의를 계승했다고 하는 불호(佛護, Buddhapālita)와 월칭(月稱, Candrakīrti) 이후의 귀류논증파(prāsaṅgika)의 논리관과 상응 논법을 비교 검토해 볼 수 있을 것이다. 이를 통해 현대 학자들에 의해 귀류논증법이라고 이해되고 있는 쁘라상가(prasaṅga) 논법의 진정한 의미도 새롭게 발견할 수 있을 것이다. 이는 제Ⅵ장에서 고찰하였다.

마지막으로 제Ⅶ장에서는, 애초에 필자가 제기한 문제, 즉, '중관논리의 기원'이 '상응 논법'에 있다는 사실을 확증하기 위해 위와 같은 논의들을 종합적으로 고찰해 보기로 하겠다.

그런데, 이런 모든 작업을 위해서는 먼저 『방편심론』과 상응 논법에 대한 문헌학적 검토가 선행해야 할 것이다. 필자는 본서 제Ⅰ장에 이에 대한 논의를 실었다. 1900년대 초에 우이하쿠주(宇井伯壽)가 최초로 『방편심론』에 대한 연구의 문을 열었지만 50여 년의 세월이 흐른 후 후학인 카지야마유이치에 의해 혹독한 비판을 받게 된다. 송판대장경에서는 『방편심론』을 용수의 저술로 포장하고 있지만, 우이하쿠주는 이를 비판하면서 『방편심론』은 용수 이전의 소승불교도의 작품일 것이라고 추정한다. 이에 대해 카지야마유이치는 용수의 작품이라고 하여도 문제가 될 것은 없다고 반박한다. 먼저 이러한 『방편심론』의 저자의 문제가 분명해져야 용수와 『방편심론』의 관계가 보다 명확해질 것이다. 또, 『방편심론』 제4 상응품의 성격과 '상응(相應)'의 어의(語義)에 대한 재검토가 요구된다. 우이하쿠주는 『방편심론』 제4 상응품이 『니야야 수뜨라』 제5편 제1 「자띠(jāti)장」과 같은 성격의 것이라고 말하지만[28] 카지야마유이치의 지적[29]과 같이 이는 전적인 오해이다. '상응' 또는 '자띠(jāti)' 논법의 정당성에 대해 『방편심론』의 저자와 『니야야 수뜨라』 저자는 전혀 상반된 입장을 보이고 있기

28) 宇井伯壽, 佛教論理學, 大東出版社, 東京, 1944, p.72.
29) 梶山雄一, 佛教知識論の形成, 앞의 책, p.24.

때문이다. 즉, 『방편심론』의 저자는 '상응' 논법을 정당한 불교적 논법으로 옹호하고 있지만, 『니야야 수뜨라』에서는 이 논법을 부당한 논법으로 비판하고 있는 것이다. 필자는 이 문제와 아울러 '상응'과 '자띠(jāti)'의 어의에 대해서도 재검토해 보았다.

정언적(定言的) 논증식의 타당성을 인정하는 사상과 그를 부정하는 사상의 양대 조류가 『방편심론』이나 『니야야 수뜨라』 성립 이전부터 인도 철학계에 면면히 흐르고 있었다고 추정할 수 있다. 미흡하나마 필자는 제Ⅰ장 말미에서 이러한 반(反)-논증적 논법인 '상응' 논법의 연원에 대해 추적해 보았다.

필자는 본 논문을 통해 용수의 중관논리의 기원을 밝히려는 목적 하에 위와 같은 내용들을 연구 과제로 삼았다.

용수는 많은 논서를 저술하였지만 특유의 중관 사상을 표방하고 있는 논서는 『중론』, 『육십송여리론』, 『공칠십론』, 『회쟁론』, 『광파론』 등의 5여리론(五如理論)이다.[30] 그런데 이 중에서 『육십송여리론』은 논리적 게송은 없고 주로 선언적(宣言的) 게송으로 이루어져 있기에 '중관논리'를 추출해 내는데 별 도움이 되지 않는다. 또, 『공칠십론』은 그 분량도 적을 뿐 아니라 그 내용도 『중론』과 대동소이하다. 따라서 본 논문에서는 용수의 오여리론 중 이 두 논서는 제외하고 『광파론』, 『회쟁론』, 『중론』만을 연구의 소재로 취급하기로 한다.

---

30) 이들 論書는 물론이고 그 밖의 용수의 논서에 대해 槪觀하려면 下記의 연구서를 참조하기 바람: Lindtner, *Nagarjuniana; Studies in the Writings and Philosophy of Nāgārjuna*, Motilal Banarasidass, Delhi, 1987.

Ⅰ. 『방편심론』과 「상응품」에 대한 문헌학적 고찰

1. 내용 개관

『방편심론』은 일찍이 우이하쿠주(宇井伯壽)가 상세한 해설을 겸한 번역을 하면서 그 내용을 『짜라까-상히따(Caraka-Saṃhitā)』 제Ⅲ장 8절과 『니야야 수뜨라(Nyāya-Sūtra)』, 그리고 『여실론(如實論)』[1] 및 『인명정리문론(因明正理門論)』[2]과 비교 연구한 바 있다. 이를 토대로 『방편심론』의 내용에 대해 간략하게 설명해 보기로 하겠다.

『방편심론』은 Ⅰ. 명조론품(明造論品), Ⅱ. 명부처품(明負處品), Ⅲ. 변증론품(辨證論品), Ⅳ. 상응품(相應品)의 총 4품으로 구성되어 있는데 이를 우이하쿠주의 科分에 따라 정리하면 다음과 같다.[3]

Ⅰ. 명조론품
1. 조론의 취지
2. 8종 논법 총론
3. 8종 논법 각론
(1) 유(喩)
(2) 소집(所執)
(3) 어선(語善)
(4) 언실(言失)
(5) 지인(知因)

1) 大正32. pp.28-36.
2) 大正32, pp.1~11.
3) 宇井伯壽, 방편심론の註釋的研究, 印度哲學研究2, p.474.

(6) 응시어(應時語)
(7) 사인(似因)
(8) 수의난(隨語難)
Ⅱ. 명부처품
1. 어법(語法)
2. 부처비부처(負處非負處)
3. 부처각론(負處各論)
Ⅲ. 변정론품
1. 여법론(如法論)
2. 정법론(正法論)
Ⅳ. 상응품
1. 24상응 총론
2. 24상응 각론
3. 여론(餘論)
4. 결론

『방편심론』 역시 다른 인도 논서들과 마찬가지로 대론 형식으로 기술되어 있는데 서두에서 질문자는 논서를 짓는 사람은 대체로 화를 잘 내고 잘난 체하는 경우가 많아 온화한 성품을 가진 자가 적다고 힐난한다. 이에 대해 저자는 Ⅰ. 명조론품에서 '조론의 취지'를 다음과 같이 설명한다.

> 만일 논법에 통달한다면 스스로 선과 악과 공(空)의 모습을 분간하게 되어 온갖 마구니와 사견(邪見)을 가진 외도들이 괴롭히지도 못하고 방해하지도 못한다. 그러므로 나는 중생들에게 이득을 주기 위해 이 논서를 짓는다. 또 정법이 후세에 널리 퍼지게 하려는 올바른 마음에서 [이 논서를 짓는다]. 마치 암파라 열매를 가꾸기 위해 주변에 가시 나무 숲을 둘러서 열매를 보호하는 것과 같다. 지

금 내가 논서를 짓는 것도 이와 마찬가지로 정법을 수호하기 위함이지 이름을 날리기 위함이 아니다.[4]

이어서 『니야야 수뜨라』의 16구의(句義)[5]와 유사한 내용의 8종 논법에 대해 상세히 설명하고 있는데 그 내용은 『니야야 수뜨라』와는 반대로 무아설(無我說)에 토대를 두고 있다. 또 『니야야 수뜨라』에 등장하는 16구의 중 인식대상(prameya: 2), 의혹(saṃśaya: 3), 동기(prayojana: 4), 지분(支分, avayava: 7), 사택(思擇, tarka: 8), 결정(nirṇaya: 9), 논쟁(jalpa: 11), 논힐(論詰, vitaṇḍa: 12) 등에 대한 설명은 결하고 있으며 논의(論議, vāda: 10)에 대한 설명은 제Ⅱ 명부처품에서 '어법(語法)'이라는 이름으로 설명되고 있다.

제Ⅱ 명부처품의 부처(負處)는 16구의 중 부처(nigrahasthāna: 16)에 해당된다.

제Ⅲ 변정론품의 '여법론'과 '정법론'에서는 자아(ātman)의 존재를 논파하는 논리의 구체적인 실례를 들고 있다.

제Ⅳ 상응품에서는 외도의 주장을 논파하는 방식인 20가지 상응 논법에 대해 설명하고 있다. 여기에 등장하는 많은 논의가 『니야야 수뜨라』 제5편 제1장에 자띠(jāti)라는 제목 하에 기술되어 있는데 『방편심론』에서는 '상응' 논법을 외도를 논파하는 올바른 논법으로 간주한 반면 『니야야 수뜨라』에서는 이러한 상응 논법을 인용한 후 자파의 입장에서 재비판하고 있다. 그런데 이러한 '상응' 논법이 바로 용수에 의해 채택되어 『광파론』 등에서 니야야 논사를 논파하는데 쓰

---

4) 若達論者 則自分別善惡空相 衆魔外道邪見之人 無能惱壞作障礙也 故我爲欲利益衆生 造此論 又正欲令正法流布於世 如爲修治菴婆羅果 而外廣植荊棘之林 爲防果故 今我造論亦復如是 欲護正法 不求多聞故(大正32, p.23b.).

5) 우이하쿠주는 '諦'로 번역하지만 왓스야야나의 『브하샤』에서는 이를 句義(padārtha)라고 본다. 『니야야 수뜨라』, 'Ⅰ-1-1'의 번역에서 諦의 원어인 'tattva'는 '16가지에 대한 實相(tattva)'의 의미이기에 '句義'라는 번역어가 옳다.

이고 있는 것이다.

2. 저자의 문제

『방편심론』은 기원 후 472 년 후위(後魏)에서 길가야(吉迦夜)와 담요(曇曜)에 의해 한역된 논서로 산스끄리뜨 본이나 티베트 본은 존재하지 않고 오직 한역본만 현존한다. 송판대장경에는 이 논서의 저자가 용수로 되어 있지만 고려대장경에는 작자미상으로 되어 있다.

우이하쿠주는 다음과 같은 몇 가지 이유를 들어 이 논서가 용수의 저작이 아니라 용수 이전의 소승 불교도의 작품일 것이라고 추정하고 있다.[6]

> a. 『방편심론』을 용수의 저술로 기록하고 있는 송판대장경에서는 『인명정리문론』의 저자인 대성용(大城龍菩薩, Dignāga)을 대성용수보살(大城龍樹菩薩, Nāgārjuna)로 오기하는 등 저자를 잘못 기술하는 경우가 많기에 그 정확성에 문제가 있다. 그러나 고려대장경에서는 이를 용수의 저술이 아니라 작자미상으로 본다.
> b. 십이인연, 고집멸도, 37조도품, 4사문과(沙門果) 등을 붓다의 정의(正義)라고 보는데 이는 순수하게 소승불교의 설이다.
> c. 공 사상에 대해 언명하는 구절이 다음과 같이 오직 한 군데 등장한다: "일체의 존재는 모두 공하고 적멸하여 환상과 같고 요술과 같으며, 상(想)은 아지랑이와 같고 행(行)은 파초와 같으며, 탐욕의 모습은 부스럼과 같고 독(毒)과 같다."[7] 그러나 개공적멸(皆空寂

---

6) 宇井伯壽, 正理學派の成立並に正理經編纂年代, 印度哲學研究1, p.204..
7) 一切法皆空寂滅 如幻如化 想如野馬 行如芭草 貪欲之相如瘡如毒(大正32, p.25b.).

滅)과 같은 것은 통불교적인 설로 소승불교에서도 설하고 있다.

이러한 우이하쿠주의 논거를 대부분의 후학들이 무비판적으로 수용[8]하였기에 용수의 공 사상과 『방편심론』의 관계에 대한 연구가 지금까지 미진했던 것인지도 모른다. 상세한 논의는 벌이고 있지 않지만 카지야마유이치는 십이인연 등의 교리는 대·소승이 공유하는 교리라는 논거 위에서 b의 잘못을 간단히 거론하며 "『방편심론』의 저자를 용수라고 단정하려는 것은 아니지만 그것을 그가 썼다고 해도 이상할 것은 없다."고 우이하쿠주와 상반된 결론을 내리고 있다.[9] 이제 우이하쿠주가 내세운 논거의 타당성 여부에 대해 하나하나 검토해 보기로 하겠다.

위의 논거 중 먼저 a항에 대해 고찰해 보겠다. 고려대장경에서 『방편심론』을 용수의 저술로 간주하지 않은 것은 어떤 이유에서일까? 우이하쿠주가 말하는 '송판대장경'은 북송의 개보칙판(開寶勅板) 대장경이라고 하는 것으로 송 태조 개보 4년(기원 후 971년)에 칙령에 의해 판각되기 시작하여 태종(太宗) 흥국(興國) 8년[983년]에 완성된 중국 최초의 판각 대장경[10]을 일컫는다.[11] 물론 그 이전에도 중국에는 여러 종의 대장경이 있었지만 이들은 대개 필사본이거나 부분적인 판각본이었으며 그 호칭도 대장경이 아니라 일체경(一切經)이나 중경(衆經)이라고 붙였다[12]. 체계적인 교열과 감수에 의해 전체적으로 판각

---

8) 平川彰 編, 佛教研究入門, 大藏出版, 東京, 1984, p.125 ; 望月佛教大辭典, 東洋論理の構造등.

9) 梶山雄一, 佛教知識論の形成, 講座大乘佛教9, 認識論と論理學, 東京, 春秋社, 1984, p.14.

10) 官版大藏經, 北宋官版大藏經, 蜀版, 開寶版大藏經이라고도 부른다(李箕永, 高麗大藏經 그 歷史와 意義, 高麗大藏經 第48卷 總目錄 解題 索引, p.4. 참조).

11) 千惠鳳, 初雕大藏經의 現存本과 그 特性, 고려대장경연구자료집Ⅱ(성균관대 대동문화 연구 11집에서 採錄), 해인사출판부, 佛紀2533(1989), p.26.

12) 李箕永, 앞의 책, p.4.

된 한역 대장경은 이 송판 대장경이 최초이며 이 때부터 대장경이라는 새로운 이름이 역사상에 등장하게 되는 것이다.[13] 그리고 이 송판 대장경에서 『방편심론』의 저자를 용수로 명기한 이래 중국의 원(元)판, 명(明)판 대장경의 편집자 모두 무비판적으로 이를 수용하였다. 그러나 그 조성 시기가 송판 대장경 보다 늦은 '고려대장경'[14]에서는 『방편심론』의 저자를 명기하고 있지 않다. 고려대장경은 대몽 항전의 와중인 고려 고종 23년(서기 1236년)에 조판이 착수되어 고종 38년(서기 1251년) 각판을 완료한 것으로, 조판 당시에는 이미 송판 대장경이 성립되어 있었으며 '고려대장경'을 각판하면서 송본을 참조했음이 분명하기에, 송본에 용수의 저술로 되어 있는 『방편심론』의 작자를 명기하지 않는 것은 의도적인 것이었다고 볼 수밖에 없다. 사실 현존하는 한역 대장경 중 가장 오류가 적은 것으로 간주되는 대장경이 바로 고려대장경이다.[15] 이러한 고려대장경의 교열·감수자가 『방편심론』의 저자명을 고의로 누락시킨 이유는 무엇일까?

송판 대장경이 출간(기원 후 983년)되기 전에 중국 내에서 유통되던 불경들의 목록을 종합적으로 정리해 놓은 저술로 『개원석교록(開元釋教錄)』[730년, 지승(智升) 찬]이 있다.[16] 송판 대장경은 『개원석교록』에 수록된 불전들을 판각한 것이지만 그 목록 속에는 『방편심론』의 저자가 명기되어 있지 않다. 즉, 『개원석교록』에는 길가야와 담요에 의해 한역[17]된 『방편심론』과 불타발타라에 의해 한역[18]된 『방편

13) 위의 책.

14) 이는 初雕 고려대장경이 아니라 몽고의 침입 이후 판각된 再雕 고려대장경을 의미한다.

15) 근대 일본의 '大正新修大藏經'이나 중국의 '頻伽精舍版大藏經'도 '高麗大藏經'을 臺本으로 삼아 편집, 간행된 것이다(李箕永, 위의 책, p.8.).

16) 總 20卷, 唐 西京 崇福寺 智升 撰. 後漢 明帝 永平 10年 丁酉~唐 玄宗 開元 18年 庚午까지 664年間 번역된 大小乘의 經律論 三藏, 賢聖集傳과 失譯本등을 기록하여 놓은 책이다(望月佛敎大辭典 卷1, p.382上): 大正55, pp.477~748.에 수록.

17) 『방편심론』의 漢譯者로 吉迦夜와 曇曜 二人을 들지만 『古今譯經圖紀』의 다음과

심론』이 모두 등재되어 있으며[19], 불타발타라에 의한 한역본이 현존하지 않기에 양 논서가 동일한 것인지 확인할 방법은 없지만, 어쨌든 두 판본 모두 그 작자에 대해 기술하고 있지는 않다.[20] 뿐만 아니라 그 이외의 대장경 목록인 『대당내전록(大唐內典錄)』[21] 『중경목록(衆經目錄)』[22], 『대주간정중경목록(大周刊定衆經目錄)』[23]에서도 길가야와 담요가 공역한 『방편심론』을 소개하기는 하지만 그 저자의 이름은 기록하고 있지 않다.

현존하는 고려대장경(재조대장경: 1251년)은 『개원석교록』의 경전 목록과 저자, 역자명에 토대를 두고 '송판대장경'과 '거란(契丹)대장경' 및 '고려초조(初雕)대장경[24]'을 비교하며 교열한 후 정본을 만들어 판각한 것인데 이러한 교열 내력이 수기(守其)의 『고려국신조대장경교정별록(高麗國新雕大藏校正別錄)』[25]에 자세히 실려 있다. 고려대

같은 설명을 보면 『방편심론』은 吉迦夜 一人에 의해 漢譯된 것이고 曇曜는 그 지위가 '僧統'이었기에 당시의 관례상 번역자에 포함시킨 것임을 알 수 있다: 沙門吉迦夜 此云何事 西域人 遊化戒慮導物在心 以魏孝文帝延興二年歲次壬子 <u>爲僧統曇曜 譯雜寶藏經等</u>(僧統인 曇曜를 위해 雜寶藏經등을 飜譯하였다) 五部合二十五卷 劉孝標筆受 …(大正55, p.360a.: 『古今譯經圖紀』 卷第三)

18) 西域僧 佛陀跋陀羅가 長安에 도착한 것은 서력 기원 후 406년(407, 408, 409년도 있다: 佛敎史年表, 法藏館, 東京, 1979)이고 吉迦夜의 譯經 年代는 기원 후 472년이다.

19) 『방편심론』이 元魏의 吉迦夜 외에 東晋의 佛陀跋陀羅에 의해서도 번역된 바 있다고 기술되어 있다. 그러나 이는 現存하지 않는다: 『開元釋敎錄』, 卷5(大正55, p.637b).

20) 大正55, p.505c 및 p.609c.

21) 大正55, p.295c.

22) 大正55, p.41b.

23) 大正55, p.466c.

24) 高麗 顯宗 2年(기원 후 1011년)경 開雕(千惠鳳, 앞의 책, p.58 참조).

25) 高麗大藏經 影印本 第38卷(K. 1402): 이에 대해 "沙門守其等 奉勅校堪(守其등의 沙門이 勅命을 받들어 校閱하였다)"고 기술하고 있는 것으로 보아 여러 學僧에 의해 이루어진 校堪의 내용을 守其가 종합하여 정리한 후 교감기를 썼을 것으로 생각된다(채상식, 고려국신조대장교정별록 解題, 한글대장경135, 동국역경원, 199

장경에서는, 등재된 경전들이 실린 함(函)을 '하늘 천(天)'자(제1함)에서 '힘쓸 무(務)'자(제644함)까지 『천자문』의 낱자들을 번호 대용으로 사용하여 순서대로 분류·배열하고 있는데 『고려국신조대장교정별록』에서는, 총644함 분량의 고려대장경 전체가 아니라, 총70함에 있는 66종의 경전에 한해 그 교감 내용을 기술하고 있다. 번역자의 이름을 잘못 기술하여 놓은 것을 그 문체를 살펴 보거나 이본(異本)과 대조하여 시정해 놓기도 하고, 위의 세 가지 장경을 비교 검토한 후 경전의 문장을 첨삭하기도 한다. 그러나 『방편심론』의 경판이 속한 '진(盡)'함(제255함) 내의 경전에 대한 교정기(校訂記)는 『고려국신조대장교정별록』에서 찾아볼 수 없다. 다만, '고려대장경'을 만들 때 다른 경론들을 교열하는 과정에서 '송판대장경'과 '고려초조대장경', '거란대장경'에 불일치가 있는 경우 우선 『개원석교록』을 찾아 보아 이를 시정하고 있기에, 『방편심론』 역시 이런 과정에서 작자미상의 경전으로 교열된 것이리라고 추정할 수 있을 뿐이다. 즉, 『방편심론』의 경우 '고려초조대장경'이나 '거란대장경'등 다른 두 가지 대장경에는 작자미상으로 되어 있었는데 유독 '송판대장경'에서만 용수의 저술로 기술하고 있었기에, 이를 확정하기 위해 교열자가 『개원석교록』을 참조하였을 것이고, 앞에서 밝힌 바 있듯이 『개원석교록』에서는 『방편심론』의 작자에 대해 기술하고 있지 않기에 '고려대장경'의 편집자 역시 이에 의거하여 그 작자를 고의로 누락시켰을 것으로 생각된다. 따라서 『방편심론』의 저자로 용수를 드는 것은 송판 대장경 편집자의 착오라고 보는 우이하쿠주의 주장은 충분한 개연성을 갖는다. 그러나 이는 단지 개연적 가설일 뿐이다. 송판대장경의 편집자가 『개원석교록』에 작자미상으로 등재되어 있던 『방편심론』을 어째서 용수의 저술로 포장하였는지 그 정확한 이유가 발견되지 않는 이상 『방편심론』의 저자의 문제에 대해 어느 한 쪽만이 옳다고 단정지을 수는 없을 것이다.

4, p.11).

그 다음으로 위에 인용한 우이하쿠주의 비판 중 b항에 대해 검토해 보기로 하겠다. 십이인연 등의 교리를 소승의 전유물로 보는 것은 대승적 공 사상에 대한 우이하쿠주의 오해에서 비롯되었다고 볼 수 있다. 카지야마가 지적하듯이 십이인연 등의 교리는 소승과 대승이 모두 공유하는 교리인 것이다.[26] 공 사상을 주창하는 용수의 진찬(眞撰)으로 인정되는 『인연심론송(因緣心論頌, Pratītyasamutpādahṛdaya kārikā-vyākhyāna)』[27]이나 『보행왕정론(寶行王正論, Ratnāvalī)』[28], 『권계왕송(勸戒王頌, Suhṛllekha)』[29]에서도 초기 경전에 등장하는 모든 교리가 그대로 인정되고 있는 것을 볼 수 있다. 즉, 공 사상에서는 아비달마적 법 사상에 대해 전면적으로 부정하고 있는 것이 아니라 법상에 대한 취착된 이해만을 시정한다.[30] 대승적 공 사상에 대한 위와 같은 오해는 비단 우이하쿠주에게서만 발견되는 것은 아니다. 일본의 서양철학 연구자로서 중관 사상의 변증법적 구조에 대해 심도 있는 연구를 행한 바 있는 야지마요우기찌(失島羊吉, 1907-1986)도 용수의 공 사상에 대해 우이하쿠주와 같은 오해를 하고 있었기에 심지어는 "『중론』 제26 관십이인연품의 내용이 긍정 표현으로 일관하고 있기에 용수의 원작이었는지 의심이 간다."[31]는 잘못된 판단을 하고

26) 梶山雄一, 앞의 책, p.13.
27) 大正32. pp.490~491.
28) 大正32. pp.493~505.
29) 大正32. pp.745~754.
30) 예를 들어 보자. 용수는 『중론』 第1 觀因緣品에서 아비달마적인 四緣說을 낱낱이 비판하지만 『大智度論』의 다음과 같은 구절에 나타나 있듯이 이는 四緣이 실재한다고 보는 四緣에 대한 취착된 이해만을 시정하기 위함이지 아비달마적 四緣說의 가치를 전적으로 부정하기 위함이 아니다: "菩薩은 諸法이 四緣으로부터 生하는 것을 알아서 관찰하지만 四緣 가운데에서 定相을 取하지 않는다. … 般若波羅蜜 가운데서는 다만 邪見을 제거하는 것이지 四緣을 破하지는 않는다(菩薩觀知諸法從四緣生而不取四緣中定相 … 般若波羅蜜中 但除邪見而不破四緣)": 용수, 『大智度論』(大正25, p.297b~c.).
31) 야지마요우기찌, 空의 철학, 송인숙 역, 대원정사, 서울, 1992, p.143.

있는 것이다.

c항의 경우, 『방편심론』에서는 우이하쿠주가 지적한 구절 이외에 공 사상을 천명하는 구절이 다수 발견된다. 이를 나열하면 다음과 같다.

ⅰ. 이와 같은 여덟 가지의 깊고 오묘한 논법을 이제 내가 간략히 설하겠노라. 이는 온갖 논의의 문을 열기 위함이요 희론(戱論)을 끊어주기 위함이니라.[32]
ⅱ. 모든 존재는 다 공하여 고요하니 나도 없고 남도 없어 환상과 같고 요술과 같아 진실됨이 없느니라. 이와 같은 심오한 이치는 오직 지혜로운 자만이 이해할 수 있느니라.[33]
ⅲ. 모든 존재는 다 공하여 주체가 없느니라. 나타난 만물은 갖가지 인연으로 이루어지기 때문이니라.[34]
ⅳ. 만일 공의 지혜를 얻는다면 이를 이름하여 참다운 현량(現量)이라 하느니라.[35]
ⅴ. 유위(有爲)의 제법(諸法)은 모두 공하여 적멸하니 마치 허공과 같다.[36]

우이하쿠주가 공 사상이 담겨 있는 유일한 예로 인용한 구절[37] 이외에 노골적으로 공 사상을 표방하는 구절들은 위와 같이 다수 발견된다. 뿐만 아니라 그 논법이 용수의 논법과 유사한 구절들도 많이 발견된다.[38] 이런 구절들의 내용으로 미루어 보면 『방편심론』의 저자

32) 如此八種深妙論法我當略說 爲開諸論門 爲斷戱論故, 大正32, p.23c.
33) 諸法皆悉空寂 無我無人如幻如化無有眞實 如斯深義智者乃解, 大正32, p.25a.
34) 諸法皆空無主 現萬物衆緣成故, 大正32, p.25a.
35) 若得空智名爲實見, 大正32, p.25b.
36) 有爲諸法皆空寂滅 猶如虛空, 大正32, p.25c.
37) 本章 脚註 6) 참조.
38) 만일 누가 '자아'를 말하면 다음과 같이 물어야 한다. "그대가 말하는 자아는 상주하는 것인가, 무상한 것인가. 만일 무상한 것이라면 제행과 마찬가지라서 그대

는 우이하쿠주의 주장과는 반대로 결코 소승불교만을 신봉하던 인물일 수는 없는 것이다. 공 사상을 숙지하고 있던 대승불교도였거나, 적어도 대·소승적인 소양을 겸비한 인물이었을 것이다.[39]

그런데, 부뙨(Buston)[40]이나 구마라습(鳩摩羅什)[41]이 전하는 용수의 전기를 보게 되면 용수는 다양한 사상적 편력을 겪었음을 알게 된다. 바라문 가계에 태어나 온갖 학문을 습득한 후 비의적(秘儀的)인 은신술을 익히기도 하고, 소승불교로 입문하여 90일만에 경율론 삼장을 모두 익힌 후 대승경전들을 섭렵하기도 한다. 또, 나란다(Nāland a)에서 계율을 어기고 추방되어 유랑 생활을 하던 때에 『장엄정리론(莊嚴正理論, Nyāyalaṃkara)』을 지니고 있었다고 하는데 『장엄정리론』이란 샹까라(Śaṃkara)라는 논리가가 일장(一場)의 변론을 진행시킨 저술이다.[42] 그 후 용수는 용족(龍族)을 만나 용궁에 들어가 『반야경』등의 대승경전을 접한 후 10만게로 된 『무외론(無畏論)』을 저술하게 되는데 그 중 일부를 추린 것이 바로 현존하는 『중론』이라고 한다.[43] 이러한 사상적 편력을 염두에 둔다면, 용수의 모든 저술이 반드시 『중론』적 성격만을 가져야만 한다고 볼 필요는 없다. 혹, 용수가

로 단멸하는 것이 되고 상주하는 것이라고 주장한다면 이는 그대로 열반이니 무슨 필요에서 다시 [열반을] 추구하겠느냐?(若人言我 應當問言 汝所說我 爲常無常 若無常者 則同諸行便是斷滅 若令常者 卽是涅槃 更何須求: 大正32, p.24c.).

39) 玄奘의 『大唐西域記』(大正51)나 義淨의 『南海寄歸內法傳』(大正54)을 보게 되면 印度의 승원 중에는 小乘이나 大乘 중 어느 한 쪽만 신봉하며 학습하는 곳도 있었지만 小乘과 大乘을 함께 학습(…大乘小乘兼功習學…: 大正51, p.896b.)하던 곳도 많았음을 알게 된다. 또, 불교 승려라고 하더라도 外道의 학문에 조예가 깊은 경우가 많기에 小乘 교리와 大乘的 空 사상이 혼재되어 있는 論理學書인 『방편심론』은 大·小乘的 素養을 겸비한 인물에 의해 저술되었을 것으로 짐작되며 용수도 그런 인물들의 범위에서 예외일 수는 없다.

40) 부뙨(Buston)의 『佛敎史』.

41) 鳩摩羅什, 龍樹菩薩傳(大正50, pp.184~186)

42) 梁惠南, 金哲洙 譯, 中觀哲學, 經書院, p.22.

43) 中村元, 이재호 譯, 용수의 삶과 사상, p.17.

사상적 편력 기간 동안 다른 저술을 한 적이 있다면, 비의적인 내용의 저술은 물론, 『방편심론』과 같이 대·소승의 교리와 논리사상이 혼재된 저술도 하였을 가능성은 충분히 있는 것이다. 그리고, 용수가 이러한 성격의 『방편심론』을 저술하였다면 그 시기는 『중론』 저술 이후가 아니라 교단에서 추방된 후 『장엄정리론(Nyāyalaṃkara)』을 몸에 지니고 유랑생활을 하던 도중이었으리라고 짐작할 수 있다.

그러면 지금까지의 논의를 종합해 보자. 대장경 성립 과정에 비추어 보면 우이하쿠주의 견해와 같이 『방편심론』이 용수의 저술이 아닐 가능성이 농후하다. 그러나 이는 단지 가능성일 뿐이다. 한편, 『방편심론』의 내용에 비추어 보는 경우에는, 우이하쿠주의 견해와 달리, 『방편심론』이 용수의 저술이 아니라고 할만한 이유가 전혀 없는 것이다. 이런 상반된 두 가지 가설 중 어느 한 편의 결론을 확정하는 것은 사실 불가능하다. 그러나, 설혹 『방편심론』이 용수의 저술이 아니라고 하더라도, 상응 논법 자체는 『방편심론』의 저자에 의해 새롭게 창안된 것이 아니라, 그 이전 시대의 논리 사상에서 취합된 것이라고 볼 수 있기에[44], 상응 논법에서 중관논리의 기원을 찾는 본 논문의 취지는 손상되지 않는다.

3. 제4 상응품의 성격에 대해

우이하쿠주는 『니야야 수뜨라(Nyāya Sūtra: 正理經)』의 성립 과정과 편찬 연대를 밝히려는 목적에서, 「정리학파의 성립 및 정리경 편

---

44) 용수 이전의 논리 사상이 담겨 있는 『짜라까 상히따』에서 설명하는 '答破(uttara)' 역시 相應 논법과 같은 맥락이 논법이다.

찬 연대」라는 논문을 통해 『방편심론』에 대한 문헌학적 연구를 시행한 바 있다.[45] 여기서 우이하쿠주는 인도 고대의 내과의서(內科醫書)인 『짜라까-상히따(Caraka-Saṃhitā)』 제Ⅲ장 8절에 등장하는 논리 사상이 시기적으로 가장 선행하고 그 후 이를 토대로 불교도에 의해 『방편심론』이 작성되며, 다시 『방편심론』에 입각하여 니야야 논사에 의해 『니야야 수뜨라』의 논리 사상이 성립하였을 것이라는 가설을 내세우고 있다.[46] 그와 아울러 '상응' 논법이 『방편심론』의 시대가 되어서야 처음 등장한다고 주장하고 있으며 후학인 카지야마유이치 역시 『짜라까 상히따』에서는 '상응(相應)' 논법이 발견되지 않는다고 주장한다.[47] 그러나 다음과 같은 구절을 보게 되면 『짜라까 상히따』 시대에도 '상응' 논법에 대한 이해가 있었다고 생각하지 않을 수 없다.

> 그러면 '답파(答破, uttara)'란 무엇인가? '답파'라는 것은 동질성(sādharmya)에 의해 지목된 원인(hetu)에 대해 이질성(vaidharmya)을 말하거나 이질성에 의해 지목된 원인에 대해 동질성을 말하는 것이다. 예를 들어 원인이 동질적인 질환들이 있다. 냉병(冷病)은 [그] 원인과 동질적이라고 말한다. 즉, [냉병의 원인은] 추운 계절 찬 바람과의 접촉이라고 말한다. [이에 대한 '답파'로] 다른 자는 [다음과 같이] 말할 것이다: 원인과 이질적인 질환들이 있다. 예를 들면 다음과 같다. 신체의 일부분에 있어서 타는 듯 뜨겁게 부패하는 동상의 경우는 원인과 이질적이다. [그 원인은] 추운 계절 찬 바람과의 접촉이다. 이와 같은 반대를 담고 있는 것이 '답파'이다.[48]

---

45) 宇井伯壽, 印度哲學硏究1, pp.201~205.

46) 위의 책, p.205.

47) 梶山雄一, 앞의 책, p.24.

48) atha uttaraṃ. uttaraṃ nāma sādharmyopadiṣṭe vā hetau vaidharmyavacanaṃ vaidharmyopadiṣṭe vā hetau sādharmyavacanaṃ, yathā hetusadharmāṇo vikārāḥ, śītakasya hi vyādher hetubhir sādharmyavacanaṃ himaśiśiravātasaṃsparśā iti bruvataḥ, paro brūyāt, hetuvaidharmāṇo vikārāḥ, yathā śarīrāvayavānāṃ dāhauṣṇyakothaprapacane hetubhir vaidharmyaṃ himaśiśiravātasaṃsparśā iti,

'자띠(jāti)' 논법, 즉, '상응' 논법에 대해 『니야야 수뜨라』 '1-2-18'에서는 '동질성'과 '이질성'에 토대를 두고 반대하는 것[49]이라고 설명하고 있으며, 『방편심론』에서는 '상응' 논법에 대해 "동법(同法)으로써 이치를 나타내면 동법이라고 부르고 이법(異法)으로써 이치를 나타내면 이법이라고 부른다."[50]고 설명하고 있다. 위에 인용한 '답파(uttara)'의 경우도 그 명칭만 다를 뿐이지 '동질성(sādharmya: 동법)'과 '이질성(vaidharmya: 이법)'에 의한 반론을 의미하기에 '니야야 수뜨라'의 '자띠(jāti)'나 『방편심론』의 '상응' 논법, 『짜라까 상히따』 Ⅲ-8의 '답파(uttara)'의 세 가지는 고칼레(Gokhale)의 지적[51]과 같이 동일한 성격의 논법이라고 말할 수 있을 것이다.[52]

또, 우이하쿠주는 『방편심론』의 제4 「상응품」이 『니야야 수뜨라』 제5편 제1 「자띠(jāti)장」과 취지를 같이하는 것으로 보았다.[53] 즉, 『방편심론』에 등장하는 20가지 '상응' 논법이란, 정당한 논증을 비판하는 그릇된 논증이라고 본 것이다. 그러나 『방편심론』의 「상응품」에서는 '상응' 논법을 정당한 논법으로 간주하고 있는 것이 분명하다. 다음과 같은 구절을 보자.

> 문: 그대는 이미 법다운 정론에 대해 분별해 주었다. 그러면 상응의 이치는 무엇을 말하는 것이냐?
> 답: 질문과 답변이 상응하는 것에는 20가지 종류가 있다. 만일 어

etat saviparyayam uttaraṃ: 『짜라까 상히따』 Ⅲ-8, '제15항'(宇井伯壽, 印度哲學研究2, p.575).

49) sādharmya-vaidharmyābhyāṃ pratyavasthānaṃ jātiḥ: 『니야야 수뜨라』, '1-2-18'.

50) 以同顯義名同 以異顯義名異(『方便心論』, 大正32, p.27c.).

51) Pradeep P. Gokhale, *Inference and Fallacies Discussed in Ancient Indian Logic*, Sri Satguru Publications, Delhi, 1992, p.151.

52) 이에 대해서는 본서 제Ⅶ장 제1절에서 상세히 논의하기로 한다.

53) 宇井伯壽, 佛敎論理學, p.76.

떤 사람이 이런 20가지 이치의 도움으로 정리를 발생시키게 된다면 이런 사람은 진실한 논의를 이해한 자라고 부르게 된다. 만일 이렇지 못하면 논의하는 방법을 통달하지 못한 것이다.[54)]

이어서 20가지 '상응' 논법에 의해 '자아의 상주성'을 주장하는 논증식이 비판되고 있는데 우이하쿠주는『방편심론』의 한역자가 '무아설'을 신봉하는 불교도였기 때문에 원문에는 부당한 논법으로 표현되어 있었을 '상응' 논법을 정당한 논법으로 왜곡하여 번역한 것이라고 주장한다.[55)]

그런데 후학인 카지야마유이치는 이러한 우이하쿠주의 해석을 비판하며 우이하쿠주와는 상반된 결론을 내리고 있다.[56)] 즉,『방편심론』은『짜라까 상히따』'Ⅲ-8'이나『니야야 수뜨라』와 성격을 달리하는 '반논리학서(反論理學書)'라는 것이다.[57)] 카지야마는 다음과 같이 주장한다.

『방편심론』에서 말하는 상응은 오난(誤難, jāti)에 해당되는 것이지만 그 사용 방법은 완전히 반대이다.『니야야 수뜨라』에서의 오난은 궤변적인 그릇된 반론이어서 당연히 그것은 다시 반박되어야 할 것이지만『방편심론』의 상응은 정당한 판단으로 기술되어 있는 것이다.[58)]

카지야마의 이러한 논문이 나오기 전까지는 거의 모든 학자들이 우이하쿠주의 주장을 무비판적으로 수용하여『방편심론』의 '상응' 논법

---

54) 問曰 汝已分別如法正論 云何名爲相應義耶答曰 問答相應有二十種 若人能以此二十義助發正理 是人則名解眞實論 若不如是 不名通達議論之法(大正32. p.27.),
55) 宇井伯壽, 앞의 책, p.76
56) 梶山雄一, 앞의 책, pp.16~18.
57) 위의 책, p.12.
58) 위의 책, p.16.

을 『니야야 수뜨라』의 '자띠' 논법과 동일한 취지를 갖는 잘못된 논증으로 보았다.[59]

『니야야 수뜨라』 제5편 제1 「자띠(jāti)장」의 경우는 24가지 '자띠(jāti)' 논법을 하나하나 열거한 후 이어지는 경문에서 각 논법의 부당성을 지적하고 있는데 수뜨라의 경문에는 '논법의 요점'만이 기술되어 있을 뿐 적대자가 주장하는 '논증식의 내용'은 드러나 있지 않다. 그러나 『니야야 수뜨라』의 주석자 왓스야야나(Vātsyāyana)등은 성상주론자(聲常住論者)[60]가 성무상론(聲無常論)[61]을 비판하면서 이 논법을 구사하는 것으로 간주하고 이 논법의 의미와 그 부당성에 대해 해설하고 있다. 그 당시 니야야 학파에서는 성무상론을 주장하고 있었는데 적대자인 성상주론자가 니야야 측의 주장을 비판하기 위해 부당한 논법인 '자띠' 논법을 구사했다고 보았던 것이다. 즉, 다음과 같은 니야야 측의 논증식을 비판하기 위해 성상주론자에 의해 자띠 논법이 구사된다는 것이다.

주장: 소리는 무상하다
이유: 지어진 것이기에
실례: 마치 물단지와 같이

59) "『방편심론』… 제4장은 그릇된 비난 20가지를 싣고 있다.": 平川彰 編, 佛敎硏究入門, p.125(川崎信定, 佛敎論理學) ; 泰本隆, 東洋論理の構造 ; Vidyabhusana, *A History of Indian Logic*, p.261: jāti를 far-fetched analogy(牽强附會的 類似)라고 부정적 의미로 번역한다.

60) 소리는 마치 '보이지는 않지만 어둠 속에 머물러 있다가 등불의 조명에 의해 그 모습이 드러나는 물체'와 같이 虛空 중에 은폐되어 常住하다가 發話등에 의해 드러나는 것이라는 이론. 미망사(Mīmāṃsā) 학파의 주장이다. 聲顯現論이라고도 한다.

61) 소리란 發話등에 의해 새롭게 발생하기에, 없던 것이 생기는 것이며 無常한 것이라는 이론. 니야야 학파의 주장이다. 聲發生論이라고도 한다.

이는 자띠 논법이 실려 있는 『니야야 수뜨라』의 저자의 주장이다. 그런데 『방편심론』에서 '상응' 논법에 대입되어 비판받는 '자아 상주론자'의 논증식은 다음과 같다.

주장: 자아는 상주한다
이유: 지각되지 않기에
실례: 마치 허공과 같이

이는 '상응' 논법이 실려 있는 『방편심론』의 저자의 주장이 아니라 적대자의 주장이다. 따라서 『니야야 수뜨라』의 저자는 자띠 논법을 부당한 논법으로 간주했던 반면 『방편심론』의 저자는 외도를 논파하는 정당한 논법으로 간주했다고 볼 수 있다.

뿐만 아니라 『니야야 수뜨라』에서는 각각의 '자띠' 논법을 예시한 후 이어지는 경문에서 각 논법의 부당성을 지적하고 있는데 『방편심론』의 경우는 각각의 '상응' 논법을 예시한 후 그에 대한 비판적 설명을 덧붙이고 있지 않다.

이런 두 가지 논거로 미루어 볼 때 카지야마유이치의 견해와 같이 불교도인 『방편심론』의 저자는 이 논법을 자파 논법으로 간주하였다고 말할 수 있다.

4. 『방편심론』의 '상응'과 『니야야 수뜨라』의 '자띠(jāti)'의 어의에 대한 분석

위에서 언급했듯이 『방편심론』의 제Ⅳ 상응품과 자띠(jāti)라는 이름의 『니야야 수뜨라』 제5편 제1장은 그 성격이 정반대이다. 이는 카지야마유이치도 지적하고 있는 것으로[62] 『방편심론』에서 외도를 논파하는 올바른 논법으로 간주되는 상응(相應) 논법을 『니야야 수뜨라』에서는 잘못된 비판법이라고 재비판하고 있는 것이다.

카지야마유이치는 '상응'의 원어가 'prasaṅga-jāti'일 것으로 추정[63]하고 있다. 한편, 뚜찌(Tucci)의 경우는 『방편심론』을 산스끄리뜨文으로 복원하면서 '상응'에 해당하는 술어로 'sambandha'를 사용하고 있다. 그리고, 필자는 '상응'이란 단순히 'sama'의 번역어라는 졸견을 제시한 바 있다.[64] 『방편심론』에서 '상응'이라는 술어가 구사되고 있는 문장 전문은 다음과 같다.

> 문: 그대는 이미 여법한 정론에 대해 분별해 주었다. 그러면 상응의 이치는 무엇을 말하는 것이냐?
> 답: 질문과 답변이 상응하는 것[問答相應]에는 20가지 종류가 있다. 만일 어떤 사람이 이 20가지 이치로써 올바른 이치를 발하는데 도움을 받는다면 이런 사람은 진실한 논의를 이해한 것이라고 부른다. 만일 이렇지 못하면 의론의 방법을 통달하지 못한 것이다. 이 20가지는 크게 두 가지로 대별된다. 1 다름, 2 같음. 같음으로써 이치를 나타내면 같음이라고 부르고 다름으로써 이치를 나타내면 다름이라고 부른다. 무릇, 이치가 되려면 반드시 이 두 가지에 의지해야 하므로 이 두 가지가 20가지 법에 통한다.[65]

62) 梶山雄一, 앞의 책, p.16.

63) 梶山雄一, 위의 책, p.23.

64) 拙稿, 中觀論理의 起源에 대한 基礎的 硏究, 印度哲學 제5집, 民族社, 1995, pp. 47~51.

65) 問曰 汝已分別如法正論 云何名爲相應義耶 答曰 問答相應有二十種 若人能以此二十義助發正理 是人則名解眞實論 若不如是 不名通達議論之法 此二十種要則有二 一異 二同 以同顯義名同 以異顯義名異 凡爲義者必依此二故 此二通二十法 云何名同 如言煩惱盡處是無所有 虛空之性亦無所有 是名爲同 云何名異 如說涅槃非作故常 則知諸行作故無常 是名爲異

즉, '상응'이라는 술어가 쓰이고 있는 곳은 「상응품」이라는 이 품의 제목과, 질문 속에서 발견되는 '상응의'라는 구절과, 답변에 등장하는 '문답상응'이라는 구절의 세 가지가 전부이다. 그러면 '상응'에 해당하는 산스끄리뜨 원어는 무엇이었을까? 이제 이에 대해 보다 면밀히 검토해 보기로 하자.

첫째, 필자가 '상응'의 원어를 'sama'라고 보았던 이유에 대해 먼저 간략히 설명해 보겠다. 『니야야 수뜨라』 제5편에서는 『방편심론』의 '상응 논법'에 해당되는 '자띠(jāti) 논법'을 설명하는 문장을 먼저 거론한 후 반드시 그에 대한 비판적 해설을 덧붙이는데 각각의 '자띠(誤難?)'의 이름에는 일본 학자들에 의해 '상사(相似)'라고 번역된 'sama'라는 술어가 동반된다. 예를 들어 보자.

> 이유(hetu)는 소증(sādhya)에 접합(prāpti)할까, 아니면 접합하지 않을까(aprāpti). 접합한다면 차별되지 않는 것으로 되며 접합하지 않는다면 비논증성(非論證性)의 것으로 되기 때문에 도·부도 상사(prāptyaprāpti-samau)[66]이다(『니야야 수뜨라』, '5-1-7').[67]

『니야야 수뜨라』 제5편에는 이것뿐만 아니라 다른 모든 자띠(jāti) 논법에 대해서도 니야야 학파의 입장에서의 비판을 부가하고 있다. 따라서 『니야야 수뜨라』에서 'sama'라는 이름으로 요약되는 논법은 『방편심론』에서 '상응'이라는 이름으로 설명하고 있는 논법이라고 볼 수 있다. 또, 'sama'의 역어(譯語)로 일본 학자들은 '相似'를 채택하고 있는데 이는 현장 역의 『인명정리문론』에 토대를 둔 번역이다.[68] 그

---

66) 이렇게 논법의 명칭 뒤에는 언제나 'sama'라는 술어가 부가된다.

67) prāpya sādyamaprapya vā hetoḥ prāptyā 'viśiṣtatvādaprāptyā 'sādhakatvācca prāptyapraptisamau(jāti 중 제9, 10 到·不到相似): *Nyāyadarśanam II*, Rinsen Book co., Kyoto, 1982, p.2016.

68) 所言似破謂諸類者 謂同法等相似過類(앞에서 말했던 '논파와 유사한[sama] 것'을

러나 'sama'는 그저 동일하다는 의미만 갖는 것이 아니라 '서로 견주어 보아 동등하다'는 뜻도 있다.[69] 즈하(Gaṅgānāṭha Jhā)는 이를 'parity per ~(~와 짝이 되다)'로 번역하고 있고[70] 위드야부사나(M. S. C. Vidyābhuṣana)는 이를 'balancing(균형잡기)'이라고 번역하고 있다.[71] 위에 인용한 『방편심론』의 '문답상응(問答相應)'이라는 구절은 "질문과 답변이 상응한다"는 의미이기에, '질문과 균형을 이루는(balancing) 상반된 답변을 제시한다거나 질문과 짝이 되는(parity per) 상반된 답변을 제시한다'는 뜻으로 볼 수 있다. 그런데 『방편심론』의 상응 논법이나 『니야야 수뜨라』의 자띠(jāti) 논법에서는 적대자가 어떤 논증식[問]을 제시할 경우 그와 동등한[sama] 타당성을 갖는 상반된 결론의 논증식[答]을 제시해 줌으로써 적대자의 논증식을 비판하고 있다. '상응'을 'sama'의 한역어라고 볼 경우 '문답상응'이라는 구절의 의미가 상응 논법의 취지에 부합된다. 그래서 '문답상응'은 'praśnottara sama'로 복원될 수 있을 것이다. 따라서 필자는 '상응'이 'sama(상사)'의 번역어일 것이라고 주장한 바 있다. 그러나 이 역시 하나의 가설일 뿐이다.

둘째, 뚜찌(Tucci)의 번역어에 대해 검토해 보기로 하자. 일찍이 뚜찌(Tucci)는 한역본만 현존하는 『방편심론』을 산스끄리뜨문으로 복원

갖가지 類[jāti]라고 일컫는 것은 同法[sādharmya] 따위의 相似[sama]한 過類[prasaṅga-jāti]를 일컫는 것이다): 大城龍菩薩(Dignāga), 『因名正理門論』, 大正32, p.3c.

69) "sameness of objects compared to one another": Monier Williams, *Sanskrit Dictionary*, Oxford University Press, 1982, p.1152.

70) Gaṅgānāṭha Jhā, Nyāya-Sūtras of Gautama Vol IV, Motilal Banarsidass, 1984, pp.1658-1735(이는 Gautama(=Akṣapāda)의 *Nyāya Sūtra*, Vātsyāyana의 *Nyāya Bhāṣya* 및 Vāchaspati Miśra의 *Nyāya Vārṭika*에 대한 英譯이 모두 수록된 大作으로, 以下 본 논문의 모든 脚註에서 指目하는 『니야야 브하샤』와 『니야야 와르띠까』의 인용문과 쪽수는 모두 이 영역본에 대한 것이다.).

71) M. S. C. Vidyābhuṣana, *The Nyāya Sūtras of Gotama*, Oriental Book Print Corporation, Delhi, 1975, pp.140-166.

한 바 있다.[72] '상응'이라는 술어가 등장하는 『방편심론』의 한역문과 그에 해당되는 뚜찌의 산스끄리뜨 복원문을 대조해 보자.

> ①問曰 汝已分別如法正論/ ②云何名爲相應義耶/ ③答曰/ ④問答相應有二十種
> ①nanu bhavatā vyākhyato yathādharmasadvādaḥ/ ②kaḥ punaḥ sambandhaḥ/ ③atrocyate/ ④praśnottarasambandho viṃśatividhaḥ/[73]

여기서 '상응'은 "sambandha[74]"라고 복원된다. 즉, '결합'이나 '관계'의 의미라고 본 것이다. '상응'이라는 술어는 불교 경론 도처에서 발견된다.[75] 세친의 『구사론(Abhidharmakośabhāṣya)』은 진제(眞諦, Paramārtha)[76]와 현장(玄奘)[77] 각각에 의한 두 가지 한역본이 있는데, 이를 산스끄리뜨 원전[78]과 대조해 보게 되면 '상응'에 해당하는 말로 'sambandha'는 이외에도 다양한 원어가 있었음을 알게 된다. 예를 들어 '심불상응행(心不相應行)'의 경우는 'citta-viprayuktāḥ saṃskārāḥ'의 번역어이기에 '상응'은 'prayukta'을 한역한 것이다. 이 이외

72) Guisppe Tucci Trs., Upāyahṛdayam, *Pre Diṅnāga Texts on Logic from Chinese Sources*, 1981, Vesta Publications, Madras.

73) 위의 책, p.26.

74) sambandha, m. binding or joining together, close connection or union or association, … relation(Monier Williams, *Sanskrit-English Dictionary*, Oxford University Press, p.1177).

75) 『大般若波羅蜜多若經』의 제3품 역시 「相應品」이라는 제목이 붙여져 있는데 그 내용은 『방편심론』적인 '相應'과는 무관하다(大正5.).

76) 梁武帝 4年, 즉 기원 후 546(一說 536년) 중국 南海에 도착함(佛敎史年表, 法藏館, 京都, 1979, p.47).

77) 기원 후 618년 天竺에서 長安으로 돌아옴(佛敎史年表, 法藏館, 京都, 1979, p.61).

78) Pradhan, *Abhidharmakośabhāṣya*, Tibetan Sanskrit Works Series, Vol.Ⅷ, K.P.Jayaswal Research Institute, Patna, 1967.

에도 'anvita', 'abhi-saṃ√badh의 파생어들', 'upasaṃhita', 'pratisaṃyukta', 'malinatva', '√yuj의 파생어들', 'saṁanvā√gam의 파생어들', 'saṃpra√yuj의 파생어들'을 위시하여 수십가지 산스끄리뜨문이 '상응'이라고 번역되고 있다.[79] 이렇게 다양한 원어들 중, 뚜찌(Tucci)는 '상응'에 해당되는 것으로 'sambandha'를 선택한 것이다. 그런데 『방편심론』은 논리학 서적이며, 인도 논리학에서 'sambandha'라는 술어(術語, technical term)는 결합(saṃyoga)이나 내속(內屬, samavāya) 등의 관계를 지칭할 때 사용하는 것이기에 『방편심론』에서 소개하고 있는 20가지 '자띠(jāti)' 논법의 호칭으로는 어울리지 않는다.

셋째, 카지야마유이치의 견해를 보자. 카지야마는 '상응'의 원어가 'prasaṅga-jāti'였을 것이라고 추정한다. '상응'이라는 술어 이외에 '生過'라는 술어도 그 원어가 'prasaṅga-jāti'였을 것이라고 말한다. 그런데, 『방편심론』 제1 명조론품과 제2 명부처품에서, '사인(似因)'이나 '부처(負處)'를 설명하는 경우에도 생과(生過)라는 술어를 쓰고 있었는데 『방편심론』 제4품의 제목도 원어는 'prasaṅga-jāti'이었으나 새로운 논법을 소개하는 품이었기에 『방편심론』의 한역자는 생과라는 동일한 한역어를 사용할 수 없을 것이라고 한다. 그래서 '상응'이라는 새로운 한역어를 창안했다는 것이다. 뿐만 아니라 『구사론』에서도 'prasaṅga'를 '상응'이라고 번역한 용례가 보이기에[80] '상응'은 'prasaṅga-jāti'의 한역어일 것이라고 추정된다는 것이다.[81]

그러면, 다양한 불교 술어들에 대한 설명이 등장하면서 범·장·한(梵·藏·漢)의 번역본이 모두 현존하는 『구사론』의 용례를 통해 '상응'과 prasaṅga의 의미에 대해 검토해 보기로 하자. '상응' 항목에 해당되는 산스끄리뜨文에 대해서는 『아비달마구사론색인』 권Ⅱ 'Chinese-Sans

79) 平川彰, 『阿毘達磨俱舍論索引』Ⅱ, 大藏出版, 東京, pp.301~302.
80) 平川彰, 『阿毘達磨俱舍論索引』Ⅰ, 大藏出版, 東京, p.259.
81) 梶山雄一, 佛教知識論の形成, 앞의 책, p.23.

krit'편에 의거하여 앞에서 설명한 바 있다. 『아비달마구사론색인』 권 Ⅰ 'Sanskrit-Tibetan-Chinese'편에 'prasaṅga'에 해당되는 현장과 진제의 다양한 한역문이 소개되어 있다. 진제가 번역한 『아비달마구사석론』[82]에서는 '應有', '應立', '(成)反質難', '(成)過失', '相應義', '由義相應', '得成', '由相應故來'등의 번역어가 눈에 띄고, 현장이 번역한 『아비달마구사론』[83]에서는 '應', '應成', '應然', '過', '成失', '所難', '過難', '傍論'등의 번역어가 눈에 띈다. 그런데 진제는 『여실론(如實論)』의 번역자이기도 하며, 『여실론』에는 『방편심론』 「상응품」이나 『니야야 수뜨라』 제5편 제1 자띠(jāti)장에 소개되어 있는 '상응' 논법, 또는 '자띠' 논법들이 약간의 변형을 거쳐 소개되어 있다. 따라서 '상응 논법'과 관련된 술어들의 산스끄리뜨문을 복원하는데는 현장 역의 『아비달마구사론』보다 진제 역의 『아비달마구사석론』을 참고하는 것이 좋을 것이다.

『여실론』은 그 일부가 진제의 한역본으로 현존한다. 즉, 「반질난품(反質難品)」이라는 한 품의 한역만 남아 있는데 「반질난품」은 다시 '무도리난품(無道理難品)', '도리난품(道理難品)', '타부처품(墮負處品)'의 3품으로 구성되어 있다. 카지야마는 '무도리난품'은 『방편심론』의 상응 논법을 계승하면서 『순중론(順中論)』의 '인(因)의 삼상설(三相說)'을 추가하여 불교논리학을 체계화하려는 시도라고 주장하며, '도리난품'에는 도리에 대한 잘못된 논란이 실려 있다고 말한다.[84] 어쨌든 '무도리난품'과 '도리난품'에서, 『방편심론』의 '상응 논법'이나 『니야야 수뜨라』의 '자띠(jāti) 논법'에 해당되는 내용을 그 소재로 삼고 있는 것만은 분명하다. 한편, '타부처품'에는 『니야야 수뜨라』 제5편 제2장에 등장하는 '부처(nigrahasthāna)' 22종이 상세한 설명과 함께

82) 大正29, pp.161~310.
83) 大正29, pp.1~159.
84) 梶山雄一, 앞의 책, pp.95~96.

그대로 수록되어 있다. 따라서 현존하는 『여실론』 「反質難品」은 『니야야 수뜨라』의 제5편에 해당되는 내용을 그 소재로 삼고 있다고 할 수 있다.

그러면 「반질난품」과 그 세부 항목인 '무도리난품', '도리난품', '타부처품'을 산스끄리뜨어로 복원하면 어떻게 될 것인가? 위에서 열거한 바 있지만 진제 역의 『아비달마구사석론』에 'prasaṅga'가 '(성)반질난'으로 번역되어 있기에 「반질난품」은 「prasaṅga prakaraṇa」의 한역어라고 볼 수 있다. 그리고 '무도리난품'은 'ayoga prasaṅga prakaraṅa'[85], '도리난품'은 'yukti prasaṅga prakaraṅa'[86], '타부처품'은 'nigrahasthāna prasaṅga prakaraṇa'[87]로 복원될 수 있을 것이다. 또, 카지야마도 지적하고 있듯이 '상응'에 해당되는 산스끄리뜨문 중에는 'prasaṅga'도 포함되어 있기에 『방편심론』의 '상응'은 'prasaṅga jāti'가 아니라 단순히 'prasaṅga'의 역어일 수 있다.

그렇다면 『니야야 수뜨라』에서는 이런 논법들을 소개하는 품의 이름을 어째서 'prasaṅga'가 아니라 'jāti(生)'라고 붙인 것일까? 왓스야야나(Vāṭsyāyana)는 『니야야 수뜨라』 제1편 2-18을 주석하면서 자띠(jāti)의 의미에 대해 다음과 같이 설명하고 있다.

> 이유가 제시되는 경우에 어떤 쁘라상가(prasaṅga: 歸謬?)가 生하는 것, 그것이 자띠(jāti)이다. 그리고 그런 쁘라상가는 공통성과 상위성에 의한 반대(pratyavasthāna)이고 논파이며 부정(pratiṣedha)이

---

85) 『阿毘達磨俱舍釋論』에서 이에 해당되는 漢譯語와 梵文은 다음과 같이 대응된다: ⋆ 無道理成: na yujyante. ⋆ 無道理: ayoga, asaṃbhava. ⋆ 難: prasaṅga, doṣa, pratiṣedha. ⋆ 道理: nyāya, yukti.

86) 『阿毘達磨俱舍釋論』에서 이에 해당되는 한역어와 범문은 다음과 같이 대응된다: ⋆ 난: prasaṅga, doṣa, pratiṣedha. ⋆ 도리: nyāya, yukti.

87) 『阿毘達磨俱舍釋論』에서 이에 해당되는 한역어와 범문은 다음과 같이 대응된다: ⋆ 타신견: satkāya-dṛṣṭi-prasaṅga. ⋆ 타상과실: śāsvata-doṣa-prasaṅga. ⋆타단견: ucchedāya paraiti

다.[88]

현대 학자들은 자띠(jāti)를 ‘오난(誤難, 그릇된 비난)’[89]이나 ‘Futile Rejoinder(하찮은 말대꾸)’[90]등으로 번역하고 있지만 자띠(jāti)’라는 단어의 의미에 대한 왓스야야나의 설명에서는 비판조의 문구[91]가 발견되지 않는다. 왓스야야나는 어떤 주장을 부정할 경우 그 주장의 근거와 공통되거나 상반된 근거를 들어 쁘라상가[歸結]가 생하게 하는 것이 바로 ‘자띠(jāti)’라고 설명할 뿐이다. 그런데 『니야야 수뜨라』 제5편 제1장에서는 ‘자띠 논법’ 각각에 대한 소개와 함께 그에 대한 논파도 싣고 있다. 따라서 ‘자띠(jāti)’는 『니야야 수뜨라』 제5편 제1장 전체를 지칭하는 것이 아니라 제5편 제1장을 작성하면서 니야야 학파의 입장에서 논파하기 위해 그 대상으로 삼았던 24가지 ‘상응 논법’의 이명(異名)이라고 볼 수 있다. ‘상응 논법’이란 어떤 주장을 보고 그 주장과 동등한(sama) 타당성을 갖는 상반된 주장을 제시함으로써 그 주장에서 쁘라상가(prasaṅga)가 발생(jāyate)함을 보이는 것이기에, ‘쁘라상가’라는 측면에서 보면 이 논법을 ‘상응 논법’이라는 이름으로 부를 수 있고 ‘발생한다’는 측면에서 보면 ‘jāti(생) 논법’이라고 부를 수 있는 것이다. 그런데 『방편심론』에서 외도 논파법으로 제시하고 있는 ‘상응 논법’이 용수에 의해 채택되어 구사되는 경우, 이는 논증식을 갖춘 반대 주장을 제시하기 위함이 아니다. 차후에 다시 거론하겠지만,[92] 용수는 ‘상응 논법’을 “당신의 논리학에 따른다면 그와 반

88) prayukte hi hetau yaḥ prasaṅgo jāyate sa jātiḥ/ sa ca prasaṅgaḥ sādharmy avaidharrmyābhyāṃ pratyavasthānamupālāmbhaḥ pratiṣedha iti, *Nyāya-darśanam Ⅰ*, 앞의 책, pp.401~402.

89) 일본 학자들의 번역어.

90) Jhā, 앞의 책, Vol. Ⅳ, pp.1695~1735.

91) 誤難의 ‘誤’나 Futile Rejoinder의 ‘Futile’이라는 부정적 의미.

92) 본서 제Ⅵ장 4절 참조.

대되는 이런 주장도 가능하다"는 쁘라상가(prasaṅga)적 맥락에서 쓰고 있다. 즉, 적대자가 어떤 주장을 한다면 그들이 인정하는 세속적 논리에 입각해 그에 '상응'하는 반대 주장 역시 논리적 타당성을 갖고 도출될 수 있다는 사실을 보여주는 것이 바로 '상응 논법'이다. 그리고 이것이 상대의 주장에서 쁘라상가(prasaṅga)가 발생되게(jāyate) 만드는 중관적 방법인 것이다. 따라서 'jāti'라는 술어는 '오난(futile re joinder)'으로 번역할 것이 아니라 그 진정한 의미를 살려 '생과(生過)'라고 번역하는 것이 옳을 듯하다.93) 용수 역시 『광파론』(제68절)에서 니야야 학파의 16구의를 논파할 때 'jāti'를 '생하다'는 의미로 해석하고 있다.94)

또, 왓스야야나의 『니야야 브하샤(Nyāya Bhāṣya)』(1-1-39의 疏)에서는 '상위성(相違性, vaidharmya)과 공통성(sādharmya)에 토대를 두고 비판을 하는 자'를 '자띠바딘(jātivādin)'이라고 호칭하면서 그런 토대 위에서의 반대는 옳지 못하다고 비판하고 있다. 그런데 『니야야 수뜨라』 제1편(1-2-18)에서는 '자띠'를 '공통성과 상위성에 토대를 두고 반대하는 것'95)이라고 정의하고 있기에 '자띠바딘(jātivādin)'이란 '그런 '자띠논법'에 의해 상대를 논파하려고 하는 사람들'이라는 뜻인

93) 『如實論』의 저자나 陳那(Dignāga), 法稱(Dharmakīrti) 등의 불교논리가들도 'jāti'를 '잘못된 비판(誤難)'으로 보았다. 따라서 이들은 『방편심론』적인 '相應-논법'의 전통과는 단절되어 있었다고 볼 수 있다. [※ 이들은 因을 生因과 顯因으로 구분한 후 顯因의 타당성을 비판하기 위해 이 두 논법이 구사되는 것은 오류이지만 生因의 타당성을 비판하는 경우에는 이 두 논법이 정당한 논법으로 쓰일 수 있다고 말한다. 졸고, 무인·지비지상사 논법에 대한 중관학적 수용과 인명학적 해석, 『한국불교학』 27집, 2000 참조]

94) 용수가 'jāti-논법'(相應-논법)을 사용함에도 불구하고 이를 부정하지만, 이는 空性을 사용하여 自性을 논파한 후 그 空性조차 다시 부정(空亦復空)하는 것과 같은 맥락에서 이루어지는 부정이라고 보아야 한다. 이를 '씻음'으로서의 부정이라고 명명할 수 있으며 바로 이런 점이야말로 中觀的 空 사상의 고유한 특성이다.

95) sādharmyavaidharmyābhyāṃ pratyavasthānaṃ jātiḥ: 『니야야 수뜨라』, 'Ⅰ-2-18'.

것이다. 즉, 상대의 논의에서 쁘라상가(prasaṅga)가 발생되게(jāyate) 함으로써 상대를 논파하는 사람들이 바로 자띠바딘(jāti-vādin: 자띠 논자)들인 것이다.[96] 이렇게 '자띠'의 의미는 『니야야 수뜨라』와 『니야야 브하샤』가 성립된 시기까지는 단순히 '생과(生過)'의 의미로 쓰였다고 볼 수 있기에 현대 학자들의 번역은 니야야 학파의 입장에서 숙어화한 의미에 토대를 둔 것이라고 볼 수 있다.[97] 물론 『니야야 수뜨라』 제5편 제1장에서 이런 'jāti'논법(상응 논법)이 재비판되고 있기에 쁘라상가(prasaṅga)를 야기하는 이 논법이 니야야 학파 측에 의해 정당한 논법으로서 인정받지 못했다는 사실만은 분명하다.

5. '상응' 논법의 사상적 배경

우이하쿠주의 견해와 같이 고대 인도의 세 가지 논리학서 중에서 『짜라까 상히따』 제Ⅲ장 8절이 그 성립 시기가 가장 이르고 그 다음이 『방편심론』, 이어서 『니야야 수뜨라』가 성립되었다고 볼 수 있다.[98] 이 세 가지 논리학 서적은 그 분량이나, 논의의 주제 등에서도 다소 차이가 있지만, 가장 괄목할 차이점은 '상응' 논법에 대한 것이

96) 『니야야 브하샤』에서는 '자띠' 논법을 구사하는 자들이 聲無常論을 비판하는 것으로 되어 있기에 이들이 聲常住論을 주장하던 미망사(Mīmāṃsā) 계통의 논사들이었을 것이라고 추측할 수 있다.

97) 산스끄리뜨 사전에서 'jāti'의 의미 가운데 하나로 '自家撞着的인 答(self-confuting reply)'을 들고 있는 것도 니야야 학파에 의해 이렇게 숙어화된 의미에 토대를 두고 기술된 것이지 원래의 뜻에 부정적인 의미가 담겨 있지는 않았다(梶山雄一, 앞의 책. p.97, 각주 14) 참조): 梵和大辭典, 講談社, p.499 ; Monier-Williams ed., *Sanskrit Dictionary*, Oxford, p.418.

98) 宇井伯壽, 勝論正理兩學派と吠陀並に聲常住論との關係, 印度哲學硏究1, p.11.

다. 즉, 『방편심론』에는 20가지 '상응' 논법이 소개되어 있고 『니야야 수뜨라』에서는 24가지 '자띠' 논법을 소개하면서 그에 대한 비판까지 부가하여 수록하고 있는데, 앞에서 고찰해 보았듯이 『짜라까 상히따』 Ⅲ-8에서는 '답파(uttara)'라는 이름 하에 그 '상응' 논법의 의의와 간단한 실례만 언급하고 있을 뿐이다. 이렇게 세 가지 논리서의 완성도로 미루어 보아 우이하쿠주의 견해와 같이 『짜라까 상히따』 Ⅲ-8 → 『방편심론』 → 『니야야 수뜨라』 순으로 성립되었으리라고 추정할 수 있다. 『니야야 수뜨라』 이후 불교 측 논서인 세친(Vasubandhu)의 『여실론』[99]이나 진나(陳那, Dignāga)의 『인명정리문론』[100]에서도 그 관점이 용수와 상반되긴 하지만 '상응' 논법을 독립된 주제로 취급하고 있었다.

그렇다면 『방편심론』의 저자가 불교적 논법으로 수용하고 있는 '상응' 논법은 그 기원을 어디서 찾을 수 있을 것인가? '상응' 논법의 가치에 대한 연구도 거의 없었지만 그 기원에 대한 연구는 전무하다. '상응' 논법의 형성 과정을 파악하는 단서가 되는 자료가 남아 있지 않기 때문일 것이다. 따라서 본 절에서 시도하는 연구는 전적으로 가설에 불과하다.

차후[101]에 면밀히 검토해 보겠지만 한마디로 말해 상응 논법이란 현량(現量, pratyakṣa)[102]이나 비량(比量, anumāṇa)[103], 성언량(聖言

99) 大正32, pp.28~36. 作者未詳으로 되어 있으나 世親(Vasubandhu)의 저술로 본다(宇井伯壽, 陳那以前に於ける佛敎の論理說, 印度哲學硏究5, pp.487~488.). 『如實論』에서는 '相似' 논법을 '難'이라는 호칭으로 부르고 있다; Ex) 無因難, 至不至難.

100) 大正32, pp.3~6(『因明正理門論本』은 玄奘의 번역으로 되어 있고 『因明正理門論』은 義淨의 번역으로 되어 있으나 그 내용은 동일하다.). 『因明正理門論』에서는 過類(prasaṅga jāti?)라는 제목 하에 '相似(sama)'라는 이름으로 기술된다; Ex) 同法 相似, 無因 相似.

101) 본서 제Ⅱ장 참조.

102) 현량을 비판하는 논법으로 '時同 相應(=無因 相似)' 논법이 있다.

103) 비량을 비판하는 논법으로 시동 상응(=무인 상사), 도·부도 상응(=도·부도 상사)

量, śabda)[104]등의 타당성을 비판하는 양(量) 비판 논법인데 『니야야 수뜨라』의 주석자들[105]은 그 중 특히 비량 비판에 치중한다. 비량이 이루어지기 위해서는 소증(所證, sādhya)과 이유(hetu, liṅga) 간의 주연관계(周延關係, 遍充, vyāpti)가 전제되어야 한다.[106] 그러나 '상응' 논법에서는 그런 주연관계의 불가능성에 입각해서 상대방의 논증식을 비판하고 있는 것이다.[107] 전통적으로 비량을 비판한 사상으로 짜르와까(Cārvāka), 또는 순세파(順世派, Lokayata)등의 고대 인도 유물론을 들 수 있다. 또, 붓다고샤(Buddhagośa)는 순세파에 대해 기술하면서 이 학파를 'viṭaṇḍā-vāda-sattha'라고 표현한다.[108] 즉, 순세파는 '논힐(論詰, vitaṇḍā)'과 '논의(論議, vāda)'의 학문'을 하는 무리들이란 뜻이다. 『니야야 수뜨라』에서 16구의(句義, padārtha)에 포함시키는 '논의'[109]와 '논힐'[110]은 서로 상반된 개념이지만 붓다고샤는 이 양자를 모두 그릇된 것으로 보았던 것이다.[111] 어쨌든 순세파가 비량

등이 있다.

104) 성언량 비판 논법으로 『방편심론』의 '聞異 相應' 논법이 있다.

105) 왓스야야나(Vātsyāyana)이후 웃됴따까라(Uddyotakara), 와짜스빠띠 미슈라(Vācaspatimiśra)등의 니야야 주석자들.

106) Chattopadhyaya, *Lokayata*, People's Publishing House, New York, 1978, p. 22.

107) 본서 제Ⅱ장 1절에서 다시 고찰해 보겠지만 『니야야 수뜨라』에 등장하는 24가지 '상사(=상응)' 논법들 중, '동법 상사', '이법 상사', '증익 상사', '손감 상사', '요증 상사', '불요증 상사', '분별 상사', '소증 상사'등 처음의 8가지 논법이 이에 해당한다.

108) Chattopadhyaya, 위의 책, p.24.에서 再引用.

109) "[두 사람간에 이루어지는] '인식 방법(=量)'과 '思擇'에 의한 논증과 논파로 정설과 모순되지 않는 것이며 '주장' 및 '반대 주장'의 立言이 5肢를 갖춘 것이 '論議'이다(pramāṇa-tarka-sādhana-upālambhaḥ siddhānta-aviruddhaḥ pañca-avayava-upapannaḥ pakṣa-pratipakṣa-parigraho vādaḥ)": 『니야야 수뜨라』, '1-2-1'.

110) "그런 반대 주장이 立量을 결한 것이 '論詰(=헐뜯기)'이다(sa pratipakṣa-sthāpanā-hīno vitaṇḍā)": 『니야야 수뜨라』, '1-2-3'.

111) Chattopadhyaya, 위의 책.

을 비판하는 과정에서 '상대를 비난만 하고 자신의 주장은 내세우지 않는' '논힐(vitaṇḍā)'을 구사했다는 점은 확실하며 이는 분명 '상응' 논법의 취지와 일맥상통한다.

『방편심론』에서는 불교도가 '아뜨만론'을 비판하기 위해 '상응' 논법을 구사하고 있었는데 『니야야 수뜨라』 제5편 제1 자띠장(章)에서는 성상주론(聲常住論)을 주장하는 미망사(Mīmāṃṣā) 학도가 '상응' 논법을 구사하는 것으로 보고 있다. 물론 『회쟁론』에서 용수가 '시동(時同) 상응' 논법을 자파의 논법으로 간주하고 있기는 하지만[112] 『니야야 수뜨라』에서와 같이 미망사 학파에서도 역시 '상응' 논법을 구사하고 있었다면 분명 '상응' 논법의 기원은 양자가 아닌 제3의 학파에서 찾아야 할 것이다.

현존하는 논서에서는 『방편심론』 이전에 성립된 그 어떤 불교 논서에서도 몇 가지 '상응' 논법들을 묶어서 설명하는 예를 찾아 볼 수 없다. 아비달마 논서나 초기 불전에서는 '상응' 논법 중 한 두 가지 논법이 구사되고 있는 모습이 발견될 뿐이다.[113] 따라서 '상응' 논법

---

112) "세 가지 시간적 관계에 대한 論據는 이미 답변되어졌다. 성격이 동일하므로. 그리고 세 가지 시간적 관계를 부정하는 논거는 空性論者에게 적용되는 것이다(yastraikālye hetuḥ pratyuktaḥ pūrvmeva sa samatvāt/ traikālyapratihetuśca śūnyatāvādināṃ prāptaḥ).": 『회쟁론』 제69송(Bhattacharya, *The Dialectical Method of Nāgārjuna(Vigrahavyāvartanī)*, Motilal Banarasidass, Delhi, 1978., Text, p.51.).

113) 붓다가 다음과 같이 長爪梵志를 교화하는 장면이 '무궁, 반유' 상사 논법을 통해 이루어진다: "장조범지: 고따마여! 나는 그 어떤 법도 받아들이지 않는다. 붓다: 그대가 어떤 법도 받아들이지 않는다는 바로 그 견해는 받아들이는 것 아니냐? 장조범지: (자신이 긍정도 부정도 못하는 곤경에 빠졌음을 알지만 남이 알아차리기 어려운 대답을 한다) 고따마여 일체의 법을 받아들이지 않는다는 바로 이 견해 역시 받아들이지 않는다. 붓다: 그대가 일체법을 받아들이지 않는다는 바로 그 견해도 역시 받아들이지 않는다면 받아들이는 것이 없으니 뭇 사람들과 다르지 않은데 어째서 스스로 뽐내고 교만함을 생하느냐? 장조범지: (삭발하고 불제자가 된다)"(瞿曇 我一切法不受 佛問 長爪 汝一切法不受 是見受不 … 瞿曇一切法不受是見亦不受 … 汝不受一切法是見亦不受則無所受與衆人無異 何用自高而生憍

이 전통적 불교 논법이라고 볼 수는 없다. 또, 인도 고대 철학 학파 중 니야야(Nyāya) 학파나 불교 이외에 자이나(Jaina)교의 경우도 자파 고유의 논리학을 갖고 있었는데 용수의 중관논리가 성립되기 이전에 생존했을 것으로 추정되는 논리가인 고(古)[114)]-브하드라바후(Bhādrabāhu: 기원전 433~357)와 우마스와띠(Umāsvāti: 기원 후 1~85)의 논리 사상에서도 『방편심론』의 '상응' 논법과 유사한 논리 사상을 찾을 수가 없다. 고-브하드라바후(Bhādrabāhu)는 니야야 학파의 5지작법(支作法)과 달리 10지작법을 주장하면서, 자이나교의 상대주의적 인식론인 'syād-vāda' 이론에 대해 기술하고 있을 뿐이다.[115)] 또, 우마스와띠(Umāsvāti)의 경우는 '인식 방법[pramāṇa: 양(量)]'을, '요가(yoga)적 지각과 같이 외적 감관의 매개 없이 인식'하는 '직접 지각(pratyakṣa)'과, '감관과 같은 외적 지각 기관의 매개에 의해 인식'하는 '간접 지각(parokṣa)'으로 분류하고 있기에[116)] '인식 방법'의 타당성을 비판하는 논법인 상응 논법과는 상반된 실재론적 논리관을 갖고 있었다고 볼 수 있다. 따라서 용수 이전에 자파의 논리 사상을 갖고 있던 학파인 자이나(Jaina) 학파 역시 '상응' 논법의 창시자가 될 수는 없는 것이다.

그러므로, '상응' 논법을 성립시킨 학파로 고대 인도의 순세파를 들지 않을 수 없다. 이들이 '주연관계 이론'을 비판함으로써 비량의 타당성을 부정하며 '논힐'이라는 파괴적 논법을 구사했다는 점, 또 '상응' 논법의 기원은 불교도 아니고 미망사(Mimāṃṣā)도 아닌 제3의 학파에 두어야 한다는 점으로 미루어 볼 때 '상응' 논법을 하나의 독

慢), 大正25, 『大智度論』, p.62a(이는 『大智度論』에서 『舍利弗本末經』을 인용한 句節이다.).

114) 이 자와 同名異人으로 新브하드라바후(Bhādrabāhu: 기원 후 375경, 혹은 450~520)가 있다.

115) Vidyabhusana, A History of Indian Logic, Motilal Banarsidass, Delhi, 1920, pp.165~168.

116) Vidyabhusana, 위의 책, p.169.

립된 논법으로 성립시킨 장본인은 바로 이들 순세파였을 것으로 추측되는 것이다. 그런데 순세파에서는 내세의 존재나 『베다(Veda)』의 권위, 바라문교적 제사의 효능 등을 부정하기 위해 파괴적 논증법인 '상응' 논법을 구사하였기에 그 사상이 단멸론(斷滅論)의 극단에 위치하게 되지만, 용수는 공성의 현양을 위해 '이변(二邊) 비판' 논법으로서 상응 논법을 활용하였기에 '상응' 논법은 상주론과 단멸론의 양 극단[二邊]을 지양(止揚)한, 중도 실상을 터득하는 논법으로 승화될 수 있었던 것이다.

Ⅱ. 『니야야 수뜨라』의 ‘자띠(jāti)’ 논법과 『방편심론』의 ‘상응’ 논법의 의미

『방편심론』의 ‘상응’ 논법 중 많은 부분이 『니야야 수뜨라(Nyāya Sūtra)』 제5편 제1 ‘자띠(jāti)’장에 ‘~상사(sama)’라는 이름으로 소개되면서, 비판되고 있다. 시기적으로는 『방편심론』이 『니야야 수뜨라』보다 일찍 성립된 듯하지만[1] 『방편심론』은 한역문 자체가 난삽할 뿐만 아니라, 그 설명도 불분명한 곳이 많기에 이해하기가 쉽지 않다. 따라서 산스끄리뜨 경문과 주석이 모두 현존하는 『니야야 수뜨라』[2]에 의지하여 먼저 ‘자띠(jāti)’ 논법의 의미를 파악한 후, 이를 토대로 『방편심론』의 ‘상응’ 논법의 의미를 복원해 보기로 하겠다.[3]

1. 『니야야 수뜨라(Nyāya Sūtra)』의 ‘자띠(jāti)’ 논법

1) 동법(sādharmya), 이법(vaidharmya) 상사(sama)

『니야야 수뜨라』에서는 ‘동법, 이법 상사’ 논법에 대해 다음과 같이

1) 宇井伯壽, 勝論正理兩學派と吠陀並に聲常住論との關係, 印度哲學研究1, p.11.
2) Pracīna Nyāya에 대한 개괄적인 연구서로는 다음과 같은 것이 있다: H. N. Randle, *Indian Logic in the Early Schools*, Oriental Books Reprint Corporation, New Delhi, 1976.
3) 印度論理學에서 구사되고 있는 술어들의 의미에 대해서는 下記의 研究書를 참조하기 바람: 中村元, 「インド論理學の理解のために」, 『印度論理學·術語集成』, 平樂寺書店, 京都, 1983.

설명한다.

> 동질성과 이질성에 토대를 둔 결론에서 그것의 성질과 반대의 것이 가능하기 때문에 '동법(同法), 이법(異法) 상사(相似)'의 양자이다.[4]

즉, 어떤 논증식을 비판할 때, 비판자가 자신이 제시한 이유와 동질적이거나 이질적인 성격의 비유에 토대를 두고 원래의 결론과 상반된 결론이 도출되는 논증식을 제시하고서 양 논증식 중 원래의 것만이 옳다고 보아야 하는 특별한 이유(viśeṣa hetu)가 없기에 원래의 논증식은 부당한 것으로 귀결된다고 비판하는 논법이 '동법 상사(sādharmya sama)'[5]나 '이법 상사(vaidharmya sama)'[6] 논법인 것이다.

『니야야 브하샤(Nyāya Bhāṣya)』[7]에 의하면, 이 때 원래의 논증식의 성격에 따라 네 가지 '자띠(jāti)' 논법이 가능하게 된다. 즉, 논증식에 기술된 이유와 동질적 성격의 비유를 갖는 동법적 논증식과 기술된 이유와 이질적 성격을 갖는 이법적 논증식 각각에 대해 동질성에 토대를 둔 비판과 이질성에 토대를 둔 비판을 가함에 따라 총 네 가지 '자띠(jāti)' 논법이 도출되는 것이다. 이를 도표로 나타내면 다음과 같다.

---

4) sādharmya-vaidharmyābhyām-upasaṃhāre tad-dharma-viparyaya-upapatteḥ sādharmya-vaidharmya-samau: 『니야야 수뜨라』, '5-1-2'.

5) Jhā는 Parity per Simlarity로 번역한다.

6) Jhā는 Parity per Dissimlarity로 번역한다.

7) Gaṅgānaṭha Jhā Trs., *The Nyāya-Sūtras of Gautama With Bhāṣya of Vātsyāyana and the Vārṭika of Uddotakara*, Motilal Banarsidass, 1984, pp.1665~1667.

	원 논증식	자띠(jāti) 논증식
a	동법	동법
b	동법	이법
c	이법	동법
d	이법	이법

『니야야 브하샤』[8)]에 기술된 예들을 5지 논증식으로 확장시켜 정리하면 다음과 같다.

a. 동법적 논증식과 그에 대한 '동법 상사'적 비판

'동법적 원 논증식'
주장: 아뜨만은 작용을 갖는다.
이유: 실체이기 때문에
실례: 마치 흙덩이와 같이, 흙덩이는 실체인데 (그 성질로) 작용을 갖는다.
적합: 아뜨만도 그와 같다.
결론: 그러므로 아뜨만은 작용을 갖는다.

'동법 상사적 비판'
주장: 아뜨만은 작용을 갖지 않는다.
이유: (편재하는) 실체이기 때문에
실례: 마치 허공과 같이, 허공은 (편재하는) 실체인데 작용을 갖지 않는다.

8) 『니야야 브하샤』, 앞의 책(Gaṅgānaṭha Jhā Trs., *The Nyāya-Sūtras of Gautama With Bhāṣya of Vātsyāyana and the Vārṭika of Uddotakara*), pp.1665~1667.

적합: 아뜨만도 그와 같다.
결론: 그러므로 아뜨만은 작용을 갖지 않는다.

b. 동법적 논증식에 대한 '이법 상사'적 비판

'동법적 원 논증식'
a와 같다.

'이법 상사적 비판'
주장: 아뜨만은 작용을 갖지 않는다.
이유: 크기가 없기 때문에
실례: 마치 흙덩이와 달리, 흙덩이는 크기가 있는데 작용을 갖는다.
적합: 아뜨만은 그와 같지 않다.
결론: 그러므로 아뜨만은 작용을 갖지 않는다.

c. 이법적 논증식과 그에 대한 '동법 상사'적 비판

'이법적 원 논증식'
주장: 아뜨만은 작용을 갖는다.
이유: 편재하기 때문에
실례: 마치 흙덩이와 달리, 흙덩이는 작용을 갖는데 편재하지 않는다.
적합: 그런데 아뜨만은 그와 달리 편재한다.
결론: 그러므로 아뜨만은 작용을 갖지 않는다.

'동법 상사적 비판'
주장; 아뜨만은 작용을 갖는다.

이유: 작용을 야기하는 성질이 있기 때문에

실례: 마치 흙덩이와 같이, 흙덩이는 작용을 갖는데 작용을 야기하는 성질이 있다.

적합: 그런데 아뜨만은 그와 같이 작용을 야기하는 성질이 있다.

결론: 그러므로 아뜨만은 작용을 갖는다.

d. 이법적 논증식에 대한 '이법 상사'적 비판

'이법적 원 논증식'

c와 같다.

'이법 상사적 비판'

주장: 아뜨만은 작용을 갖지 않는다.

이유: 편재하기 때문에

실례: 마치 흙덩이와 달리, 흙덩이는 작용을 갖는데 편재하지 않는다.

적합: 아뜨만은 그와 같지 않다.

결론: 그러므로 아뜨만은 작용을 갖지 않는다.

즉, 원래의 논증식이 동법에 토대를 두었건 이법에 토대를 두었건 관계없이 그와 상반된 결론을 야기하는 논증식이 동법에 토대를 두면 '동법 상사'적 논법이 되고 이법에 토대를 두면 '이법 상사'적 논법이 되는 것이다.

그런데 다음에 다시 논의가 되겠지만 『방편심론』에서는 『동법』이나 『이법』이라는 항목을 각각의 '상응' 논법들과 대등한 관계로 보지 않는다. 즉, 20가지 '상응' 논법들을 분류, 대별하는 원칙에 '동법'과 '이법'이라는 항목이 있는 것이지, 세부적으로 '동법 상응'과 '이법 상응'이라는 별개의 논법이 있지 않다는 것이다.[9] 그래서 상응 논법에 대한 각론도, '동법 상응'과 '이법 상응'이 아니라 '증다 상응'과 '손감 상응' 논법으로 시작하고 있다.

『니야야 수뜨라』 제1편에서도 '자띠'에 대한 정의(lakṣaṇa)를 내리면서 마치 『방편심론』에서와 같이 '자띠(jāti)' 논법 전체를 포괄하는 의미에서 '동법'과 '이법'이라는 명칭을 사용하고 있다. 이를 인용해 보자.

> '동질성(=법)'과 '이질성(=이법)'에 토대를 두고 반대하는 것이 '자띠(jāti: 생과)'이다.[10]

이 문장의 의미는 본 항[11] 서두에 인용했던 『니야야 수뜨라』 제5편에 실려 있는 '동법, 이법 상사'에 대한 정의와 크게 다르지 않다. 따라서 『방편심론』이나 『니야야 수뜨라』 제1편에서 '자띠'를 정의하는 원칙이었던 '동법'과 '이법'이 『니야야 수뜨라』 제5편에서는 여러 가지 '자띠' 논법 중의 하나로 왜곡, 격하된 것으로 추측할 수 있다.

e. '동법, 이법 상사' 논법에 대한 비판

『니야야 수뜨라』에서는 '5-1-2'의 '동법, 이법 상사' 논법을 다음

9) 이 스무 가지는 요약하면 두 가지로 나누어진다. 첫째는 이법이고 둘째는 동법이다. 동법으로써 이치를 나타내면 동법이라고 부르고 이법으로써 이치를 나타내면 이법이라고 부른다. 무릇, 이치가 되려면 반드시 이 두 가지에 의지해야 하므로 이 두 가지가 스무 가지 법에 통한다(此二十種要則有二 一異 二同 以同顯義名同 以異顯義名異 凡爲義者必依此二故 此二通二十法): 『方便心論』, 大正32, p.27c.

10) sādharmya-vaidharmyābhyāṃ pratyavasthānaṃ jātiḥ: 『니야야 수뜨라』, '1-2-18'

11) 본 절 제1)항

과 같이 비판한다.

> 그것의 성립은 마치 우성(牛性, 소의 유성[類性])에 토대를 두고 소[牛]가 성립하는 것과 같다.[12)]

주장자가 소증을 증명하기 위해 어떤 비유(=실례)를 들었을 때 동질적이거나 이질적인 예를 들어 반대의 결론이 도출될 수 있음을 보임으로써 상대의 주장의 부당함을 지적하는 것이 ‘동법, 이법 상사’ 논법이다. 니야야 학설과 와이셰시까 학설을 니야야 입장에서 통합하여 기술한 후대의 논서인 『따르까 브하샤(Tarkabhāṣā)』에서는 우리가 사물을 지각할 때 그 특수성만을 지각하는 것이 아니라 보편적 특징(sāmānya lakṣaṇa) 또한 지각하기에 ‘주연관계(Vyāpti)’에 대한 인지가 가능하고 그런 주연관계에 입각하여 추리지(anumiti)가 발생하는 것이라고 보는데[13)] 위에 인용한 경문에서 이런 강게샤(Gaṅgeśa)적 추리론의 시원을 발견할 수 있다. 즉, 주장자는 실례에서 소증(sādhya)과 이유(hetu) 간의 보편적 수반성이 인지되기에 논증식을 작성한 것이란 말이다. 마치 어떤 특수한 소를 보더라도 소의 보편상(소의 류성: 우성)도 인지되듯이, 다음과 같은 논증식에서 ‘아뜨만의 작용성’을 입증하기 위해 흙덩이의 실례를 드는 경우 흙덩이에서 ‘실체는 속성을 갖는다’는 보편적 ‘주연관계(vyāpti)’를 인지하여 실례를 드는 것이기에 논증식 작성은 가능하다는 것이 니야야 논사의 주장인 것이다.

주장: 아뜨만은 작용을 갖는다.

---

12) gotvād-go-siddhivat-tat-siddhiḥ: 『니야야 수뜨라』, ‘5-1-3’
13) 이지수, 니야야(정리) 학파의 인식론·논리학, 인度철학 2집, 민족사, 1992, pp.191~192.

이유: 실체이기 때문에
실례: 마치 흙덩이와 같이, 흙덩이는 실체인데 (그 성질로) 작용을 갖는다.
적합: 아뜨만도 그와 같다.
결론: 그러므로 아뜨만은 작용을 갖는다.

어쨌든 '동법, 이법 상사' 논법이란 소증의 근거로 든 '이유와 실례'에서 애초의 주장과 반대되는 결론이 도출되는 '이유와 실례'가 가능함을 보이는 논법이라고 할 수 있다.

2) 증익(utkarṣa), 손감(apakarṣa), 요증(varṇya), 불요증(avarṇya), 분별(vikalpa), 소증(sādhya) 상사(sama)

『니야야 수뜨라』에서는 다음 여섯 가지 '자띠(jāti)' 논법을 다음과 같이 묶어서 간략하게 설명하고 있다.

> 소증과 비유와의 성질을 분별하는 것에 의해서, 또 양쪽 모두 소증성이기 때문에 '증익(增益), 손감(損減), 요증(要證), 불요증(不要證), 분별(分別), 소증(所證) 상사'들이다.[14)]

『니야야 브하샤』에 의존하여 이 논법들의 의미에 대해 간략히 설명해 보기로 하겠다. 『니야야 브하샤』에서 비판의 대상으로 삼은 논증식의 요점을 추려 다시 정리하면 다음과 같다.

---

14) sādhya-dṛṣṭāntayor-dharma-vikalpād-ubhaya-sādhyatvāc-ca-utkarṣa-apakarṣa-varṇya-avarṇya-vikalpa-sādhyasamāḥ: 『니야야 수뜨라』, '5-1-4'.

주장: 아뜨만은 작용을 갖는다(kriyāvāt).
이유: 작용을 야기하는 성질(kriyāhetuguṇa)이 있기 때문에
실례: 마치 흙덩이와 같이, 흙덩이는 작용을 야기하는 성질이 있는데 작용을 갖는다.
적합: 아뜨만도 그와 같다.
결론: 그러므로 아뜨만은 작용을 갖는다.

a. 증익 상사(utkarṣa sama)[15]

주장자가 위와 같이 논증식을 작성할 경우, 반대자가 실례에서 또 다른 성질을 찾아내어 그런 성질도 주제에 있어야 한다고 반박하며 논증식 작성을 비판하는 것을 말한다.[16] 이를 위의 예에 대입하면 다음과 같다.

아뜨만이 흙덩이와 같이 작용을 야기하는 성질이 있기에 작용을 갖는다면 아뜨만은 흙덩이와 같이 만질 수도 있어야 하는데 아뜨만은 만질 수가 없으니 위와 같이 논증식을 작성하는 것은 옳지 않다.

『니야야 와르띠까』에 의하면 ‘없는 성질을 부가하는 것’이 ‘증익 상사’이다.[17]

b. 손감 상사(apakarṣa sama)[18]

주장자가 위와 같은 논증식을 작성할 경우, 반대자가 실례에 어떤

---

15) Jhā는 Parity per Augmentation으로 번역한다.
16) 『니야야 브하샤』, Jhā, 앞의 책, p.1672~1673.
17) 『니야야 와르띠까』, Jhā, 위의 책, p.1675.
18) Jhā는 Parity per Substraction으로 번역한다.

성질이 없는 것을 찾아내어 그런 성질이 주제에도 없어야 한다고 반박하며 논증식 작성을 비판하는 것을 말한다.[19] 이를 위의 논증식에 대입하면 다음과 같다.

아뜨만이 흙덩이와 같이 작용을 야기하는 성질(kriyāhetuguṇa)이 있기에 작용을 갖는다(kriyāvāt)면 아뜨만은 흙덩이와 같이 편재하지 않아야 하는데, 아뜨만은 편재하니 위와 같이 논증식을 작성하는 것은 옳지 않다.

『니야야 와르띠까』에 의하면 ‘있는 성질을 빼버리는 것’이 ‘손감 상사’이다.[20]

c. 요증 상사(varṇya sama)[21], d. 불요증 상사(avarṇya sama)[22]

주장자가 위와 같은 논증식을 작성할 경우, 소증(sādhya)이 주제(pakṣa)에 있는지 여부는 불확실하고 실례(dṛṣṭānta)에 있는지 여부는 확실해야 논증식이 성립하는데, 그렇질 못하니 논증식이 성립할 수 없다고 반박하는 것을 말한다.[23]

먼저, 주제(pakṣa)에 징표(liṅga)로서의 이유(hetu)가 나타나 있긴 하지만 소증(sādhya)이 주제(pakṣa)에 있음이 불확실하기에 실례(dṛṣṭānta)를 들었는데 그 실례에서도 ‘징표가 있는 경우 소증이 반드시 있어야 한다’는 것이 불확실하기에 이 역시 증명을 요하므로(요증: varṇya) 위와 같은 논증식은 타당할 수 없다는 논증식 비판법이 ‘요증

19) 『니야야 브하샤』, Jhā, 위의 책, p.1673.
20) 『니야야 와르띠까』, 위의 책, p.1675.
21) Jhā는 Parity per Uncertainty로 번역한다.
22) Jhā는 Parity per Certainty로 번역한다.
23) 『니야야 브하샤』, 위의 책, p.1673.

상사' 논법이다. 이를 위의 논증식에 대입하면 다음과 같다.

아뜨만이 작용을 야기하는 성질(kriyāhetuguṇa)이 있는 것은 알지만 작용을 갖는 것이 불확실하기에 흙덩이라는 실례를 들었는데 흙덩이도 작용을 야기하는 성질이 있긴 하지만 반드시 작용을 갖는다(kriyāvāt)는 것이 불확실하므로 실례 역시 여전히 증명을 요하기에 위와 같은 논증식을 작성하는 것은 타당할 수 없다.

『니야야 와르띠까』에 의하면 '여전히 증명되어야 하는 것'이 '요증 상사'이다.[24)]

이와 달리 실례에서와 같이 징표(liṇga)는 반드시 소증(sādhya)을 수반하는 것이 확실하다면 주제에서 발견되는 징표로서의 이유(hetu)도 반드시 소증(sādhya)을 수반하는 것이 확실할 테니까 위와 같이 논증식을 작성할 필요가 없다(불요증: avarṇya)는 논증식 비판법이 '불요증 상사' 논법이다. 이를 위의 논증식에 대입하면 다음과 같다.

흙덩이의 예에서와 같이, 작용을 야기하는 성질(kriyāhetuguṇa)이 있는 것은 작용을 갖는 것이 확실하다면 아뜨만도 작용을 야기하는 성질이 있으므로 반드시 작용을 가질 테니 굳이 증명할 필요가 없기에 위와 같은 논증식을 작성할 필요가 없다.

『니야야 와르띠까』에 의하면 '증명될 필요가 없는 것'이 '불요증 상사'이다.[25)]

---

24) 『니야야 와르띠까』, 위의 책, p.1675.
25) 『니야야 와르띠까』, 위의 책, p.1675.

e. 분별 상사(vikalpa sama)[26][27]

주장자가 내세운 실례를 보고 적대자가 그 실례에서 다른 성질을 분별해 내어 그 다른 성질이 소증인 성질과 항상 수반 관계에 있지 않다는 점을 보임으로써 논증식 작성을 비판하는 것을 말한다.[28] 이를 위의 논증식에 대입하면 다음과 같다.

흙덩이와 같이 작용을 야기하는 성질(kriyāhetuguṇa)을 갖는 것은 무게가 있다. 그러나 *풍대(風大)*와 같이 작용을 야기하는 성질을 갖는데도 무게가 없는 것이 있다. 따라서 흙덩이와 같이 작용을 야기하는 성질을 갖는 것은 작용이 있지만 아뜨만과 같이 작용을 야기하는 성질을 갖는 것은 작용이 없을 수도 있다. 그렇지 않다면 특별한 이유를 말해야 한다.[29]

『니야야 와르띠까』에 의하면 ‘특수성으로 이루어지는 것’이 ‘분별 상사’이다.[30]

f. 소증 상사(sādhya sama)[31]

주제가 실례에 토대를 두고 소증을 갖는 것이 증명된다면, 실례도

---

26) Jhā는 Parity per Shuffling으로 번역한다.
27) 『니야야 와르띠까』에 의하면 다음과 같은 예도 ‘분별 상사’ 논법에 속한다. 原논증식: ‘소리는 무상하다. 만들어진 것이기에. 마치 물단지와 같이’ → ‘분별 상사’적 비판: 소리는 분리(쪼개짐)에서 생하나 물단지는 분리에서 생하지 않는다. ∴물단지로 소리를 비유할 수는 없다: 위의 책, p.1676.
28) 『니야야 브하샤』, 위의 책, p.1674.
29) 『니야야 브하샤』, 위의 책, p.1674.
30) 『니야야 와르띠까』, 위의 책, p.1675.
31) Jhā는 Parity per Probandum으로 번역한다.

주제와 마찬가지로 소증을 갖는 것이 증명되어야 한다고 논증식 작성을 비판하는 것을 말한다. 이를 위의 논증식에 대입하면 다음과 같다.

아뜨만이 마치 흙덩이와 같이 작용이 있는 것이라면 흙덩이도 아뜨만과 마찬가지라는 말이 된다. 그런데 아뜨만이 작용을 갖는지 여부가 증명되어야 하기에 흙덩이 역시 작용을 갖는지 여부가 증명되어야 하는 것이다.32)

『니야야 와르띠까』에 의하면 ‘실례의 성질도 입증되어야 하는 것, 즉 입증을 위해 내세운 실례가 소증과 동일한 발판에 서 있다고 보이는 경우’가 ‘소증 상사’이다.33)

g. ‘증익, 손감, 요증, 불요증, 분별, 소증 상사’ 논법에 대한 비판

『니야야 수뜨라』에서는 위에 열거한 여섯 가지 ‘자띠(jāti)’ 논법에 대해 다음과 같이 비판한다.34)

> 귀결은 [소증과 비유와의] 어떤 동질성에 의해 성립하기 때문에 이질성으로 인해 부정하는 것은 옳지 않다.35)

비유란 주제(pakṣa)와 비유간의 공통성에 토대를 두고 들게 마련이다. 즉, 어떤 특수한 점에서 공통적이기에 비유가 성립하는 것이다.

---

32) 『니야야 브하샤』, 위의 책, p.1675.
33) 『니야야 와르띠까』, 위의 책, p.1675.
34) 이 비판이 여섯 가지 ‘상사’ 논법 모두 해당된다는 것은 와짜스빠띠 미슈라(Vācaspati Miśra)의 견해이다: 위의 책, p.1679. 각주 참조.
35) kiñcit-sādharmyād-upasaṃhāra-siddher-vaidharmyād-apratiṣedhaḥ: 『니야야 수뜨라』, ‘5-1-5’.

위에 열거한 여섯 가지 '자띠(jāti)' 논법에서는 그런 비유의 성격을 무시하고 특수한 상위성을 찾아내어 반대되는 논증식을 구성하는 것이기에 옳지 않다. 즉, 아뜨만을 흙덩이에 비유하는 것은 흙덩이가 작용을 야기하는 성질(kriyāhetuguṇa)을 갖는다는 특수한 점에서 아뜨만과 공통적이기 때문에 가능한 것이지 아뜨만과 흙덩이가 모든 면에서 공통적이라는 점을 전제로 하고 있는 것은 아니다. 즉, '만질 수 있다'든지, '편재한다'든지, '작용을 야기하는 성질이 있다'는 등의 모든 면에서 비유(dṛṣṭānta)인 흙덩이가 주장 명제의 주제(pakṣa)인 아뜨만과 일치할 필요는 없는 것이기에 위에 열거한 여섯 가지 '자띠(jāti)' 논법은 부당하다고 재비판하는 것이다.

h. '요증, 불요증, 소증 상사' 논법에 대한 비판

이런 세 가지 '자띠(jāti)' 논법에 대한 『니야야 수뜨라』의 비판을 인용해 보자.[36]

> 또, 소증을 대체하므로 비유가 가능하기 때문이다.[37]

비유(=실례)란 것은 일반인이나 전문가가 모두 인정하는 것을 말하는 것[38]이기에 비유가 소증과 같이 증명되어야 한다고 보는 것은 옳지 않다는 것이다. '요증 상사'나 '소증 상사' 논법에서는 비유도 소증

36) 『니야야 수뜨라』 '5-1-6' 경문이 이런 세 가지 상사 논법에 대한 비판이라는 견해 역시 와짜스빠띠 미슈라의 견해이다: 위의 책, p.1679. 각주 참조.
37) sādhya-atideśāc-ca dṛṣṭānta-upapatteḥ: 『니야야 수뜨라』, '5-1-6'.
38) 『니야야 수뜨라』 '1-1-25'에 등장하는 '비유'에 대한 다음과 같은 정의를 『니야야 브하샤』에서 위와 같이 인용하며 위 경문을 해설한다: "일반인이나 전문가가 어떤 대상에서 생각을 같이하는 것, 그것이 비유이다(laukika-parīkṣakāṇām yas minnarthe buddhisāmyaṃ sa dṛṣṭāntaḥ)": 『니야야 수뜨라』, '1-1-25'.

과 마찬가지로 증명을 요한다고 하는데 우리가 비유를 드는 경우 그 것은 누구나 인정하고 있는 것을 드는 것이지 위의 세 가지 '자띠(jāti)' 논법에서 비판하듯이 또다시 증명을 요하는 애매한 실례를 비유로 삼는 것은 아니라는 말이다.

3) 도(prāpti), 부도(aprāpti) 상사(sama)

a. '도, 부도 상사'[39] 논법의 의미

앞에서 설명한 여섯 가지 '자띠(jāti)' 논법들의 경우는, 여섯 가지 논법들이 모두 한꺼번에 설명, 및 비판되고 있었기에, 주석서인 『니야야 브하샤』에 의거하여 그 의미를 파악할 수밖에 없었다. 그러나 '도, 부도 상사' 논법 이후의 논법들은 간략하나마 『니야야 수뜨라』의 저자 자신의 구체적인 설명이 발견된다.

> 이유가 접합(=도달)하고서 또는 접합하지 않고서 소증이 있다. 접합함(到)으로써 구별되지 않는 것으로 되며, 접합하지 않음(不到)으로써 비논증성의 것으로 되기 때문에 '도(到), 부도(不到) 상사'의 양자이다.[40]

앞에서 설명했던 여덟 가지 '자띠(jāti)' 논법들이 모두 소증과 비유 간의 관계를 소재로 삼아 논증식의 작성 가능성 자체를 비판하는 논법이었던 것과 같이, 지금 설명하는 '도, 부도 상사' 논법 역시 논증식의 작성 가능성을 비판하는 논법이지만 그 소재는 '소증(sādhya)'과

---

39) Jhā는 '도 상사'를 Parity per Convergence로 '부도 상사'를 Parity per Non-convergence로 번역한다.

40) prāpya sādhyam-aprāpya vā hetoḥ prāptyā 'viśiṣṭatvād-aprāptyā 'sādhakatvāc-ca prāpty-aprāpti-samau: 『니야야 수뜨라』, '5-1-7'.

‘이유(hetu)’ 간의 관계이다. 즉, ‘이유’가 ‘소증’에 도달(=접합)해 있어도 논증식 작성이 불가능하고 도달(=접합)해 있지 않아도 논증식 작성이 불가능하다고 비판하는 것이 ‘도, 부도 상사’ 논법이다.

먼저, ‘소증(sādhya)’과 ‘이유(hetu)’가 접합(prāpti)해 있는 경우는 양자가 동시에 존재하니 어느 것이 소증이고 어느 것이 이유인지 구별되지 않는다. ‘소증’은 직접 인지되지 않는 것을 말하고 ‘이유’는 직접 인지되는 것을 말하는데 양자가 접합해 있다면 양자 모두 인지되지 않아 ‘소증(sādhya)’이 되든지, 양자 모두 인지되어 ‘능증(sādhana)인 이유(hetu)’가 되어야 한다는 말이다.

이와 반대로 소증과 이유가 접합해 있지 않다면 이유는 소증을 논증할 힘을 가질 수 없다. 즉, A라는 이유가 B라는 소증과 접합해 있지 않는 경우는, A라는 이유가 굳이 B라는 소증만을 논증한다고 볼 까닭이 없다는 것이다. 『니야야 와르띠까』에서는 ‘불은 접합해야만 태운다.’는 비유를 들어 이를 주석한다.

『니야야 브하샤』에는 기술되어 있지 않지만, 위에서 다른 자띠(jāti) 논법들을 설명하면서 예로 들었던 5지 논증식에 ‘도, 부도 상사’ 논법을 대입해 보겠다.

‘원 논증식’

주장: 아뜨만은 작용을 갖는다(kriyāvāt).

이유: 작용을 야기하는 성질(kriyāhetuguṇa)이 있기 때문에

실례: 마치 흙덩이와 같이, 흙덩이는 작용을 야기하는 성질이 있는데 작용을 갖는다.

적합: 아뜨만도 그와 같다.

결론: 그러므로 아뜨만은 작용을 갖는다.

‘도, 부도 상사적 비판’

아뜨만이라는 주제(dharmin)에 '작용을 야기하는 성질이 있다'는 이유(sādhana-dharma)와 '작용을 갖는다'는 소증(sādhya-dharma)이 접합해 있다면 어느 것이 소증이고 어느 것이 이유인지 구별되지 않기에 이유(hetu)에 근거해서 소증을 증명한다는 논증식이 작성될 수 없고, 그와 달리 '작용을 야기하는 성질이 있다'는 이유(sādhana-dharma)와 '작용을 갖는다'는 소증(sādhya-dharma)이 접합해 있지 않다고 해도 이유는 소증을 증명할 힘을 갖지 못하기에 논증식이 작성될 수 없다.

b. '도, 부도 상사' 논법에 대한 비판

앞의 여덟 가지 '자띠(jāti)' 논법들은 물론 '도, 부도 상사' 논법의 경우도 그 의미를 설명하는 『니야야 수뜨라』의 경문에서는 '소증(sādhya)', '이유(sādhana)', '실례(=비유: dṛṣṭānta)'등 논증식 내 명사(名辭) 간의 문제를 예로 들고 있었는데, 『니야야 수뜨라』 '5-1-8'에서 '도, 부도 상사'를 비판하는 경문에서는 다음과 같이 그 적용 범위가 확대된 것을 볼 수 있다.

> 부정은 옳지 않다. 왜냐하면 항아리의 완성을 보기 때문에, 또 해칠 때 주문에 의하기 때문에.[41]

먼저, 물단지를 만들 때, 도공(陶工)의 몸이나 도구 등의 '원인자'가 흙덩이에 도달(접합)하여 '결과물'인 물단지를 만들어 내듯이[42], 원인이 결과에 도달하여(prāpya) 결과가 산출되는 경우가 있으므로

41) ghaṭa-ādi-niṣpatti-darśanāt pīḍane ca-abhicārād-apratiṣedhaḥ: 『니야야 수뜨라』, '5-1-8'.

42) 『니야야 브하샤』, 앞의 책, pp.1683~1684.

'도 상사' 논법에 의한 인과 관계 비판은 옳지 않다는 것이다.

그와 달리 주문을 암송해서 멀리 떨어진 사람에게 해를 입힐 때, 원인인 주문이 결과가 야기되는 목표물인 그 사람에게 도달(접합)하지 않아도(aprāpya) 효과가 발휘되듯이[43], 원인이 결과에 도달하지 않고 결과가 산출되는 경우도 있으므로 '부도 상사' 논법에 의한 인과 관계 비판은 옳지 않다는 것이다.

앞에서는 '이유(hetu)'와 '소증(sādhya)' 간의 관계를 예로 들어 '도, 부도 상사' 논법을 설명하였는데 여기서는 '원인(karaṇa)'과 '결과(phala)' 간의 관계를 예로 들어 '도, 부도 상사' 논법을 비판하고 있다.

차후에 용수와의 관계에 대해 논의할 때 재차 조망해 보겠지만[44] 이런 '자띠(jāti)' 논법들은 비단 '비량을 구상화한 5지 논증식 작성'만을 문제삼는 것이 아니라 어떤 근거에 의해 무엇을 입증한다는 '능·소(能·所) 관계'는 물론 '인·과 관계', '체·용 관계' 모두를 비판하는 논법이라고 볼 수 있는 것이다.

4) 무궁(prasaṅga), 반유(pratidṛṣṭānta) 상사(sama)

a. '무궁, 반유 상사' 논법의 의미

'동법, 이법 상사', '도, 부도 상사'와 마찬가지로 '대응되는 논법'이 한 쌍으로 묶여서 설명되는 '자띠(jāti)' 논법이 '무궁, 반유 상사(prasaṅga-pratidṛṣṭānta-samau)'[45] 논법이다. 먼저 이를 인용해 본다.

---

43) 『니야야 브하샤』, 위의 책, p.1684.

44) 본서 제Ⅲ장.

45) Jhā는 '무궁 상사'를 Parity per Continued Question으로 '반유 상사'를 Parity per Counter-instance로 번역한다.

비유의 근거를 지목하지 않기 때문에, 또 반대의 비유에 의해서 반대되기 때문에 '무궁, 반유 상사'의 양자이다.46)

먼저, '무궁 상사'47)란, 소증의 타당성을 증명하기 위해서 비유(=실례)를 들지만 그 비유 역시 타당성이 증명되어야 한다고 비판하는 것을 말한다. 다시 말해, 애초에 들었던 비유의 타당성을 증명하기 위해 다시 제2의 비유를 들어야 하고, 그런 제2의 비유 역시 타당성이 증명되어야 하기에 결국은 무궁한 비유가 필요하게 된다고 논증식 작성 자체를 비판하는 논법이다.

또, '반유 상사'란, 소증의 타당성을 증명하기 위해 어떤 비유를 들지만 그런 비유와 상반된 비유를 드는 것도 가능하기에 애초의 비유에 의한 논증은 타당하지 않다고 비판하는 논법을 말한다.

『니야야 브하샤』에서는 이 두 가지 논법을 앞에서 예로 들었던 5지 논증식에 대입하여 다음과 같이 설명한다.48)

'원 논증식'

주장: 아뜨만은 작용을 갖는다(kriyāvāt).

이유: 작용을 야기하는 성질(kriyāhetuguṇa)이 있기 때문에

실례: 마치 흙덩이와 같이, 흙덩이는 작용을 야기하는 성질이 있는데 작용을 갖는다.

적합: 아뜨만도 그와 같다.

결론: 그러므로 아뜨만은 작용을 갖는다.

---

46) dṛṣṭāntasya kāraṇa-anapadeśāt pratyavasthānāc-ca pratidṛṣṭāntena prasaṅga-pratidṛṣṭānta-samau: 『니야야 수뜨라』, '5-1-9'.

47) 宮坂宥勝의 번역어이다. 원어는 prasaṅga sama이다. 梶山雄一는 이를 '歸謬 相似'라고 번역한다.

48) 『니야야 브하샤』, 앞의 책, p.1686.

‘무궁 상사적 비판’

아뜨만이 작용을 갖는 것은, 아뜨만이 흙덩이와 같이 작용을 야기하는 성질이 있기 때문이라고 하지만 작용을 야기하는 성질을 갖는 흙덩이가 작용을 갖는 근거에 대해 말하지 않았기 때문에 그 근거가 설명될 때까지 어떤 것도 타당하다고 볼 수 없기에 논증식 작성은 불가능하다.

‘반유 상사적 비판’

아뜨만이 작용을 갖는 것은, 아뜨만이 흙덩이와 같이 작용을 야기하는 성질이 있기 때문이라고 하지만 허공의 경우에는 작용을 야기하는 성질을 갖지만[49] 작용이 있지는 않기에, ‘아뜨만이 작용을 야기하는 성질을 갖기에 작용이 있다’고 말할 수는 없어서 논증식 작성은 불가능하다.

여기서 먼저, ‘무궁 상사’ 논법과 ‘소증 상사’ 논법의 차이를 와짜스빠띠 미슈라(Vacaspati Miśra)는 다음과 같이 말한다.

> ‘소증 상사’는, 실례(=비유)를 뒷받침하기 위해 제시된 다른 모든 논증 요소들 및 능증이, 소증을 뒷받침했던 것과 똑같은 식으로 뒷받침되어야 한다고 적대자가 주장하는 것이고, ‘무궁 상사’의 경우 적대자는 단지 어떤 ‘인식 방법’에 의해 실례가 인지되는지 알고자

49) 그러면, 허공(ākāśa)에 속한 작용을 야기하는 성질(kriyāhetuguṇa)은 무엇인가? 行(saṃskāra)에 의존하여 風大(vāyu)와 결합하는 것이다. 풍대와 나무의 결합과 같이(『니야야 브하샤』 ‘5-1-9’下): 즉, 나무가 작용은 없지만 풍대와 결합하여 흔들림이라는 작용을 나타내기에 작용을 야기하는 성질을 갖는다고 말할 수 있듯이 허공은 그 자체가 작용은 없지만, [인간에 잠재된] 行(표출되지 않은 행동의 잠세력) 및 [움직임인] 風大와 결합하여 인간의 움직임을 惹起시키는 것이다. 그래서 ‘허공은 작용은 없지만 작용을 야기하는 성질은 갖는다’고 말할 수 있는 것이다.

할 뿐이다.[50]

즉, '소증 상사'의 경우는 '비유가 정당하려면 소증과 마찬가지로 다시 논증식을 갖추어 입증되어야 한다고 비판'하는 것이고, '무궁 상사'의 경우는 '비유의 정당성이 도대체 네 가지 '인식 방법'들 중 어떤 '인식 방법'에 의해 확보되는 것인지 묻는 것'이란 말이다.

그러나 위에 인용한 『니야야 브하샤』의 설명에서는 와짜스빠띠 미슈라의 설명과 같이 '인식 방법'에 대한 언급이 없다. 또, 『니야야 브하샤』에 의하면, 니야야 학파에서는 5지 논증식에서의 '비유(실례)'란 '현량(pratyakṣa)'이라는 '인식 방법'에 의해 정당성이 확보된다고 보기에[51] 그것을 적대자가 새삼스럽게 되물을 이유가 없는 것이다. 따라서 위와 같은 와짜스빠띠 미슈라의 설명은 '소증 상사'나 '무궁 상사'의 의미를 곡해한 것이라고 볼 수 있다.

그렇다면 '무궁 상사' 논법의 진정한 의미는 무엇일까? 『니야야 수뜨라』 제2편에는, 적대자가 '무궁 상사' 논법을 이용하여 인식 방법의 실재성에 대해 비판하는 구체적인 예가 등장한다. 이를 인용해 본다.

> '인식 방법[能量]'들이 '인식 방법'들에 의해 성립하기 때문에, 다른 '인식 방법'이 성립하는 것으로 귀결된다.[52]

즉, '모든 사물은 '인식 방법'에 의해 성립된다'는 주장이 있을 때, '그럴 경우 그 '인식 방법' 자체도 제2의 '인식 방법'에 의해 인식되어

50) 『니야야 와르띠까 따뜨빠리야띠까』, 앞의 책, p.1686. 각주.

51) 니야야的 5支 論證式의 각 論證支를 四量說에 대비시키면 주장(pratijñā)은 성언량(śabda), 이유(hetu)는 비량(anumāṇa), 실례(udāharaṇa)는 현량(pratyakṣa), 적합(upanaya)은 비교량(upamāṇa)에 의한 인식이라고 볼 수 있다: 『니야야 브하샤』, 앞의 책, pp.439~440. 참조.

52) pramāṇātaḥ siddheḥ pramāṇānāṃ pramāṇa-antara-siddhi-prasaṅgaḥ: 『니야야 수뜨라』, '2-1-17'.

야 하기에 애초의 '인식 방법' 말고 제2의 다른 '인식 방법'이 필요하게 된다'고 애초의 주장을 비판하는 것이다. 이 문장만 보면 와짜스빠띠 미슈라의 설명과 같이 '어떤 '인식 방법'에 의해 실례가 인지되는지 알고자 하는 것'이 '무궁 상사' 논법인 듯이 보인다. 그러나 『니야야 브하샤』의 설명에서는 '인식 방법'의 예가 아니라 '비유와 소증'의 예를 들고 있다. 따라서 '무궁 상사' 논법이란, 비단 '인식 방법'과 '인식 대상' 간의 관계뿐만 아니라 논증식에서의 '비유'와 '소증' 간의 관계 등, 모든 '능(能)'과 '소(所)'의 관계에서 '소'를 성립시키는 토대인 '능'의 근거를 물어 능·소 관계를 비판하는 논법이라고 볼 수 있다. 이렇게 보면, 와짜스빠띠 미슈라의 '무궁 상사' 논법에 대한 정의(lakṣaṇa)는 과소(過小)주연(avyāpti)[53]적인 정의라고 비판될 수 있을 것이다.

'무궁 상사' 논법이란 이와 같이 능에 의해 소가 성립할 때 그 능이 다시 소로 될 경우 제2의 능이 필요하게 되고 결국 무한한 능이 필요하게 된다고 비판하는 논법이다. 즉, 능·소 관계의 자가당착성을 지적하는 논법인 것이다.

그러면 '무궁 상사' 논법과 짝을 이루고 있는 논법인 '반유 상사' 논법의 의미에 대해 고찰해 보자. '반유 상사' 논법을 설명하기 위해 『니야야 브하샤』에서 든 예는 '동법 상사' 논법을 설명하기 위해 들었던 예 중 하나[54]와 구조적으로 차이가 없다. 앞에서 'a.동법적 논증식에 대한 동법 상사적 비판'의 예를 들을 때는, 아뜨만은 '작용을 갖는다'는 소증(sādhya)에 대한 이유(hetu)로 '실체이기 때문에'를 들었지만 지금 '반유 상사적 비판'의 예를 들을 때는 동일한 소증에 대한 이유로 '작용을 야기하는 성질을 갖기 때문에'를 들고 있다. 양 논법

53) 新-니야야 학파에서는 잘못된 정의의 종류로 다음과 같이 세 가지를 든다. ①過大周延(ativyāpti), ②過小周延(avyāpti), ③不當周延(asambhava).

54) 동법적 논증식에 대한 '동법 상사'적 비판: 본서 제Ⅱ장 1절 1)항 a. 참조.

을 비교하기 위해 'a.동법적 논증식에 대한 동법 상사적 비판'의 경우도 소증에 대한 이유를 '작용을 야기하는 성질을 갖기 때문에'로 바꾸어 양 논법을 비교해 보자.

'동법적 원 논증식'
주장: 아뜨만은 작용을 갖는다.
이유: 작용을 야기하는 성질이 있기 때문에
실례: 마치 흙덩이와 같이, 흙덩이는 작용을 야기하는 성질이 있는데 작용을 갖는다.
적합: 아뜨만도 그와 같다.
결론: 그러므로 아뜨만은 작용을 갖는다.

'동법 상사적 비판'
주장: 아뜨만은 작용을 갖지 않는다.
이유: 작용을 야기하는 성질이 있기 때문에
실례: 마치 허공과 같이, 허공은 작용 원인성이 있는데 작용을 갖지 않는다.
적합: 아뜨만도 그와 같다.
결론: 그러므로 아뜨만은 작용을 갖지 않는다.

'『니야야 브하샤』적 의미의 반유 상사적 비판'
아뜨만이 작용을 갖는 것은, 아뜨만이 흙덩이와 같이 작용을 야기하는 성질이 있기 때문이라고 하지만 허공의 경우에는 작용을 야기하는 성질을 갖지만 작용이 있지는 않기에, '아뜨만이 작용을 야기하는 성질을 갖기에 작용이 있다'고 말할 수는 없어서 논증식 작성은 불가능하다.

'동질적 이유를 갖지만 주제의 성질은 갖지 않는 다른 비유를 들어 원래의 논증식이 부당함을 밝히는 것'이 위와 같은 식의 'a.동법적 논증식에 대한 동법 상사적 비판'이다. 그런데 이는 '반대의 비유에 의해 반대하는 논법'인 '반유 상사' 논법과 다를 게 없다. 또, '반유 상사' 논법이 단순히 위에 든 예와 같은 논법이라고 한다면 굳이 '무궁 상사' 논법과 짝을 이루고 있을 필요가 없을 것이다. 이런 의문을 간직한 채 『니야야 수뜨라』의 다음과 같은 경문을 보자.

> 혹은, 그것(=다른 '인식 방법')이 작용하지 않기 때문에, ['인식 방법'의 작용 없이도] '인식 방법'이 성립하듯이 '인식 대상(소량)'이 성립한다.[55]

이는 『니야야 수뜨라』 제2편에서 반대론자(jāti-vādin[56])가 '인식 방법'의 실재성을 논파하면서 '무궁 상사' 논법을 구사한 직후 상대를 비판한 경문이다. 이 경문은 분명히 '무궁 상사' 논법과 논리적으로 연관이 있다. '모든 것을 성립시키는 '인식 방법' 그 자체는 무엇에 의해 성립하는가?'라는 '무궁 상사'적 비판에서 벗어나기 위해 '인식 방법'만은 제2의 다른 '인식 방법'의 작용 없이 그 스스로 성립한다고 변명을 한다면 '모든 것은 인식 방법에 의해 성립한다'는 애초의 명제에 위배되는 사례[반유(反喩): pratidṛṣṭānta]가 있는 꼴이 되니 애초의 명제의 진리성이 훼손되고 그에 따라 인식 대상도 그 스스로 성립한다고 말할 수 있다는 반박인 것이다.

이것은 도대체 무슨 논법일까? 여기서 한 가지 가설을 세워 보자.

---

55) tad-nivṛtter-vā pramāṇa-siddhivat-prameya-siddhiḥ: 『니야야 수뜨라』, '2-1-18'.

56) 『니야야 브하샤』에서는 '자띠(jāti)' 논법, 즉 '相應' 논법에 의해 논쟁을 벌이는 무리들을 '자띠論者(jāti-vādin)'라고 부른다: 『니야야 수뜨라』, '1-1-39', '2-2-19'에 대한 『니야야 브하샤』 참조.

즉, 이것이 바로 '반유 상사' 논법일 것이라는 가설을…. 『니야야 수뜨라』에 의하면 '반유 상사'란 '반대의 비유에 의해서 반대되기 때문에' 상대의 주장이 성립하지 않는다고 논파하는 것이다. 이를 위에 인용한 『니야야 수뜨라』 '2-1-18' 경문과 연관지어 보자.

'무궁 상사'적 비판에서 벗어나기 위해 '인식 방법'만은 다른 인식 방법의 작용 없이 그 스스로 성립한다고 변명하게 되면 '모든 것은 '인식 방법'에 의해서 성립한다.'는 애초의 주장에 예외[반유]가 하나 있는 꼴이 된다. 즉, 다른 모든 것들은 '인식 방법'에 의해 성립하지만 '인식 방법' 만은 예외라는 말이 된다. 여기서 '인식 방법'이 애초의 주장과 상반된 실례[반유]인 것이다. 따라서 '모든 것은 '인식 방법'에 의해서 성립한다'는 애초의 주장은 그 보편타당성을 상실하게 되니, 결국 '인식 대상'의 경우도 '인식 방법'의 작용 없이 그 스스로 성립한다'고 말할 수 있게 된다.

만일 '무궁, 반유 상사' 논법이 이렇게 해석된다면 이는 현대 서구 논리학에서 말하는 '논리적 역설(logical paradox)' 구조와 같아진다. 그러면 이렇게 해석된 '무궁, 반유 상사' 논법과 '논리적 역설'의 구조를 비교해 보자. 먼저 현대 논리학에서 말하는 역설의 구조를 예를 들어 설명해 보겠다.[57]

'내 말은 모두 거짓말이다.'

역설A: 이 말도 [그 술어(prediate)의 의미대로] 거짓말이라면 이 말은 거짓말이 아닌 것이 되어 자기 모순에 빠진다.(내포 시의 오류)

역설B: 이 말은 [화자의 의도대로] 거짓말이 아니라면 이 말은 거짓말이 되어 자기 모순에 빠진다.(배제 시의 오류)

러셀(Russel)에 의하면 역설이란 자기지칭적(self-referent) 명제에서

57) 金容雲 金容局 共著, 集合論과 數學, 祐成文化社, 서울, 1991, p.390. 참조.

발생하는 것이다.[58] 위의 예에서 보듯이 자기지칭적 명제에서 그 명제 자체를 명제 내 주어의 범위에서 배제하려 해도 모순에 빠지고, 그 명제가 명제 내 술어의 의미에 내포된다고 보아도 모순에 빠지는 것이 바로 역설적 상황이라고 볼 수 있다. 그런데『회쟁론』에 등장하는 ‘무궁, 반유 상사’ 논법적 비판의 예 역시 다음과 같이 이와 동일한 구조를 갖고 있다.

‘모든 것은 ‘인식 방법’에 의해 성립한다.’

역설A: [술어의 의미대로] ‘인식 방법’이 다른 ‘인식 방법’에 의해 성립된다면 오류에 빠진다. ∵무궁하게 되므로(내포 시의 오류)

역설B: [화자의 의도대로] ‘인식 방법’만은 다른 ‘인식 방법’에 의해 성립되지 않는다면 오류에 빠진다. ∵애초이 명제에 예외가 있는 꼴이 되므로(배제 시의 오류)

나중에 다시 검토하겠지만, 카지야마유이치는 ‘무궁 상사’적 논법만 용수의 논서에서 발견되는 것으로 인정하고 ‘반유 상사’적 논법에 대해서는 언급을 않는다.[59] 그러나『니야야 수뜨라』제5편에서 ‘무궁 상사’와 ‘반유 상사’가 함께 묶여 소개되고 있었다는 사실로 미루어 볼 때, 이 논법 역시 ‘도 상사’와 ‘부도 상사’ 논법이 그랬듯이 용수의 논서에서 짝을 이루어 함께 쓰이고 있어야 할 것이라고 추측할 수 있다.『니야야 수뜨라』뿐만 아니라『광파론』[60]이나『회쟁론』[61],『중론

58) 위의 책, p.393.

59) 梶山雄一, 佛敎知識論の形成, p.42. 相應-誤難 對照表 참조.

60) “이유에 의해 증명된다고 말하지만 그것은 옳지 않다. (만일 그렇다면) 이유에는 다시 다른 이유(=제2의 이유)가 없어서는 안될 것이고, 그것(=제2의 이유)에도 다시 또다른 것(제3의 이유)이 있게 된다. 이래서 무한소급이 될 것이다[無窮相似]. 또, 만일 이유에 다시 (다른) 이유가 있다고 인정하지 않는다면, 당연히 그 이유로 이유는 이유 없는 것이 될 것이다. 혹은 이유가 그러하듯이 모든 것은 이유 없이 성립하고 있는 것이 될 것이다[反喩 相似](『광파론』 제41절).”

』[62]등에서도 ‘무궁 상사’ 논법 뒤에 등장하는 논법은 언제나 위와 동일한 구조를 갖고 있다는 사실도 『니야야 수뜨라』 ‘2-1-18’ 경문이 ‘반유 상사’ 논법이라는 필자의 가설을 뒷받침한다.

b. ‘무궁, 반유 상사’ 논법에 대한 비판

니야야 논사는 위와 같은 역설적 상황을 어떻게 피해 나갔을까? ‘논리적 역설’의 발견은 현대 수학의 집합론의 토대를 뒤흔들었던 세기적 사건이었는데, 러셀(Russell)은 이런 역설적 상황을 극복하기 위해, 명제의 자기지칭(self-reference)을 금지시키는 ‘계형 이론(type theory)’을 창안하였다.[63] 이러한 러셀의 사고는 원자 명제의 존재를 가정하는 논리적 원자론을 도출하게 되는데 이는 러셀이 가지고 있던 실재론적 사고의 당연한 귀결이라고 볼 수 있다. 그런데 다음 경문에서 보듯이 니야야 논사들도 ‘무궁, 반유 상사’ 논법을 비판하면서 러셀과 같은 방식의 실재론적 해결을 모색하고 있다. 먼저 『니야야 수뜨라』 제5편에서 ‘무궁, 반유 상사’ 논법을 비판한 경문을 보자.

---

61) “만일 ‘그 어디서건 모든 사물에 자성이 없다’면 자성이 없는 그대의 말은 자성을 부정할 수 없다[무궁 상사](『회쟁론』 제1송). 이와 달리, 만일 이 말이 자성을 갖고 있는 것이라면 그대의 앞에서의 주장은 깨어진다. 일치하지 않는 것이 있기에 거기에 특별한 이유가 설명되지 않으면 안된다[반유 상사](『회쟁론』 제2송).”: 이 경우에는 용수가 아니라 거꾸로 적대자가 ‘무궁, 반유 상사’ 논법을 이용한다. 또, 『회쟁론』의 적대자는 용수의 논법인 ‘무인 상사’ 논법을 이용하여 용수를 공격하기까지 한다.

62) “다른 것(생)이 그것(생)을 생하게 한다면 생은 무한소급이 된다[무궁 상사]. 그런데 만일 無生으로 생한 것이라면 모든 것이 그와 같이 생해지리라[반유 상사](梵: 7-19) anya utpādaytyenaṃ yadyutpādo 'navasthitiḥ/ athānutpāda utpannaḥ sarvamutpadyate tathā//(漢: 7-20): 若謂更有生 生生則無窮 離生生有生 法皆能自生”

63) 金容雲 金容局 共著, 앞의 책, pp.391~396. 참조.

> 등(燈)을 취하는 것에 의해서 무궁(無窮)이 멈추는 것과 같이 그것이 멈춘다.(『니야야 수뜨라』, '5-1-10'.)[64]

> 또, 반대(反對)의 비유(比喩)가 이유일 수 있다면, [원래의] 비유도 이유가 아닐 수 없다.(『니야야 수뜨라』, '5-1-11'.)[65]

먼저 '5-1-10' 경문은, 능(能)이 소(所)를 성립시킬 경우 그 능은 마치 등불과 같이 능 스스로도 성립시키고, 타자인 소도 성립시킨다는 의미이다. 『니야야 브하샤』에서는 실례를 입증하기 위해 또다른 실례를 들 필요는 없다고 해설한다.[66]

그런데 '5-1-11' 경문의 경우 그 의미를 이해하기가 쉽지 않다. 위의 번역문은 미야사카유우쇼(宮坂宥勝, 1921-2011)의 일역문과 즈하(Jhā)의 영역문을 토대로 번역한 것이다. 이들 현대학자들은 모두 『니야야 브하샤』의 해설에 의지하여 위 경문을 번역하였다. 『니야야 브하샤』에서는 다음과 같이 주석한다.

> 적대자가 반대되는 실례를 제시하는 경우, '이런 이유에서 반대의 실례는 증명하는 힘이 있고 원래의 실례는 그렇지 못하다'는 식으로 그것을 뒷받침하는 특별한 이유(viśeṣahetu)를 말하지 않는다. 따라서 반대되는 실례가 유효한 이유일 수 있다면, 원래의 실례도 유효한 이유가 아니라고 말할 수는 없다. 그런데 만일 [원래의 실례의] 증명하는 힘이 부정되지 않았다면 어떻게 그것[=원래의 실례]이 유효한 이유가 아닐 수 있겠는가?[67]

---

64) pradīpa-upādāna-prasaṅga-vinivṛttivat-tad-vinivṛttiḥ: 『니야야 수뜨라』, '5-1-10'.

65) pratidṛṣṭānta-hetutve ca na-ahetur-dṛṣṭāntaḥ: 『니야야 수뜨라』, '5-1-11'.

66) 『니야야 브하샤』, 앞의 책, p.1689.

67) pratidṛṣṭāntaṃ bruvato na viśeṣahetur apadiśyate anena prakāreṇa pratidṛṣṭā ntaḥ sādhakaḥ na dṛṣṭānta iti/ evaṃ pratidṛṣṭāntahetutve dṛṣṭānta ityupapadya te/ sa ca kathaṃ hetur na syād yadyapratiṣiddhaḥ sādhaka syād iti// 『니야야

그러나 앞에서 거론했듯이 '반유 상사' 논법에 대해 이런 식으로 이해하게 되면 이는 '동법 상사' 논법과 다를 게 없다.『니야야 브하샤』 작성 시기도『니야야 수뜨라』 성립 시기에서 상당 기간 떨어져 있기에『니야야 수뜨라』에 실려 있는 경문들의 원래적인 의미는『니야야 브하샤』에서의 설명과 다를 수도 있다. 아니 오히려『니야야 브하샤』의 해설을 무시하고『니야야 수뜨라』를 이해하는 경우 '무궁, 반유 상사' 논법의 진정한 의미가 되살아날 뿐만 아니라 용수의 논서에 등장하는 논법과의 관계도 한층 명확해진다.

『니야야 브하샤』의 해설을 무시한 후, 용수와의 관계 속에서 '무궁, 반유 상사' 논법의 의미를 이해할 경우『니야야 수뜨라』'5-1-11'은 다음과 같이 번역될 수 있을 것이다.

> 반대되는 실례(pratidṛṣṭānta)가 이유로서의 성격을 갖는 경우에(hetutve) 그것[=반대되는 실례] 은 이유 없이(ahetu) 존재하는 실례(dṛṣṭānta)가 아니다.

이를 인식 방법의 예에 대입하여 설명하면 다음과 같이 된다: '인식 방법'만은 그 성립을 위해 [다른] '인식 방법'을 필요로 하지 않기에 '반대되는 실례[반유]'라고 부를 수 있는데, 그런 '인식 방법' 자체는 마치 등불과 같이 자기 스스로를 성립시키는 이유가 되기도 하기 때문에 이유 없이 성립하는 것이라고 볼 수는 없다. 따라서 인식 방법이 이유 없이 성립하듯이 인식대상도 이유 없이 성립한다는 비판은 옳지 못하다.'

'무궁, 반유 상사' 논법에 대한 이런 이해의 토대 위에서 먼저『니야야 수뜨라』 제2편 제1장 제19경을 보자.

수뜨라』, '5-1-11下'의『니야야 브하샤』: *Nyāyadarśanam*, Vol.Ⅱ, Rinsen Book Co., Kyoto, 1982, p.2021.

그렇지 않다. 마치 등불의 조명이 성립하는 것과 같이 그것이 성립하기 때문이다.[68]

『니야야 브하샤』에서는 위에 인용한 『니야야 수뜨라』 '2-1-19'의 등불의 비유를 '5-1-10'에 등장하는 등불의 비유와 다르게 주석한다. 즉, '5-1-10'에서는 등불이 다른 등불의 도움 없이 자기 스스로 그 존재성을 드러낸다는 의미에서, 실례도 등불과 같이 다른 실례의 도움 없이 그 스스로 소증(sādhya)의 근거가 될 수 있다[69]고 말하는 반면, '2-1-19'에서는 등불의 양성(量性, 드러내는 힘)이 현량이나 비량이나 성량(聖量, śabda)등 다른 양(量)들에 의해 드러나듯이 어떤 '인식 방법'의 존재는 다른 '인식 방법'에 의해 확인된다고 말한다.[70] 예를 들어 현량의 존재는 성량에 의해 확인된다는 것이다.

다시 말해 '등불'이 어떤 것을 드러내는 양(量)임(=등불의 양성)을 알게 되는 것은 다른 여러 가지 양들에 의해서이다. 즉, 어두운 방에서 "등불을 가져와라"는 '성량[71](śabda)'을 듣고서 등불이 어두운 방의 사물들을 드러내는 힘을 갖는 양임을 알 수가 있는 것이다.[72]

이렇게 『니야야 브하샤』에서는 『니야야 수뜨라』 '5-1-10'과 '2-1-19'에 등장하는 등불의 비유의 의미를 다르게 해석한다. 카지야마유이치는 '5-1-10'의 해석을 '등불의 자율적 확실성'에 비유한 것이라고 설명하고 '2-1-19'의 해석을 '등불의 타율적 확실성'에 비유한 것이라고 설명한다.[73]

그러나 『광파론』[74]이나 『회쟁론[75]』에서 적대자의 주장으로 인용되

68) na, pradīpa-prakāśa-siddhivat-tat-siddheḥ: 『니야야 수뜨라』, '2-1-19'.
69) 『니야야 브하샤』, 앞의 책, p.1689.
70) 『니야야 브하샤』, 위의 책, p.649.
71) '聲量', '聖言量', '證言' 모두 같은 술어에 대한 번역어이다.
72) 『니야야 브하샤』, 위의 책, pp.649~650.
73) 梶山雄一, 앞의 책, p.47.
74) '인식 방법'에는 다시 다른 '인식 방법'이 필요치 않다. 이 경우 '등불'과 같이

는 등불의 비유에서는 ‘등불의 자율적 확실성’에 빗대어 ‘인식 방법’의 자율적 확실성을 말하고 있다.

이어지는 『니야야 수뜨라』 ‘2-1-20’은 다음과 같다.

> 어떤 경우에는 [다른 인식 방법의] 작용 없음을 보기 때문에, 그리고 어떤 경우에는 작용 없음이 아님을 보기 때문에 일정치 않다.76)

『니야야 브하샤』에서는, 앞의 ‘2-1-19’ 경문이 등불의 자율적 확실성에 빗대어 인식의 자율적 확실성만을 주장한 것이라고 말하는 자들을 비판하기 위해 이 ‘2-1-20’ 경문이 작성된 것이라고 말한다. 그 비판의 대강은 다음과 같다: 마치 등불이 그 스스로를 드러내기 위해 다른 등불의 도움을 필요로 하지 않듯이 ‘인식 방법’ 역시 그 스스로를 드러내는 데 있어서 다른 ‘인식 방법’의 도움을 필요로 하지 않는다는 것을 말하기 위해 ‘2-1-19’의 경문이 작성되었다고 하는 자들이 있지만, 비단 ‘인식 방법’의 경우만 그런 것이 아니라 ‘인식 대상’의 경우도 그 자신의 존재성을 확립하기 위해 다른 ‘인식 방법’의 도움을 필요로 하지 않는다는 것이다. 또, 그와 반대로 어둠 속의 접시와 같은 인식 대상이 그 모습을 드러내려면 등불이라는 다른 양(量)의 존재를 필요로 하듯이 인식 방법[量] 역시 그 존재성이 드러나려면 등불이라는 다른 양이 필요하기도 하다.77)

이렇게 동일한 등불의 비유가 전자의 경우와 같이 ‘인식 방법’이나 ‘인식 대상’의 ‘자율적 확실성’을 비유하기 위해 쓰일 수도 있고, 후자

‘인식 방법’은 그 자신과 함께 다른 것도 성립시키는 것이다.’: 『광파론』 第5절.

75) ‘마치 불이 그것 자체와 다른 것을 함께 비추듯이 인식이라고 하는 것 역시 자기 자신과 다른 것을 확립시킨다.’: 『회쟁론』 第33송 주석.

76) kvacin-nivṛtti-darśanād-anivṛtti-darśanāc-ca kvacid-anaikāntaḥ: 『니야야 수뜨라』, ‘2-1-20’.

77) 『니야야 브하샤』, 앞의 책, p.656.

의 경우와 같이 '인식 방법'이나 '인식 대상'의 '타율적 확실성'을 비유하기 위해 쓰일 수도 있는 것이다.

따라서 등불의 비유는 어떤 경우에는 다른 양의 작용 없음을 증명하기 위해 쓰이기도 하고 어떤 경우에는 다른 양의 작용 없음이 아님을 증명하기 위해 쓰이기도 하기 때문에, 등불의 비유를 자율적 확실성만의 비유라고 보는 적대자의 주장은 옳지 않다는 것이다. 앞에서 언급한 바 있지만 등불의 비유를 인식의 자율적 확실성의 비유로 본 논사는 용수(Nāgārjuna)였다. 즉, 『회쟁론』 제33송 주석이나 『광파론』 제5절에서 용수는 인식의 자율적 확실성을 입증하기 위해 니야야 논사가 등불의 비유를 든 것으로 간주하고 그에 대해 비판을 가하고 있었다. 그런데 위의 『니야야 수뜨라』 '2-1-20' 경문을 주석하는 왓스야야나(Vātsyāyana)는 용수의 이러한 비판을 염두에 둔 듯이 '등불의 비유는 인식의 자율적 확실성뿐만 아니라 인식의 타율적 확실성을 비유하기 위해서도 쓰일 수 있다'고 말하고 있다. 즉, 왓스야야나는 『니야야 브하샤』를 작성하면서 '2-1-19'나 '2-1-20'의 경문 모두를 '5-1-10'과는 다른 맥락에서 조망하고 있는 것이다. 그러나 『니야야 수뜨라』 '5-1-10'과의 연관 하에서 '2-1-19, 20'의 경문을 보면 다른 해석도 가능할 것 같다. 먼저 '2-1-19'는 '인식 방법'의 실재성을 '무궁 상사' 논법으로 비판한 '2-1-17'의 경문에 대한 재-비판이라고 볼 수 있다. '2-1-17' 경문을 다시 보자.

> '인식 방법[能量]'들이 '인식 방법[能量]'들에 의해 성립하기 때문에, 다른 '인식 방법'이 성립하는 것으로 귀결된다.

『니야야 수뜨라』 '2-1-19'에서는 이를 비판하면서 '인식 방법'이란 마치 등불과 같아 자기 스스로도 드러내고 다른 것도 드러낸다고 말한다. 즉, 등불의 자율적 확실성에 빗대어 '인식 방법'의 자율적 확실성을 증명한 것이다.

다음에 '2-1-20'은 다음과 같다: '인식 방법'의 경우는 다른 인식 방법의 도움 없이 그 존재성이 확립되고, '인식 대상'의 경우는 인식 방법의 도움을 받아 그 존재성이 확립된다는 의미에서 '어떤 경우[78]에는 [다른 인식 방법의] 작용 없음을 보기 때문에, 그리고 어떤 경우[79]에는 작용 없음이 아님을 보기 때문에 일정치 않다'고 말한다고 볼 수도 있다. .

이렇게 보는 경우, '2-1-20'은 필자가 앞에서 『니야야 브하샤』의 주석과 다르게 해석했던 '5-1-11' 경문과 그 의미가 통하게 된다. 즉, '인식 방법'이 다른 모든 '인식 대상'을 인식하기에 '인식 대상'들은 '인식 방법'의 작용에 의존하는 것이지만, 그 '인식 방법'만은 그 스스로 성립한다고 보는 점에서 양 경문은 그 의미가 통하게 된다는 말이다.

만일 '2-1-19, 20'의 경문의 의미가 『니야야 브하샤』의 해석과 같다면 분명히 『니야야 수뜨라』 제2편의 이 부분은 제5편보다 나중에 성립된 것이 되고, 그와 달리 필자의 가설적 해석과 같다면 그 성립의 선후를 가릴 수 없게 된다. 필자는 다만 『니야야 브하샤』의 주석이 그릇된 것일 수도 있다고 제안해 보는 정도로 이에 대한 논의를 마치겠다.

5) 무생 상사(anutpatti sama)

a. '무생 상사' 논법의 의미

『니야야 수뜨라』에서는 '무생 상사(anutpatti-sama)'[80] 논법에 대

---

78) '인식 방법'의 경우.
79) '인식 대상'의 경우.

해 다음과 같이 설명한다.

발생 이전에는 이유가 없기 때문에 '무생(無生) 상사'이다.[81]

이에 대한 『니야야 브하샤』의 해설[82]은 다음과 같이 정리된다.

'원 논증식'
소리는 무상하다(anitya śabda).
지어진 것이기 때문에(prayatnāntarīyakatvād)
마치 물단지와 같이(ghaṭavad)

'무생 상사적 비판'
[소리가] 발생하기 이전이기 때문에, 발생하지 않은 소리에 '지어진 것'이라는 무상성의 근거(=이유)도 아직 존재하지 않는다. 그것이 없기 때문에 상주성이 접합되며 상주하는 것의 발생은 존재하지 않는다. [이렇게] 발생치 않음에 의해 반대하는 것이 '무생 상사'이다.

성발생론자(聲發生論者)가 '소리가 무상하다'는 주장을 논증하기 위해 '지어진 것이기 때문에'라는 이유를 들었는데, '소리는 상주한다'는 주장을 갖고 있는 성현현론자(聲顯現論者)가 이를 비판하는 위와 같은 논법이 '무생 상사' 논법이라는 것이다.[83] 이를 성현현론자의 입

80) Jhā는 Parity per Non-generation으로 번역한다.
81) prāg-utpatteḥ kāraṇa-abhāvād-anutpattisamaḥ: 『니야야 수뜨라』, '5-1-12'.
82) 『니야야 브하샤』, 앞의 책, p.1691 ; *Nyāyadarśanam*, 앞의 책, p.2022.
83) 『니야야 수뜨라』 제5편에서는 '자띠(jāti)' 논법, 즉 '相應' 논법을 설명하기 위해 위와 같이 그 논법을 사용하는 적대자로 聲顯現論者를 例로 드는 경우가 많다. 뿐만 아니라 『니야야 수뜨라』 도처에서 聲顯現論은 혹독한 비판을 받는다. 이는 니야야 측에서 聲發生論을 주장하고 있었기 때문이다. 소리(聲)의 본질을 놓고 벌어진 양측의 주장을 제대로 이해하려면 성발생론과 성현현론의 의미에 대한 확실

장에서 기술하면 다음과 같을 것이다.

소리가 아직 나타나지 않은 상태에서는 '지어진 것'이라는 소리의 속성도 접합해 있을 수 없을 것이다. 그런데 어떤 사물에 '지어진 것'이라는 속성이 있는 경우 그 사물은 '무상성'을 띠게 마련이다. 따라서 나타나지 않는 소리에 대해서는 '무상성'을 띨 수도 없다. 그러니 나타나지 않는 소리의 경우에는 무상성의 반대인 상주성이 결부되어야 하지 않겠는가? 그런데 상주하는 것은 현현하는 것이지 발생하는 것이 아니다.

b. '무생 상사' 논법에 대한 비판

'무생 상사'적 비판에 대해 니야야 논사는 다음과 같이 재비판한다.

한 이해가 선행되어야 한다. ①먼저 성현현론은 인도 고대 六派哲學 학파들 중 '미망사 학파'에서 주장하고 있던 이론이었다. 소리는 우리 귀에 들리지 않는 경우에도 우주에 잠재되어 상주하다가 어떤 계기가 있는 경우 비로소 나타나는 것이라는 이론이 성현현론이며 성상주론이라고 부를 수도 있다. 니야야 논사들은 이를 다음과 같이 비유한다: "칠흑과 같은 어둠 속에 물단지가 있는 경우 그것이 계속 상주하고 있기는 하지만 등불과 같은 조명이 없기에 우리 눈에는 지각되지 않는다. 그러나 등불을 켜게 되면, 즉 등불이 계기가 되면 물단지의 모습이 나타난다(顯現). 이는 원래 있던 것, 즉 원래 常住하던 것이기에 나타나는 것이다. 이와 마찬가지로 소리도 들리지 않는 경우에 원래는 우주에 잠재되어 상주하고 있는 것인데 그것이 발음이라는 계기에 의해 드디어 나타나게 되어 우리 귀에 들린다는 것이다." ②성발생론은 니야야 측에서 주장하던 이론으로 성무상론과 통한다. 그 의미는 다음과 같다: "소리는 발성에 의해 새롭게 생겨나는 것이다. 즉, 소리는 발성 작용에 의해 발생했다가 소멸하는 것이기에 무상하다." ③소리에 대한 이 두 가지 이론을 中觀的으로 비판하면 다음과 같이 될 것이다: "소리는 상주하며 현현한다는 이론은 소리에 대한 常見이고 因中有果論이다. 소리는 無常하며 발생한다는 이론은 소리에 대한 斷見이고 因中無果論이다. 양 측의 이론 모두 이렇게 二邊에 빠져 있기에 옳지 못하다."

> 발생물이 그와 같이 존재하기 때문에 이유가 성립하는 것이므로 이유를 부정하는 것은 옳지 않다.[84]

즉, 소리가 발생하여 존재하기 때문에, 위에 인용한 ‘원 논증식’에서 ‘지어진 것이기 때문에’라는 ‘이유’를 대는 것이 가능한 것이지, 아직 소리가 존재하기도 전에 이유를 대는 것은 아니다. 따라서 ‘무생 상사’ 논법에 의해 ‘논증식 중 이유를 대는 행위’를 비판하는 것은 옳지 않다는 것이다.

24가지 ‘자띠(jāti)’ 논법들 각각의 특징은 그 ‘소재의 특수성’에서 찾아지는 것이 아니라 위타비량(爲他比量, paratantrānumāna)적 논증식의 지분인 능증(能證, sādhana)과 소증(所證, sādhya)의 관계, 또는 다른 모든 사태들의 능·소관계를 ‘비판하는 방식의 특수성’에서 찾아지는 것이다. 따라서 ‘무생 상사’ 논법과 그에 대한 니야야 측의 비판 논리의 진정한 의미를 추상해 내면 다음과 같을 것이다.

‘무생 상사 논법’

소증이 있기 이전에는 능증인 이유는 있을 수 없으므로 논증식 작성은 옳지 않다

‘니야야 논사의 비판’

소증이 존재하므로 능증인 이유가 있는 법이기에 논증식 작성은 정당하다.

이를 인과 관계에 대입해 보자. 여기서 소증은 ‘결과’에 해당하고 능증인 이유는 ‘원인’에 해당한다고 볼 수 있기에 ‘무생 상사’ 논법을 보다 보편화시켜 기술하면 다음과 같이 될 것이다.

---

84) tathābhāvād-utpannasya kāraṇa-upapatter-na kāraṇa-pratiṣedhaḥ: 『니야야 수뜨라』, ‘5-1-13’.

결과(所)가 있기 전에 원인(能)은 있을 수 없다고 비판하는 것이 '무생 상사' 논법이다.

나중에 다시 고찰해 보겠지만 이는 용수가 즐겨 쓰던 비판 논법이다. 즉, '결과가 아직 존재하지 않는 경우에 어떻게 그것이 원인일 수 있겠는가?'[85]라는 논법이 바로 위와 같은 '무생 상사' 논법에 연원을 두고 있는 것이다.

6) 의 상사(saṃśaya sama)

a. '의 상사' 논법의 의미

『니야야 수뜨라』 제5편 제1장의 24가지 '자띠' 논법들 중 14번째 기술되어 있는 것이 다음과 같은 '의 상사(saṃśaya-sama)'[86] 논법이다.

> 보편과 실례가 감관에 포착되는 것으로서 동일하다면, 상주와 무상에 동질적이기에 '의(疑) 상사'이다.[87]

이 경문에 대한 『니야야 브하샤』의 설명[88]을 구체적으로 풀이하면

---

85) 『중론』 第1 觀因緣品 第7偈의 다음과 같은 게송이 '無生 相似' 논법에 토대를 둔다: '이것들을 연하여 발생하기에 실로 이것들은 연들이다. 이것들이 생하지 않는 그런 경우에 어떻게 非緣이 아니겠느냐?(utpadyate pratītyemānitīme pratyayāḥ kila/ yāvannotpadyata ime tāvannāpratyayāḥ katham// 因是法生果 是法名爲緣 若是果未生 何不名非緣)'

86) Jhā는 Parity per Doubt로 번역한다.

87) sāmānya-dṛṣṭāntayor-aindriyakatve samāne nitya-anitya-sādharmyāt-saṃśayasamaḥ: 『니야야 수뜨라』, '5-1-14'.

88) 『니야야 브하샤』, 앞의 책, pp.1695~1696.

다음과 같다.[89] 예를 들어 우리가 '소(牛)'라는 말(聲)을 발음했을 경우, 그 말이 마치 물단지(실례: dṛṣṭānta)와 같이 지어진 것이기에 그 말소리의 무상함이 지각된다고 해도, 그 말을 듣는 순간 '소의 유성(類性)', 즉 '소 보편(普遍: sāmānya)' 역시 감관에 지각되고 그런 보편은 상주하는 것이기에, 도대체 '소'라는 말소리가 물단지(실례)와 같이 무상한 것이 본질인지, 아니면 '소 보편'에 대한 지각(보편)과 같이 상주하는 것이 소리의 본질인지 의심이 생하기에, 어느 한 쪽만을 본질로 보고 논증식을 작성하는 것은 불가능하다는 비판이 '의 상사' 논법이다.

즉, 우리가 어떤 '언어'를 들을 때, 듣는 그 순간의 '특수'한 소리도 우리에게 인지되지만 그 '소리의 의미의 유성', 즉 '보편'적 의미 역시 인지(認知)되기에 '특수'와 '보편' 가운데 어느 것이 '소리라는 현상'의 본질인지 의심이 있기에 어느 한 쪽 성질에 토대를 두고 논증식을 작성하는 것은 옳지 않다는 것이 '의 상사' 논법이다.

b. '의 상사' 논법에 대한 비판

'의 상사' 논법에 대해 니야야 논사는 다음과 같이 비판한다.

a.동질성에 토대를 둔 의심이 있는 경우, [같은 것에 대해] 이질성에 토대를 둔 의심은 [있을 수] 없다. b.혹은 양쪽에 의심이 있는 경우 끝없는 의심으로 귀결된다. c.그리고 보편에 있어서 상주성이 인정되지 않기 때문에 부정은 옳지 않다.[90]

89) 『니야야 브하샤』, pp.1696~1697.

90) sādharmyāt-saṃśaye na saṃśayo vaidharmyād-ubhayathā vā saṃśaye 'tyanta-saṃśaya-prasaṅgo nityatva-anabhyupagamāc-ca sāmānyasya-apratiṣedhaḥ: 『니야야 수뜨라』, '5-1-15'.

이 경문에 대한 『니야야 브하샤』의 설명을 풀이하면 다음과 같다.

a."동질성에 토대를 둔 의심이 있는 경우, [같은 것에 대해] 이질성에 토대를 둔 의심은 [있을 수] 없다": 위에서 예로 든 소리의 경우는 '무상함'이라는 특수성과 '상주함'이라는 보편성이 모두 '감관에 포착된다'는 성질을 갖는 점에서는 동질적이지만 '지어진 것'이라는 성질은 '무상함'이라는 특수성에만 있지 '상주함'이라는 보편성에는 존재하지 않는다. 따라서 '지어진 것'이라는 이질적 속성을 알아채는 순간 의심은 사라진다.

b."혹은 양쪽에 의심이 있는 경우 끝없는 의심으로 귀결된다": a에서의 해명을 비판하기 위해 '동질성과 이질성이 모두 발견되어도 의혹이 있는 것'이라고 한다면 의혹은 무한하게 되어 오류에 빠진다는 말이다. 즉, 어두운 밤중에 수직으로 서 있는 검은 그림자를 보고 그것이 '사람인지 기둥인지' 의심이 생하다가 손발이 움직이는 이질성을 발견함에 의해 사람이라는 판단이 서게 되어 의혹이 사라지는 법인데, 그렇게 이질성이 발견되어도 의혹이 있는 것이라면 그렇게 판단되었던 사람에 대해 다시 '남자인지 여자인지' 의심이 생하게 되고, 혹 남자라는 판단이 서도 다시 '갑돌(甲乭)인지 을남(乙男)인지' 의심이 생하게 되어 의심은 무한하게 된다고 비판하는 것이다. 즉, '의 상사' 논법을 쓰는 경우에도 논의는 어느 지점에서 끝이 나야 하고 그 지점이 '이질적 속성을 알아차리는 경우'인데 만일 그런 경우에도 의심이 있는 법이라면 의심은 끝이 나지 않게 되어 결국 '의 상사' 논법을 사용한 당사자가 무한소급의 오류에 빠진다는 것이다.

c."그리고 보편에 있어서 상주성이 인정되지 않기 때문에 부정은 옳지 않다": 지금 인지되고 있는 중인 특수(viśeṣa)에, 상주함(nityam)이라는 [보편과의] 동질성이 있는 것이 의심의 원인(hetu)이라고 인정되지 않는다. 왜냐하면 지금 인지되고 있는 중인 사람이라는 특수에서 기둥과 사람간의 동질성이 의심의 원인이 되기 때문이다. 즉,

어두운 밤중에 수직으로 서 있는 물체를 보고 '기둥인지, 사람인지' 의심이 생하는 경우와 같이 의심이란 '특수와 특수' 사이에서 발생하는 것이지, '소리의 보편은 상주한다'는 보편에 대한 지각과 '소리의 특수는 무상하다'는 특수에 대한 지각과 같이 '보편과 특수' 사이에서 의심이 발생한다고 볼 수는 없다는 것이다. 사실 '의 상사' 논법에 대한 이런 식의 비판의 타당성 여부는 보다 면밀한 검토를 필요로 할 것이다.

어쨌든 '의 상사' 논법이란, '논증식을 작성할 경우 주장 명제의 주어(pakṣa)의 특수한 성질에 토대를 두고 그 논증식의 결론을 내려야 하는지, 아니면 그것의 보편적 성질에 토대를 두고 결론을 내려야 하는지 결정할 수 없기에 의심이 발생하게 마련이므로 논증식 작성은 타당하지 않다'는 비판이라고 볼 수 있다.

7) 문제 상사(prakaraṇa sama)

a. '문제 상사' 논법의 의미

'문제 상사(prakaraṇa-sama)'[91] 논법을 소개하는『니야야 수뜨라』 '5-1-16' 경문을 보자.

양방에 동질적이므로 동요(prakriyā)가 성립하기에 '문제(問題) 상사'이다.[92]

주제의 성질이 상주(nitya)나 무상(anitya) 모두와 동질적이기에 주장(pakṣa)과 반대 주장(pratipakṣa) 모두가 가능하게 되는 것이 동요

91) Jhā는 Parity per Neutralisation으로 번역한다.
92) ubhaya-sādharmyāt prakriyā-siddheḥ prakaraṇasamaḥ: 『니야야 수뜨라』, '5-1-16'.

(prakriyā)이다.[93) 『니야야 브하샤』에서는 다음과 같은 예를 든다.

'원 논증식'
소리는 무상하다.
지어진 것이기 때문에
마치 물단지와 같이

'문제 상사적 비판'
소리는 상주한다.
귀에 들리기 때문에(=감관에 포착되기에)
마치 소리의 유성(類性)과 같이

이 예만 보면 앞 절에서 '의 상사'나 '동법 상사' 논법을 설명하며 들었던 예와 그 구조가 다름이 없다. 즉, 반대 주장이 모두 동법에 토대를 두고 논증식으로 작성된다는 점이다. 그럼에도 불구하고 이 세 가지 '자띠(jāti)' 논법을 서로 다른 것으로 간주한다는 사실로 미루어 보아, 반대 논증식의 '내용'이 자띠(jāti) 논법의 종류를 결정하는 것이 아니라는 사실을 짐작할 수 있다.

『니야야 와르띠까』에서는 '주장 전체'에서 동요가 생하게 하는 논법이 '문제 상사' 논법이고, '이유'에서 동요가 생하게 하는 논법이 '의 상사' 논법이라고 설명한다.[94) 또, '동법 상사'의 경우는 반대 주장만 동질성(sādharmya)에 토대를 두는 반면, '문제 상사'에서는 반드시 원 주장도 동질성에 토대를 두어야 한다고 설명한다.[95)

어쨌든 '문제 상사' 논법이란 주장 전체에 동요를 일으킴으로써 상

93) 『니야야 브하샤』, 앞의 책, p.1698.
94) 『니야야 와르띠까』, 위의 책, pp.1698~1699.
95) 위의 책.

대의 주장을 논파하는 논법이라고 볼 수 있다.

b. '문제 상사' 논법에 대한 비판

이어지는 『니야야 수뜨라』 '5-1-17'에서는 다음과 같이 '문제 상사' 논법을 비판한다.

반대 주장에 의해서 문제가 성립하기 때문에 부정은 불가능하다. 왜냐하면 그 반대 주장이 가능하기 때문에[96]

즉, 어떤 주장이 있을 경우에 그와 상반된 주장도 성립하기에 양 주장 중 어느 쪽이 옳은지 확정되지 않고 동요(prakariyā)가 일어난다고 하지만 만일 상반된 주장을 성립시켰다면 원래의 주장은 파기되기에 그것이 동요의 상태는 아니라고 비판하는 것이다. 그런데, 이에 대한 『니야야 와르띠까』의 설명을 보면 '문제 상사' 논법의 의미가 보다 확실해진다. 여타의 '자띠' 논법의 경우는 원 주장에 대해 상반된 견해가 있을 때 구사되는 것이지만 '문제 상사'적 '자띠 논법'의 경우에는 상반된 견해가 있어서 동요가 발생하는 것이 아니라 문제에 대한 올바른 지식이 없기 때문에 동요가 발생하는 것이다.[97] 즉, 어떤 논증식을 비판하려면 그와 상반된 주장이 있어야 하는데, '문제 상사'적 비판에서는 상반된 자신의 주장이 있는 것이 아니라, 원 주장과 상반된 주장의 양 쪽 주장 사이에 동요가 있다는 점만을 지적하는 것이다. 따라서 이는 원래의 논증식에 대한 올바른 비판이 아니다. 다만 올바른 지식이 없기 때문에 어느 것이 옳은지 모르는 상태로 만드는 것이 '문제 상사' 논법이다. 따라서 올바른 지식이 생하면 그런 동요

96) pratipakṣāt-prakaraṇa-siddheḥ pratiṣedhaḥ-anupapattiḥ pratipakṣa-upapatteḥ: 『니야야 수뜨라』, '5-1-17'.
97) 『니야야 와르띠까』, 앞의 책, p.1700.

는 사라진다.

8) 무인 상사(ahetu sama)

a. ‘무인 상사’ 논법의 구조

『니야야 수뜨라』에서 비판되고 있는 ‘자띠(jāti)’ 논법들 중 용수의 논서에서 가장 많이 구사되는 논법이 바로 ‘무인 상사(ahetu-sama)’[98] 논법이다.[99] 이에 대한 설명을 보자.

> 이유가 3시적(三時的)으로 성립치 않기에 ‘무인(無因) 상사’이다.[100]

즉, 논증식의 경우 능증(能證, sādhana)인 이유(hetu)에 근거해서 소증(所證, sādhya)이 증명된다고 하지만 능증은 소증보다 a.이전(pūrva)일 수도 없고 b.이후(paścāt)일 수도 없으며, 또 양자가 c.동시적(saha)일 수도 없다는 논법이다. 다시 말해 능증에 의해 소증을 입증하는 논증식 작성은 불가능하다는 ‘논증식 비판 논법’이다. 『니야야 브하샤』에서는 다음과 같이 주석한다.

> a. 만일 능증이 [소증보다] 이전에 존재한다면, 소증이 존재하지 않는데 무엇을 능증하겠는가?
> b. 만일 [능증이 소증보다] 이후에 존재한다면, 능증이 존재하지 않는데 이것은 무엇의 소증이겠는가?
> c. 만일 능증과 소증의 양자가 동시에(yugapat)[101] 존재한다면, 무

98) Jhā는 Parity per Non-probativeness로 번역한다.
99) 이에 대한 설명은 본서 제Ⅲ장 1절 및 제Ⅳ장 1절 참조.
100) traikālya-asiddher-hetor-ahetusamaḥ: 『니야야 수뜨라』, ‘5-1-18’.
101) 『니야야 브하샤』에서 ‘동시에’라는 표현을 할 때 ‘saha’나 ‘yugapat’라는 용어

> 엇이 무엇을 능증하고 무엇이 무엇의 소증이겠느냐? [능증인] 이유는 이유가 아닌 것과 구별되지 않는다.[102]

우리는, 우리에게 인지되는 근거인 능증에 토대를 두고 지각되지 않는 목표인 소증을 알아내기 위해 논증식을 작성하게 되는데 위와 같이 3시적으로 고찰해 보아도 능증과 소증의 관계가 도저히 성립될 수 없기에 논증식 작성은 불가능하다는 비량 비판법이 '무인 상사' 논법이다.

그런데 『니야야 수뜨라』 제2편에서는 '인식 방법'과 '인식 대상'의 실재성을 비판하는 적대자의 논법으로 이 '무인 상사' 논법을 이용하고 있는 것을 볼 수 있다. 이를 인용해 보자.

> * 현량 등은 인식 방법[능량(能量)]이라고 간주될 수 없다. 삼시적으로 성립하지 않기 때문에(2-1-8).[103]
> a. 왜냐하면, 만일 '인식 방법[能量]'이 ('인식 대상[소량(所量)]'보다) 이전에 성립한다면 현량은 감관과 대상의 접촉으로부터 발생하는 것이 아니기 때문이다(2-1-9).[104]
> b. 만일 이후에 성립한다면 '인식 대상(소량)'의 성립은 '인식 방법(능량)'들에 의한 것이 아니다(2-1-10).[105]

가 모두 사용되었다는 점을 염두에 두고 있어야 『중론』 등 용수의 논서에 등장하는 '무인 상사' 논법을 쉽게 발견할 수 있다. saha는 二音節語 yugapat는 三音節語이기에, 『중론』 등에서는 Śloka의 음절 수에 맞추어 이 두 용어 중 어느 하나를 선택할 뿐이다.

102) 『니야야 브하샤』, 앞의 책, pp.1700~1701.

103) pratyakṣa-ādīnām-aprāmāṇyaṃ traikālya-asiddheḥ: 『니야야 수뜨라』, '2-1-8'.

104) pūrvaṃ hi pramāṇa-siddhau na-indriya-artha-sannikarṣāt-pratyakṣa-utpattiḥ: 『니야야 수뜨라』, '2-1-9'.

105) pascāt-siddhau na pramāṇebhyaḥ prameyasiddhiḥ: 『니야야 수뜨라』, '2-1-10'.

> c. 만일 [능량과 소량의 양자가] 동시에 성립한다면 각각의 대상은 결정되어 있는 것이기 때문에 통각들이 순차적으로 작용함은 존재하지 않는[꼴이 된]다(2-1-11).[106]

비단 논증식 내의 능증과 소증의 관계뿐만 아니라 능량(인식 방법)과 소량(인식 대상), 더 나아가서는 원인과 결과등 모든 능·소 관계에 이 논법이 구사될 수 있다. 이를 토대로 ‘무인 상사’ 논법의 구조를 보다 보편화시켜 기술하면 다음과 같이 될 것이다.

a. 능(能)이 소(所)보다 선행(purva)한다면, 그 능은 소가 없는 상태에서 무엇에 대한 能이겠는가?
b. 능이 소보다 후속(paścat)한다면, 그 소는 능이 없는 상태에서 무엇의 소이겠는가?
c. 능과 소가 동시적(saha, yugapat)이라면, 그 능과 소는 서로 무관한 꼴이 된다.

b. ‘무인 상사’ 논법에 대한 비판

『니야야 수뜨라』 제5편에서는 위와 같은 ‘무인 상사’ 논법에 대해 다음과 같이 비판한다.

> 소증은 이유로 인해 성립하기 때문에, [이유가] 삼시적으로 성립하지 않는다는 것은 옳지 않다.[107]

소성(所成, nirvartanīya)은 능성(能成, nirvṛtti)에 의하고, 소식(所

---

106) yugapat-siddhau pratyartha-niyatatvāt kramavṛttitva-abhāvo buddhīnām: 『니야야 수뜨라』, ‘2-1-11’.
107) na hetutaḥ sādhyasiddhes-traikālya-asiddhiḥ: 『니야야 수뜨라』, ‘5-1-19’.

識, vijñeya)을 능식(能識, vijñānam)하는 것이 분명하듯이 소증(sādhya)은 능증(sādhana)인 이유에 의해 성립한다고 왓스야야나(Vāsyāyana)는 주석한다.[108] 이 경문이나 그에 대한 『니야야 브하샤』의 주석에서는 '무인 상사' 논법을 비판하는 원칙만 얘기할 뿐, 그에 대한 구체적인 예를 들고 있지 않는데 『니야야 수뜨라』 제2편에서는 다음과 같이 구체적인 예를 드는 것이 발견된다.

> 또, 삼시적으로 부정되지 않는다. 왜냐하면 소리에 의해서 악기의 성립이 있는 것과 같이 그것은 성립하기 때문이다.[109]

즉, 마치 악기 소리를 들으면 그 소리를 낸 악기가 무엇인지 알 수 있듯이 능증인 이유를 보고 그 소증을 알게 되는 법이기에 능증인 이유와 소증의 관계를 삼시적으로 부정하는 것은 옳지 않다는 것이다. 이는 『니야야 수뜨라』 제1편에서 말하는 세 가지 종류의 비량[110] 중 '여전(如前) 비량(pūrvavat-anumāna)'의 예를 들어 '무인 상사' 논법을 비판한 것이라고 볼 수 있다. 『니야야 와르띠까』에서는 소리와 악기[북: 鼓]의 비유 이외에 '이유인 연기로 소증인 불을 아는 것', '사물이 보인다는 이유로 인해 소증인 태양의 존재를 아는 것'의 비유를 추가하고 있다.[111]

카지야마유이치는 이 경문을 용수가 알지 못했기에 용수 이후에 작성된 것이 분명하다고 주장하고 있지만[112] 지금까지 고찰해 보았듯이

---

108) 『니야야 브하샤』, 앞의 책, pp.1701~1702.

109) traikālya-apratiṣedhaś-ca śabdād-ātodya-siddhivat-tat-siddheḥ: 『니야야 수뜨라』, '2-1-15'.

110) '그런데, 그것(=현량)을 선행하는 것으로 삼아, 세 가지 '비량'이 있는데, '如前'과 '如殘'과 '共見'이다(atha tat-pūrvakaṃ trividham-anumānaṃ pūrvavac-cheṣavat-sāmānato-dṛṣṭam ca)': 『니야야 수뜨라』, '1-1-5'.

111) 『니야야 와르띠까』, 앞의 책, p.631.

112) 梶山雄一, 앞의 책, p.52.

이 경문은 '소증은 이유로 인해 성립한다.'는 『니야야 수뜨라』 '5-1-19' 경문의 의미에 해당되는 구체적인 예에 불과하다. 이후에도 몇 가지 논의가 계속되나 이에 대한 논의는 다음 장으로 미루기로 한다.

9) 의준 상사(arthāpatti sama)

a. '의준 상사' 논법의 의미

『니야야 수뜨라』 '5-1-21'에서는 '의준 상사(arthāpatti-sama)'[113] 에 대해 다음과 같이 설명한다.

> 의준(=짐작)에 의해 반론이 성립하기 때문에 '의준(義準) 상사(arthāpatti-sama)'이다.[114]

즉, 능증인 어떤 이유에 토대를 둔 주장 명제가 있는 경우 의준(=짐작)에 의해 반대 명제를 내세우는 것이 가능하기에, 능증인 이유에 토대를 두고 명제를 주장하는 식으로 논증식을 작성하는 것은 부당하다는 '비량 비판 논법'이다. 『니야야 브하샤』에서는[115] 다음과 같은 예를 든다.

'원 논증식'
소리는 무상하다.
지어진 것이기 때문에
마치 물단지와 같이

113) Jhā는 Parity per Presumption으로 번역한다.
114) arthāpattitaḥ pratipakṣa-siddher-arthāpattisama: 『니야야 수뜨라』, '5-1-21'.
115) 『니야야 브하샤』, p.1703.

'의준 상사적 비판'

소리가 '무상한 것'과 동질적인 '지어진 성질'을 갖고 있기에 무상한 것이라면, 소리는 상주하는 것과 동질적인 '만질 수 없는' 성질을 갖고 있기에 상주한다고 봐야 한다.

그러나, 위와 같은 『니야야 브하샤』의 예만 보면 도대체 이 '자띠(jāti)' 논법의 정확한 정체가 무엇인지, 또 이 논법이 '동법 상사'나 '의 상사', 또는 '문제 상사' 논법 등과 어떻게 다른 것인지 이해하기 쉽지 않다. 『니야야 수뜨라』 내의 다른 경문들에 의지하여 이 '자띠(jāti)' 논법의 의미를 이해해 보기로 하겠다. 『니야야 수뜨라』 '2-2-1'에 대한 『니야야 브하샤』의 주석을 보면 '의준량(arthāpatti: 짐작)'이란 '어떤 사실이 언급되는 경우 그에 내포되어 있는 다른 사실도 알게 되는 것'을 말한다고 한다. 예를 들어 '구름이 없으면 비가 오지 않는다.'라는 사실이 언급되는 경우, 이 말을 통해 '구름이 있으면 비가 온다.'는 사실을 알게 되는 것이 바로 '의준량'에 의한 것이다.[116] 니야야 논서에서는 의준량의 실례로 '살찐 데바닷따(Devadatta)는 낮에 음식을 먹지 않는다. 그러므로 데바닷따는 밤에 음식을 먹는다고 짐작할 수 있다.'라는 것을 예로 든다.[117]

이런 '의준량'을 『짜라까 상히따』에서는 독립된 량으로 간주하였는데, 『니야야 수뜨라』에서는 비량(anumāna)에 포함되는 것으로 본다.[118]

116) 『니야야 브하샤』, 앞의 책, p.882.

117) Radhakrishnan, *Indian Philosophy*, Vol. Ⅱ, George Allen and Unwin Ltd., New York, p.112. 『니야야 수뜨라』이전의 논리 사상이 담겨 있는 『짜라까 상히따 Ⅲ-8』 第27항에서도 '의준량'의 실례로 '밤중에 식사한다는 데바닷따'를 예로 들고 있다.

118) 『니야야 수뜨라』, '2-2-2': '[성언량에] 포함되기 때문에 무의미한 전승량은 성언량이다. 그리고 의준량, 수생량 및 무체량은 비량에 포함되기 때문에 무의미하다. [따라서] 부정은 옳지 않다(śabda aitihya-anartha-antarabhāvād-anumān

따라서, '의준 상사' 논법이란 '비량'에 의해 어떤 추론식이 작성되는 경우, 그런 추론식과 동등한 타당성을 가진 상반된 추론식이 '의준량'에 의해 작성 가능하다는 '비량 비판법'인 것이다.

b. '의준 상사' 논법에 대한 비판

『니야야 수뜨라』 '5-1-22'에서는 위에서 설명한 '의준 상사' 논법에 대해 다음과 같이 비판한다.

> 언표되지 않은 의준이 주장을 파기할 수 있다는 것 역시 언표되지 않은 성격에 기인하기 때문에 의준은 불확정적인 것이 되기 때문이다.[119]

즉, 어떤 주장이 있는 경우, 언표되지는 않았지만, 다른 성질이 그 주장에 내포되어 있는 것이라고 짐작(=의준)하고 '의준 상사' 논법을 이용하여 그에 대한 반박을 내세우는 경우, 그런 반박 역시 언표되지 않은 짐작(=의준)에 토대를 둔 것이기에, 문제가 불확정적인 것이 되어 원 주장을 반박한 것이라고 볼 수 없다는 말이다.

『니야야 수뜨라』 '2-2-3'과 '2-2-4'에 의하면 '의준량'은 불확실한 것이어서는 안된다.[120] 그러나 '의준 상사' 논법을 써서 어떤 주장을 비판할 경우, '의준'에 의해 이루어진 그런 비판 역시 불확실의 자가당착에 빠지기에 '의준 상사' 논법적 비판은 정당한 '의준'이라고 볼

e 'rthāpatti-sambhava-abhāvānām-anartha-antarabhāvāc-ca-apratiṣedhaḥ)'

119) anuktasya-arthāpatteḥ pakṣa-hāner-upapattir-anuktatvād-anaikāntikatvāc-ca-arthāpatteḥ: 『니야야 수뜨라』, '5-1-22'.

120) 『니야야 수뜨라』, '2-2-3': 의준량은 量이 되지 않는다. 왜냐하면 불확실한 것이기 때문에(arthāpattir-apramāṇam-anaikāntikatvāt). '2-2-4': [만일 불확실한 그 무엇이 있다면 그것은 당신이] 의준량이 아닌 것에서 [그것을] 의준량이라고 착각하기 때문이다(anarthāpattav-arthāpatty-abhimānāt).

수 없다는 것이다.

10) 무이 상사(aviśeṣa sama)

a. '무이 상사' 논법의 의미

『니야야 수뜨라』에서는 '무이 상사(aviśeṣa-sama)'[121] 논법에 대해 다음과 같이 설명한다.

> 동일한 성질이 가능하기 때문에 [양자가] 무차별하다면 실재함[이라는 동일 성질]이 가능하기 때문에 일체는 무차별하게 귀결되므로 '무이(無異) 상사'이다.[122]

예를 들어, '소리'와 '물단지'가 '지어진 것'이라는 동일한 성질을 갖기에 양자 모두 무차별하게 '무상한 것'이라면, 모든 것은 '실재함'이라는 동일한 성질을 갖기에 다른 모든 것과 무차별해야 할 것[123]이지만 사실은 그렇지 않으니 '동일한 성질을 갖기에 동일한 소증을 갖는다'는 원리에 토대를 둔 논증식 작성은 옳지 않다는 '비량 비판 논법'이다.

b. '무이 상사' 논법에 대한 비판

이어지는『니야야 수뜨라』'5-1-24'에서는 '무이 상사' 논법에 대해 다음과 같이 비판한다.

121) Jhā는 Parity per Non-difference로 번역한다.
122) eka-dharma-upapatter-aviśeṣe sarva-aviśeṣa-prasaṅgāt-sadbhāva-upapatter-aviśeṣasamaḥ:『니야야 수뜨라』, '5-1-23'.
123)『니야야 브하샤』, 앞의 책, p.1706.

> 어떤 경우에는 성질이 불가능하기에, 또 어떤 경우에는 가능하기 때문에, 부정은 있을 수 없다.[124]

'모든 것'의 경우 '모든 것'이 무차별하게 된다고 말하는 근거는, '실재함'이라는 성질을 '모든 것'이 갖고 있기 때문이다. 그러나 '모든 것'은 '실재함' 이외의 성질은 공통적으로 갖고 있지 못하다. 위에서 예로 들었던 소리라는 주제와 물단지라는 실례는 '지어진 것'이라는 동일 성질 이외에도 여러 가지 다른 동일 성질들을 공통적으로 갖고 있다.[125] 예를 들면 '지각된다'는 성질은 '지어진 것'이라는 성질과 함께 소리와 물단지 모두에 공통된다. 이렇게 정상적인 논증식과 '무이 상사'적 논법으로 비판하기 위해 예로 든 논증식은 그 성격이 다르기에 '무이 상사' 논법은 옳지 못하다.

11) 가능 상사(upapatti sama)

a. '가능 상사' 논법의 의미

『니야야 수뜨라』 '5-1-25'에서는 '가능 상사(upapatti-sama)'[126] 논법에 대해 다음과 같이 설명한다.

> 양방의 [주장의]이유가 가능하기 때문에 '가능(可能) 상사'이다.[127]

예를 들어 소리가 어떤 토대(ex: 지어진 것) 위에서 무상한 것이라고 주장한다면 다른 토대(ex: 만질 수 없음) 위에서 상주한다고 볼 수도 있다. 즉, 양방의 토대(=이유)가 가능하기에 '무상하다'는 주장은 옳지 않다고 비판하는 논법이다.[128]

---

124) kvacid-dharma-anupapatteḥ kvacic-ca-upapatteḥ pratiṣedha-abhāvaḥ: 『니야야 수뜨라』, '5-1-24'.

125) 『니야야 브하샤』, 앞의 책, p.1707.

126) Jhā는 Parity per Evidence로 번역한다.

127) ubhaya-kāraṇa-upapatter-upapattisamaḥ: 『니야야 수뜨라』, '5-1-25'.

여기서 '가능 상사' 논법의 특징으로 중요한 것은 논증식의 구성요소 중 어떤 특수한 요소의 성질이 아니라 '가능성'에 입각해 상대의 논증식을 비판한다는 점이다. 즉, '어떤 가능성'에 의해 작성되는 논증식은 '다른 가능성'에 의해 비판된다는 '비량 비판 논법'이 바로'가능 상사' 논법인 것이다.

b. '가능 상사' 논법에 대한 비판

『니야야 수뜨라』 '5-1-26'에서는 '가능 상사' 논법에 대해 다음과 같이 비판한다.

> 부정은 옳지 않다. [원래의 주장에 대한] 이유가 가능하다고 시인하기 때문에.[129]

적대자는 '가능 상사' 논법에 의해 '주장과 반대 주장이라는 양방의 견해의 토대가 모두 존재 가능하기에 원래의 견해가 부정된다'고 하지만, 바로 그런 사실로 인해 적대자는 원래의 주장의 토대도 인정했다는 말이 된다. 따라서 '가능 상사'적 논박은 옳지 못하다.

그렇지 않고 원래의 주장에 모순(vyāghāta)이 가능하기에 원래의 주장을 부정하는 것이라면, 적대자의 반대 주장에서도 그런 모순이 가능할 것이기에, 이 경우 역시 '가능 상사' 논법으로 원래의 견해를 논박함은 옳지 않다.

우다야나(Uḍayana)는 '가능 상사' 논법을 '문제 상사' 논법과 비교하고 있는데, '문제 상사' 논법의 경우는 '입론(立論) 전체에 대해 반대 입론을 세우는 것이 가능하다'는 비판법이고, '가능 상사' 논법의 경우는 '원래의 입론의 '근거'에 대해서 '반대 근거'를 제시하는 것이 가능하다'고 비판하는 논법이라고 설명한다.[130]

---

128) 『니야야 브하샤』, 앞의 책, p.1709.

129) upapatti-kāraṇa-abhyanujñānād-apratiṣedhaḥ: 『니야야 수뜨라』, '5-1-26'.

12) 가득 상사(upalabdhi sama)

a. ‘가득 상사’ 논법의 의미

『니야야 수뜨라』 ‘5-1-27’에서는 ‘가득 상사(upalabdhi-sama)’[131] 논법에 대해 다음과 같이 설명한다.

> [앞에서] 설명했던 원인이 없을 때에도 인지되기 때문에 ‘가득(可得) 상사’이다.[132]

소리의 ‘무상성’이라는 소증은 ‘지어진 것’이라는 능증(이유)에 의해 입증된다고 주장하지만 그렇게 ‘지어짐’이라는 이유가 없을 때에도 소리가 얻어질 수(=가득) 있다. 예를 들어 나무 가지가 바람에 부러질 때 나는 소리는 지어진 것이 아니지만 얻어진다.[133] 따라서 소리의 ‘무상성’이라는 소증이 ‘지어진 것’이라는 능증(이유)에 의해 입증되지 않아도 얻어지기(=可得)에 ‘능증·소증 관계’에 의한 논증식 작성은 부당하다는 ‘비량 비판 논법’이 ‘가득 상사’ 논법이다.

b. ‘가득 상사’ 논법에 대한 비판

다음 경문에서는 ‘가득 상사’ 논법에 대해 다음과 같이 비판한다.

> 그런 성질은 또 다른 원인에 토대를 두기 때문에 부정은 옳지 않다.[134]

---

130) Jhā, 앞의 책, p.1709. 각주.

131) Jhā는 Parity per Apprehension으로 번역한다.

132) nirdiṣṭa-kāraṇa-abhāve 'py-upalambhād-upalabdhisamaḥ: 『니야야 수뜨라』, ‘5-1-27’.

133) 『니야야 브하샤』, p.1711.

134) kāraṇa-antarād-api tad-dharma-upapatter-apratiṣedhaḥ: 『니야야 수뜨라』,

즉, 앞에서 '지어진 것이기 때문에'라는 능증(이유)을 들었지만 이는 '말소리'에 국한된 이유를 말한 것이지 다른 종류의 소리가 모두 그렇게 생한다고 보지는 않는다.[135] 즉, 바람에 의해 나무 가지가 부러져 소리가 날 경우에도 '바람'이라는 이유가 있기에 소리가 발생한 것이지 이유 없이 소리가 얻어진 것은 아니다. 따라서 한 가지 근거만 소증의 토대로 보아 그런 근거 없이도 소증이 얻어지기에 논증식 작성은 옳지 않다고 비판하는 '가득 상사' 논법은 옳지 않다고 비판된다.

13) 불가득 상사(anupalabdhi sama)

a. '불가득 상사' 논법의 의미

『니야야 수뜨라』 '5-1-29'에서 말하는 '불가득 상사(anupalabdhi-sama)'[136] 논법의 의미는 다음과 같다.

> 그것(=가림)의 '무인지(無認知, 불가득)'가 인지되지 않기[불가득] 때문에, 없음이 성립하는 상황이기에 그것과 상반된 것(=가림이 존재함)이 가능하기 때문에 '불가득(不可得) 상사'이다.[137]

소리는 없던 것이 새롭게 발생하는 것[성발생론(聲發生論)]이 아니라, 원래 있던 것이 나타나는 것이라는 성현현론(聲顯現論)을 비판하자, 성현현론자 측에서 그에 대해 반박하는 논법이 '불가득 상사' 논법이다. 먼저 『니야야 수뜨라』 '2-2-18'에 등장하는 니야야 측의 '성현현론 비판'을 보자.

'5-1-28'.

135) 『니야야 브하샤』, 앞의 책, pp.1710~1711.

136) Jhā는 Parity per Non-apprehension로 번역한다.

137) tad-anupalabdher-anupalambhād abhāva-siddhau tad-viparīta-upapatter-anupalabdhisamaḥ: 『니야야 수뜨라』, '5-1-29'.

> 발음하기 이전에는 [소리가] 지각되지 않으며, 가림[부장(覆障)]등이 인지되지 않기 때문에(anupalabdeḥ, 불가득이기에) [소리는 무상하다].138)

소리는 원래 있던 것인데 발음에 의해 나타나는 것이라면, 아직 나타나지 않은 상태에서는 무언가 그 나타남을 장애하는 것이 있어야 할 것이다. 즉, '가림[覆障]'이 있어야 한다. 그러나 그 '가림'이란 것이 우리에게 인지되지 않기 때문에[=불가득이기에] 발음 이전에도 소리가 상주한다고 말할 수는 없다는 것이다. 이에 대해 성현현론자는 이어지는 '2-2-19' 경문에서 다음과 같이 비판하는데 그 논리가 바로 위에 인용했던 '5-1-29'에 등장하는 '불가득 상사' 논법인 것이다.

> 그것(=가림)의 '인지되지 않음[불가득]'이 인지되지 않기[불가득] 때문에 가림은 가능하다.139)

여기서 성현현론자는, '지각되지 않음' 그 자체도 지각되지 않기에 '지각되지 않음'에 토대를 두고 '가림의 존재를 비판함으로써 성현현론을 부정하는 것'은 옳지 않다고 성발생론자를 재비판하는 것이다. '지각되지 않음'이라는 근거 자체도 역시 '지각되지 않는다'고 자가당착에 빠지게 만드는 논법이 바로 '불가득 상사' 논법인 것이다. 이는 '불가득'이라는 근거를 역설적 상황에 빠지게 만드는 논법으로 앞에서 설명한 바 있는 '무궁 상사(prasaṅga-sama)' 논법에 '불가득'이라는 근거를 대입한 것일 뿐이다.

'무궁 상사' 논법이 등장했다면 그와 짝을 이루어 구사되는 '반유 상사' 논법이 이어지지 않을 수 없다. 이어지는 다음 경문은 '불가득'

---

138) prāg-uccāraṇād-anupalabdher-āvaraṇa-ādy-anupalabdeś-ca: 『니야야 수뜨라』, '2-2-18(19)'.(괄호 내의 번호는 Vidyābhuṣana Trs., *The Nyāya Sūtras of Gotama*에 실린 經文의 번호이다.)

139) tad-anupalabder-anupalambhād-āvaraṇa-upapattiḥ: 『니야야 수뜨라』, '2-2-19(20)'.

이라는 근거를 '반유 상사'적으로 비판한 것이다.

> '인지되지 않음(=불가득)'이 인지되지 않아도 '인지되지 않음(=불가득)'은 실재한다면, '인지되지 않음(=불가득)'에 토대를 두고 가림이 불가능하다고 할 수는 없다.[140)]

즉, '불가득' 역시 '불가득'이라는 '무궁 상사'적 비판을 피하기 위해 '불가득'만은 실재한다고 주장한다면, '불가득'이기에 존재하지 않는다.'는 애초의 주장에 예외[반유(反喩: pratidṛṣṭānta)]가 있는 꼴이 되어 그 주장의 보편타당성을 잃게 되기에 결국 '불가득'인 '가림'도 실재한다고 볼 수 있다는 비판이다. 이것은 『니야야 수뜨라』 제5편에는 등장하지 않는 논리이다.

요컨대, 가림이 불가득이기에 가림이 없는 것이라면, 불가득 역시 불가득이어야 하기에 불가득은 없는 것이 되어 가림은 존재해야 하거나, 이를 피하기 위해 불가득만은 가득이라면 불가득적 실재 비판론이 보편타당성을 잃게 되어 불가득임에도 가림은 존재할 수 있어야 한다는 비판 논법이 『니야야 수뜨라』 제2편에서 말하는 '불가득 상사' 논법인 것이다.

b. '불가득 상사' 논법에 대한 비판

위[141)]에서 고찰해 보았듯이 '불가득 상사' 논법은 '무궁 상사'와 '반유 상사'적으로 모두 적용 가능한 논법인데 『니야야 수뜨라』 제5편에서는 '무궁 상사'적 '불가득 상사'에 대해서만 설명하고 있었다.

'무궁 상사'적 '불가득 상사' 논법에 대해 『니야야 수뜨라』 '5-1-30'에서는 다음과 같이 비판한다.

---

140) anupalambhād-apy-anupalabdhi-sabdhāvān-na-āvaraṇa-anupapattir-anupalambhāt: 『니야야 수뜨라』, '2-2-20(21)'.

141) 『니야야 수뜨라』, '2-2-19~20'.

‘무인지(=불가득)’는 인지되지 않음(=불가득)을 본질로 하기 때문에 [위에서 말하는] 이유는 옳지 않다.142)

즉, ‘불가득’이란 그 스스로를 본질로 갖는다’는 의미의 반박인데 이는 ‘무궁, 반유 상사’적 비판을 재비판하기 위해 니야야 측에서 상투적으로 드는 ‘등불의 비유’와 맥락을 같이 한다. ‘무궁, 반유 상사’ 논법에 의해 니야야 논사의 자성론이 반박되는 경우 니야야 논사는 ‘등불이 그 스스로도 드러내고 다른 것도 드러내듯이, ‘능’은 그 스스로 자성이 확립된다.’는 의미에서 등불의 비유를 구사하게 되는데 위에 인용한 ‘5-1-30’ 경문에서 ‘불가득’이라는 ‘능’은 그 스스로를 본질로 한다’는 말에 내재하는 논리는 ‘등불이 그 스스로 본질을 갖는다.’는 말에 내재된 논리와 다르지 않다. 이는 역설적 상황에서 벗어나기 위해 명제의 자기 지칭(self-reference)을 금지시켰던 현대의 新실재론자 러셀의 해결법과 그 맥락이 같다. 여기서, 어떤 철학 체계에서 채택하고 있는 ‘논리학’은 그 철학 체계의 ‘형이상학’의 시녀일 뿐이라는 금언이 확인된다. 즉, ‘5-1-30’의 경문은 니야야의 실재론적 형이상학의 당연한 귀결인 것이다. ‘불가득 상사’ 논법을 비판하는 『니야야 수뜨라』에서는 ‘2-2-21’에 ‘5-1-30’과 동일한 경문을 싣고 있다.

[가림이] ‘인지되지 않음’은 ‘인지되지 않음’을 본질로 하기 때문에 [위에서 말하는] 이유는 옳지 않다.143)

『니야야 수뜨라』 ‘5-1-31’에서는 다음과 같은 비판을 추가한다.

그리고 [각 유정류의] 내아(內我)에 있는 인식의 분별이 유(有), 무

142) anupalambha-ātmakatvād-anupalbdher-ahetuḥ: 『니야야 수뜨라』, ‘5-1-30’.
143) anupalambha-ātmakatvād-anupalabdher-ahetuḥ: 『니야야 수뜨라』, ‘2-2-21 (22)’.

(無)를 증득(證得)하기 때문에[144]

모든 유정들은 '나에게 의심이 있다'든지 '나에게 의심이 없다'는 생각을 분명히 구별할 줄 안다. 이와 같이 '가림'에 대한 인지가 없다'거나 '소리가 인지되지 않게 만드는 원인인 '가림'이 인지되지 않는다'는 생각을 각 개인은 확실히 가지게 된다. 즉, 각 유정들은 스스로의 인식에 의해 '있다'거나 '없다'는 판단을 명확히 하기 때문에, '불가득 상사' 논법에서와 같이 단지 논리적 과정에 의해 상대를 비판하는 것은 옳지 않다는 것이다.[145]

14) 무상 상사(anitya sama)

a. '무상 상사' 논법의 의미

『니야야 수뜨라』 '5-1-32'에서는 '무상 상사(anitya-sama)'[146] 논법에 대해 다음과 같이 설명한다.

> 동질성에 의해서 [兩者에] 유사한 성질이 가능하기에 일체는 무상성으로 귀결되므로 '무상(無常) 상사'이다.[147]

예를 들어 '소리는 무상하다. 무상한 물단지와 어떤 동질성이 있기 때문에(sādharmyāt)'라는 주장을 편다면, 비단 소리뿐만 아니라 모든 것들이 '존재함'이라는 면에서 물단지와 동질적이기에 모든 것이 무상

---

144) jñāna-vikalpānāṃ ca bhāva-abhāva-saṃvedanād-adhyātmaṃ: 『니야야 수뜨라』, '5-1-31'.

145) 『니야야 브하샤』, 앞의 책, p.1717.

146) Jhā는 Parity per Non-eternality로 번역한다.

147) sādharmyāt-tulya-dharma-upapatteḥ sarva-anityatva-prasaṅgād-anityasamaḥ: 『니야야 수뜨라』, '5-1-32'.

하여야 한다는 비판 논법이다. 이를 논증식으로 나타내면 다음과 같다.

'원 논증식'
소리는 무상하다.
지어진 것이기 때문에
마치 물단지와 같이

'무상 상사적 비판'
모든 것은 무상하다.
존재하기 때문에
마치 물단지와 같이

즉, 모든 것은 무상한 것도 있고 상주하는 것도 있는데, 어떤 동질성에 토대를 두고 소리가 무상하다고 말한다면 모든 사물이 무상한 꼴이 되어버린다는 것이다. 이는 불교가 아니라 미망사(Mīmāṃsā) 학파에서 구사한 '자띠' 논법이다. 왜냐하면 불교에서는 일체법이 무상하다고 주장하기에 '무상 상사' 논법에 의해 도출된 결론을 오류라고 볼 리가 없기 때문이다.

b. '무상 상사' 논법에 대한 비판

이어지는 '5-1-33, 34' 경문에서는 다음과 같이 두 가지 비판을 싣고 있다.

> 동질성에 토대를 둔 논증이 성립하지 않는다면, 그런 '부정 [논증]' 역시 '부정 대상[이 되는 논증]'과 [마찬가지로 종(宗), 인(因), 유(喩)를 갖는다는 점에서] 동질적이기에 성립하지 않는다.[148]

---

148) sādharmyād-asiddheḥ pratiṣedhaḥ-asiddhiḥ pratiṣedhya-sadharmyāt: 『니야

> 실례에서 인지되는 성질은 ‘소증·능증’ 관계에 의해 그것(=소증)의 이유가 되[는 법이]기 때문에, 또 양쪽에 존재하기 때문에 무차별은 없다.[149]

먼저, ‘5-1-33’ 경문을 보자. ‘무상 상사’ 논법에서는, 주제(pakṣa)[150]와 실례(dṛṣṭānta)[151] 간의 어떤 동질성[152]에 토대를 두고 ‘무상’을 주장하는 경우 모든 것이 무상한 꼴이 된다고 말하며 ‘동질성에 토대를 두는 논증 과정’을 비판하지만, 그런 비판적 부정 역시 ‘종, 인, 유’를 갖는다는 점에서 비판의 대상이 되는 논증과 동질적이기에 자가당착에 빠진다는 것이다. 즉, 동질성에 토대를 둔 논증을 비판하지만 그런 비판 역시 비판의 대상과 동질성에 토대를 둔 논증이기에 성립할 수 없다는 것이다.

다음, ‘5-1-34’ 경문을 보자. 먼저, 『니야야 브하샤』에서는 이를 다음과 같이 해석한다. 실례에서 인지되는 능증(이유)은 소증과 특수한 공통성을 가짐으로써 능증일 수가 있는 것이다. 따라서 적대자가 능증으로 내세우는 일반적 공통성이나 일반적 상위성은 능증일 수가 없다.[153] 즉, ‘존재함’이라는 능증은 '무상함'이라는 소증과 특수한 관계에 있지 않기에 능증일 수가 없다는 것이다.

다시 『니야야 와르띠까』의 설명에 근거해서 해석해 보자. 우선 비판의 대상이 되었던 원 논증식은 다음과 같다. : ‘소리는 무상하다. 지어진 것이기 때문에. 마치 물단지와 같이.’ 이 논증식에서 소리와 물단지는 단순한 동질성이 아니라 특수한 성질, 즉 ‘지어진 것’이라는 성질에 토대를 두고 성립하는 것이다. 이 특수한 성질은 실례에도 반

야 수뜨라』, ‘5-1-33’.

149) dṛṣṭānte ca sādhya-sādhana-bhāvena prajñātasya dharmasya hetutvāt-tasya ca-ubhayathā bhāvān-na-aviśeṣaḥ: 『니야야 수뜨라』, ‘5-1-34’.

150) 소리.

151) 물단지.

152) 지어진 것이기 때문에.

153) 『니야야 브하샤』, 앞의 책, p.1720.

드시 존재한다. 즉, 긍정적으로 보건 부정적으로 보건 무상함을 수반한다. '양쪽에 존재한다'는 경문은 바로 이런 의미이다. 그러나 반대자의 견해에는 위와 같은 성질이 없다. 따라서 반대자의 부정은 옳지 않다.[154]

15) 상주 상사(nitya sama)

a. '상주 상사' 논법의 의미

『니야야 수뜨라』 '5-1-35'에서는 '상주 상사(nitya-sama)'[155] 논법에 대해 다음과 같이 말한다.

> 항상 무상이 존재하기 때문에 무상한 것[그 자체]에 있어서 상주성이 가능하므로 '상주(常住) 상사'이다.[156]

즉, 소리의 무상성이 영원[상주]하다면 그 '영원한 무상성'이 소속된 소리 역시 영원[상주]해야 한다고 '성무상론(聲無常論)'을 비판하는 것이 '상주 상사' 논법이다. 즉, 성상주론을 옹호하기 위해 성무상론의 자가당착성을 지적하는 논법인 것이다. 이 논법은 '불가득 상사' 논법과 마찬가지로 '무궁 상사' 논법적 구조를 갖고 있다. '무궁 상사' 논법은 어떤 주장이 있는 경우에 그 주장의 근거에 대해 다시 근거를 물음으로써 상대가 무한한 '자가당착'에 빠지게 만드는 논법인데, '상주 상사' 논법의 경우에도 '소리의 무상성'의 진리성이 상주하는 것이라면 소리(dharmin)에 상주성이라는 성질(dharma)이 존재한다는 말이 되므로 '자가당착'에 빠진다고 비판하는 논법인 것이다.

---

154) 『니야야 와르띠까』, 위의 책, p.1721.

155) Jhā는 Parity per Eternality로 번역한다.

156) nityam-anitya-bhāvād-anitye nityatva-upapatter-nityasamaḥ: 『니야야 수뜨라』, '5-1-35'.

b. '상주 상사' 논법에 대한 비판

이어지는 '5-1-36' 경문에서는 '상주 상사' 논법에 대해 다음과 같이 비판한다.

> 부정되는 것(=소리)에 항상 무상이 존재하기 때문에 무상한 것(=소리)에서 무상성이 가능하기 때문에 부정은 존재하지 않는다.[157]

'무궁 상사' 논법적 비판을 재비판할 때, 니야야 논사는 으레 등불의 비유를 든다. 아니, 등불의 비유를 들지 않더라도 '근거 그 자체는 스스로의 자성을 갖고 있다'는 식의 '등불 구조적' 반박을 함으로써 논증식 작성을 옹호한다. 앞에서 보았듯이 '불가득 상사'의 경우도 '무궁 상사' 구조를 갖고 있는데 이를 비판하는 경우에도 '무인지(=불가득)'는 인지되지 않음(=불가득)을 본질로 한다.'는 식으로 '무인지(=불가득)'에 '등불과 같은 자성'이 있음을 주장했던 것이다. 그런데 위의 인용문에서 보듯이 '상주 상사' 논법을 비판하는 경우에도 소리에 '무상성'이 상주한다는 것은, 소리도 등불과 같이 무상이라는 자성을 갖는다고 인정하는 꼴이 되기에 소리의 무상성을 부정하는 '상주 상사' 논법은 옳지 않다고 말하는 것이다.

16) 과 상사(phala sama)와 6종 입량 논법(ṣatpa kṣī)

a. '과 상사' 논법의 의미

『니야야 수뜨라』 '5-1-37'에서는 '과 상사(kārya-sama)'[158] 논법

---

157) pratiṣedhye nityam-anitya-bhāvād-anitye 'nityatva-upapatteḥ pratiṣedha-abhāvaḥ: 『니야야 수뜨라』, '5-1-36'.

158) Jhā는 Parity per character of Effect로 번역한다.

에 대해 다음과 같이 설명한다.

> 의지활동의 결과는 다양성이기에 '과(果) 상사'이다.159)

'소리는 무상하다. 의지 활동의 결과이기에. 마치 물단지와 같이.'라는 논증식에서 '의지 활동의 결과'라는 능증이 '소리의 무상성'의 이유라고 하지만, 소리가 상주하는 경우에도 의지 활동의 결과로 소리가 나타날 수 있기에 그러한 논증식을 작성하는 것은 옳지 않다는 '비량 비판 논법'인 것이다. 의지 활동 이후에 소리가 존재하게 되는 경우 이는 상주하던 것이 현현하는 것일 수도 있고, 없던 것이 무상하게 발생하는 것일 수도 있다는 말이다. 따라서 '의지 활동의 결과'라는 능증이 '소리의 무상성'만의 근거라고 볼 수는 없다는 것이다.

b. '과 상사' 논법에 대한 비판과 6종 입량 논법

이어지는 경문에서는 '과 상사' 논법에 대해 다음과 같이 비판한다.

> 다른 결과가 있는 경우에 무지각인 원인이 가능하지만 [소리의 경우에는 단순한] 의지 활동이[라는 이유가 소리의 현현의] '이유성(理由性)'으로 되지 않는다.160)

즉, 소리가 아니라 다른 사물의 경우에는 그것이 현현(顯現)하는 경우 그것이 현현되기 이전에 '가림[覆障]'이 있는 것이 확인된다. 즉, 그 사물이 등장하기 이전에 그것을 안 보이게 만들었던 원인인 '가림'이 있었다는 것이 확인된다. 그러나 소리의 경우는 등장 이전에 그것이 들리지 않게끔 만든 원인인 '가림'의 존재를 확인할 수 없다. 따라

159) prayatnaśkārya-anekatvāt-kāryasamaḥ: 『니야야 수뜨라』, '5-1-37'.
160) kārya-anyatve prayatna-ahetutvam-anupalabdhi-kāraṇa-upapatteḥ: 『니야야 수뜨라』, '5-1-38'.

서 '의지 활동의 결과이기에, 소리는 상주하다가 현현하는 것이다.'는 주장은 할 수 없다.[161)]

'과 상사'적 '자띠(jāti)' 논법에 대해 위와 같은 비판을 가하고, '자띠' 논법을 구사했던 측'이 자신의 논법에 대한 이런 비판을 듣고 올바른 이해를 생하면 논쟁이 終止하게 되지만, 애초의 주장자가 '자띠' 논법에 대해 위와 같은 정당한 비판을 가하지 못하고 다음과 같이 말하는 경우, 결론 없는 무익한 논쟁이 이어지게 된다.

[반대자가] 부정하는 경우에도 공통된 과실이 있다.[162)]

즉, '과 상사'적 '자띠' 논법과 동일한 논리를 역으로 사용하여 '의지 활동의 결과로 나타나는 것은 상주하는 것일 수도 있지만 무상한 것일 수도 있기에 소리는 무상하다.'는 의미에서, '과 상사' 논법에 대해 재비판을 가하는 것이다.

『니야야 브하샤』에서는 이런 식으로 무익한 논의가 계속되는 것을 '6종 입량(立量) 논법(ṣat-pakṣī)'이라고 부른다. 위에 인용한 '5-1-39' 경문은 여섯 가지 입량 중 세 번째 입량에 해당된다. 즉, '소리는 의지 활동의 결과이기에 무상하다'는 첫 번째 입량에 대해 '자띠'논자가 '의지 활동의 결과로 나타나는 것은 무상한 것일 수도 있지만 상주하는 것일 수도 있기에 소리는 상주한다.'는 의미의 '과 상사'적 비판을 가한다. 이것이 두 번째 입량에 해당된다. 이런 두 번째 입량에 대해 위와 같은 세 번째 입량으로 비판을 하게 되면, 결국 아무 결론도 도출시키지 못하는 여섯 가지 무익한 입량으로 논의가 이어지게 된다는 것이다.

이어서 다음과 같은 경문이 계속된다.

모든 경우에 마찬가지이다.[163)]

---

161) 『니야야 브하샤』, 앞의 책, p.1728.

162) pratiṣedhe 'pi samāno doṣaḥ: 『니야야 수뜨라』, '5-1-39'.

즉, ‘동법 상사’ 논법을 위시한 24가지 ‘자띠(jāti)’ 논법 모두, 특별한 이유(viṣeśa hetu)를 말하지 않고 애초의 주장을 반박하기에 ‘5-1-39’와 같은 식의 재비판을 받을 수 있다.[164] 이렇게 되면 적대자는 다음과 같은 네 번째 논박을 내놓는다.

> [두 번째] 부정에 대한 [세 번째의]‘반대 부정’의 경우에도 [두 번째]부정의 과실(過失)과 같이 과실이 있다.[165]

원 주장자가 세 번째 입량에서 ‘자띠(jāti)’ 논법에 과실이 있다고 逆으로 비판[=반대 부정]하지만 그 비판 역시 특별한 이유(viśeṣa hetu)를 말하고 있지 않기에 두 번째 제시된 ‘자띠(jāti)’ 논법적 부정에 과실이 있는 것과 마찬가지로 과실이 있다는 것이다.

이런 비판에 대해 원 주장자는 다음과 같은 비판을 제시한다.

> [상대방의 설에 대한 자신의] 부정이 과실을 수반함을 인정한 후에 [자신의] 부정에 대한 반대 부정에서 공통된 과실을 귀결하는 것은 ‘인허타난(認許他難)’[의 부처(負處)]이다.[166]

인허타난(matānujñā)이란 『니야야 수뜨라』 제5편 제2장에 등장하는 20가지 부처(nigrasthāna)[167] 중 하나로 “자기의 주장의 과실을 인정하는 것에 토대를 두고 타자의 주장에서 과실을 귀결해 내는 것”[168]을 말한다. 적대자가 ‘5-1-41’ 경문과 같은 네 번째 논박을 내

---

163) sarvatra-evaṃ: 『니야야 수뜨라』, ‘5-1-40’.

164) 『니야야 브하샤』, 『니야야 와르띠까』, 앞의 책, p.1730.

165) pratiṣedha-vipratiṣedhe pratiṣedha-doṣavad-doṣaḥ: 『니야야 수뜨라』, ‘5-1-41’.

166) pratiṣedhaṃ sadoṣam-abhyupetya pratiṣedha-vipratiṣedhe samāno doṣa-prasaṅgo matānujñā: 『니야야 수뜨라』, ‘5-1-42’.

167) 논쟁에서 상대방에게 패배하게 되는 조건: 『니야야 수뜨라』, ‘5-2-1’~‘5-2-24’.

168) svapakṣe doṣa-abhyupagamāt parapakṣe doṣa-prasaṅgo matānujñā: 『니야

놓을 경우, 이는 자신의 과실을 인정한 후에 동일한 논리로 상대의 과실을 지적하는 것이기에 인허타난의 오류에 빠진 꼴이 된다는 것이다.

이에 대해 적대자 역시 다음과 같은 비판을 내놓는다.

> 자기의 주장을 특상(特相, lakṣaṇa)으로 하는 것에 관계된 가능한 귀결에서 원인을 제시하는 경우 [자기의 주장에서] 타자의 주장의 과실을 인정하기에 [인허타난의] 과실은 공통된다.[169]

네 번째 입량이 인허타난의 오류에 빠진 것이라면, ‘5-1-39’의 세 번째 입량 역시 인허타난의 오류에 빠진다는 것이다. 어쨌든 논쟁이 이런 식으로 꼬리에 꼬리를 물고 이어지게 되면 어떤 결론도 도출되지 못한다. 이런 논쟁(jalpa) 과정을 요약하면 다음과 같다.

①(주장자) 소리는 현현하는 것이다. 의지 활동의 결과이기 때문에.

②(반대자) 의지 활동의 결과라고 해도 소리는 발생하는 것일 수 있다(5-1-37).

③(주장자) 그런 식으로 부정한다고 해서 소리의 발생론이 입증되는 것은 아니다(5-1-39).

④(반대자) 그런 식으로 반대를 한다고 해서 소리의 현현론이 입증되는 것은 아니다(5-1-41).

⑤(주장자) 그대의 이런 말(④)은 인허타난의 오류에 빠진다(5-1-42).

⑥(반대자) 그대의 그런 말(③)도 인허타난의 오류에 빠지는 것은 마찬가지다(5-1-43).

야 수뜨라』, ‘5-2-20(21)’.

169) svapakṣa-lakṣaṇa-apekṣā-upapatty-upasaṃhāre hetu-nirdeśe parapakṣa-doṣa-abhyupagamāt-samāno doṣaḥ: 『니야야 수뜨라』, ‘5-1-43’.

이런 식의 논쟁에서는 어느 한 쪽의 견해도 옳다고 볼 수 없다. 그러나 도중에 어느 한 쪽의 견해를 뒷받침하는 특별한 이유(viśeṣa hetu)가 제시되면 논쟁은 이렇게 여섯 단계까지 이어지지 않고 끝을 맺게 된다.170) 예를 들어 ‘무지각의 원인[인 가림]이 없기 때문에’라는 특수한 이유를 대는 경우, ‘소리는 의지 활동 이후에[발생하는 것으로] 인지된다.’는 성무상론이 귀결될 수 있는 것이다.

2. 『방편심론』의 ‘상응’ 논법

1) 증다 상응, 손감 상응

a. 증다 상응

『방편심론』에서는 ‘증다 상응’ 논법에 대해 다음과 같이 설명한다.

(1) 증다(增多)라는 것은 예를 들어 ‘자아는 상주한다. 감관에 지각되지 않으므로. 허공도 지각되지 않는다. 그러므로 상주한다. 감관에 지각되지 않는 일체의 것들은 남김 없이 모두 상주하는데 자아는 지각되지 않으니 상주하지 않을 수 있겠는가?[=원 논증식]

(2) 비판하여 말하기를, ‘허공에는 앎이 없으므로 상주하지만 자아에는 앎이 있는데 어떻게 상주한다고 말할 수 있겠는가?’[=‘증다 상응’ 논법적 비판]

(3) 만일 허공에 앎이 있다면 이치에 맞지 않는다. 만일 자아에 앎이 없기에 허공과 같을 수 있다면 그렇다고[=자아에 앎이 없다고] 아

170) 『니야야 와르띠까』, p.1735.

는 자는 [앎이 있으니] 반드시 무상하다.' 이것을 增多라고 이름한다.[171]

우이하쿠주(宇井伯壽)[172]나 카지야마유이치(梶山雄一)[173]의 지적과 같이 여기서 비판의 대상이 되는 논증식(1)은 다음과 같은 5支 논증식이다.

주장: 자아(아뜨만)는 상주한다.
이유: [자아는] 감관에 지각되지 않으므로
실례: 마치 허공과 같이, 감관에 지각되지 않는 것은 모두 상주한다.
적용: 그런데 자아는 [허공과 같이 감관에] 지각되지 않는다.
결론: [그러므로 자아가] 어찌 상주하지 않을 수 있겠는가[=그러므로 자아는 상주한다].

그 저자가 용수건 아니건 어쨌든 불교도에 의해 쓰여진 논서였기에 비판의 대상으로 삼는 주장은 위에서 보듯이 '아뜨만 상주론'이었던 것이다. 이는 '자띠(jāti)' 논법을 부당한 논법으로 간주했던 니야야 논사들이『니야야 수뜨라』와『니야야 브하샤』를 통해 자신들의 적대자인 '성상주론자'가 구사하는 갖가지 '자띠(jāti)' 논법을 비판의 대상으로 삼았다는 점에 대비된다. 만일『방편심론』의 저자가 니야야 논사들과 마찬가지로 '상응' 논법을 부당한 논법으로 간주하였다면 이 논법을 설명하기 위해 드는 실례도 자신들의 교설인 '무(無)아뜨만론'이었을 것이다.

---

171) 如言 我常非根覺故 虛空非覺是故爲常 一切不爲根所覺者盡皆是常 而我非覺 得非常乎 難曰 虛空無知故常 我有知故云何言常 若空有知則非道理 若我無知可同於虛空 如其知者必爲無常 是名增多: 大正32,『方便心論』, p.28a.

172) 宇井伯壽, 方便心論の註釋的研究, 印度學佛敎學研究2, pp.577~578.

173) 梶山雄一, 앞의 책, p.32.

어쨌든 비판자는 위와 같은 논증식을 ‘증다 상응’ 논법⑵을 이용하여 다음과 같이 논박한 후, 허공에는 앎이 없고 자아에는 앎이 있다는 사실을 부기(附記)⑶[174]하고 있다.

허공은 앎(知)이 없으므로 상주하지만 자아에는 앎이 있는데 어찌 상주한다고 말할 수 있겠는가?[175]

이 논법의 명칭이 ‘증다 상응’으로 되어 있기에 그 호칭만 보면 『니야야 수뜨라』의 ‘증익(增益) 상사(utkarṣa-sama)’ 논법과 일치할 것이 기대되며 우이하쿠주[176]나 카지야마유이치[177]도 ‘증익 상사’ 논법과 동일시한다. ‘증익 상사’란 ‘실례에서 또다른 성질을 찾아내어 그런 성질도 주제에 있어야 한다고 반박하는 것’을 말한다. 그러나 위의 예에서 보듯이 ‘증다 상응’ 논법은 실례인 ‘허공에 앎이라는 성질이 없는 것’을 찾아내어 ‘자아에 앎이 있다는 사실’과 상반됨을 지적하는 논법인 것이다.

따라서 엄밀한 의미에서 보면 이는 『니야야 수뜨라』의 ‘손감(損減) 상사(apakarṣa-sama)’ 논법이다. ‘손감 상사’ 논법이란, ‘실례에 어떤 성질이 없음을 찾아내어 그런 성질이 주제에도 없어야 한다고 반박하는 것을 말한다.[178] 즉, ‘증다 상응’ 논법은, 위의 5지 논증식에서 실례로 든 ‘허공에 앎이라는 성질이 없음’을 찾아내어 ‘자아에도 앎이

174) ‘증다 상응’ 논법에 대한 기술은 ‘원논증식⑴ → 증다 상응적 비판⑵ → 附記⑶’의 형식으로 되어 있는데 이 附記分은 원 논증식도 아니고, 새로운 ‘상응’ 논법도 아니다. 불교도인 비판자가, ‘증다 상응’ 논법을 구사하기 위해 자신이 제시한 ‘실례에 결여된 성질[=허공에 앎이 없음]’이 재 비판받지 않도록 하기 위해 기술해 놓은 것일 뿐이다.

175) 虛空無知故常 我有知故云何言常: 大正32, p.28a.

176) 宇井伯壽, 앞의 책, p.578.

177) 梶山雄一, 앞의 책, p.39.

178) 『니야야 브하샤』, 앞의 책, p.1673.

없어야 한다'고 비판하는 논법이기에 '증익 상사' 논법보다 '손감 상사' 논법에 가깝다.

물론 허공에 '앎이 없음'이라는 성질이 있다고 보고 자아에도 '앎이 없음'이라는 성질이 있어야 한다고 비판하는 것으로 보면 '증익 상사'에 해당한다고 볼 수도 있겠지만 이렇게 부정 명제를 긍정화 하여 표현하게 되면 '손감 상사'와 '증익 상사' 논법의 구별 자체가 무의미해질 것이다.

엄밀히 말해,『방편심론』에 등장하는 '증다 상응'에 대한 설명은 그 논리 구조가『니야야 수뜨라』의 '증익 상사'가 아니라 '손감 상사'에 일치한다. 그러나『방편심론』의 저자가 다른 명칭 하에 동일한 논법을 중복 설명했을 리는 없다. 추측하건데 번역 과정에서 오류가 발생하여 '증다 상응' 논법을 왜곡하였다고 밖에 볼 수 없다.

b. 손감 상응

『방편심론』에서는 '손감 상응' 논법에 대해 다음과 같이 설명한다.

> 만일 허공에는 앎이 없으나 자아에는 앎이 있다면 어떻게 허공으로 자아를 비유하겠는가?' 이를 손감(損減)이라 이름한다.[179]

이 논법 역시 실례에 없는 성질(=앎)을 찾아내어 그 성질(=앎)이 주제(=자아)에 있는 것이 분명함을 밝힘으로써 원래의 논증식에 쓰인 비유의 부당함을 드러내는 것이기에『니야야 수뜨라』의 '손감 상사(apakarṣa-sama)' 논법에 해당된다. 우이하쿠주[180]나 카지야마유이치[181] 모두 견해를 같이한다.

179) 損減者 若空無知而我有知 云何以空喩於我乎 是名損減: 大正32, p.28a.
180) 宇正伯壽, 앞의 책, p.578.
181) 梶山雄一, 앞의 책, p.39.

2) 동이 상응

『방편심론』에서는 '동이 상응' 논법에 대해 다음과 같이 설명한다.

> 예를 들어, 자아의 상주성을 입론할 때에는 허공을 끌어대어 비유로 삼는다. 자아와 허공이 하나(一)라면, 하나의 법인데 어떻게 허공으로 자아를 비유할 수 있겠는가? 만일 다른 것(異)이라면 서로 비유가 되지 못한다. 이를 동이(同異)라고 이름한다.[182]

카지야마유이치도 지적하듯이[183] 이 논법이 용수의『광파론』제27, 28절에서 구사되고 있기는 하지만[184]『니야야 수뜨라』에서는 취급되고 있지 않다. 위에서 보듯이 이 논법의 이름은 '동이 상응'인데 이를 설명하는 문장 내에서는 '동이'가 아니라 '일이(一異)'로 되어 있다. 즉, 번역에 一貫性이 결여되어 있는 것이다. 어쨌든 주제와 실례가 동질적이건 이질적이건 논증식 작성은 불가능하다는 논법이다.

3) 문다답소 상응, 문소답다 상응

a. 문다답소 상응

먼저,『방편심론』을 인용해 보자.

> 또, 그대는 자아가 상주한다고 입론하면서 감관에 지각되지 않는다고 말한다. 마치 허공이 감관에 지각되지 않으므로 상주하는 것처

182) 同異者汝立我常引空爲喩 我空一者一法何得以空喩我 若其異者不得相喩 是名同異: 大正32, p.28a.
183) 梶山雄一, 앞의 책, p.32.
184) 본서 제Ⅳ장 7절 a. 참조.

> 럼. 그러나 감관에 지각되지 않는다고 해서 반드시 상주하는 것은 아니다. 어떻게 증명할 수 있겠는가? 이를 ‘문다답소(問多答少)’라고 이름한다.[185]

이를 논증식으로 풀면 다음과 같이 될 것이다.

‘원 논증식’
자아는 상주한다.
감관에 지각되지 않기 때문에
마치 허공과 같이, 감관에 지각되지 않는 것은 상주한다.

‘문다답소적 비판’
감관에 지각되지 않는 것이라고 해서 반드시 상주한다는 법은 없다.

비판의 의미만 보면, 『니야야 수뜨라』에서 말하는 ‘동법 상사’ 논법 중 ‘동법적 논증식에 대한 동법 상사적 비판’과 의미가 통하는 듯하지만 ‘문다답소 상응’ 논법의 경우 구체적 실례를 들고 있지 않다는 점에서 ‘동법 상사’ 논법과 차이가 있다. 또, 이 논법의 호칭을 ‘문다답소’라고 정한 이유가 확실치 않다. 원 논증식은 여러 개의 문장으로 되어 있는데[문다(聞多)] 그에 대한 비판은 간단한 문장으로 되어 있기에[답소(答少)] ‘문다답소’라고 한 것이라면 그 발상이 너무 치졸한 듯하지만 그 이외에는 설명할 방도가 없다.[186]

---

185) 復次 汝立我常 言非根覺 如虛空非根覺故常 然非根覺不必盡常 何得爲證 是名問多答少: 大正32, p.28a.

186) 그런데 여기서 말하는 ‘聞多答少’를 “能證(sadhāna, hetu)의 범위가 원래는 더 넓은 것[問多]인데 이를 좁다고 간주[答少]하여 원래의 논증식을 작성한 것이기에 오류가 발생한다”는 비판법이라고 볼 수도 있을 것이다. 즉, “자아의 상주성”

b. 문소답다 상응

먼저 『방편심론』을 인용해 본다.

> 또, 그대는 자아가 상주한다고 입론(立論)하면서 감관에 지각되지 않는다고 말하였다. 지각되지 않는 법에는 무릇 두 가지 종류가 있다. 미진(微塵)은 지각되지 않지만 무상하다. 허공은 지각되지 않지만 상주하는 법이다. 그대는 어떻게, 지각되지 않으므로 상주한다고 말할 수 있겠느냐? 이것의 이름이 다섯 번째인 '문소답다'이다.[187]

이를 논증식으로 풀면 다음과 같이 될 것이다.

'원 주장'
자아는 상주한다.
감관에 지각되지 않기 때문에

'문소답다적 비판'

을 논증하기 위해 "감관에 지각되지 않는다"는 이유를 들었는데 감관에 지각되지 않는 것의 범위 내에 상주하는 것이 모두 내포되는 것은 아니기에, 다시 말해 감관에 지각되지 않는 것[問]의 범위가 상주하는 것의 범위보다 더 넓고[多] 상주하는 것[答]의 범위는 감관에 지각되지 않는 것의 범위보다 더 좁기에[少] 이를 '問多答少 相應'이라 이름하는 것이며 그 핵심은 "감관에 지각되지 않는 것은 상주한다"는 周延關係(vyāpti)가 성립되지 않는다는 비판일 수도 있다. 이는 能證(sadhāna)을 '答'으로 표현된다고 보고 所證(sādhya)을 '問'으로 표현된다고 보아 이해한 것이다. 그러나 이런 식의 이해가 다음에 이어지는 '問少答多 相應'에 대입되지는 않는다. 따라서 이를 주연관계에 대한 비판이 아니라 단순히 원래의 주장(問)과 그에 대한 항변(答)의 간략함(少)과 장황함(多)의 문제라고 볼 수밖에 없을 듯하다. Esther A. Solomon도 이렇게 본다(Esther A. Solomon, *Indian Dialectics* Ⅰ, pp.186~187 참조.).

187) 復次 汝立我常 言非根覺 非根覺法凡有二種 微塵非覺而是無常 虛空非覺而是常法 汝何得言非覺故常 是名第五問少答多: 위의 책.

지각되지 않는 것에는 미진과 허공이 있다. 그러나 미진은 무상하고 허공은 상주한다. 따라서 위 논증식에서 든 이유는 상주성의 근거가 되지 못한다.

즉, 논증식을 작성할 경우 능증인 이유[=감관에 지각되지 않음]는 동일하지만 소증이 다를 수 있다는 비판이다. 이 역시 『니야야 수뜨라』의 '자띠' 논법 중 '동법적 논증식에 대한 동법 상사적 비판'에 해당한다고 볼 수 있는데 미진과 허공이라는 실례까지 들고 있기에 앞에서 설명한 '문다답소' 논법보다 '동법 상사' 논법에 더 가깝다고 볼 수 있다. 또, '문다답소' 논법의 경우와 반대로, 원 주장은 간단하나[문소] 그에 대한 비판이 장황하기에[답다] 이 논법에 '문소답다'라는 호칭이 붙여진 것으로 생각된다.

4) 인동 상응(인 상응)[188], 과동 상응(과 상응)

a. 인동 상응(인 상응)

먼저, 『방편심론』의 설명을 보자.

> 그대는 지각되지 않음을 인으로 삼기에 자아가 상주한다고 하였는데 허공은 자아와 다른데 어떻게 양자 모두 지각되지 않음을 因으로 삼겠는가? 이를 '인동(因同)'이라고 이름한다.[189]

이를 논증식으로 풀어 보면 다음과 같이 될 것이다.

---

188) 因同, 果同, 徧同, 不徧同, 時同 등의 '相應' 논법 뒤에 붙는 '同'字가 '相應'에 해당하는 산스끄리뜨 원어인 'sama'의 역어라면, 위에서 괄호 속에 추가한 호칭과 같이 이들을 '因 相應', '果 相應'등으로 번역할 수도 있을 것이다.

189) 汝以非覺爲因故知我常者 空與我異 云何俱以非覺爲因 是名因同; 大正32, p.28a.

'원 논증식'
자아는 상주한다. 지각되지 않기 때문에. 마치 허공과 같이

'인동(因同) 상응적 비판'
허공과 자아는 다른 것인데 어떻게 양자 모두 '지각되지 않는다'는 동일한 이유[因]에 의해 상주한다는 소증을 갖는 것이 확인되겠는가?

즉, 주장 명제 내의 주제와 실례는 서로 다른 것이어야 하기에 동일한 인(因)에 의해 동일한 소증을 갖는 것이 입증될 수는 없다고 논증식 작성을 비판하는 논법이다.

b. 과동 상응(과 상응)

먼저 『방편심론』의 설명을 보자.

> 5대[190]로 이루어진 것은 모두 다 무상하다. 허공과 자아도 역시 오대로 이루어져 있는데 어떻게 상주한다고 말하겠는가? 이를 '과동(果同)'이라고 이름한다.[191]

그런데 우이하쿠주의 지적과 같이, 허공과 자아가 5대로 이루어져 있다는 생각은 인도 내의 어떤 사상에서도 찾아볼 수 없다.[192] 우이하쿠주는 한문 번역에 오류가 있었을 것이라고 추정하지만, 필자의 생각으로는 '증다 상응' 논법 이래 변함없이 예시되는 '원 논증식'에 대해 저자가 억지로 '과동 상응'적 비판을 하려다가 무리를 범한 것

---

190) 地, 水, 火, 風, 空이 原質(=大)들이다(pṛthivy-āpas-tejo vāyur-ākāśam-iti bhūtāṇi): 『니야야 수뜨라』 '1-1-13'.
191) 五大成者皆悉無常 虛空如我亦五大成 云何言常 是名果同: 大正32, p.28a.
192) 宇井伯壽, 方便心論の註釋的硏究, 印度哲學硏究2, pp.579~580.

같다. 사실 그 논리 형식만 보면 이것은 아무런 문제가 될 수 없다.[193] 어쨌든 위에 인용된 ‘과동 상응’ 논법적 비판 과정을 풀어 보면 다음과 같을 것이다.

‘원 논증식’
자아는 상주한다. 지각되지 않기 때문에. 마치 허공과 같이

‘과동 상응적 비판’
자아와 허공은 5대로 이루어져 있고 오대로 이루어진 것은 무상하기에 위와 같이 상주한다고 주장할 수 없다.

즉, 주장 내의 주제[=자아]와 실례[=허공]가 모두, 원 주장과 상반된 소증[=무상함]을 야기하는 어떤 다른 성질[=5대소성]을 갖는다는 것을 지적함으로써 논증식 작성을 비판하는 논법이다.

5) 편동 상응(편 상응), 불편동 상응(불편 상응)

a. 편동 상응(편 상응)

먼저 『방편심론』의 설명을 보자.

> 또, 그대는 허공이 지각되지 않으므로 상주한다고 한다. 그러나 허공은 모든 곳에 두루 하는 것이며 모든 곳에 있는 존재가 어찌 지각되지 않겠느냐? 이를 ‘편동(徧同)’이라고 이름한다.[194]

193) 서구 형식 논리학에서는 추론에 동원된 명제들의 사실성이 아니라 추론 과정의 타당성만을 문제 삼기에 다음과 같은 논증식도 타당하다고 본다: ‘모든 한국인은 일본인이고, 모든 일본인은 중국인이다. 그러므로 모든 한국인은 중국인이다.’: 뿔리간들라, 인도철학, 이지수 역, 민족사, pp.197~198.

이를 논증식으로 풀어 보면 다음과 같이 될 것이다.

'원 논증식'
자아는 상주한다. 지각되지 않기 때문에. 마치 허공과 같이.

'편동 상응적 비판'
자아는 무상하다. 지각되지 않기 때문에. 마치 허공과 달리. 두루하는 허공은 지각되며 상주한다.

이는 실례(dṛṣṭānta)에서 다른 성질(dharma)을 추출해 내어 그 성질이 '이유(hetu)'와 공존 관계(vyāpti)에 있을 수 없음을 밝힘으로써 논증식 작성을 비판하는 논법이다. 즉, 소증을 입증하기 위해 든 실례가 부당한 경우를 말한다. 카지야마유이치는 이 논법이 『니야야 수뜨라』의 '자띠(jāti)' 논법 중 '동법 상사(sādharmya-sama)' 논법과 같다고 말하지만[195], 오히려 '이법 상사(vaidharmya-sama)' 논법과 가깝다. 정확히 말하면, '동법적 논증식에 대한 '이법 상사'적 비판'과 유사하다.[196] '동법 상사' 논법이란 '동법이나 이법적 실례에 토대를 둔 논증식에 대해 '마치 …와 같이'라는 말로 시작되는 동법적 실례를 듦으로써 비판하는 논법'을 말한다. 그러나 위에서 복원해 본 '편동 상응적 비판'은 '마치 …와 달리'라는 말로 시작되는 실례를 갖고 있기 때문이다.

b. 불편동 상응(불편 상응)

194) 復次 汝以虛空非覺故常 然虛空者徧一切處 一切處物豈非覺也 是名徧同: 大正32, p.28a.
195) 梶山雄一, 앞의 책, p.40.
196) 본서 제Ⅱ장, 1절 1)항 b. 참조.

『방편심론』의 설명을 보자.

> 미진은 두루하지 않지만 감관에 지각되지 않으며 무상한 법이다. 자아는 감관에 지각되지 않는데 어떻게 상주하겠는가? 이는 '불편동(不偏同)'이다.[197]

이를 논증식으로 풀어 보자.

'원 논증식'
자아는 상주한다. 지각되지 않기 때문에. 마치 허공과 같이.

'불편동 상응적 비판'
자아는 무상하다. 지각되지 않기 때문에. 마치 두루 하지 않는 미진과 같이.

동일한 이유를 갖는 다른 실례를 들어 그 실례가 원 주장과 상반된 성질을 가짐을 밝히는 논법이다. 카지야마유이치는 이 논법이 『니야야 수뜨라』의 '자띠(jāti)' 논법 중 '이법 상사(vaidharmya-sama)' 논법과 같다고 말하지만[198], 위에 복원한 논증식에서 보듯이 '마치 … 와 같이'라는 말로 시작되는 실례를 들고 있기에 오히려 '동법 상사(sādharmya-sama)' 논법과 가깝다. 정확히 말하면, '동법적 논증식에 대한 '동법 상사'적 비판'과 유사하다.

6) 시동 상응(시 상응)

197) 復次 微塵非徧 而非根覺是無常法 我非根覺 云何爲常 是不徧同: 大正32, p.28a.
198) 梶山雄一, 앞의 책, p.40.

『방편심론』에서 기술하고 있는 20가지 ‘상응’ 논법 중 『니야야 수뜨라』의 ‘자띠’ 논법과 그대로 일치하는 논법 중 하나가 바로 ‘시동 상응’ 논법이다. 먼저 이를 인용해 본다.

> 또, 그대는 자아가 상주한다고 하면서 감관에 지각되지 않는다고 말한다. 그런데 이는 과거냐, 현재냐, 미래냐? 만일 과거라고 말한다면 과거는 이미 사라졌다. 만일 미래라고 말한다면 이는 아직 존재하지 않는다. 만일 현재라고 한다면 이는 인이 되지 못한다. 마치 두 뿔과 같이 함께 생하니 서로 인이 될 수 없다. 이를 ‘시동(時同)’이라고 이름한다.[199]

『방편심론』의 이 구절만 보면 과거, 현재, 미래가 도대체 무엇을 의미하는지 불분명하다. 그러나 위 문장에서 ‘삼시적 관계’를 거론한다거나 현재를 ‘두 뿔’에 비유한다는 ‘의미 소(素)’는 『니야야 수뜨라』의 ‘무인 상사’, 『여실론』의 ‘무인난’[200], 『인명정리문론』의 ‘무인 상사’[201]등에서도 공유하고 있는 것이기에 이들 경론에 등장하는 설명을 참조함으로써 『방편심론』에서 말하는 ‘시동(=시 상응)’의 의미를 구체적으로 복원할 수 있다.

먼저, 『니야야 수뜨라』 제5편 제1 ‘자띠(jāti)’장에서는 “이유가 삼시적으로 성립하지 않기에 ‘무인 상사’이다.”[202]라고 간략하게 정의내리고 있는데 이에 대해 『니야야 브하샤』에서는 다음과 같이 구체적으로 설명한다.

---

199) 復次 汝立我常言非根覺 爲是現在過去未來 若言過去過去已滅 若言未來未有 若言現在則不爲因 如二覺並生 則不得相因 是名時同: 大正32, p.28a.

200) 大正32, pp.31c~32a.

201) 大正32, p.5a.

202) traikālya asiddher hetor ahetusamaḥ: 『니야야 수뜨라』, ‘5-1-18’.

> 만일 능증이 소증보다 이전에 존재한다면 소증이 존재하지 않는 경우 (그것은) 무엇에 대한 능증이겠는가? 만일 (능증이 소증) 이후에 존재하는 것이라면 능증이 없는 상황에서 이것은 무엇에 대한 소증이겠는가? 만일 소증과 능증이 동시에 존재한다면 양자가 똑같이 존재하는 중일 테니 어느 것이 어느 것에 대한 능증이고 어느 것이 어느 것에 대한 소증이겠는가? 이로 인해 능증은 능증이 아닌 것과 구별되지 않는다.[203)]

즉, 주장과 이유로 구성된 추론에서 이유가 주장보다 선행할 수도 없고, 후속할 수도 없으며, 주장과 이유가 동시적일 수도 없다는 말이다. 이를 『방편심론』의 구절에 대입하면 “자아는 상주한다”는 주장[종(宗)]보다 “감관에 지각되지 않기에”라는 이유[인(因)]가 선행할 수도 없고 후속할 수도 없으며, 이런 주장과 이유가 동시적으로 공존할 수도 없다는 말이 될 것이다.

추론식에서 ‘이유(hetu)’란 ‘지금 나타나 있는 것’을 말하고, ‘주장(pratijñā)’이란 ‘지금 나타나 있지 않은 것’을 말한다. 그런데 지금 나타나 있는 ‘이유’인 ‘감관에 지각되지 않음’이 ‘아뜨만은 상주한다’는 미지(未知)의 ‘주장’보다 선행할 수도 없고, 후속할 수도 없으며, 동시적일 수도 없다는 식으로, ‘추론식 작성 자체를 부정하는 논법’이 바로 ‘시동 상응’ 논법이라고 볼 수 있다.

어쨌든 『방편심론』에서, ‘선행’, ‘후속’, ‘동시’ 관계 여부를 부정하는 ‘시동 상응’ 논법의 소재는 추론식 내의 ‘주장’과 ‘이유’라는 개념 쌍이었는데 다음 項에서 보듯이 『니야야 수뜨라』에서 옹호하고 『회쟁론』이나 『광파론』에서 비판되는 개념 쌍은 추론식의 요소인 ‘주장’과

---

203) yadi pūrvam sādhanam asati sādhye kasya sādhanam/ atha paścād asati sādhane kasyedam sādhyaṃ/ atha yugapat sādhyasādhane dvayor vidyamānayoḥ kim kasya sādhanaṃ kim kasya sādhyam iti hetur ahetuna na viśiṣyate: 『니야야 브하샤』, pp.1701~1702.

'이유'가 아니라 '인식 방법'과 '인식 대상'인 것이다.

7) 부도 상응, 도 상응

이 논법 역시 『니야야 수뜨라』에 그대로 등장하는데 먼저 『방편심론』을 인용해 본다.

> 그대는 감관에 지각되지 않으므로 자아는 상주한다고 입론하였다. 도달하므로 인(因)이 되는가 도달치 않는 것인가? 만일 도달치 못한다면 인이 되지 못한다. 마치 불길이 도달치 못하면 태우지 못하는 것과 같고 칼날이 도달치 못한다면 베지 못하는 것과 같다. 자아에 도달치 못한다면 어떻게 인이 되겠느냐? 이를 '부도(不到)'라고 이름한다. 또, 도달하여 인이 되는 것이라면 도달하자마자 인의 이치가 없어진다. 이를 '도(到)'라고 부른다.[204]

즉, '자아는 상주한다(주장: pratijñā). 감관에 지각되지 않으므로(이유: hetu) …'라는 식의 논증식을 비(非)불교도인 적대자가 세웠을 때 이를 '도, 부도 상응' 논법을 이용해 위와 같이 비판할 수 있다는 것이다. 이는 '자아는 상주한다'는 명제의 문제점을 지적하는 것이라기보다, 어떤 명제이건 '이유'와 '주장'으로 이루어진 논증 자체가 성립 불가능함을 지적하는 논법이라고 할 수 있다. 다시 말해 '논리학을 부정하는 反논리의 논리'라고 말할 수 있을 것이다.

『니야야 수뜨라』 제5편 제1 '자띠'장에서도 이와 동일한 의미의 논법을 '도, 부도 상사(prāpty-aprāpti samau)'라는 이름으로 설명하면서 비판하고 있는 것을 볼 수 있다. 이 논법의 진정한 의미를 파악하

---

204) 復次 汝立我常以非根覺 到故爲因 爲不到乎 若不到則不成因 如火不到則不能燒 如刀不到則不能割 不到於我云何爲因 是名不到 / 復次 若到因者 到便卽是無有因義 是名爲到: 大正32, p.28a~b.

기 위해서는 『방편심론』의 설명과 함께 『니야야 수뜨라』에 등장하는 설명도 참조해 보아야 할 것이다. 이를 인용해 본다.

> 이유가 접합하고서, 또는 접합하지 않고서 소증이 있다. 접합함으로써 구별되지 않는 것으로 되며, 접합하지 않음으로써 비논증성의 것으로 되기 때문에 '도, 부도 상사'의 양자이다.[205)]

'도, 부도 상사'를 해설한 『니야야 수뜨라』의 경문과 『방편심론』의 구절을 비교해 보면 그 의미가 대체적으로 일치한다. 그러나 『방편심론』의 경우는 '인(因)'이 '주장 명제의 주어(pakṣa)'에 대해 도달(=접합)하는지 아닌지 여부를 논의하고 있고, 『니야야 수뜨라』의 경우는 '인'이 '주장 명제의 술어인 소증(sādhya)'에 대해 도달(=접합)하는지 아닌지 여부를 논의하고 있다.

이를 종합하면 '도, 부도 상응'이란 '이유가 주장 명제의 어느 한 요소와 접합하고 있어도 주장 명제의 근거로서의 역할을 할 수가 없고, 반대로 접합하고 있지 않아도 주장 명제의 근거로서 역할을 할 수가 없다'는 논파법이라고 볼 수 있다. 사실 중관파, 더 엄밀히 말하면 귀류논증적 중관파(prāsaṅgika) 이외의 인도 내 학파들은 자신들의 주장을 내세우기 위해 주장과 이유, 실례 등으로 이루어진 논증식을 작성하곤 하였다. 그러나 '도, 부도 상사' 논법에서는 그러한 논증식 작성 자체의 부당함을 설파하고 있는 것이다.

우리는 '알고 있는 어떤 근거(이유)'를 통해 '알지 못하는 사실(소증, 주장)'을 알아내는데 그런 근거가 알지 못하는 사실과 함께 있다면(=도) 그런 근거 역시 알지 못하는 것이어야 하든지, 아니면 '알지 못하는 사실' 역시 '알고 있는 근거'와 마찬가지로 알고 있어야 할 것

---

205) prāpya sādhyam-aprāpya vā hetoḥ prāptyā 'viśiṣṭatvād-aprāptyā 'sādhakatvāc-ca prāpty-aprāpti-samau: 『니야야 수뜨라』, '5-1-7'.

이다. 또, 이와 반대로 '알고 있는 근거'가 '알지 못하는 사실(=알고자 하는 사실)'과 떨어져 있다면(=부도) 서로 무관계할 테니 근거로서의 자격을 상실하고 만다.

다시 말해 『방편심론』에서 논파의 대상으로 예로 든 논증식에서 '감관에 지각되지 않기 때문이라는 이유'가 '자아'에 접합해 있다면 양측 모두 미지(未知)의 것이든지 양측 모두 기지(旣知)의 것이어야 하기에 어느 것이 '소증'이고 어느 것이 '능증'인지 구별이 안되므로 오류에 빠진다는 것이고, 이와 반대로 그런 '이유'가 '자아'에 접합해 있지 않다면 능증과 소증이 마치 소의 두 뿔과 같이 서로 무관한 것일 테니 '감관에 지각되지 않음'이 '자아의 상주성'의 근거가 된다는 보장이 없다는 말이다. 즉, '능증'과 '소증'은 '비도(非到)·비부도(非不到)'의 관계에 있기에 논증식 작성 자체가 불가능하다는 논법이 바로 '도, 부도 상응' 논법인 것이다.

8) 상위 상응, 부상위 상응

a. 상위 상응

먼저 『방편심론』을 인용해 보자.

> 그대는 일체가 무상하다는 것을 이용하여 자아는 일체가 아니기 때문에 상주한다고 하였다. [그러나] 자아도 존재이기 때문에 응당 무상하여야 한다. 마치 첩(氎)헝겊[206]은 그 양이 적을 때에는 불에 타더라도 [그 양이] 많을 때에는 불에 타지 않기에, '타지 않는 것'이라고 불러야 하듯이. 이를 '상위(相違)'라고 이름한다.[207]

206) '細毛織物'을 말한다.

207) 復次 汝以一切無常 我非一切故常者 我卽是有故應無常 如氎少燒 以多不燒應名

우이하쿠주도 토로하고 있듯이[208] 이 논법의 의미는 명확하지 않은 듯하다. 카지야마유이치는 '이 논법의 명칭이 '상위'인 것은, 입론자가 말하듯이 자아가 상주하지 않고 무상하기 때문'이라는 설명만 할 뿐 이 논법의 의미에 대해 상세한 설명은 하고 있지 않다.[209] 그러나 위의 인용문을 다음과 같이 정리하게 되면, 이 논법이『니야야 수뜨라』의 '자띠'이론에서 보지 못했던 독특한 '비량 비판 논법'이라는 사실을 알 수 있을 것이다.

주장		이유
A: 자아는 상주한다.	←	일체가 아니기 때문에.
첩헝겊은 불에 탄다.	←	양이 적기 때문에
B: 자아는 무상하다.	←	존재이기 때문에.
첩헝겊은 불에 타지 않는다.	←	양이 많기 때문에.

범위가 좁은 이유에 토대를 두고 제기된 주장보다, 범위가 넓은 이유에 토대를 두고 제기된 주장이 옳은 것으로 봐야 하기에, 위에 정리한 두 가지 주장 가운데 후자가 옳으며 어떤 논증식이건 보다 넓은 범위에 토대를 둔 반대 주장이 가능하기에 논증식 작성은 불가능하다는 '비량 비판 논법'이다. 즉, 위에 정리한 A, B 두 가지 논증식 각각의 '이유(hetu)' 중 '일체가 아니기 때문에'라는 이유보다 '존재이기 때문에'라는 이유가 더 범위가 넓기에 B의 주장이 옳다고 볼 수 있다는 것이다. 그리고는 첩헝겊의 예를 든다. 첩헝겊의 경우에, 적은 양은 불에 타지만 많은 양은 불에 타지 않는 경우 후자를 첩 헝겊의 진

不燒 是名相違: 大正32, p.28a.

208) 宇井伯壽, 方便心論の註釋的研究, 印度哲學研究2, p.581.

209) 梶山雄一, 앞의 책, p.38.

정한 성질로 보는 것이 타당하듯이, 어떤 주장의 경우도, '일체가 아니기 때문에'라는 좁은 범위의 이유보다 '존재이기 때문에'라는 넓은 범위의 이유에 토대를 둔 주장이 옳다는 것이다.

b. 불상위 상응

먼저 『방편심론』의 설명을 인용해 보자.

> 그대는 자아가 감관에 지각되지 않아 허공과 같다고 하였는데 허공은 지각이 없으며 자아도 역시 그러해야 한다. 만일 자아에 지각이 있는 것이라면 허공도 응당 고락을 지각해야 하리라. 허공과 자아는 다름이 없기 때문이다. 이것이 '불상위(不相違)'이다.[210]

이를 원래의 논증식에 대입하면 다음과 같을 것이다.

'원 논증식'
자아는 상주한다. 감관에 지각되지 않기 때문에. 마치 허공과 같이.

'불상위 상응적 논파'
허공에 지각이 없다면 자아에도 지각이 없어야 하고, 자아에 지각이 있다면 허공에도 지각이 있어야 한다.

즉, 비유에 없는 성질은 주제에도 없어야 하고 주제에 있는 성질은 비유에도 있어야 한다는 논파이다. 즉, 비유와 주제가 갖는 모든 성질이 서로 다름이 없어야(不相違) 하지만 그렇지 못하니 논증식 작성은

---

210) 復次 汝以我非根覺同於虛空 虛空不覺我亦爾 若我覺者虛空亦應覺於苦樂 虛空與我無有異故 是不相違: 大正32, p.28b.

부당하다는 비판법이다.

9) 의 상응, 불의 상응

a. 의 상응

『방편심론」에서는 ‘의 상응’에 대해 다음과 같이 기술한다.

> 자아는 존재[有]와 동일하기에 상주하는지 확정되지 않는다. 다음과 같은 의심이 생할 수 있다. 상주하는가, 무상한가? 이를 ‘의(疑)’라고 이름한다.[211]

이는 『니야야 수뜨라』의 ‘의 상사(saṃśaya sama)’ 논법과 일치한다. ‘의 상사’ 논법이란, 논증식을 작성할 경우 주장 명제의 주어의 특수한 성질에 근거를 두고 그 논증식의 결론을 내려야 하는지, 아니면 보편적 성질에 근거(이유)를 두고 결론을 내려야 하는지 결정할 수 없기에, 소증을 입증하기 위해 제시된 근거로서의 ‘이유’에 의심이 생하게 된다고 논증식 작성을 비판하는 논법이다.[212] 위에 인용한 『방편심론』의 설명은, 너무 간략하기는 하지만 『니야야 수뜨라』의 ‘의 상사’ 논법에 그대로 대입 가능하다.

‘원 논증식’
자아는 상주한다. 감관에 지각되지 않기 때문에. 마치 허공과 같이.

‘의 상사적 비판’

---

211) 復次 我同有故不定爲常 容可生疑 爲常爲無常 是名爲疑: 大正32. p.28b.
212) 본서 제Ⅱ장, 1절 6)항 a. 참조.

자아가 '허공이라는 특수한 실례'와 '존재라는 보편'에 동질적이기에, 특수와 같이 상주하는지, 아니면 보편과 같이 무상한지 의심이 생한다.

b. 불의 상응

'불의 상응' 논법에 대한 『방편심론』의 설명을 인용해 보자.

> 그대는 자아가 있으며, 감관에 지각되지 않는다고 말하였는데 이때 의심이 생할 수 있다. 어떤 '장애[障]'가 있기에 감관에 지각되지 않는 것이냐? 마땅히 그 까닭을 말해야 한다. 만일 까닭이 없다면 자아의 이치는 스스로 괴멸된다. 이를 '불의(不疑)'라고 이름한다.[213]

여기서 먼저 '장애[障]'의 존재를 묻는 표현이 눈에 띈다. 우이하쿠주는 이에 착안하여 『니야야 수뜨라』의 '불가득 상사(anupalabdhi-sama)'와 유사하다고 말하고[214] 카지야마유이치는 '과 상사(kārya-sama)'와 비슷하다고 말한다.[215] 그러나 '불가득 상사'는 '장애(=가림)가 불가득'이라는 사실 자체가 '불가득'이라고 자가당착에 빠지게 만드는 논법이고, '불의 상응'은 장애가 '불가득'이라는 점만 말하여 장애의 존재를 비판하는 논법으로 오히려 '불가득 상사'적 비판의 대상이 되는 논법이기에 양자가 같을 수는 없다. 또, '과 상사' 논법보다 '과 상사' 논법을 비판하는 『니야야 수뜨라』 '5-1-38' 경문의 논리가 오히려 이 '불의 상응' 논법과 유사하다. 따라서 우이하쿠주와 카지야마의

213) 復次 汝言有我非根所覺 則可生疑 有何障故非根覺耶 當說因緣 若無因緣 我義自壞 是名不疑: 大正32, p.28b.
214) 宇正伯壽, 앞의 책, p.582.
215) 梶山雄一, 앞의 책, p.41.

견해는 착오라고 볼 수 있다.

‘불의 상응’ 논법이란 무엇이 근거 없이 존재한다는 주장을 비판하기 위해, 그런 근거 부재의 원인을 물음으로써 상대를 오류에 빠지게 만드는 논법인 것이다. 즉, 위에 든 예에서와 같이, 자아가 우리에게 지각되지 않음에도 존재하는 것[=주장]이라면, 지각되지 않게 만드는 장애[=근거 부재의 원인]가 있어야 할 것이다. 그러나 그런 것은 없다. 따라서 자아가 존재한다는 주장은 오류에 빠진다.

『니야야 수뜨라』의 ‘자띠(jāti)’ 논법 중에는 이에 해당하는 논법은 없다. ‘자띠’ 논법은 아니지만, 다음과 같은 『니야야 수뜨라』 ‘2-2-18’의 논리가 ‘불의 상응’ 논법과 가장 유사하다고 볼 수 있다.

> 발음하기 이전에는 [소리가] 지각되지 않으며, ‘가림[부장(覆障), 장애(障碍)]’등이 지각되지 않기 때문에 [소리는 무상하다].[216)]

즉, ‘소리를 발음하기 이전에 소리가 지각되지 않아도 소리는 상주하는 것이기에, 발음에 의해 원래 있던 소리가 비로소 현현하는 것’이라는 성상주론자의 주장을 비판하면서, 발음하기 이전에도 존재하지만 지각되지 않는 것이라면 무엇엔가 가려져 있다는 말인데 그렇게 ‘가리는 것(가림, 障碍)’이 지각되지 않기 때문에 소리는 상주한다고 볼 수 없다는 논리를 펴는 것이다. 그런데 이런 논리는 ‘지각되지는 않지만 자아가 있다’는 주장을 비판하기 위해, ‘자아가 지각되지 않게 만드는 어떤 장애가 있어야 할 텐데 그런 장애는 없다’고 비판하는 ‘불의(不疑) 상응’ 논법과 구조가 같다.

이런 비판 논리를 펴는 자는 단순한 의심의 상태에 있는 것이 아니라 애초의 주장이 그릇되었다는 확신을 가진 상태에 있기에 이 논

---

216) prāg-uccāraṇād-anupalabdher-āvaraṇa-ādy-anupalabdeś-ca: 『니야야 수뜨라』, ‘2-2-18(19)’.

법의 이름을 '불의 상응'이라고 하는 것은 아닐까?

10) 유파 상응

먼저 『방편심론』을 인용해 보자.

> 그대는 자아가 감관에 지각되지 않기에 상주한다고 하였는데 나무 뿌리나 지하수도 역시 감관에 지각되지 않지만 무상하다. 그러니 자아가 어떻게 상주하겠는가? 이를 '유파(喩破)'라고 이름한다.217)

이를 논증식에 대입하면 다음과 같을 것이다.

'원 논증식'
자아는 상주한다. 감관에 지각되지 않기 때문에. 마치 허공과 같이.

'유파 상응적 비판'
자아는 무상하다. 감관에 지각되지 않기 때문에. 마치 나무 뿌리나 지하수와 같이.

이는 '동법적 논증식에 대한 '동법 상사'적 비판'과 다르지 않다. 또, 이 논법의 명칭은 『니야야 수뜨라』의 '반유 상사(pratidṛṣṭānta-sama)' 논법과 비슷하다. 만일 '반유 상사' 논법을 『니야야 브하샤』의 주석과 같이 해석한다면 '동법 상사'와 '유파 상응'과 '반유 상사' 논법의 3자는 동일한 논법이라고 볼 수 있을 것이다.

---

217) 復次 汝以我非根覺故爲常者 樹根地下水亦非根覺而是無常 我云何常 是名喻破: 大正32, p.28b.

11) 문동 상응, 문이 상응

a. 문동 상응

『방편심론』의 설명을 인용해 보자.

> 그대는, 경전의 교설에 의지하여 '자아는 지각되지 않기에 상주한다'고 하였는데 경전에서는 자아도 없고 자아의 소유도 없다고 설하기도 한다. 니간타[=자이나]교도의 법에서는 자아가 무상하다는 사실을 밝힌다. 만일 자아가 진정으로 상주하는 것이라면 모든 경전들이 다르고 같고 해서는 안 되리라. 이를 '문동(聞同)'이라고 이름한다.[218]

논증식을 작성하여 어떤 주장을 하는 비량의 과정이 절대적 보편타당성을 갖는다면, 어느 교파의 경전에서든 비량에 의해 논증식을 이용하여 결론을 내릴 경우 동일한 결론이 도출되어야 할 것이다. 그러나 동일한 원칙에 입각한 논증식을 구사함에도 불구하고 '자아의 존재성 여부'나 '자아의 무상성 여부'등의 문제에 대해 각 학파마다 상반된 결론을 도출해 낸다. 따라서 비량에 의해 논증식을 작성하는 것은 진리를 획득하는 보편타당한 방법이 아닌 것이다. 이렇게 '각 교파의 비량적 결론이 다름'에 근거하여 비량적 논증식 작성을 비판하는 논법이 '문동 상응' 논법이다. 이는 『니야야 수뜨라』에서는 찾아볼 수 없는 『방편심론」 특유의 '상응' 논법이다.

b. 문이 상응

---

218) 復次 汝以經說我非覺故知是常者 經中亦說無我我所 尼乾法中明我非常 我定常者 諸經不應有異有同 是名聞同: 大正32, p.28b.

먼저 『방편심론』을 인용해 보자.

> 또, 만일 그대가 어떤 경전을 신봉하여 자아를 상주한다고 간주한다면, 응당 다른 경전도 신봉하여 자아를 무상하다고 간주해야 하리라. 만일 두 가지를 신봉한다면 하나의 자아가 문득 상주하기도 하고 무상하기도 해야 하리라. 이것을 ‘문이(聞異)’라고 이름한다.219)

이 역시 『방편심론』에만 등장하는 ‘상응’ 논법이다. 앞의 ‘문동 상응’ 논법은 각 교파마다 이설(異說)이 있어서는 안 된다는 ‘비량 비판 논법’인데, 지금의 ‘문이 상응’ 논법은 이설이 있기에 모순이 내재된 결론이 도출된다는 ‘성언량 비판 논법’이다. 즉, 각 교파에서 주장하는 상반된 ‘성언량(śabda)’을 그대로 신봉한다면 하나의 주제에 대해 상반된 소증이 존재해야하기에 오류에 빠진다는 것이다.

12) 불생 상응

먼저 『방편심론』을 인용해 보자.

> 그대가, 원인이 있기에 자아(ātman)가 존재함을 아는 것이라고 한다면, ‘사라수’의 씨앗은 이미 존재하므로 응당 ‘다라[수]’를 생해야 하리라. 만일 [원인이]없기에 [결과가]없음을 아는 것이라면 ‘다라수’의 씨앗 가운데 나무의 형상이 없으므로 생할 수가 없어야 하리라. 만일 존재한다고 해도 생하지 않고 존재하지 않아도 생하지 않는다. 자아도 역시 이와 마찬가지다. 만일 실제로 존재한다면 감

219) 復次 若汝信一經 以我爲常 亦應信餘經 我爲無常 若二信者 一我便應亦常無常 是名聞異: 大正32, p.28b.

> 관에 지각되지 않음을 인으로 삼을 필요가 없다. 만일 자아(ātman)가 실제로 존재하지 않는 것이라면 감관에 지각되지 않으니 존재하게 만들 수 없다. 이를 '불생(不生)'이라고 부른다.[220]

이 논법의 이름을 '불생 상응'이라고 붙인 것은 '존재한다고 해도 생하지 않고(불생) 존재하지 않아도 생하지 않는다(불생).'는 구절과 관계가 있다. 인과 관계의 경우는, 원인 속에 결과가 미리 존재하는 것이라고 해도 생할 수가 없고, 원인 속에 결과가 미리 존재하지 않는 것이라고 해도 생할 수가 없다는 논법일 것이다. 예를 들어, 원인인 사라수의 씨앗 가운데 결과인 사라수가 미리 존재한다면 또다시 사라수가 생할 필요가 없을 테니 거기서 생하는 나무는 사라수가 아니라 다라수이어야 할 것이고 원인인 다라수 씨앗 가운데 결과인 다라수의 형상이 미리 존재하지 않는다면 거기서 다라수가 생할 수 없어야 한다는 말이다.

이와 마찬가지로 아뜨만이라는 소증이 원래 존재한다면 능증인 '감관에 지각되지 않는다'는 이유를 들어 그 존재를 증명할 필요가 없을 것이고, 아뜨만이라는 소증이 원래 존재하지 않는다고 해도 능증인 '감관에 지각되지 않는다'는 이유를 들어 그 존재를 증명할 수가 없을 것이다.

이는 다음과 같은 『중론』 제20 관인과품 제1, 제2게에 반영되어 있다고 볼 수 있다.

> 만일 원인과 연(緣)들의 결합에 의해 (결과가) 생하고 또 그 결과는 (이미) 결합에 존재한다면 (결과는) 어떻게 결합에 의해 生하겠는가?[221]

---

220) 復次 汝以有因知有我者 娑羅樹子旣是有故應生多羅 若以無故而知無者多羅子中無樹形相 不應得生 若有亦不生 無亦不生 我亦如是 若定有者 不須以根不覺爲因 我若定無 以根不覺不可令有 是名不生: 大正32, p.28b.

만일 원인과 연(緣)들의 결합에 의해 (결과가) 발생하고 그 결합에는 결과가 존재하지 않는다면 (결과는) 어떻게 결합에 의해 발생하겠는가?[222)]

또, 『니야야 수뜨라』의 '과(果) 상사(kārya-sama)'의 경우 '지어진 것이기 때문에'라는 이유가 있다고 해도 '존재하던 소리'[聲常住論]가 나타난 것인지[聲顯現論], 아니면 '존재하지 않던 소리'[聲無常論]가 새롭게 발생한 것인지[聲發生論] 확정할 수 없다는 논법이었기에 위에서 설명한 '불생 상응' 논법과 구조가 유사하다. '소리'가 미리 존재한다고 해도 '지어짐'에 의해 나타날 수가 있고 존재하지 않는다고 해도 '지어짐'에 의해 발생할 수가 있다고 말하여 성상주론을 비판하는 논법이 '과 상사' 논법이었는데, '불생 상응' 논법에서는 이와 반대로 결과가 원인 속에 미리 존재해도 나타날 수가 없고 미리 존재하지 않아도 발생할 수가 없다고 말한다.

어쨌든 '과(果) 상사' 논법이나 '불생(不生) 상응' 논법 모두 '인중유과론(因中有果論)'과 '인중무과론(因中無果論)'을 문제삼는다는 점에서 공통된다고 볼 수 있을 것이다.

한편 카지야마유이치는 이 논법이 『니야야 수뜨라』의 '자띠(jāti)' 논법의 그 어느 것에도 해당되지 않는다고 보았는데[223)], 우이하쿠주는 '무생(無生) 상사(anutpatti-sama)'와 유사한 것으로 보았다.[224)] 그런데 '무생 상사' 논법은 '결과가 발생하기 이전에 원인은 존재하지

221) hetośca pratyayānāṃ ca sāmagryā jāyate yadi/ phalamasti ca sāmagryāṃ sāmagryā jāyate katham//(若衆緣和合 而有果生者 和合中已有 何須和合生): 『중론』, '20-1'.

222) hetośca pratyayānāṃ ca sāmagryā jāyate yadi/ phalaṃ nāsti ca sāmagryāṃ sāmagryā jāyate katham//(若衆緣和合 是中無果者 云何從衆緣 和合而果生): 『중론』, '20-2'.

223) 梶山雄一, 앞의 책, p.42. 相應-誤難 對照表 참조..

224) 宇正伯壽, 앞의 책, p.582.

않는다’는 비판법이다. 즉, 『중론』의 다음과 같은 게송이 이에 해당된다.

> 이것들을 연(緣)하여 발생하기에 실로 이것들은 연들이다. 이것들이 생하지 않는 그런 경우에 어떻게 비연(非緣)이 아니겠느냐?[225]

예를 들어 나무 기둥이 있을 경우에, 결과인 가옥이 발생하기 전에는 그것에 대해 가옥의 연(緣, 원인)이라고 할 수 없기에 그 기둥은 ‘가옥이라는 결과의 연이 아닌 것’과 다름없다는 말이다. 그 나무 기둥이 불을 때는 연료가 된다면 ‘불의 연’이라고 해야 하기에, 결과인 가옥이 있기 이전에 그것을 ‘가옥의 연’이라고 부를 수 없다. 즉, ‘결과가 있기 이전에 원인은 있을 수 없다.’는 ‘원인 비판법’이 ‘무생 상사’ 논법인 것이다.

그러나 ‘불생 상응’ 논법은 ‘원인 속에 결과가 있어도 결과가 생할 수 없고 원인 속에 결과가 없어도 결과가 생할 수 없다는’ ‘결과 발생 비판법’이기에 ‘무생 상사’ 논법과 같다고 볼 수는 없다. 다시 말해 ‘무생 상사’ 논법은 ‘결과가 무생’인 경우에 원인이 있을 수 없다고 비판하는 논법이고, ‘불생 상응’은 원인 속에 결과가 있는 경우건 없는 경우건 ‘결과가 불생’이라고 비판하는 논법인 것이다.

3. ‘상응’, ‘자띠(jāti)’ 논법의 성격과 유형에 대한 고찰

225) utpadyate pratītyemānitīme pratyayāḥ kila/ yāvannotpadyata ime tāvannāpra tyayāḥ katham//(因是法生果 是法名爲緣 若是果未生 何不名非緣): 『중론』, ‘1-3’.

필자는 지금까지 본 장을 통해 『니야야 수뜨라』의 24가지 자띠(jāti) 논법과 『방편심론』의 20가지 상응 논법의 구체적 의미에 대해 개관해 보았는데 이 논법의 의미를 한 마디로 정리하면 '양(量) 비판 논법'이라고 말할 수 있다. 『니야야 브하샤』 제5편 제1장이나 『방편심론』 제4 상응품의 해설을 보면 이 논법이 주로 비량(比量, anumāṇa)을 비판하기 위해 구사되고 있는 것임을 알 수 있지만 몇 가지 논법은 비량 이외에 현량이나 성언량을 비판하는 데 쓰이고 있음이 발견된다. 『니야야 브하샤』 제5편에서는 '무인 상사(ahetu sama, 시동 상응)' 논법이 비량을 비판하기 위해 구사되는 것이라고 설명하고 있는데, 『니야야 수뜨라』 제2편의 다음과 같은 경문을 보면 '무인 상사' 논법이 비량뿐만 아니라 현량(pratyakṣa)을 포함한 모든 '인식 방법[능량(能量): pramāṇa]'을 비판하기 위해 구사되고 있음을 알 수 있다.

> * 현량(pratyakṣa)등은 인식 방법(능량: pramāṇa)이라고 간주될 수 없다. 삼시적(三時的)으로 성립하지 않기 때문에(2-1-8).[226]
> a. 왜냐하면, 만일 '인식 방법(能量: pramāṇa)'이 ['인식 대상'보다] 이전에 성립한다면 현량(pratyakṣa)은 감관과 대상의 접촉으로부터 발생하는 것이 아니기 때문이다(2-1-9).[227]
> b. 만일 이후에 성립한다면 '인식 대상(所量: prameya)'의 성립은 '인식 방법(能量: pramāṇa)'들에 의한 것이 아니다(2-1-10).[228]
> c. 만일 [능량과 소량의 양자가] 동시에 성립한다면 각각의 대상은 결정되어 있는 것이기 때문에 통각(buddhi)들이 순차적으로 작용함

226) pratyakṣa-ādīnām-aprāmāṇyaṃ traikālya-asiddheḥ: 『니야야 수뜨라』, '2-1-8'.

227) pūrvaṃ hi pramāṇa-siddhau na-indriya-artha-sannikarṣāt-pratyakṣa-utpattiḥ: 『니야야 수뜨라』, '2-1-9'.

228) pascāt-siddhau na pramāṇebhyaḥ prameyasiddhiḥ: 『니야야 수뜨라』, '2-1-10'.

은 존재하지 않는[꼴이 된]다(2-1-11).[229]

『니야야 브하샤』 제5편에서는 '무인 상사' 논법이 분명 비량을 비판하는 논법이라고 소개되고 있었는데 위와 같이 현량을 비판하는 것이 가능하다는 사실로 미루어 보아 이 논법은 어떤 근거에 의해 무엇인가를 성립시키는 행위 자체를 비판하는 논법이라고 볼 수 있다. 즉, 비량(anumāṇa)의 경우 능증(sādhana)이라는 근거에 의해 소증(sādhya)을 성립시키는 행위가 '무인 상사' 논법에 의해 삼시적으로 비판될 수 있고, 현량(pratyakṣa)의 경우는 오감(=근: indriya)이라는 '인식 방법'에 의해 '인식 대상'의 존재성을 성립시키는 행위 자체가 삼시적으로 비판될 수 있는 것이다.

용수 역시 『광파론』이나 『회쟁론』을 통해 '무인 상사' 논법을 구사하면서 비단 비량뿐만 아니라 모든 인식 방법의 성립 가능성을 비판하고 있는 것을 볼 수 있다. 더 나아가 『중론』에서는 단순히 양(量) 비판 논법으로 '무인 상사' 논법을 이용하는 것이 아니라 인과 과, 능과 소, 체와 용등의 상호 관계를 비판하기 위해 이 논법을 이용하고 있다. 양(量, pramāṇa)이라는 산스끄리뜨어는 단순히 인식론적 의미만 갖지 않는다. '양'이란 '인식 방법'이라는 의미를 포함하여, '달다(measure)'는 보다 포괄적 의미를 띠고 있다. 따라서 상응 논법이 양 비판 논법이라고 하더라도 그것은 인식론적 의미를 넘어서 어떤 원인에 의한 결과의 성립, 능(能)에 의한 소(所)의 성립, 체에 의한 용의 성립 등을 모두 비판하는 논법이라고 볼 수 있을 것이다. 따라서 『방편심론』에서는 '상응' 논법을 설명하면서 '비량 비판'의 예 이외에 '문이 상응' 논법과 같은 성언량 비판 논법도 싣고 있는 것이다.

'무궁, 반유 상사' 논법의 경우에도 『니야야 브하샤』 제5편에서는

229) yugapat-siddhau pratyartha-niyatatvāt kramavṛttitva-abhāvo buddhīnām: 『니야야 수뜨라』, '2-1-11'.

비량 비판 논법으로 해설되어 있었는데 『니야야 수뜨라』 제2편에서는 '인식 방법'과 '인식 대상'이라는 보다 포괄적 개념을 논파하면서 이 논법을 구사하는 것을 볼 수 있다.

또, '무궁, 반유 상사' 논법에서 비량적 논증식이나 양(量) 전체를 비판할 때 논리적 역설(paradox)을 이용하고 있는데 이 논법 이외에 '불가득 상사', '상주 상사' 논법에서도 '무궁 상사'적 역설 구조가 발견되는 것이다. 이런 분석에 토대를 두고 『니야야 수뜨라』의 자띠(jāti) 논법과 『방편심론』의 상응 논법의 유형을 분류하면 다음과 같다.

* 『니야야 수뜨라』의 자띠(jāti) 논법

비량 비판: 동법, 이법, 증익, 손감, 요증, 불요증, 분별, 소증, 도, 부도, 의, 문제, 무인, 의준, 무이, 가능, 가득, 무상, 과, 무생, 무궁, 반유, 불가득, 상주 상사.

현량 비판: 도, 부도, 무인, 무궁, 반유 상사.

역설(paradox)을 이용한 비판: 무궁, 반유, 불가득, 상주 상사.

* 『방편심론』의 상응 논법

비량 비판: 증다, 손감, 동이, 문다답소, 문소답다, 인동, 과동, 편동, 불편동, 시동, 도, 부도, 상위, 불상위, 의, 불의, 유파, 문동, 불생 상응.

성언량 비판: 문이 상응.

Ⅲ. 상응 논법을 둘러싼 용수와 니야야 논사 간의 논쟁

용수의 논서 중 『광파론』과 『회쟁론』에 등장하는 대론자의 논의들 중 일부가 『니야야 수뜨라』에서 발견된다. 반면에 『니야야 수뜨라』 제2편과 제5편에 등장하는 대론자의 논의가 『광파론』이나 『회쟁론』에서 발견된다. 따라서 『니야야 수뜨라』와 『광파론』, 『회쟁론』 성립 당시 용수와 니야야 논사 간에 격렬한 논쟁이 있었고 그것이 양 학파의 논서에 기록되었던 것이라고 볼 수 있다.[1] 이들 논서에 등장하는 대론을 면밀히 검토해 보면 용수가 상응 논법에 대해 어떠한 태도를 견지했는지, 또 이들 세 논서에 등장하는 대론 과정은 실제 어떻게 이루어졌는지 추측할 수 있을 것이다. 본 장에서는 여러 가지 '상응' 논법들 중 양 학파가 그 정당성에 대해 첨예한 논리적 토론을 벌였던

1) Johanes Bronkhorst는 『니야야 수뜨라』 제2편 제1장에서 인식 방법의 실재성을 둘러싸고 전개된 논쟁의 對論者가 굳이 용수여야 할 이유는 없다고 말하며 그 이유로, 용수의 反論에 해당되는 내용의 논리가 說一切有部(sarvāstivāda) 논서 중 하나인 『識身足論』에서도 발견된다는 점을 든다. 요컨대, 『니야야 브하샤』의 저자 빡실라스와민(Pakṣilasvāmin=왓스야야나: Vātsyāyana)이 이 對論을 용수와의 對論으로 왜곡, 주석하였다는 것이다(Johanes Bronkhorst, *Nāgārjuna and the Naiyāyikas*, Journal of Indian Philosophy Vol. 13 No. 2, 1985, pp.107~127.). 그러나 이러한 論旨는 부당하다. '인식 방법(pramāṇa: 能量)'과 '인식 대상(prameya: 所量)' 간의 관계를 '無因 相似(ahetu sama=時同 相應)' 논법에 의해 三時的으로 비판하는 경우, 그 중 '同時性 비판'에 대해 설명하기 위해서 『광파론』(제7절)이나 『회쟁론』(제20송 주석)에서는 '소의 두 뿔'의 비유를 들고 있는데, 『니야야 수뜨라』의 논리 사상을 계승(…如是過類足目[Akṣapāda]所說…: 『因明正理門論本』, 大正32, p.5c.)한 논서인 世親(Vasubandhu)의 『如實論』이나 陳那(Dignāga)의 『因明正理門論本』에서도 동일한 소뿔의 비유(…若俱時者 因與有因 皆不成就 如牛兩角 如是名爲 無因相似…: 『因明正理門論本』, 大正32, p.5a ; …譬如 牛角種芽等一時而有不得言 左右相生 是故 是同時則 無有因…: 『如實論』, 大正32, p.31c.)를 들며 '無因 相似' 논법을 해설하고 있다. 따라서 『니야야 수뜨라』 제2편 제1장에 소개된, '無因 相似' 논법을 둘러싸고 벌어진 논쟁은 『광파론』과 『회쟁론』의 著者인 용수와 『니야야 수뜨라』의 著者 간에 이루어진 것이라고 봐야 한다.

'시동 상응(=무인 상사: ahetu sama)', '도, 부도 상응(=도, 부도 상사: prāpti, aprāpti sama)', '무궁, 반유 상사(prasaṅga, pratidṛṣṭānta sama)' 논법에 대해 상세한 분석적 설명을 시도하고, 양 학파 간에 이루어진 '자띠(jāti) 논법을 둘러싼 토론 전개 과정'을 복원함과 아울러 세 논서의 성립 시기에 대해 추정해 보고자 한다.

1. 시동 상응(=무인 상사: ahetu sama)

1) 『니야야 수뜨라(Nyāya Sūtra)』에 등장하는 논쟁

본서 제Ⅱ장에서 간단히 언급한 바 있지만, 『니야야 수뜨라』에서 '시동 상응(=무인 상사)' 논법에 대해 언급하고 있는 곳이 두 군데 있다. 즉, 제2편 제1장 제8경~제16경(='2-1-8~2-1-16')과 제5편 제1장 제18~제20경이다. '2-1-8~2-1-16'은 『니야야 수뜨라』의 논의 소재인 16구의(句義) 중 제1 구의인 '인식 방법'을 검토(parīkṣā)하는 부분이고 '5-1-18~20'은 니야야 측에서 잘못된 비판법으로 간주하고 있는 '자띠' 논법을 소개한 후 니야야 입장에서 비판하는 부분이다. 제2편과 제5편의 두 군데 모두 먼저 적대자의 논의를 인용한 후 니야야 측에서의 반박 경문을 싣고 있는데 제5편에서는 논의의 대상이 되는 개념 쌍을 구체적으로 거론하지 않는 원칙론적인 설명으로 일관하고 있고 제2편에서는 제5편과 동일한 논의 형식에 구체적 개념 쌍을 대입하여 논리를 전개하고 있다. 먼저 원칙론적인 설명 형식으로 이루어진 '5-1-18'의 경문을 인용해 본다.

> 이유(hetu)가 3시적(traikālya)으로 성립치 않기에 '무인 상사(ahetu-sama'이다.[2]

『방편심론』에서는 과거, 현재, 미래의 3시적으로 이유가 성립치 않는 논법을 '시동(kāla-sama)[3]'이라고 부름으로써 '삼시적으로 성립치 않음'에 주안점을 두어 이 논법의 명칭으로 삼았는데 여기서는 '이유가 성립치 않음'에 주안점을 두어 이 논법을 '무인 상사'라고 부르고 있다. 어쨌든 양 측의 명칭 모두 위에 인용한 '무인 상사' 논법의 정의(lakṣaṇa) 내에 포함되는 것만은 확실하다. 앞에서도 누차 언급한 바 있지만 『니야야 수뜨라』, '5-1-18'의 경문은 니야야 측에서 반박의 대상으로 삼기 위해 적대자의 논법으로 인용한 것이다. 『니야야 수뜨라』에서는 위의 경문에 이어지는 두 수의 경문을 통해 이 논법의 '논법으로서의 정당성' 자체를 비판하고 있다. 먼저 '5-1-19'를 인용해 보자.

> 소증(sādhya)은 이유(hetu)로 인해 성립하기 때문에 3시적(traikālya)으로 성립하지 않는다는 것은 옳지 않다[4].

『니야야 브하샤』에서는, '인식 대상(vijñeya: 所識)의 인식(vijñānam: 能識)'이든지 '성립 대상(nirvartanīya: 所成)의 성립(nirvṛtti: 能成)'이 모두 원인(kāraṇa)에서 비롯된다는 점이 명백히 지각되기에 소증이 이유로 인해 성립한다는 것을 부인할 수 없다고 설명한다.[5] 즉,

---

2) traikālya asiddher hetor ahetusamaḥ: 『니야야 수뜨라』, '5-1-18'.
3) Tucci의 산스끄리뜨 복원본의 번역어이다: Tucci, *Pre Diṅnāga Buddhist Texts on Logic from Chinese Sources*, Guiseppe Tucci, Vesta Publications, Madras, 1981.
4) na hetutaḥ sādhyasiddhes traikālya asiddhiḥ: 『니야야 수뜨라』, '5-1-19'.
5) 『니야야 브하샤』, 앞의 책, pp.1701~1702.

능증(=이유)에 의한 소증, 능식에 의한 소식, 능성에 의한 소성등이 모두 명확히 존재한다는 '실재론'의 입장에서 3시태적(三時態的) 논파가 부당하다고 주장하고 있는 것이다.

그런데 이런 식의 '무인 상사' 비판 원칙'에 '(악기) 소리'와 '악기'를 대입하여 설명하고 있는 것이 바로 다음과 같은 '2-1-15'의 경문이다.

> 또, 3시적으로 부정되지 않는다. 왜냐하면 소리에 의해서 악기의 성립이 있는 것과 같이 그것은 성립하기 때문이다.[6]

카지야마유이치는, 제5편에서의 '무인 상사'에 대한 논의는 용수 이전에 성립된 것이고 제2편의 논의 중 '소리와 악기'의 예는 용수의 논서에서 비판되고 있지 않기에 『니야야 수뜨라』 제2편이 용수 이후에 작성되었을 것이라는 가설을 내세우고 있지만[7] 지금 여기서 보듯이 '소리와 악기'의 비유는 제5편에서 말하는 '이유와 소증'의 구체적 예에 불과하기 때문에 새로운 논의라고 볼 수 없다. 더 엄밀히 말하면 『니야야 수뜨라』 제1편 제1장 제5경에서 열거하는 세 가지 비량(=추리지)[8] 가운데 '여전(如前) 비량(=pūrvavat anumāna: 경험적 추리)'에 해당한다. 즉, '전에 북에서 북소리가 나는 것을 들은 적(경험)

---

6) traikālya apratiṣedhaś ca śabdād ātodya siddhivat tat siddheḥ: 『니야야 수뜨라』, '2-1-15'.

7) 梶山雄一, 佛教知識論の形成, 講座大乘佛教9, 春秋社, 東京, 昭和59, p.52.

8) 如前(pūrvavat anumāṇa: 경험적 추리), 如殘(śeṣavat anumāṇa: 논리적 추리), 共見(sāmānyāto-dṛṣṭam유추적 추리): '如前 比量'을 '원인적 추리', '如殘 比量'을 '결과적 추리'라고 번역하기도 하지만, 『중론』 青目疏(第18 觀法品의 註釋)에서는 결과인 연기를 보고 원인인 불의 존재를 추리하는 경우를 '여전 비량(=如本)'에 포함시키고 있다. 따라서 여전 비량은 "전에 경험한 바와 같이 아는" '경험적 추리'라고 보아야 하고 '여잔 비량'은 "안 봐도 나머지도 그럴 것이라는 사실을 논리적으로 알 수 있다"는 의미에서 '논리적 추리'라고 보아야 할 것 같다.

이 있는데 나중에 '이유(hetu)'인 그 소리만 듣고 '소증(sādhya)'인 그 북을 추리하는 비량'의 한 예로 든 것일 뿐 카지야마가 생각하듯이 새로운 형식의 논의는 아닌 것이다.9)

물론 『광파론』등에서 용수가 '이유와 소증'의 원칙이나 그 원칙에 대입한 '소리와 악기'의 예에 대해 반박하고 있는 경문이 발견되지는 않는다. 따라서 이 경문만 본다면 카지야마의 견해와는 달리 『니야야 수뜨라』 제5편도 용수 이후에 작성된 것이거나 아니면 제2편 역시 용수 이전에 작성된 것이라고 볼 수밖에 없다. 이에 대해서는 차후에 다시 상세히 검토해 보기로 하겠다.10)

『니야야 수뜨라』 제5편에서 '무인 상사' 논법을 비판하는 두 번째 논리는 다음과 같은 것이다.

> 부정은 불가능하기 때문에 '부정당하는 것'은 부정되지 않는다.11)

『니야야 브하샤』에서는, 위 경문에서 언급한 '부정이 불가능'한 이유로 그런 '부정 역시 삼시적으로 성립하지 않기 때문'이라고 주석하고 있다. 즉, 부정이 이루어지기 위해서는 부정 작용[능차(能遮)]과 부정 대상[소차(所遮)]이 존재해야 하는데 '무인 상사' 논법에 대입하여 보면 '부정 작용[능차]'이 '부정 대상[소차]'보다 선행할 수도 없고 후속할 수도 없으며, 또 양자가 동시적일 수도 없다는 말이다.

이는 전형적 역설 구조 속에 '무인 상사' 논법을 대입한 것으로, 이

---

9) 『니야야 브하샤』에서는 '악기와 소리'의 예가 삼종 비량 중 하나만을 거론한 것이라고 설명하고 있으며, 『니야야 와르띠까』에서도 '악기와 소리'의 例 이외에 '불과 연기'의 예를 추가하여 설명하고 있는 바, 이는 단순히 "추리지에 있어서는 '이유'를 통해 '소증'을 알아낸다."는 제5편의 원칙의 구체적 사례를 든 것일 뿐으로 새로운 논의는 아님을 알 수 있다.

10) 본서 제Ⅲ장 1절 4)항 참조.

11) pratiṣedha anupapatteś ca pratiṣedhavya apratiṣedha: 『니야야 수뜨라』, '5-1-20'.

를 논리적으로 완전히 표현하면 양방향의 역설(paradox) 논리가 발생하게 된다. 즉, ① 이유와 소증의 관계가 3시적으로 성립되지 않는다면 삼시적으로 성립되지 않는다는 그런 부정 역시 삼시적으로 성립되지 않는다. ② 이와 달리 그런 부정만은 삼시적으로 성립된다면 이유와 소증의 관계가 삼시적으로 성립치 않는다는 명제는 무너진다. 이는 『니야야 수뜨라』 제5편 제1 「자띠(jāti)장」에서 비판되고 있는 '무궁(①), 반유(②) 상사'적인 논법이다.

엄밀히 말하면 니야야 측의 비판 논리는, '자띠 논법(=상응 논법)' 중의 하나인 '무인 상사' 논법을 비판하기 위해 역설의 논리를 내세웠지만 자파 스스로 비판의 대상으로 삼고 있는 '무궁 상사' 논법을 이용한 것'이라고 볼 수 있다.

어쨌든 『니야야 수뜨라』나 그 주석서 어디를 보아도 니야야 논사들이 이런 자각을 하고 있었다는 구절은 발견되지 않는다.

『니야야 수뜨라』 제5편의 위와 같은 경문은 '무인 상사' 논법을 역이용하여 논박한 것이라고 왓스야야나(Vātsyāyana)는 『니야야 브하샤』를 통해 주석하고 있지만 제2편을 보면 위 경문은 다음과 같은 두 가지 논파 논리를 포괄한 의미의 경문일 것으로 추측된다.

> 부정은 불가능하다. (그런 부정 역시) 삼시적으로 성립하지 않기 때문에.[12)]
>
> 모든 '인식 방법'을 부정하기 때문에 부정은 불가능하다.[13)]
>
> 또는, 그것(='인식 방법'의 부정)이 인식성을 갖고 있다면 일체의 인식 방법을 특별히 부정하는 것이 아니다[14)].

---

12) traikālya-asiddheḥ pratiṣedha-anupapattiḥ: 『니야야 수뜨라』, '2-1-12'.
13) sarva-pramāṇa-pratiṣedhāc-ca pratiṣedha-anupapattiḥ: 『니야야 수뜨라』, '2-1-13'.

즉, 『니야야 수뜨라』 '5-1-20'의 경문은 3시적(三時的)으로 부정되지 않는 까닭을 단순히 '부정은 불가능하기 때문에'라고 기술하고 있기에 이 의미 속에는 위에 인용한 '2-1-12', '2-1-13' 경문의 의미가 모두 들어 있다고 볼 수도 있다. 사실 '5-1-20'의 경문은 동어반복(Tautology)적인 문장이기에 우리에게 아무 의미도 제시해 주지 못한다. 그럼에도 불구하고 『니야야 수뜨라』의 저자가 '5-1-20'의 경문만으로 의미가 충분히 제시될 수 있으리라고 보고 무의미한 동어반복적 문장을 기술한 이유는 앞에서 기술했던 '2-1-12'와 '2-1-13'의 경문을 염두에 두고 있었기 때문은 아닐까? 그렇다면 『니야야 수뜨라』 제2편은 카지야마의 주장과 달리 제5편 이전에 성립된 것일 수도 있다.

'3시적으로 성립치 않기에 부정이 불가능하다'는 의미의 '2-1-12'의 경문은 '5-1-20'에 대한 『니야야 브하샤』의 설명을 인용하면서 언급한 바 있기에 생략하기로 한다. 그렇다면 '2-1-13'과 '2-1-14' 경문의 의미는 무엇일까? 이 역시 '무궁, 반유 상사'적 역설(paradox) 구조를 갖추고 있다. 즉, 인식 수단이 부정된다면 (①)그러한 부정 역시 인식되지 않아야 하기에 부정이 성립하지 않을 것이며 (②)그와 반대로 그러한 부정만은 인식성을 갖는다면 3시태적 부정을 통해 일체의 인식 방법이 부정되는 것은 아니기에 어떤 인식 방법은 부정되고 어떤 인식 방법은 긍정된다는 불일치가 있게 되어 '무인 상사' 논법은 부당한 것으로 귀결된다는 논박이다.

즉, ①에서는 '무궁 상사', ②에서는 '반유 상사' 논법을 이용하여 『니야야 수뜨라』의 저자는 '무인 상사' 논법을 부정하고 있는 것이다.

여기에서 논의는 일단 끝나는 것으로 봐야 한다. '또, 소량(所量)은 저울추인 능량(能量)처럼 쓴다.'는 '2-1-16'의 경문은, 『니야야 브하

---

14) tat-pramāṇye vā na sarva-pramāṇa-vipratiṣedhaḥ: 『니야야 수뜨라』, '2-1-14'.

샤』나 『니야야 와르띠까』의 설명과 같이, 적대자 측에서 제시하는 '무궁, 반유 상사'라는 또다른 방식의 상응 논법적 논박에 대항하기 위해 니야야 측에서 새롭게 제시하는 정설(siddhānta)로 보아야 한다.

어쨌든 '무인 상사' 논법을 둘러싼 『니야야 수뜨라』 제2편의 경문들은 제5편의 경문들에 토대를 둔 구체적인 예시일 뿐이어서 새로운 방식의 논의가 추가된 것이라고는 볼 수 없다.

2) 『광파론(Vaidalya-prakaraṇa)』에 등장하는 논쟁

위에서 살펴보았듯이 『니야야 수뜨라』 '2-1-12'나 '5-1-20'에서는 '인식 방법'이 '인식 대상'보다 선행하거나, 후속할 수도 없고, 양자가 동시적일 수도 없다는 '무인 상사'적 논파에 대해 그런 '부정' 역시 '부정의 대상'보다 선행하거나, 후속하거나, 양자가 동시적일 수도 없다는 의미의 논박을 제시하고 있다. 즉, '무인 상사'적 부정 역시 '무인 상사'적으로 비판될 수 있기에 성립할 수 없다는 말이다. 용수는 『광파론』 제12절에서 니야야 논사의 이런 식의 논의를 다음과 같이 인용한다.

> 인식 방법과 인식 대상이 3시에 걸쳐 성립하지 않는다면 그대의 부정 역시 타당하지 않다. … 부정이라는 것도 부정되어야 할 대상보다 앞에 있든지, 뒤에 있든지, 동시에 있든지 어느 하나이겠지만 그런 부정도 삼시에 성립하지 않는다.[15)]

15) 『광파론』 12절 및 주석: dgag pa gaṅ yin pa de yaṅ dgag par bya baḥi don las sṅa rol du ḥam phyis nas sam cig car yin graṅ na dgag pa de yaṅ dus gsum du mi ḥgrub te(Yuichi Kajiyama, *The Vaidalyaprakaraṇa of Nāgārjuna*, Miscellanea Indologica Kiotiensia, Nos. 6-7, 1965, p.138.). 우리말 번역은 '東峰 著, 龍樹의 大乘思想(진영사)'을 따른다(이하 마찬가지).

니야야 논사가 3시태적(三時態的) 부정에 대해 삼시태적으로 재부정하는 이런 식의 논리는 『니야야 수뜨라』 제5편에 등장하는 '자띠' 논법 중 '무궁 상사(prasaṅga sama)'적 논법에 해당한다고 볼 수 있다. '무궁 상사'란, '비유인 근거'의 근거를 제시하지 않기에 그런 비유로서의 근거 역시 동일한 근거의 토대 위에서 부정된다'[16]는 논리에 의한 논파법을 말한다. 그런데 이런 식의 '무궁 상사' 논법은 항상 그와 짝을 이루는 '반유 상사(pratidṛṣṭānta sama)' 논법을 수반하게 마련이다. 『광파론』에서도 역시 다음과 같이 '반유 상사'적 논의를 위와 동일한 제12절의 경문 내에서 니야야 측의 논박으로 소개하고 있다.

> 또, 만일 (그대가) '부정은 성립되는 것이다.'라고 한다면, 3시적으로 검토한 내용이 마찬가지인 이상, 인식 방법과 인식 대상도 성립할 것이고, 혹 그렇지 않다고 한다면 상위성을 말하지 않으면 안된다. …[17]

즉, '인식 방법과 인식 대상의 존재성을 '무인 상사' 논법을 통해 삼시적으로 부정하기는 했지만 그런 부정 자체는 삼시적으로 부정되는 것이 아니라고' 한다면 '무인 상사' 논법의 '보편적 타당성'이 훼손되는 것이고 그에 따라 '무인 상사' 논법을 통한, 인식 방법과 인식 대상에 대한 애초의 비판' 역시 그 정당성을 잃고 만다. 다시 말해 인식 방법과 인식 대상은, 이렇게 '보편적 타당성을 결여하고 자가당착

---

16) 비유의 근거를 指目하지 않기 때문에, 또 반대의 비유에 의해서 반대되기 때문에 [相對의 주장이 성립치 않는다고 논파하는 것이] '無窮, 反喩 相似'의 兩者이다(dṛṣṭāntasya kāraṇa-anapadeśāt pratyavasthānāc-ca pratidṛṣṭāntena prasaṅga-pratidṛṣṭānta-samau): 『니야야 수뜨라』, '5-1-9'.

17) 『광파론』, 제12절 및 주석: ḥon te dgag pa grub po she na/ dus gsum gyi brtag paḥi don mtshuṅs pa ñid grub pa na tshad ma daṅ gṣal bya grub pa ḥam mi ḥdra ba ñid brjod dgos so(Yuichi Kajiyama, 앞의 책, p.138.)

에 빠진 논법인' '무인 상사' 논법에 의해 부정될 수는 없다고 니야야 논사는 주장하고 있는 것이다.

또, 만일 '중관론자'가 '무인 상사' 논법이, 인식 방법과 인식 대상을 부정하는 데에는 쓰일 수 있지만 부정 그 자체를 부정하는 데는 쓰일 수 없다'고 한다면 '어느 경우에는 이 논법이 타당하고 어느 경우에는 이 논법이 부당한 것인지 그 상위성을 설명해야 한다'는 의미에서 '혹, 그렇지 않다고 한다면 상위성을 말하지 않으면 안된다.'는 구절을 덧붙인다. 이 구절은 『니야야 수뜨라』 '2-1-20'에 등장하는 다음과 같은 구절과 같은 의미를 띠고 있다고 볼 수 있다.

> 왜냐하면 어떤 경우에는 (다른 인식 수단의) 작용 없음을 보기 때문에, 그리고 어떤 경우에는 작용 없음이 아님을 보기 때문에 일정치 않다.[18]

이는 『니야야 수뜨라』에서 적대자의 논박으로 인용하고 있는 '2-1-18'과 의미적으로 연관된 경문이다. 그런데 『니야야 수뜨라』 '2-1-18'은 '인식 방법이 인식 방법에 의해 성립한다면 다른 인식 방법이 성립하는 것으로 귀결된다'는 '2-1-17'의 '무궁 상사' 논법적 경문과 짝을 이루는 '반유 상사' 논법적 경문이다. 이를 인용해 보자.

> 혹은 그것(=다른 인식 방법)이 작용하지 않기 때문에 (인식 방법의 작용 없이도) 인식 방법이 성립하듯이 인식 대상이 성립한다.[19]

즉, '인식 방법이 다른 인식 방법에 의해 성립한다면 제2, 제3의

---

18) kvacin-nivṛtti-darśanād-anivṛtti-darśanāc-ca kvacid-anaikāntaḥ: 『니야야 수뜨라』, '2-1-20'.

19) tad-nivṛtter-vā pramāṇa-siddhivat-prameya-siddhiḥ: 『니야야 수뜨라』, '2-1-18'.

무한한 인식 방법의 존재가 요청되고(2-1-17), 그렇지 않고 다른 인식 방법 없이 인식 방법 이 스스로 성립하는 것이라면 인식 대상 역시 인식 방법 없이 스스로 성립하는 꼴이 된다(2-1-18)'는 역설(paradox) 구조를 『니야야 수뜨라』에서는 위와 같은 두 경문에 나누어 싣고 있는 것이다.

지금까지 살펴 보았듯이 『니야야 수뜨라』에서 '무인 상사' 논법('2-1-8'~'2-1-11')과 '무궁, 반유 상사' 논법('2-1-17'~'2-1-18')으로 나누어 인식 방법과 인식 대상의 존재성을 적대자가 비판하고 있는 것으로 인용하고 있었는데, 『광파론』 제12절에서는 니야야 논사 측에서 중관론자의 '무인 상사' 논법적 인식 비판을 '무인 상사' 논법과 '무궁, 반유 상사' 논법을 혼합하여 비판하는 것으로 인용하고 있는 것이다. 즉, 니야야 측에서 '자띠(jāti)' 논법을 비판하긴 하지만 그 때 이용하는 논법 역시 '자띠(jāti)' 논법인 것이다. 이를 정리하면 다음과 같다.

* 『니야야 수뜨라』 '2-1-8~11'의 중관론자: 인식 이론은 삼시적으로 성립하지 않기에 부정된다(무인 상사).

* 『광파론』의 니야야 논사: 그런 부정 역시 삼시적으로 성립하지 않기에 부정된다(무인 상사에 대한 무궁 상사). 그렇지 않고 인식 이론은 삼시적으로 부정되지만 이런 부정만은 삼시적으로 부정되지 않는다고 한다면 삼시적 부정의 보편 타당성이 훼손되니 인식 이론 역시 삼시적으로 부정되지 않는다(무인 상사에 대한 반유 상사).

이어지는 『광파론』 제13, 14절에서 용수는 『니야야 수뜨라』에서 '부처(負處, 패배의 조건)' 중 하나로 간주하는 '인허타난(認許他難, matānujñā)'[20]의 오류를 역이용하여 니야야 논사를 논박하고 있다. 『

20) 이는 우이하쿠주의 번역어다. 『如實論』에서는 '信許他難'이라고 명명하고 있다:

니야야 수뜨라』에 의하면 '인허타난'이란 '자기 주장의 과실을 인정하는 것에 토대를 두고 타자의 주장에서 과실을 귀결해내는 것'[21]을 말한다. 『광파론』 제13절을 인용해 보자.

> 부정이 성립한다면 인식 방법과 인식 대상이 역시 성립한다고 말하는 것은 옳지 않다. 앞에서 (그대는 자기의 잘못을) 승인했기 때문에.[22]

이에 대해 용수는 다시 다음과 같이 주석한다.

> 3시에 걸친 음미에 의해 부정하는 경우에는 인식 방법과 인식 대상이 (도리어) 성립하는 것이 된다고 그대가 말한 것은 옳지 않다. 왜냐하면 앞에서 (그대는 자기의 잘못을) 승인해 버렸기 때문이다. 그대는 앞에서 인식 방법과 인식 대상이란 삼시적으로 성립하지 않는다고(하는 우리의 비판을) 승인함에 토대를 두고 나중에 그런 (자기의) 잘못이 생긴 것을 보고 우려를 하고 부정도 역시 성립하지 않는다고 잘못 생각해서 반론하지 않았는가?[23]

이것은 인식 방법과 인식 대상 간의 3시적 관계성을 부정하는 중관론자의 주장에 대해 『니야야 수뜨라』 '2-1-12' 경문에서 비판한

宇井伯壽, 論證方法の發達と正理派の論理說, 印度哲學硏究5, p.381. 참조.

21) svapakṣe doṣa-abhyupagamāt parapakṣe doṣa-prasaṅgo matānujñā: 『니야야 수뜨라』, '5-2-20'.

22) 『광파론』, 제13절: dgag pa grub na tshad ma daṅ gshal bya yaṅ grub po shes jer ba ni ma yin te/ sṅarkhas blaṅs paḥi phyir ro(Yuichi Kajiyama, 앞의 책, p.138.).

23) dus gsum gyi brtag paḥi don mtshuṅs pa ñid grub pa na tshad ma daṅ gṣal bya grub pa haṃ mi ḥdra ba ñid brjod dgos so// de ltar dgag par bya ba daṅ/ ḥgog par byed pa de dus gsum du ma grub na de lta yin daṅ/ dgag pa yaṅ mi ḥgrub po ṣe na((Yuichi Kajiyama, 앞의 책, p.138.).

것을 용수가 다시 '인허타난'의 오류를 동원하여 비판하는 것이라고 볼 수 있다. 즉, '인식 방법'과 '인식 대상' 간의 삼시적 관계가 불가능하기에 양자가 부정되는 것이라면 그와 똑같이 '부정'과 '부정 대상' 간에도 삼시적 관계가 불가능하기에 부정은 불가능하다는 것이 니야야 논사 측의 주장이었는데, 용수는 니야야 논사의 이런 주장은 인식 방법과 인식 대상의 부정을 인정[인허타]한 토대 위에서 논박[난]을 하는 것이기에 그렇게 인정한 순간 자신의 패배를 시인한 것이 된다고 말한다. 이런 논쟁 과정을 요약하면 다음과 같다.

* 중관론자: 인식 방법과 인식 대상 간의 삼시적 관계성이 부정되기에 양자는 존재하지 않는다.
* 니야야 논사: 그런 부정 역시 부정 대상과의 삼시적 관계성이 부정되기에 부정은 성립하지 않는다.
* 중관론자: 위와 같은 논박은 인식 방법과 인식 대상 간의 삼시적 관계성을 부정한 토대 위에서 이루어진 것이기에 인허타난의 오류에 빠진다.

'인허타난(matānujñā)'의 오류를 이용한 적대자 논박은 『광파론』의 다음 절(제14절, 및 제15절)까지 이어진다. 제14절과 그 주석을 인용해 보자.

> 만일 (그대가) 인식 방법과 인식 대상이 성립하지 않는다는 점을 승인한다면, 승인했을 때 이미 논쟁은 끝난 것이다.
> 어째서 그런가 하면 참으로 어리석은 그대가 '인식 방법과 인식 대상이 삼시적으로 성립하지 않는다'고 반론했을 때, 바로 그 때에 자신의 잘못을 피하려고 생각하면서 그대는 인식 방법과 인식 대상이 없는 것을 인정하지 않았는가? '인식 방법과 인식 대상이 없기 때문에 (용수의) 부정은 무엇인가?'라고 (그대는) 말하는 것이다.

> 인식 방법과 인식 대상이 존재하지 않음을 승인한 뒤에 (그대는 나의) 부정을 물리친 것이기에 (그대가 자기의 잘못을) 최초로 승인했을 때 이미 논쟁은 끝난 것이다.[24]

어쨌든 '인허타난'의 오류는 『니야야 수뜨라』 제5편 제2장에서 '부처(nigrahasthāna)'라는 이름으로 열거(uddeśa) 및 정의(lakṣaṇa)되는 22가지 항목 중 18번째 항목이다. 용수는 니야야 측에서 신봉하는 논리학적 원리인 '인허타난'의 오류를 거꾸로 이용하여 니야야 논사를 궁지에 몰아 넣고 있는 것이다.

여기서 문제가 되는 것이 있다. 흔히, 용수의 논법을 쁘라상가(prasaṅga) 논법이라고 하는데 쁘라상가 논법에서는 어떤 특수 명제를 가설로서 받아들인 후 그것에 내포된 의미를 이끌어냄으로써 적대자가 미처 알아채지 못했던 그 명제의 내적 모순을 드러내는 것이라고 한다.[25] 즉, "그대의 논리에 따른다면 이러저러한 오류가 발생한다."는 식으로 '상대방의 논리학에 입각하여 논의를 전개함으로써 상대방의 주장이 그릇된 것임을 보여주는 것'이다. 그런데 이러한 쁘라상가 논법은 본질적으로 '인허타난'의 오류에 빠진 논법이 아닌가라는 의혹이 생길 수 있다. 양자의 차이점을 결론적으로 말한다면 '인허타난'의 오

24) gal te tshad ma daṅ gṣal bya ma grub par khas blaṅs payin nani khas blaṅs pa daṅ dus mñam pa kho nar rtsod pa rdsogs pa yin no// ji lta ṣe na/ yoṅs su tshim pa lha rnams dgaḥ ba kyod kyis gaṅ gi tshe kho nar tshad ma daṅ gṣal bya dag dus gsum du ma grub pa yin na dgag pa daṅ ḥgog par byed paḥi tshig kyaṅ ma grub po ṣes smras par byed pa deḥi tshe kho nar raṅ gi skyon spaṅ bar ḥdod pa khyod kyis tshad ma daṅ gṣal bya dag med par khas blaṅs pa ma yin nam/ tshad ma daṅ gṣal bya dag med paḥi phyir dgag pa ḥdi gaṅ yin ṣes smra bar byed/ gaṅ gi phyir tshad ma daṅ gṣal bya dag med pa de khas blaṅs nas phyi nas dgag pa ḥgog par byed paḥi phyir daṅ po khas blaṅs pa na rtsod pa rdsogs pa yin no//(Yuichi Kajiyama, 앞의 책, p.138.).

25) Murti, 앞의 책, p.132.

류에 빠지는 경우는 어느 한 쪽의 주장을 자신의 주장으로 취하고 있는 경우에 해당되고 '쁘라상가' 논법의 경우는 내놓은 명제와 논증식이 상대의 주장을 논파하기 위해 제시된 것일 뿐이어서, 자신의 주장으로 신봉되지는 않는다. 즉, 적대자의 주장도 파기해 버리지만 적대자의 주장을 파기하기 위해 자신이 내놓은 자신의 반대 명제도 파기되는 것이 쁘라상가 논법의 본질인 것이다. 본 장의 주제에서 벗어난 감이 있기에 이에 대한 논의는 뒤의 본서 제Ⅵ장에서 다시 상술하기로 한다.

『광파론』에서는 이어서 부정의 가능성에 대해 논의를 계속한다. 그러나 이런 식의 논의는 『니야야 수뜨라』에서는 찾아 볼 수 없는 성격의 것이다. 앞에서 언급한 바 있지만 카지야마는 『니야야 수뜨라』의 논의가 악기와 소리의 예에서 끝나는데 이에 대해 용수가 거론하지 않은 것으로 보아 『니야야 수뜨라』 제2편은 용수 이후에 쓰여졌을 것이라고 추정한 바 있다. 그러나 이와 똑같은 논리를 『광파론』 제15절에 대해서도 구사할 수 있을 것이다. 즉, "『광파론』 제15절의 논의가 『니야야 수뜨라』에 등장하지 않는 것으로 보아 『광파론』은 『니야야 수뜨라』보다 나중에 작성되었을 것이라고…" 그러나 여기서 필자는 이런 주장을 하자는 것이 아니다. 단지 위와 같은 논거에 토대를 둔 카지야마의 주장이 너무 성급했던 것은 아닐까라는 점을 지적하고자 할 뿐이다. 『니야야 수뜨라』 각 편, 각 장과 용수의 논서들 간의 선후 관계는 양 문헌들을 좀 더 신중히 검토해 본 후 어떤 결론을 내려야 할 것이라는 말을 하고자 할 뿐이다.

어쨌든 『광파론』에서는 니야야 측의 논박에 내재하는 '인허타난(matānujñā)'의 오류를 지적함으로써 니야야 측을 재논박하고 있는 것을 볼 수 있지만 이런 지적에 대해 변명하고 있는 모습은 『니야야 수뜨라』 그 어디에서도 발견되지 않는다. 더욱이 카지야마가 니야야 측의 새로운 논박이라고 거론한 『니야야 수뜨라』 '2-1-15'의 경문은 단지

'5-1-19'의 경문의 한 예일 뿐이기에 카지야마의 생각과 같이 시기적으로 가장 후대에 작성된 경문이라고는 볼 수 없을 것 같다.

3) 『회쟁론(Vigraha-vyāvartanī)』에 등장하는 논쟁

『광파론』에서는 '무인 상사' 논법이 '인식 방법'과 '인식 대상'의 실재성 여부를 놓고 구사되었는데 『회쟁론』에서는 이 논법이 '공성 부정의 정당성' 여부를 놓고 이루어진다. 그런데 특기할 것은 『회쟁론』에서는 이러한 '무인 상사' 논법을 용수가 아니라 적대자가 먼저 구사한다는 점이다. 『회쟁론』에서의 적대자는 중관론자인 용수를 공박하는데 오히려 용수가 즐겨 구사했던 '자띠(jāti)' 논법을 쓰고 있는 것이다. 제1송에서도 '무궁, 반유 상사' 논법을 이용하여 공성 이론의 부당성을 정교하게 토로하고 있다. 이에 대해서는 장을 달리하여 차후[26]에 상술하기로 하고 먼저 적대자가 '무인 상사' 논법을 구사하여 용수를 논박하는 제20송과 그에 대한 주석을 인용, 검토해 보기로 하자.

> 부정이 먼저 있고 부정되는 것이 나중에 있다고 하는 것은 있을 수 없다. 부정이 나중에 있어도, (양자가) 동시에 있어도, (부정은) 성립되지 않는다. 그러한 까닭에 본체는 어디까지나 있는 것이다.
> 이런 부정에 대해서 부정이 앞에 있고 부정되는 것이 나중에 있다고 하는 것은 있을 수 없다. 왜냐하면 부정되는 것이 아직 없을 때인데 도대체 무엇을 부정한다고 하는 것인가? 또, 부정이 나중에 있고 부정되는 것이 먼저 이미 존재해 버리고 있을 때에 부정은 무엇을 부정할 수 있겠는가? 또 부정과 부정되는 것이 동시에 존재한

26) 본서, 제Ⅳ장 3절.

> 다고 하더라도 부정은 부정되는 것에 대한 작용 원인으로는 되지 않을 것이며 부정되는 것이 부정에 대한 작용 원인으로 되지 않는다. 예를 들면 소에게 동시에 나 있는 두 개의 뿔 가운데 오른 쪽 뿔은 왼 쪽 뿔에 대한 작용 원인도 아니요, 왼 쪽 뿔이 오른 쪽 뿔에 대한 작용 원인도 되지 못하는 것과 같은 것이다. 따라서, '모든 것은 본체를 갖지 않는다.'라고 말하는 것은 옳지 못하다.[27]

이는 전형적인 '무인 상사' 논법이다. 『방편심론』이래, 아리야 제바의 『백론(百論)』, 세친의 『여실론(如實論)』 등 '자띠(jāti)' 논법이 등장하는 불교 논서에서는 전(前), 후(後), 공(共) 3시 중 공(共, 동시성)을 논파하는 비유로 언제나 소의 두 뿔을 예로 들고 있는 것을 볼 수 있다.[28] 그런데 위에서 보듯이 『회쟁론』에서는 이러한 자띠(jāti) 논법을 용수가 먼저 구사하는 것이 아니라 '반대론자'가 먼저 구사하고 있는 것이다. 이런 적대자 역시 『광파론』에서와 마찬가지로 니야야 논사이든지, 적어도 『니야야 수뜨라』를 편집 작성한 집단에 소속된 인물일 것이라고 현대 학자들은 추측한다.

그러나 여기서 몇 가지 문제가 남는다. 『니야야 수뜨라』 제5편 제1 '자띠'장에서 보듯이 자띠(jāti) 논법이 『니야야 수뜨라』의 저자에 의해 배척받는 논법이었다면 어째서 『회쟁론』에서 자신들이 정당한 논

---

27) pūrvaṃ cetpratiṣedhaḥ paścātpratiṣedhyamityanupapannam/ paścāccānupapanno yugapacca yataḥ svabhāvaḥ san//20// iha pūrvaṃ cetpratiṣedhaḥ paścācca pratiṣedhyamiti nopapannam/ asati hi pratiṣedhye kasya pratiṣedhaḥ/ atha paścātpratiṣedhaḥ pūrvaṃ pratiṣedhyamiti ca nopapannam/ siddhe hi pratiṣedhye kiṃ pratiṣedhaḥ karoti/ atha yugapatpratiṣedhapratiṣedhya iti tathāpi na pratiṣedhaḥ pratiṣedhyasyārthasya kāraṇam, pratiṣedhyo na pratiṣedhasya ca, yathā yugapadutpannayoḥ śaśaviṣāṇayornaiva dakṣiṇaṃ savyasya kāraṇaṃ savyaṃ vā dakṣiṇasya kāraṇaṃ bhavatīti/ tatra yaduktaṃ niḥsvabhāvāḥ sarvabhāvā iti tanna/(K. Bhattacharya, *The Dialectical Method of Nāgārjuna*(*Vigrahavyāvartanī*), Motilal Banarasidass, 1978, Text, p.22.)

28) 본서, 제Ⅲ장 脚註 1) 참조.

법으로 간주하지도 않았던 '무궁, 반유 상사' 논법을 제1송에서부터 구사하고 있는 것일까? 뿐만 아니라, 이어서 위의 인용문과 같이 '무인 상사' 논법까지 동원하면서 용수를 비판하는 것은 어째서일까? 또, 아비달마적인 법수들이 갑자기 나열되는 것[29]은 어찌된 까닭일까? 현대 학자들이 『회쟁론』에 등장하는 적대자를 니야야 논사라고 추정하는 근거는 그가 니야야 학파에서 인정하는, '현량(pratyakṣa)', '비량(anumāṇa)', '비교량(upamāṇa)', '성언량(śabda)'의 네 가지 인식 방법을 인정하고 있다는 사실에 근거를 둔다. 불교에서는 '현량'과 '비량'의 두 가지 인식 방법만을 정당한 인식 방법으로 간주했다고 보는 것이 인도 철학 내에서의 전통적인 학설이었기에 네 가지 인식 방법을 自派의 인식 방법으로 간주하는 자들이 불교도일 리는 없다고 보는 것이다. 그러나 현량과 비량이라는 두 가지 인식 방법만을 정당한 인식 방법으로 간주한 불교도는 진나(陳那, Dignāga)와 법칭(法稱, Dharmakīrti) 이후의 불교 논리학자들이었지 그 이전에는 불교도들도 네 가지 인식 방법[四量] 모두를 정당한 인식 방법으로 간주하고 있었던 것이다.[30] 따라서 『회쟁론』에 등장하는 적대자가 인식 방법의 개수를 넷으로 보고 인식 방법과 그 대상의 존재성에 대한 비판을 반박하고 있다고 해서 그들이 반드시 니야야 학파의 논사들이어야만 할 이유는 없는 것이다. 오히려 어떤 특정 부파에 소속되었던 아비달마 논사들이었다고 보는 것이 옳을 것이다. 주로 외도의 이론을 논파하는 데 주력했던 용수의 직제자인 아리야 제바는 그 당시 존재하던 외

---

29) 『회쟁론』의 적대자는 제법이 실체를 갖는다는 것을 주장하면서, '識(vijñāna)', '수(vedana)', '상(saṃjñā)', '사(cetana)', '촉(saprśa)' … '무위(asaḥskṛtā)'등 총 119가지의 法數를 선법(kuśaladharma)으로 나열하고 있다: Bhattacharya, 앞의 책, Text, pp.15~16.

30) 『方便心論』(大正32, p.25a~b.)에서는 四量을 ①現見, ②比知, ③喻知, ④隨經書라고 기술하고, 『중론』, 靑目疏(大正30, pp.24a~b.)에서는 ①現事, ②比知, ③譬喻, ④賢聖所說이라고 한다.

도 학파의 이름으로 와이셰시까(Vaiśeṣia: 毘世師[비세사])나 상캬(Saṃkhya: 僧佉[승거]), 자이나(Jaina: 尼揵子[니건자]) 등은 거론하지만 니야야를 외도 학파의 이름으로 거론하고 있지 않다.[31] 따라서 학파로서의 니야야는 아무리 빨라도 아리야 제바 이후에 성립했다고 볼 수 있다.

『니야야 수뜨라』 경전도 그 원형은 학파적 소속 없이 용수 당시 일부 존재했던 것은 분명하지만 현존하는 형태의 『니야야 수뜨라』는 아리야제바(阿利耶提婆, Ārya Deva: 기원 후 170~270) 이후에 완성된 것으로 보인다. 왜냐하면 『니야야 수뜨라』 제4편 제2장에 아리야제바의 미진설(微塵說) 비판에 대한 니야야 논사의 再비판이 발견되기 때문이다.[32] 즉, 『백론』과 『사백관론』, 『니야야 수뜨라』를 종합하

---

31) 阿利耶 提婆, 提婆菩薩破楞伽經中外道小乘四宗論(大正32, p.155) ; 提婆菩薩破楞伽經中外道小乘四宗論(大正32, p.156).

32) 니야야 논사와 아리야 제바 간에 있었을 논쟁을 『니야야 수뜨라』, 『百論』, 『四百觀論』에 토대를 두고 정리하면 다음과 같이 된다.

Ⅰ단계: 微塵說에 대한 아리야 제바의 비판

a. 허공은 편재한다고 한다. 그렇다면 원형의 미진 속(內: 안)에도 허공이 끼어 있을 것이고 미진은 부분으로 나누어진다는 말이 된다. 부분으로 나누어지니 미진이 사물의 최소 단위일 수는 없다. 그와 달리 미진 내부에 허공이 없다고 한다면 허공은 편재한다는 정의가 훼손된다(『니야야 수뜨라』, '4-2-18, 19'. 微塵無常 以虛空別故: 『百論』, 破常品).

b. 공간에는 동서남북의 방위가 있기에, 미진에도 동쪽 부분과 서쪽 부분 등이 있을 테고 이렇게 부분이 있다면 미진은 물질의 최소 단위가 될 수 없다(微若有東方 必有東方分 極微若有分 如何是極微: 『四百觀論』, 破常品).

c. 미진은 실체(實)이기에 속성(德)과 운동(業)을 가져야 한다. 미진이 어느 방향으로 운동을 하려면 '진행 방향에 속한 부분'과 '그 반대 방향에 속한 부분'이 있어야 한다. 따라서 운동시에 전후의 부분을 가져야 하기에 미진은 부분이 없는 최소의 단위일 수는 없다(要取前捨後 方得說爲行 此二若是無 行者應非有: 『四百觀論』, 破常品).

Ⅱ단계: 아리야 제바의 비판에 대한 니야야 논사의 반박

Ⅰ-a.에 대한 답. 안(內)이나 밖이라는 용어는 '결과물인 실체'를 이루는 구성요소의 일부에 대한 지칭이므로 구성 요소가 없는 궁극적 존재인 허공이나 미진에

여 아리야 제바와 니야야 논사 간에 벌어졌던 논쟁을 복원해 보면 니야야 논사의 반박이 종장(finale)을 장식하는 것을 발견하게 된다.

이와 같은 추정을 종합해 보면 니야야 학파의 독립된 학파로서의 모습이건, 현존하는 형태의 『니야야 수뜨라』건 모두 아리야 제바 이후에 이루어진 것이라고 볼 수 있다. 그러나 학파의 존재 여부와 상관없이 『니야야 수뜨라』에 등장하는 사상들이 『회쟁론』에서 비판받고 있는 것은 분명하기에 본서에서는 이들의 사상을 니야야 논사들의 사상이라고 간주하고 논의를 계속하기로 하겠다.

위에 인용한 게송의 의미는 인식 방법과 인식 대상의 존재성에 대한 '무인 상사'적 부정에 대해 다시 '무인 상사'적으로 논파하는 니야야 논사의 논리와 동일하다. 즉, '부정 작용'이 '부정 대상'보다 이전

대해서는 사용할 수 없다. 또 소리가 편재하므로 소리라는 속성을 담지하는 실체인 허공 역시 편재한다(『니야야 수뜨라』, '4-2-20, 21, 22').

Ⅲ단계: 니야야 논사의 반박에 대한 아리야 제바의 再-반박

a. 미진에 형태가 있다면 부분이 있다는 말이 된다. 長短方圓등 형태가 있는 것은 부분을 갖기 때문이다(有形法相故 若微塵有形 應有長短方圓等 是故微塵有分 有分故無常 無常故無微塵: 『百論』, 破常品. 『니야야 수뜨라』, '4-2-23').

b. 원자가 다른 원자들과 동시에 결합하려면 원자의 일부분이 다른 원자와 접촉해야 하므로 원자는 더 작은 부분을 갖는 꼴이 된다. 더 작은 부분을 갖는 개체는 최소 단위라고 볼 수 없다. 이는 원자의 크기가 아무리 작아져도 마찬가지이다(若一分是因 餘分非因者 卽應成種種 種種故非常: 『四百觀論』, 破常品. 『니야야 수뜨라』, '4-2-24'): 두 개의 미진 사이에 하나의 미진이 끼어 들어갈 때, 끼여들어간 원자는 앞과 뒤가 있게 된다.

그와 달리 원자가 더 이상 부분을 갖지 않기에 하나의 원자 전체가 다른 원자 전체와 접촉한다면 원자 간의 접촉의 결과 생겨난 분자도 원자와 같이 둥근 형태이어야 하나 그렇지 않으니 전체가 접촉하는 것도 아니다(二微塵 非一切身合 果不圓故: 『百論』, 破常品) (在因微圓相 於果則非有 是故諸極微 非遍體和合: 『四百觀論』, 破常品.)

Ⅳ단계: 아리야 제바의 再-반박에 대한 니야야 논사의 再-再-반박

미진은 더 이상 분할되지 않는다. 왜냐하면 미진이 다시 분할된다면 무한소급의 오류에 빠지므로(『니야야 수뜨라』, '4-2-25').

에 있다면 대상 없는 작용은 무의미하며, 반대로 나중에 있다면 이미 부정된 대상이 존재하는데 다시 부정할 필요가 없는 것이며, 동시에 존재한다면 마치 인과적으로 연관되지 않은 소의 두 뿔과 같아 어느 것이 어느 것의 원인이라고 할 수 없다는 식의 논리로 용수의 공성적 부정을 논파하는 것이다.

『회쟁론』 제20송에서의 위와 같은 '무인 상사' 논법에 의한 '공성적 부정 비판'에 대해 용수는 제69송에서 다음과 같은 재비판을 가하고 있다.

> 세 가지 시간적 관계에 대한 논거는 이미 답변되었다. 성격이 동일하므로. 그리고 세 가지 시간적 관계를 부정하는 논거는 공성론자에게 적용되는 것이다.[33]

이에 대한 용수의 자주(自註)는 다음과 같이 풀어 쓸 수 있다.

> 그대가 나를 논박하기 위해 역공격한 삼시에서의 '이유(인: hetu)'는 이미 대답되었다. 그것은 소증(sādhya)과 마찬가지로 그대의 입장에서는 증명되어야 하는 것(=소증 상사: sādhya sama)이기 때문에 타당하지 않은 것이다. 또, 소증과 능증 간의 관계가 선(先), 후(後), 공(共) 3시의 어느 경우에도 성립할 수 없다는 반(反)이유(pratihetu)는 우리들 공성론자들에게 적합한 것이다.[34]

---

33) yastraikālye hetuḥ pratyuktaḥ pūrvameva sa samatvāt/ traikālyapratihetuśca śūnyatāvādināṃ prāptaḥ(K. Bhattacharya, 앞이 책, Text, p.51.)

34) ya eva hetustraikālye pratiṣedhavācī sa uktotara pratyavagantavyaḥ/ kasmāt/ sādhyasamatvāt/ tathā hi tvadvacanena pratiṣedhastraikālye 'nupapannapratiṣedhavaysa pratiṣedhyo 'pi/ tasmāt pratiṣedhapratiṣedhye 'sati yadbhavān manyate pratiṣedhaḥ pratisiddha iti tanna/ yastrikālapratiṣedhavācī hetureṣa eva śūnyatāvādināṃ prāptaḥ sarvabhāvasvabhāvapratiṣedhakatvān na bhavataḥ(K. Bhattacharya, 위의 책, Text, p.51.)

즉, 니야야 논사가 용수의 공성적 부정을 논박하기 위해 역공격하는 데 쓴 3시적 이유는 니야야 논사의 입장에서 본다면 자신들이 증명하려고 했던 '공성적 부정의 부당성'과 마찬가지로 증명을 요하는 이유이기 때문에 논박의 도구로 쓸 수 없다는 것이다. 다시 말해 삼시태에 걸친 논파법인 '무인 상사' 논법은 공성론자, 즉 중관론자의 도구이지 니야야 측의 도구일 수는 없다는 말이다.

여기서 '소증과 마찬가지로 증명을 요한다'는 의미의 술어인 '소증 상사[소립 상사: sādhya sama]'를 『니야야 수뜨라』에서는 16구의(padārtha) 중 13번째 구의인 '사인(似因, hetvābhāsa)' 속에 포함시키기도 하고(『니야야 수뜨라』, '1-2-8' 제5편 제1장에서 설명하는 24가지 '자띠' 중 7번째 '자띠'에 포함시키기도 한다. 즉, 소증 상사라는 항목은 '사인' 중의 하나이기도 하고 '자띠' 논법 중의 하나이기도 하다는 말이다. 그런데 『니야야 수뜨라』나 『니야야 브하샤』에서는, '사인'으로서의 '소증 상사'는 '인(因, hetu)'이 소증과 마찬가지로 증명을 요하는 경우'[35]를 말하고, '자띠'로서의 '소증 상사'는 '비유(dṛṣṭānta)'가 소증과 마찬가지로 증명을 요하는 경우'[36]를 말한다고 주장한다. 이런 식의 구분을 그대로 수용한다면 『회쟁론』 제69송의 주석에 등장하는 '소증 상사'는 '인(因)'이 소증과 마찬가지로 증명을 요하는 부당한 인(因)'인 '사인' 중의 하나로 보아야 한다. 용수는 이어서 '자신은 어떤 것을 부정하는 것이 아니라'는 제63송을 재인용한다.

요약하면, '무인 상사' 논법을 이용한 니야야 논사의 '용수의 실체[자성] 부정'에 대한 비판에 대해 용수는 '① 그런 비판은 '소증 상사'

---

35) 『니야야 수뜨라』, '1-2-8': 소증성인 것이기에 소증과 구별되지 않는 것이 소증 상사이다(sādhya-aviśiṣtaḥ sādhyatvāt sādhyasama).

36) 『니야야 수뜨라』, '5-1-4': 소증과 비유와의 성질을 분별하는 것에 의해서, 또 양 쪽 모두 소증성이기 때문에 증익, 손감, 요증, 불요증, 분별, 소증 상사들이 있다(sādhya-dṛṣṭāntayor-dharma-vikalpād-ubhaya-sādhyatvāc-ca-utkarṣa-apakarṣa-varṇya-avarṇya-vikalpa-sādhyasamāḥ).

의 오류에 빠져 있다. ② 3시태에 걸친 비판법인 '무인 상사' 논법은 중관론자의 도구이지 니야야 측의 도구가 아니다. ③ 니야야 측에서는 용수가 무엇인가 부정하고 있다고 생각하여 용수의 부정을 '무인 상사'적으로 논파하지만 용수 자신은 아무것도 부정하는 것도 아니고 부정의 대상도 없다.'라는 세 가지 논거를 들어 니야야 측을 재비판하고 있는 것이다. 니야야 논사는 이 중 마지막 논거를, '부정이란 존재하지 않는다'는 비판이라고 보아 '부정이란 존재한다.'는 반론을 다음과 같이 편다.

> 부정은 세 가지 시간의 어느 것에 있어서도 성립한다. 시간적으로 선행하는(pūrva) 근거(hetu)도, 후속하는(uttara) 근거도 동시적인(yugapat) 근거도 있을 수 있다. 여기서 선행하는 근거는 마치 아들에 있어서 아버지와 같고, 후속(paścāt)하는 근거는 스승에 있어서 제자와 같으며, 동시적인 근거는 조명에 있어서 등불과 같은 것이다(『회쟁론』, 제69송 주석).[37]

즉, '부정 작용'은, '부정 대상'보다 선행하건 후속하건 동시적이건 성립할 수 있다고 니야야 논사는 주장하는 것이다. 이는 '무인 상사' 논법에 대한 반박이다. 여기서 특기할만한 사실이 있다. 부정의 가능성을 옹호하는 니야야 논사의 위와 같은 비유는 『니야야 수뜨라』 제5편 제1 '자띠'장에서 '무인 상사' 논법을 비판하는 제19 경문과 그의 예로 든 제2편 제1장의 제15 경문과 같은 맥락에 서 있다는 점이다. 이들을 다시 인용해 보자.

---

37) triṣvapi kāleṣu pratiṣedhaḥ siddhaḥ, dṛṣṭaḥ pūrvakālīno 'pi hetuḥ, uttarakālīno 'pi, yugapatkālīno 'pi hetuḥ, tatra pūrvakālīno heturyathā pitā putrasya, paścātkālīno yathā śiṣya ācāryasya, yugapatkālīno yathā pradīpaḥ prakāśasyeti (K. Bhattacharya, 앞의 책, Text, p.52.).

> 소증은 이유로 인해 성립하기 때문에, [이유가] 삼시적으로 성립하지 않는다는 것은 옳지 않다(5-1-19).[38)]

> 또, 삼시적으로 부정되지 않는다. 왜냐하면 소리에 의해서 악기의 성립이 있는 것과 같이 그것은 성립하기 때문이다.[39)]

소증[所]과 이유[能]의 관계, 인식 방법[能]과 인식 대상[所]의 관계, 부정 작용[能]과 부정 대상[所]의 관계 각각에 대해 능소 양자 간의 3시적 연관성을 검토하면서 양자의 존재성을 비판하거나 옹호하는 것이 용수와 니야야 논사 간의 논쟁의 축이라고 할 수 있다. 그런데 니야야 논사 측에서는 위와 같이 능과 소의 삼시적 관계가 성립한다고 주장을 한다. 앞에서[40)] 설명한 바 있지만 『니야야 수뜨라』 '2-1-15'에 등장하는 소리와 악기의 비유는 『니야야 수뜨라』 '1-1-5'에 등장하는, 여전(如前, pūrvavat)과 여잔(如殘, śeṣavat)과 공견(共見, sāmānyato-dṛṣṭam)이라는 세 가지 비량(anumāna, 추리) 중 '여전 비량[경험적 추리]'에 해당한다고 볼 수 있다. 이전에 북을 두드리면 북소리가 나는 것을 경험했던 사람이 나중에 그 소리를 듣는 경우 '이전의 경험과 같은(pūrvavat) 것[북소리]'임을 알고 그 북을 추리해 내게 되듯이 '소증'과 '이유'의 관계는 3시적으로 부정될 수 없다는 것이다.

그 예는 다르지만 『회쟁론』 제69송 주석에서 니야야 논사가 주장하는 세 가지 관계도 '소증'과 '이유'와의 관계 가능성을 입증하기 위해 든 실례이기에 『니야야 수뜨라』 제2편에서 들었던 '소리와 악기'의 실례와 동일한 맥락 위에 있다고 할 것이다.

---

38) na hetutaḥ sādhyasiddhes-traikālya-asiddhiḥ: 『니야야 수뜨라』, '5-1-19'.

39) traikālya-apratiṣedhaś-ca śabdād-ātodya-siddhivat-tat-siddheḥ: 『니야야 수뜨라』, '2-1-15'.

40) 본서, 제Ⅲ장 1절 1)항.

따라서 '무인 상사' 논법적 비판에 대한, 니야야 측의 재비판으로 『니야야 수뜨라』 제5편(5-1-19)이나 제2편(2-1-15), 『회쟁론』 제69송에 등장하는 논리는 모두 동일한 토대 위에 서 있다고 볼 수 있다. 이런 사실로 인해, '무인 상사' 논법을 둘러싼 용수와 니야야 논사(=『니야야 수뜨라』의 저자) 간의 논쟁사에 있어서 가장 마지막 논리를 구사하고 있는 사람은 용수인 것이다.[41)]

지금까지의 논의를 토대로 『회쟁론』에 나타난 '무인 상사' 논법을 둘러싼 논쟁사를 요약하면 다음과 같다.

① 용수: '실체(svabhāva, 자성)의 부정'(『회쟁론』 이전의 용수의 논서)

② 니야야 논사: '실체의 부정'에 대한 '무인 상사'적 부정(제20송과 그 주석)

③ 용수: '실체의 부정'에 대한 '무인 상사'적 부정에 대해 사인 중의 하나인 '소증 상사'로 부정(제69송 주석)

④ 니야야 논사: 부자(父子), 사제(師弟), 등조(燈照)의 예를 들어 자신의 위(②)에서의 부정이 성립함을 주장(제69송 주석에서 용수가 인용: 『니야야 수뜨라』 '5-1-19'나 '2-1-15'와 동일한 논리)

⑤ 용수: ④와 같이 주장하면, 첫째 그것은 다시 '무인 상사' 논법과 같은 방식으로 비판되고, 둘째 부정이 가능하다는 말이 되니 ②와 같은 부정을 할 수 없다고 비판한다(제69송 주석에서 용수가 답변).

앞에서 거론한 『광파론』에서의 비판과 다른 점은 『광파론』에서는 '인허타난'의 오류를 지적함으로써 니야야 논사의 '무인 상사' 비판을

41) 앞에서도 거론한 바 있지만, 『니야야 수뜨라』 제2편에 등장하는 소리와 악기의 비유가 양자 간의 논쟁사에 있어서 최종적인 것이라고 보는 카지야마의 주장은 위와 같이 『회쟁론』을 통해서도 반증된다.

역공격하였는데 여기에서는 사인 중 '소증 상사'의 오류를 이용한다는 점이다. 『니야야 수뜨라』 어느 곳에서도 '소증 상사'적 비판에 대한 반론은 보이지 않을 뿐만 아니라, 『니야야 수뜨라』에서 '무인 상사' 논법을 비판하는 논리로 내세운 '소증(sādhya)'과 '이유(hetu)'와의 실재적 관계성에 대해 용수가 숙지하고 있었다는 점이 『회쟁론』에서도 발견되는 점으로 보아 『회쟁론』 역시 『니야야 수뜨라』 제2편 성립 이후에 작성된 논서라고 추정할 수 있을 것 같다.

4) 논쟁의 순서에 대한 고찰

'시동 상응' 또는 '무인 상사' 논법을 둘러싸고 『니야야 수뜨라』의 저자와 용수 사이에 벌어진 논쟁사를 고찰하면서 지금까지 소재로 삼았던 경론의 장절들과 그 요점을 열거하면 다음과 같다.

a. 『방편심론』 「상응품」: '시동 상응' 논법 소개
b. 『니야야 수뜨라』 '5-1-18': '무인 상사' 논법의 원칙 소개
c. 『니야야 수뜨라』 '5-1-19': 소증과 이유를 통한 '무인 상사' 비판
d. 『니야야 수뜨라』 '5-1-20': 부정의 자가당착적 불가능성
e. 『니야야 수뜨라』 '2-1-8~11': '무인 상사' 논법의 예(인식 방법과 인식 대상) 소개
f. 『니야야 수뜨라』 '2-1-12': '무인 상사'적 부정의 '무인 상사'적 불가능성(자가당착)
g. 『니야야 수뜨라』 '2-1-13~14': '무인 상사' 논법에 대한 '무궁, 반유' 상사적 논파
h. 『니야야 수뜨라』 '2-1-15': 소리와 악기의 비유에 의한 '무인 상사' 논법 비판

i.『광파론』 제11절: '무인 상사' 논법을 이용한 '인식 방법', '인식 대상' 비판

j.『광파론』 제12절: 적대자가 '무인 상사' 논법을 '무인 상사'적 '무궁, 반유 상사' 논법으로 비판

k.『광파론』 제13, 14절: 제12절에 등장하는 적대자의 논의를 '인허타난'의 부처로 비판

l.『광파론』 제15절: 부정 대상이 없다면 부정도 없다는 적대자의 논의를 비판

m.『회쟁론』 제20송: 용수의 '자성 부정'의 부정을 '무인 상사' 논법으로 비판

n『회쟁론』 제69송ⅰ: 제20송의 비판을 '소증 상사'의 사인으로 비판

o.『회쟁론』 제69송ⅱ: 부자, 사제, 등조(燈照)와 같이 부정은 성립한다는 니야야 측의 논의 소개.

p.『회쟁론』 제69송ⅲ: 제69송ⅱ는 제20송과 동일하게 논파된다고 니야야 비판

여기서 논의의 순서상 동일한 계열에 속하는 것을 시간적 순서에 맞추어 묶어 보면 다음과 같다.

1. '무인 상사' 논법

a.『방편심론』「상응품」: '시동[시 상응]' 논법 소개

b.『니야야 수뜨라』'5-1-18': '무인 상사' 논법의 원칙 소개

e.『니야야 수뜨라』'2-1-8~11': '무인 상사' 논법의 예(인식 방법과 인식 대상) 소개

i.『광파론』 제11절: '무인 상사' 논법을 이용한 '인식 방법', '인식 대상' 비판

2. ‘무인 상사’ 논법에 대한 니야야 논사의 비판

c. 『니야야 수뜨라』 ‘5-1-19’: 소증과 이유를 통한 ‘무인 상사’ 비판

h. 『니야야 수뜨라』 ‘2-1-15’: 소리와 악기의 비유에 의한 ‘무인 상사’ 논법 비판

o. 『회쟁론』 제69송ⅱ: 부자, 사제, 등조와 같이 부정은 성립한다는 니야야 측의 논의 소개.

d. 『니야야 수뜨라』 ‘5-1-20’: 부정의 자가당착적 불가능성

f. 『니야야 수뜨라』 ‘2-1-12’: ‘무인 상사’적 부정의 ‘무인 상사’적 불가능성(자가당착)

g. 『니야야 수뜨라』 ‘2-1-13~14’: ‘무인 상사’ 논법에 대한 ‘무궁, 반유’ 상사적 논파

j. 『광파론』 제12절: 적대자가 ‘무인 상사’ 논법을 ‘무인 상사’적 ‘무궁, 반유’ 상사 논법으로 비판

m. 『회쟁론』 제20송: 용수의 ‘자성 부정’의 부정을 ‘무인 상사’ 논법으로 비판

3. ‘무인 상사’ 논법 비판에 대한 용수의 재비판

k. 『광파론』 제13, 14절: 제12절에 등장하는 적대자의 논의를 ‘인허타난’의 부처로 비판

n 『회쟁론』 제69송ⅰ: 제20송의 비판을 ‘소증 상사’의 사인으로 비판

4. 용수의 새로운 논의

o. 『광파론』 제15절: 부정 대상이 없다면 부정도 없다는 적대자 논의를 비판

p.『회쟁론』 제69송ⅲ: 제69송ⅱ는 제20송과 동일하게 논파된다고

니야야 비판

카지야마유이치는 '무인 상사' 또는 '시동 상응' 논법을 둘러싼 논쟁의 전개가 '『방편심론』 → 『니야야 수뜨라』 '5-1-18~19' → 『광파론』 '11~14'와 『회쟁론』 '69' → 『니야야 수뜨라』 '2-1-8~15' 순으로 이루어졌을 것이라고 추정하면서 비단 『니야야 수뜨라』 제2편뿐만이 아니고 제3, 제4편등도 용수 이후에 만들어졌을 것이라고 추정하고 있다.[42] 물론 제4편에 등장하는 원자[미진]론을 둘러싼 논쟁이 용수의 직제자 아리야 제바 이후에 작성되었을 것으로 추정되고 제3편에도 아리야 제바와 공유하는 '논쟁 소(素)'가 다수 발견되기에 제3, 4편은 용수 이후 편집되었을 것이라는 카지야마의 생각에 필자 역시 동의한다. 아니, 필자는 심지어 『니야야 수뜨라』 제3, 4편은 아리야 제바 이후에 편집되어 『니야야 수뜨라』에 추가된 것은 아닐까 생각한다.

그러나 본장 본절 제2)항에서 고찰해 본 바 있지만 『니야야 수뜨라』 제2편 제1장 제15경문에 등장하는 논의는 카지야마의 생각과 같이 새로운 논의가 아니다. 단지 제5편 제1장 제19경문의 구체적인 예를 든 것일 뿐이다. 더욱이 『회쟁론』 제69송 주석에서도 『니야야 수뜨라』 '2-1-15'의 경문과 같이 구체적 실례가 '무인 상사'적 논법을 비판하는 근거로 제시되고 있는 것이 보이기에, 니야야 측에서 상투적으로 그러한 근거를 내세웠다는 사실을 용수가 익히 알고 있었음에 틀림없을 것 같다. 따라서 『니야야 수뜨라』 제2편을 굳이 용수 이후에 작성되었다고 보아야 할 이유는 없다. 이런 논거에 입각해서 '무인 상사' 논법을 둘러싼 논쟁의 전개 과정을 요약하면 다음과 같다.

a. 『방편심론』의 '시동 상응' 논법과 그를 이용한 용수의 니야야

---

42) 梶山雄一, 佛敎知識論の形成, 앞의 책, p.52.

비판: 문헌화되지 않은 논쟁

b. 『니야야 수뜨라』 제5편과 제2편의 '무인 상사' 논법 소개와 니야야 입장에서의 비판

c. 『회쟁론』에서 b의 비판을 싣고 이를 재비판함

d. 『광파론』의 종합적 비판

2. 도, 부도 상응(=도, 부도 상사: prāpti, aprāpti sama)

1) 『니야야 수뜨라(Nyāya Sūtra)』에 등장하는 논쟁

앞에서 설명한 바 있지만 『니야야 수뜨라』 제5편 제1 '자띠'장 제7경문에서는 '능증'과 '소증'이 '불합불리(不合不離)'의 관계에 있다는 '도, 부도 상사' 논법을 인용한 후, 제8경문에서 이를 비판하고 있는데 이 두 경문을 인용해 보자.

> 이유가 접합하고서 또는 접합하지 않고서 소증이 있다. 접합함으로써 구별되지 않는 것으로 되며, 접합하지 않음으로써 비논증성의 것으로 되기 때문에 '도, 부도 상사'의 양자이다.[43)]

---

43) prāpya sādhyam-aprāpya vā hetoḥ prāptyā 'viśiṣṭatvād-aprāptyā 'sādhakatvāc-ca prāpty-aprāpti-samau: 『니야야 수뜨라』, '5-1-7'.

> 부정은 옳지 않다. 왜냐하면 항아리의 완성을 보기 때문에, 또 해칠 때 주문에 의하기 때문에.[44]

즉, 물단지를 만들 때 '능작자(能作者)'인 도공의 손이 '소작물(所作物)'인 물단지에 도달(=접합)하는 것이 눈에 보이기에 능이 소에 도달하여 소가 이루어지는 경우도 있을 수 있고, 그와 반대로 주문을 읽으로써 적에게 해를 가할 때는 능[주문]이 소[적]에 도달하지 않고도 효과를 발휘하는 경우가 있기에 '도, 부도 상사'적인 비판은 옳지 않다고 예증하는 것이다.

그런데 『니야야 수뜨라』 '5-1-7' 경문에서는 분명 '이유(hetu)'와 '소증(sādhya)' 간의 관계에서 논의가 이루어졌는데 '5-1-8' 경문에서는 '원인(hetu)'과 '결과(phala)' 간의 관계에 토대를 두고 답변을 하는 것을 볼 수 있다. 앞의 '무인 상사' 논법의 경우도 '인식 방법'과 '인식 대상', 또는 '원인(악기)'과 '결과(소리)'[45], '소증'과 '능증'[46] 등에 모두 사용되고, 비판되며, 옹호되고, 재비판되고 있었다. 따라서 '도, 부도 상사'나 '무인 상사'에서 논의의 소재로 쓰이는 개념 쌍은 비단 '이유'와 '소증' 만이 아니라 '능'과 '소'의 형식으로 상관 관계에 있는 두 개념 쌍 모두에 해당된다고 보아야 할 것이다.

'도, 부도 상사' 논법을 소개, 설명하고 비판하고 있는 『니야야 수뜨라』의 경문은 제5편에 전형적으로 등장하지만 제3편에서도 '시지각'의 발생 과정을 검토하면서 니야야 논사는 대상과 접촉하고서 대상에 대한 직접 지각[현량, pratyakṣa]이 발생한다고 주장한다. 이는

---

44) ghaṭa-ādi-niṣpatti-darśanāt pīḍane ca-abhicārād-apratiṣedhaḥ: 『니야야 수뜨라』, '5-1-8'.

45) traikālya-apratiṣedhaś-ca śabdād-ātodya-siddhivat-tat-siddheḥ(또, 三時的으로 부정되지 않는다. 왜냐하면 소리에 의해서 악기의 성립이 있는 것과 같이 그것은 성립하기 때문이다.): 『니야야 수뜨라』, '2-1-15'.

46) 『니야야 브하샤』, 앞의 책, pp.1700~1701.

『니야야 수뜨라』 제1편 제1장 제4경문에서 감각적 지각(pratyakṣa)을 정의(lakṣaṇa)하면서 '감관과 대상의 '접촉'에서 생한다'고 주장하였기에 이 정의를 옹호하기 위한 논의인 것이다. 즉, 시(視)지각에 의한 현량지가 발생할 때 이는 '능'이 '소'에 도달함으로써 이루어진다는 니야야 학파적 입장을 구체적 예를 들어 검토(parīkṣā)해 본 것이라고 할 수 있다.

『니야야 수뜨라』에 등장하는 '도, 부도 상사' 논법에 대한 설명과 비판을 정리하면 다음과 같다.

제5편 제1장 제7경: '도, 부도 상사' 논법에 대한 설명 → 소증과 이유의 관계

제5편 제1장 제8경: '도, 부도 상사' 논법에 대한 비판 → 물단지와 呪文의 예

제3편 제1장 제34경: '도'의 특수한 예 → 안광선(眼光線)과 대상

어쨌든 『니야야 수뜨라』에서는 원인[또는 능]이 소증[소]과 접합하건 안하건 소증을 성립시킬 수 있다고 주장하는 것이다. 그러나 『니야야 수뜨라』에는, '무인 상사' 논법의 경우와 달리 '도, 부도 상사' 논법의 정당성 여부에 대한 논의의 양이 많지 않다. 오히려 용수의 『광파론』등에서 이 논법의 비판에 대한 재비판을 장황하게 설하고 있는 모습이 보인다.

2) 『광파론(Vaidalya-prakaraṇa)』에 등장하는 논쟁

니야야 논사가 '인식 방법'의 실재성을 등불에 비유하여 옹호하자 이를 논파하기 위해 사용하는 용수의 논법이 바로 '도, 부도' 상사이

다. 이를 설명해 보자.

먼저, 용수는 '무궁, 반유' 상사 논법에 의해 인식 방법의 실재성을 비판한다. 첫째, '인식 방법'의 실재성이 '다른 인식 방법'에 의해 확립된다면 그 '다른 인식 방법'의 실재성을 확립하기 위해 제3의 인식 방법이 필요로 하게 되고 그와 같이 제4, 제5 … 의 인식 방법이 필요하게 되어 무한소급(무궁 상사, prasaṅga sama)의 오류에 빠진다. 둘째, '다른 인식 방법'의 작용 없이 '인식 방법'의 실재성이 확립된다면 '모든 것은 인식 방법에 의해 성립된다'는 애초의 주장에 반하는 사례가 하나 있는 꼴이 되니 '위배되는 실례[반유]가 존재하는 오류(반유 상사, pratidṛṣṭānta sama)'에 빠진다. 이것이 『광파론』 제4절에 등장하는 용수의 비판이다. 『광파론』 제5절에서 용수는 다음과 같이 등불의 예를 드는 적대자의 반박을 인용한다.

> 인식 방법들에는 [다시 다른] 인식 방법이 있지 않다. 여기서 등불과 같이 인식 방법은 자기 자신과 함께 다른 것도 성립하게 만드는 것이다. 마치 등불이 그 자신도 다른 것도 비춰내고 있음이 알려져 있듯이 모든 인식 방법도 자기와 함께 남[他]도 성립시키는 것이다. 그렇다면 무한히 많은 등불이 필요하게 되는 따위의 오류는 있을 수 없다.47)

용수가 '무궁, 반유' 상사 논법에 의해 '인식 방법'의 실재성을 비판하자 니야야 논사는 등불의 예를 들어 자신의 주장을 옹호하는 것이다. 즉, 등불이 그 스스로의 존재성을 나타내기 위해 다른 등불을

---

47) tshad ma rnams la ni tshad ma med do/ ḥdir mar me bṣin tshad ma ni raṅ daṅ gṣan sgrub par byed pa yin no//5//ji ltar ma me ni raṅ daṅ gṣaṅ gsal bar byed pa mthoṅ ba de bṣin du tshad ma rnams kyaṅ raṅ daṅ gṣan sgrub par byed pa yin no// de lta bas na thug pa med pa mar me la sogs paḥi skyon srid pa ma yin no//(Yuichi Kajiyama, 앞의 책, p.135.).

가져와서 비춰볼 필요가 없듯이 '인식 방법' 역시 그 스스로의 존재성을 확립시키기 위해 다른 인식 방법을 필요로 하지 않는다는 것이다. 이에 대해 용수는 등불 자체가 사물을 비춘다는 사고 방식에 내재하는 모순을 지적함으로써 등불의 비유를 논파한다. 그리고 이 때 사용하는 논법이 바로 '도, 부도' 상사 논법인 것이다. 『광파론』 제6절에 등장하는 이 구절을 인용해 본다.

> 등불이라고 하는 것은 어둠을 만나든지[到] 만나지 않든지[不到] 비추는 작용을 갖지 않는다.// 등불은 어둠을 만나고 나서 비추는가, 만나지 않고 비추는가? 그러나 먼저 등불은 어둠을 만난 뒤에 비추게끔 되지 않는다. (그 둘의) 만남 등은 없기 때문이다. 왜냐하면 등불과 어둠과는 대립적이므로 만나는 일이 없다. 등불이 있는 것에는 어둠이 없는 것인데 어떻게 그 등불이 어둠을 제거하기도 하고 비추기도 할 수 있겠는가? 만나지 않는 경우에도, 만나지 않는 칼이 자를 수 없는 것과 같[이 비추지 못한]다.[48]

『방편심론』에서는 '부도 상사' 논법의 정당성을 입증하는 실례로 불길과 태움을 들었는데 『광파론』에서는 등불과 비춤을 실례로 들어 '부도 상사' 논법의 정당성을 입증하고 있다. 그러나 '도 상사' 논법을 입증하는 실례로 '칼(刀)과 자름(割)'을 든 것은 양 논서가 일치한다.

또, 이 구절은 『니야야 수뜨라』에서 설명하고 있는 '도, 부도 상사'

---

48) mar me ni mun pa daṅ phrad pa ḥam ma phrad kyaṅ ruṅ ste gsal bar byed pa ma yin no//6// mar me ni mun pa daṅ phrad nas gsal bar byed dam/ ma phrad par gsal bar byed graṅ/ re ṣig mar me ni mun pa daṅ phrad nas gsal bar byed par mi ḥgyur te/ phrad pa med paḥi phyir ro// gaṅ gi phyir mar me daṅ mun pa ni phrad pa yod pa ma yin te/ ḥgal baḥi phyir ro// gaṅ na mar me yod pa de na mun pa med na ji ltar mar me ḥdi mun pa sel bar byed pa ḥam gsal bar byed par ḥgyur/ ma phrad pa yin na yaṅ ma phrad paḥi ral gri ni gcod par ma byed pa bṣin no(Yuichi Kajiyama, 앞의 책, pp.135~136.).

논법의 의미와 같은 맥락에 서 있는 실례라고 볼 수 있다. 즉, 『니야야 수뜨라』 '5-1-7'에서는 '도, 부도 상사'의 의미에 대해 설명하면서 '이유'가 '소증'에 도달(=접합)한다면 양자가 구별되지 않는 오류에 빠지고, 그와 반대로 도달하지 않는다면 '이유'가 소증을 논증할 힘이 없는 꼴이 되는 오류에 빠진다'고 하였는데 위에 인용한 『광파론』의 설명 역시 '이유(hetu)'의 역할을 하는 '등불'이 '소증(sādhya)'의 역할을 하는 '어둠'에 접촉하여 비출 수도 없고 접촉하지 않고 비출 수도 없다는 의미이기에 양 경론이 설명하는 '도, 부도 상사' 논법은 동일한 맥락에 서 있는 것이다.

요컨대, 『방편심론』이나 『니야야 수뜨라』, 『광파론』 모두 '도, 부도 상사'의 의미에 대한 이해가 일치하는 것이다.

이에 대한 『니야야 수뜨라』에서의 비판은 앞 절[49]에서 소개한 바 있다. 즉, '항아리'와 같이 능이 소에 도달하여 소에 작용하는 경우도 있고 '주문'과 같이 능이 소에 도달하지 않고 소에 작용하는 경우도 있다는 것이 니야야 측의 반박이었다. 『광파론』에서는 니야야 측에서 이와 동일한 맥락의 이유를 들어 비판하는 것으로 인용하고 있기는 하지만 그 소재는 『니야야 수뜨라』와 달리 '별의 재난'이다. 즉, '부도 상사'를 비판하면서 「니야야 수뜨라』에서는 주문에 의해 해를 입히는 경우를 예로 들었는데 『광파론』에서는 '별의 길흉'에 의해 해가 오는 경우를 예로 들고 있는 것이다. 따라서 『광파론』에서 재비판의 대상으로 삼았던 니야야 측의 비판은 현존하는 『니야야 수뜨라』에 실려 있는 내용을 토대로 한 것은 아닌 것이 분명하다.

한편, 용수의 직제자인 아리야 제바가 저술한 『백론』에서도 '부도 상사' 논법이 등장하는 것을 볼 수 있다. 『백론』에서는 주문이나 별의 예를 모두 들며 '부도 상사' 논법을 비판한다.[50] 즉, 『니야야 수뜨

49) 본서 Ⅲ-2-1).
50) 外曰 如呪星 (修妬路) 若遙呪遠人 能令惱 亦如星變在天 令人不吉 燈亦如是 雖不

라』에 등장하는 주문의 비유나 용수가 『광파론』에서 인용하는 별의 비유 모두가 『백론』에서 외도의 비판으로 인용되고 있는 것이다. 따라서 비유의 내용은 다르지만 『니야야 수뜨라』나 『광파론』에서 '부도 상사'를 비판하는 자들은 중관론자와 논쟁을 벌였던 집단에 소속된 니야야 논사들이라고 볼 수 있을 것이다.

'부도 상사'에 대한 니야야 측의 이런 비판에 대해 『광파론』에서는 양측의 비유가 일치하지 않기 때문에 올바른 비판이 아니라고[51] 재비판하면서 다음과 같이 주석한다.

> 이 세간에서는 별에 의해 이루어진 재난은 데바닷따들에게 접촉해서 해를 입히기도 하고 그 신체 등을 포착하기도 하지만 등불이 이룬 해는 어둠 등에 있어서 그와 같은 형태로 있지 않다. 그런 경우, 어떻게 해서 그것이 별에 의해 이루어진 재난과 같은 것이겠는가?
> ① 별 등의 형태를 가진 사물이 인간들에 대해 행하는 재해, 불행, 수해, 질병, 독사, 역병 등은 신체를 가진 것만을 괴롭히는 것이지만 그와 같은 것은 등불의 경우에는 하등 존재하지 않는다. 그러므로 (이 둘의 예는) 비슷하지 않다. 또, 멀리 떨어져 있는 등불이 어둠의 신체와 감관을 해치는 것이 아니다. 그것(=신체와 감관)들은 (어둠 속에는) 없기 때문이다. 그러므로 별의 예는 접촉하지 않고 일을 이루는 것에 대해서는 적합하지 않다.

到闇而能破闇(외도가 말하기를, 마치 주문이나 별과 같다(經典). [註釋] 마치 멀리 떨어진 사람에게 멀리서 주문을 외워 능히 괴롭게 만들 수 있듯이, 또 하늘에서 일어나는 별의 變怪가 사람을 不吉하게 만들 수 있듯이, 등불도 역시 이와 같아서 비록 어둠에 도달하지는 않지만 어둠을 파괴할 수 있는 것이다.), 『百論』 大正30, p.169a.

51) '별의 재난과 같이 이것도 (이해될) 것이다.'라고 (대론자가) 말한다면 그렇지 않다. 그 실례가 일치하지 않기 때문이다(gzaḥi gnod pa bṣin du ḥdi yaṅ ḥgyur ro// ṣe na// ma yin te/ dpe daṅ ḥgal baḥi phyir ro: Yuichi Kajiyama, 앞의 책, p.136.).

> ② 또, 만일 등불이 (어둠에 이르러) 접촉되지 않고 비추는 역할을 한다면 이 장소에 존재하는 것(=등불)만으로 모든 산의 동굴 속에 있는 어둠을 제거하기도 하고 비추기도 하겠지만 세간에서는 그와 같은 일은 보이지도 않고 인정되지도 않는 것이다.[52]

여기서 용수는 두 가지 논거를 들어 '부도 상사'에 대한 비판을 반박한다. 첫째는, 등불의 불빛이 어둠에 도달하는 것을 입증하기 위해 실례로 삼은 '별의 재난'은 정당한 실례가 될 수 없다는 것이다. 왜냐하면 별의 재난이 미치는 대상은 실체가 있는 것이지만 등불의 불빛이 미치는 대상인 어둠은 실체가 있는 것이 아니기 때문이다. 둘째는, 그와 반대로 등불이 어둠에 도달하지 않고 어둠을 밝히는 것이라면 이곳에 있는 등불이 이 세상 모든 어둠을 밝힐 수 있어야 한다는 것이다.

먼저, 첫 번째 반박(①)을 보자. 결론적으로 말해, 이는『니야야 수뜨라』제5편 제1장에서 열거하고 있는 24가지 '자띠(jāti)' 논법 중 '분별 상사' 논법에 해당한다. '분별 상사' 논법이란 "비유가 능증(=이

---

52) ḥdir lhas byin la sogs pa la gzas byas paḥi skyon phrad nas gnod pa byed pa ḥam/ raṅ gi lus la sogs pa rnams ḥdsin par byed pa de ltar ni mar mes byas paḥi gnod pa mn pa la yod pa ma yin na ji ltar gzas byas paḥi skyon daṅ mthun pa yin/ gzaḥ la sogs pa lus daṅ ldan pas skyes bu la sogs pa rnams la byed par ḥgyur ba me daṅ/ zag pa daṅ/ chu daṅ/ nad daṇ/ sbrul daṅ/ rims la sogs pa lus can rnams kho nas gnod par byed pa de lta bu nimar me la cuṅ zad kyaṅ yod pa ma yin te/ de nas chos mthun pa ñid ma yin no// gṣan yaṅ thag riṅ po na yod paḥi mar me ni mun paḥi lus daṅ dbaṅ po la sogs pa la gnod par byed pa ma yin te/ de dag med paḥi phyir ro// de ltar bas na gzaḥi dpe ni ma phrad par sgrub par byed pa la rigs pa ma yin no// gal te yaṅ mar me ni ma phrad par gsal bar byed par ḥgyur na ni ḥdi na gnas pa kho nas ri thams cad kyi phug gi naṅ du gtogs pa ḥi mun pa sel bar byed paḥam gsal bar byed par ḥgyur ba ṣig na de ltar ni ḥjig rten na ma mthoṅ baḥam ḥdod pa yaṅ ma yin no(Yuichi Kajiyama, 앞의 책, p.136.).

유)의 성질을 갖는 경우에 (반대자가) 다른 성질을 분별하는 것에 의해 소증의 성질에 분별을 부착하는 것"[53]에 의해 상대방의 주장을 비판하는 논법을 말한다. 예를 들어 '소리는 무상하다(주장). 만들어진 것이기에(이유). 마치 물단지와 같이(실례).'라는 논증식이 있을 경우에 '소리는 [대나무가 쪼개지는] 분리에서 생하지만 물단지는 분리에서 생하지 않기에 소리를 물단지에 비유할 수 없다'고 비판하는 것이 '분별 상사'이다.[54]

위에 인용한 『광파론』에 등장하는 대론을 요약하여 논증식으로 작성하면 다음과 같이 될 것이다.

'니야야 논사'
주장: '어둠에 영향을 미치는 등불'은 어둠에 도달하지 않는다.
비유: 마치 별의 재난과 같이

'자띠 논법 중 분별 상사적 비판'
주장: '어둠에 영향을 미치는 등불'은 어둠에 도달하지 않는다.
비유 비판: 별의 재난은 형태가 있는 것에 작용하지만 등불은 (어둠이라고 하는) 실체가 없는 것에 작용한다.

이를 『니야야 와르띠까』의 설명에 대입해 보면 '등불'은 어둠과 같이 실체가 없는 것에 작용하지만 '별의 재난'은 실체가 없는 것에 작용하는 것이 아니기에 등불을 '별의 재난'에 비유할 수 없다.'는 식으로 '분별 상사(vikalpa sama)' 논법적 비판을 기술할 수 있을 것이다.

『광파론』 제7절에 등장하는 용수의 두 번째 반박(②)과 유사한 반박은 다음에 보듯이 아리야 제바의 『백론』에 대한 파수개사(婆藪開

53) 『니야야 브하샤』, 앞의 책, p.1674.
54) 『니야야 와르띠까』, 앞의 책, p.1676.

士)의 석(釋)에서도 발견된다.

> 만일 등불에 어떤 위력이 있어서 어둠에 도달하지 않고 어둠을 능히 파괴할 수 있는 것이라면 어째서 인도에서 지핀 등불이 중국에 있는 어둠을 파괴하지 못하는 것이냐? 마치 주문이나 별의 힘이 능히 멀리 미칠 수 있듯이. 그러나 등불의 경우는 그렇지 않다. 그러므로 그대의 비유는 그릇되었다.[55]

제7절에서 '부도 상사'에 대한 비판을 '분별 상사'적으로 재비판하기 위해 '별의 재난'은 실체가 있는 것에 작용하지만 '등불'은 실체가 없는 어둠에 작용한다고 하였는데 제8절을 통해 어둠에 실체가 있다고 볼 수 없다는 점을 『방편심론』에 등장하는 '문동 상응' 논법[56]적으로 설명하고 있다.

> 논서에는 (세간 사람들과 연구자가) 어떤 사물에 대해 같은 견해를 갖고 있을 때 그것이 유례라고 인정되고 있다. … 그들이 어떤 사물에 대해 견해를 같이 할 때 그것이 유례가 된다고 일반적으로 승인되고 있다. 거기서 비쉬누 등은 '빛의 무존재'에 지나지 않는 것이 어둠이라고 주장한다. 어째서인가 하면 (저들은) '어둠이란 빛의 결여에 불과하다.'고 하기 때문이다. 이것이 어둠이요 빛이 없는 것이라고 하는 뜻이다. 마찬가지로 다른 연구자들에게 있어서는 어둠이라고 하는 무엇인가의 실체가 존재한다. 또, 어떤 자에게 있어서

55) 若燈有力不到闇而能破闇者 何不天竺然燈 破振旦闇 如呪星力能及遠而燈事不爾 是故汝喩非也(阿利耶 提婆, 『百論』, 大正30, p.169a).

56) 그대는 경전에서 자아가 지각되지 않기에 상주하는 것이라고 설하고 있다고 하였는데 경전에서는 자아도 없고 자아가 소유한 것도 없다고 설하고 있다. 자이나 교도의 법 가운데는 자아가 무상하다고 밝히는 것이 있다. 만일 자아가 정말로 상주하는 것이라면 모든 경전에서 같음이 있거나 다름이 있어서는 안되리라. 이것을 '聞同'이라고 부른다(復次 汝以經說我非覺故知是常者 經中亦說無我我所 尼乾法中明我非常 我定常者 諸經不應有異有同 是名聞同): 大正32, p.28b.

는 (실체로서) 존재하지 않는다. … 그러므로 '등불이 어둠을 제한다.'고 하는 이 예는 타당하지 않다.[57]

그리고 이어서 제9, 10절에 걸쳐 『중론』 제7 관삼상품[58]에 등장하는 논리가 계속된다. 즉, 등불 자체 내에는 어둠이 존재하지 않으므로 등불은 스스로를 비추는 것이 아니며[59], 실체로서의 등불이 그 자체[自]와 남[他]을 비춘다면 실체로서의 어둠 역시 그 자체와 남을 덮어야 하기에[60] 오류에 빠진다는 것이다.

이렇게 등불의 비유를 논파하는 『광파론』의 구절들과 이에 대응되는 『중론』의 계송들을 대비시키면 다음과 같다.

	『광파론』	『중론』 제7 관삼상품
등불의 비유	제5절	제9송[61]
등불 속에 어둠은 없다	제9절	제10송
어둠도 그 자신을 덮으리라	제10절	제13송

57) bstan bcos las ḥjig rten paḥi spyod pa po de yaṅ seṅ ge la sogs pa daṅ mtshuṅs par mṅon par ḥdod pa yin no//8// … de dag don gaṅ la blo mthun pa de ni dper rab tu grub pa yin no // de la khyab ḥjug la sogs pa ni ḥod med pa tsam la mun par ḥdod de/ ji ltar ṣe na/ ḥod med pa ni mun paḥo ṣes brjod paḥi phyir ro// ḥdi ni mun pa yin te/ snaṅ ba med pa ṣes bya baḥi don to// de ltar gṣan dag dpyod pa po la mun pa ṣes bya baḥi dṅos po ci ḥdra ba ṣig yod pa yin te/ su ṣig la yaṅ yod pa ma yin no// de bas na mar mes mun pa bsal ba ṣes bya ba ḥdi ma grub pa yin no// deḥi phyir gaṅ mar me ni mun pa sel bar byed paḥo// ṣes bya baḥi dpe ḥdi rigs pa ma yin no//(Yuichi Kajiyama, 앞의 책, p.137.).

58) 『중론』 第7 觀三相品, 第9~12偈.

59) mar me ni bdag ñid gsal bar byed pa ma yin te// mun pa med paḥi phyir (Yuichi Kajiyama, 앞의 책, p.137.).

60) phyir ci log tu thal bar ḥgyur baḥi phyir mun pa yaṅ bdag ñid la sgrib par byed par ḥgyur ro(Yuichi Kajiyama, 위의 책, p.137.).

그러나 『중론』의 경우에는 생주멸(生住滅)이라는 '유위법(有爲法)의 삼상(三相)'의 실체성을 비판하는 과정에서 생법(生法)이 마치 등불과 같이 그 스스로도 생하고 다른 유위법도 생한다는 적대자의 주장을 논박하기 위해 '도, 부도 상사' 논법을 채택하고 있기에 『광파론』과는 그 취지가 다르다. 차후에 다시 거론하겠지만 등불의 비유는 그 소재가 무엇이든 실재론적으로 이해하려고 할 때 봉착하게 마련인 '무궁, 반유 상사'적인 역설적 상황을 타파하기 위해 실재론자들이 상투적으로 사용하는 비유인 것이다.

어쨌든 '인식 방법'의 실재성을 둘러싸고 벌어진 『광파론』의 용수와 니야야 논사 간의 논쟁을 정리하면 다음과 같다.

용수: '무궁, 반유 상사' 논법에 의한 '인식 방법'의 실재성 비판

니야야 논사: '인식 방법'은 '스스로도 비추고 남도 비추는' 등불과 같다고 비유한다.

용수: '도, 부도 상사' 논법에 의한 등불 비유 비판

니야야 논사: '별의 재난'의 예에 의한 '부도 상사' 논법 비판

용수1: '분별 상사' 논법에 의한 '별의 재난' 비유 논파

용수2: 『백론』 석 논법으로 '부도 상사' 비판을 재비판

용수3: '문동 상응' 논법으로 어둠의 실체성 비판

용수4: 『중론』적 논법으로 등조성(燈照性) 비판

지금까지 살펴보았듯이 '도, 부도 상사' 논법을 둘러싼 논쟁은 『니야야 수뜨라』보다 『광파론』등에서의 용수의 반박이 종장(finale)을 장식하고 있다.

---

61) 이는 月稱 疏에 揭載된 梵頌의 순서가 아니라 靑目 疏에 介在된 漢譯 게송의 순서에 따른 번호이다.

3) 『회쟁론(Vigraha-vyāvartanī)』에 등장하는 논쟁

『회쟁론』에 등장하는 '도, 부도 상사' 논법도 '인식 방법'의 실재성 여부에 대한 논쟁이 계기가 된 것이라는 점에서는 『광파론』과 일치한다. 그러나 논의가 전개되는 순서는 『광파론』과 다르다. 물론 『광파론』은 적대자와 용수 간에 이루어지는 논쟁이 매 절마다 교차되며 논의가 전개되는 형식으로 기술되어 있는데 반해, 『회쟁론』에서는 제1송에서 제20송까지 적대자 측의 주장을 모두 실은 후 제21송에서 제70송까지 그에 대한 용수의 반박을 함께 싣고 있다. 이 중에서 제5송과 제6송에 등장하는 적대자의 주장에 대해 용수가 제30~제51 게송에 걸쳐 다양한 논법을 동원하여 장황하게 반박하는 도중에 제38, 제39의 두 게송에 걸쳐 '도, 부도 상사' 논법을 구사하고 있는 것이다. 이런 논의 과정을 요약하면 다음과 같다.

'반대론자'

제5송: 모든 것은 공이라면 사물에 대한 지각(=현량)도 없을 테니 공하다는 부정도 있을 수 없다.

제6송: 비량, 비교량, 성언량도 현량과 마찬가지로 자기 부정에 빠진다.

'용수'

제30송: 네 가지 인식 방법 부정

제31~33송: '무궁, 반유 상사' 논법에 의한 '인식 방법'의 존재성 비판

'반대론자'

제33송 주석: 등불의 비유로 '인식 방법'의 존재성 옹호

'용수'

제34송: 등불의 자조성(自照性) 비판
제35송: 등불의 자타(自他) 공조성(共照性) 비판
제36송: 어둠도 자타(自他) 공차(共遮)하리라.
제37송: 어둠의 부재
'반대론자'
제37송 주석: 등불이 생시(生時)에 자타 공조한다.
'용수'
제38송: 등불의 생시에는 어둠에 도달하지 않는다.
제39송: 도달 없이 어둠을 물리친다면 이곳의 등불이 온 세상의 어둠을 물리치리라.
제40~42송: '인식 대상'과의 관계 하의 '인식 방법'의 존재를 '반유, 무궁 상사' 논법으로 논파
제43~50송: '인식 방법'은 '인식 대상'에 의존할 수도 없고 의존하지 않을 수도 없다. 즉, 의존의 사유불가능성 갈파
제51송: 네 가지 인식 방법의 성립에 대한 4구적 사고 방식 비판

이 중에서 '부도 상사'적 논파라고 볼 수 있는 제38송과 제39송을 인용해 본다.

> 이에 대해 대답하겠다. 발생하는 중인 불이 비춘다는 것은 올바른 논의가 아니다. 왜냐하면 발생하는 중인 불은 어둠에 도달하지 않기 때문이다(제38송).[62]

> 또는 만일 도달하지 않은 불빛이 어둠을 파괴하는 것이라면 바로 여기에 머물러 있는 이것이 모든 세계의 어둠을 파괴하리라(제39송)[63].

---

62) utpadyamāna eva prakāśayatyagnirity asadvādaḥ/ utpādyamāna eva prāpnoti tamo na hi hutāśaḥ//(K. Bhattacharya, 앞의 책, Text, pp.34~35.).

즉, 불이 발생하고 있는 중일 때는 아직 어둠에 도달하지 못한 상태인데 그럼에도 불구하고 어둠을 파괴한다면 이곳에 있는 불이 온 세계에 있는 어둠을 모두 파괴해야 할 것이라는 말이다. 이곳의 어둠뿐만 아니라 온 세계의 모든 어둠도 불이 도달하지 않은 상태이기에 도달하지 않고 조명의 능력을 발휘하는 불이라면 도달하지 않은 모든 어둠에 대해서도 비추는 작용을 해야 한다는 것이다. 이는 '부도 상사' 논법 그대로는 아닐지라도 앞에서[64] 보았듯이 파수개사의 『백론석』에서 '별의 재난'이나 '주문'의 예를 들어 '부도 상사' 논법을 비판한 내용을 재비판할 때 동원된 논리였다. 따라서, 『회쟁론』에서 '별의 재난'이나 '주문'등의 실례를 이용한 니야야 측의 반박이 보이지 않는다고 하더라도 그러한 반박을 염두에 둔 상태에서 『회쟁론』 제39송이 작성된 것이라고 추측할 수 있다.

4) 논쟁의 순서에 대한 고찰

우리는 앞에서 『방편심론』에 등장하는 '도, 부도 상사' 논법이 『니야야 수뜨라』 제5편 제1장에서는 그릇된 논법으로 비판을 받고 있음을 확인한 바 있다. 그런데 '도, 부도 상사' 논법이 등장하는 『중론』 제7 관삼상품이나 『광파론』에서 보듯이 이 논법은 그 소재가 어찌되었든, 적대자가 자신이 신봉하는 소재의 자성을 등불의 비유를 들어 입증하려고 할 때 이를 비판하기 위해 구사된다. 그리고 등불의 비유는 대개 '무궁 상사' 논법에 의해 그 소재가 비판을 받을 때 적대자에 의해 채택되는 것이다. 그러나 『방편심론』이나 『니야야 수뜨라』에는 이런 전 단계의 과정을 기술하고 있지 않고 이 논법에 대한 단순

63) aprāpto 'pi jvalano yadi vā punarandhakāramupahanyāt/ sarveṣu lokadhātuṣu tamo 'yamiha saṃsthito hānyat//(K. Bhattacharya, 앞의 책, Text, p.35.).
64) 본서 Ⅲ-2-2).

한 소개와 비판에 그치고 있음을 볼 수 있었다.

『방편심론』에서는 능(能)이 소(所)에 도달해도 소가 성립하지 못하고, 도달하지 않아도 소가 성립하지 못한다고 주장하며, 불길과 칼날의 예를 들어 '도, 부도 상응' 논법을 소개하고 있었는데 『니야야 수뜨라』에서는 이 논법을 소개한 후 위와 반대로 능이 소에 도달하여 소가 성립하는 경우도 있고 소에 도달하지 않고서 소가 성립하는 경우도 있다고 주장하는 것이다. 『니야야 수뜨라』에서는 능이 소에 도달하여 소가 성립되는 예로 항아리를 만드는 과정을 실례로 들고 있다. 즉, 항아리를 만드는 경우 도공의 손이라는 능이 항아리라는 소에 도달하여 일이 이루어지므로 '도 상사' 논법이 논박된다는 것이다. 또, '부도 상사'의 경우는 주문의 예를 들어 논박한다. 주문으로 멀리 떨어져 있는 사람을 해칠 수 있기 때문에 능인 주문이 소인 사람에 도달하지 않고도[부도] 일이 이루어질 수 있다는 것이 '부도 상사' 논법에 대한 니야야 논사의 논박이다.

용수는 이에 대해 『광파론』과 『회쟁론』을 통해 반박 논리를 내놓고 있다. 『광파론』에서 니야야 논사는 '인식 방법'을 '자기 스스로도 비추고 남도 비추는' 등불에 비유하고 있는데 용수는 이 등불의 비유를 논박하기 위해 '도, 부도 상사' 논법을 구사한다. 즉, 등불(능)이 대상(소)에 도달하건 않건 비추는 작용을 가질 수 없다는 것이다. 먼저 등불이 대상인 어둠에 도달(=접촉)하는 일은 있을 수 없다. 왜냐하면 등불과 어둠은 서로 대립적인 것이기 때문이다(도 상사). 반대로 등불이 어둠에 접촉하지 않아도 어둠을 비출 수 없다. 이는 마치 접촉하지 않는 칼이 자를 수 없는 것과 같다(부도 상사). 이 중 니야야 논사는 '부도 상사'적 논박을 비판한다. 즉, '별의 재난'의 예를 들어 등불이 대상에 도달하지 않아도 대상에 작용할 수 있다고 반박하는 것이다. 니야야 논사는 『니야야 수뜨라』에서와 같은 '주문'이 아니라 '별의 재난'으로 '부도 상사' 논법을 비판하는 토대로서의 실례를 바

꾸었지만 양자 모두 도달하지 않고 사람에게 해를 미친다는 점에서 그 성격이 일치하므로, 이에 대한 용수의 반박 논리는 마찬가지일 수밖에 없다. 용수는 24가지 자띠(jāti) 논법 중 하나인 '분별 상사' 논법을 이용하여 니야야 측을 비판한다. 즉, '별의 재난'이라는 비유의 경우에는 실체가 있는 것에 작용하지만 '등불'의 경우에는 실체가 없는 '어둠'에 작용하기에 올바른 예가 되지 못한다는 것이다. 이런 논쟁 과정을 간략히 정리하면 다음과 같다.

1. '무궁, 반유 상사' 논법에 의한 자성 비판: 예) '인식 방법(『광파론』)'
2. 등불의 비유에 의한 자성 옹호: 등불과 같이 위의 법은 스스로도 성립시키고 남도 성립시킨다.
3. 『방편심론』의 '도, 부도 상응', 『니야야 수뜨라』의 '도, 부도 상사': 불길과 칼날의 비유('부도 상응'), 인의 이치가 없어짐('도 상응').
4. 『니야야 수뜨라』의 '부도 상사' 비판: 주문의 비유('부도 상사' 비판), 항아리 제작의 비유('도 상사' 비판).
5. 『광파론』의 '부도 상사' 옹호: 등불과 별의 재난의 비유는 다르다(분별 상사).
   『회쟁론』의 '부도 상사' 옹호: 이곳의 등불이 온 세계의 어둠을 타파하리라.
6. 『백론석』의 '부도 상사' 옹호: 중국의 등불이 인도의 동굴을 밝히리라.

'도, 부도 상사'적 논법에 대한 비판이 『니야야 수뜨라』에서는 제5편 제1 '자띠'장에만 등장하고 그런 비판이 거의 그대로 용수에 의해 인용된 후 재비판되고 있기에, 이를 둘러싼 논쟁 역시 '무인 상사' 논법에서와 마찬가지로 용수가 종장을 장식하고 있는 것만은 확실하다.

3. 무궁, 반유 상사(prasaṅga, pratidṛṣṭānta sama)

1) 『니야야 수뜨라(Nyāya Sūtra)』에 등장하는 논쟁

앞에서 설명하였듯이[65] 『니야야 수뜨라』 제5편, 제1장, 제9경문에 등장하는 '무궁, 반유 상사'는 상대의 주장에서 논리적 역설(logical paradox)을 간파해 냄으로써 상대의 주장을 방기하는 논법이다. 『니야야 수뜨라』의 저자는 '무궁 상사' 논법에 대해서는 등불의 비유를 들어 논박하고 있다. 즉, 등불이 자기 스스로를 드러내면서 동시에 다른 것도 드러내듯이 어떤 것[소(所)]의 근거[능(能)]도 그 스스로의 존재성을 가지면서 다른 것의 존재성을 성립시키는 토대가 되는 것이지, 스스로의 존재성을 성립시키기 위해 제2의 다른 근거[능]를 필요로 하지 않는다는 것이다. 이는 명백히 실재론적 사고방식이다. 사물이나 개념들을 성립시키기 위해 어떤 토대가 있어야 하지만 그 토대 자체는 자기 스스로의 실체성을 갖는다는 입장을 비유로 표현한 것이 바로 등불의 비유인 것이다. '무궁 상사'를 비판하는 논리에서도 이렇게 니야야학파의 실재론적 사고방식이 발견된다.

'반유 상사' 논법을 논박하는 니야야논사의 주장을 다시 인용해 본다.

또, 반대의 비유가 이유일 수 있다면 [원래의] 비유도 이유가 아닐

65) 본서, Ⅱ-1-4).

수 없다.

앞 절에서 상술한 바 있듯이 『니야야 브하샤』에서 '무궁, 반유 상사'의 예로 든 소재는 아뜨만의 활동성 여부에 대한 문제였고 이를 논증, 또는 반증하면서 흙덩이나 허공의 비유를 들고 있었다. 그러나 용수의 논서에서 '무궁, 반유 상사' 논법을 구사하거나, 비판하기 위해 가장 빈번히 인용되던 문제는 '인식 방법'의 실재성 여부에 대한 문제였다. 여기에 이를 대입하여 재구성하면 다음과 같이 될 것이다.

①'원 주장'
모든 사물은 인식 방법에 근거를 두고 성립한다. [마치 산, 나무, 돌 등과 같이]
②'무궁 상사적 비판'
인식 방법 역시 인식 방법에 근거를 두고 성립한다면 무궁의 오류에 빠져 원래의 주장은 무너진다.
③'반유 상사적 비판'
인식 방법은 인식 방법에 근거를 두지 않고 성립한다면 반대되는 실례가 있는 꼴이니 원래의 주장은 무너진다.
④'무궁 상사적 비판에 대한 재비판'
등불이 자기 스스로도 비추고 다른 것도 비추듯이 인식 방법은 스스로도 드러내고 다른 것도 드러낸다.
⑤'반유 상사적 비판에 대한 재비판'
반대되는 실례가 있기에 원래의 주장이 무너진다면 원래의 실례가 있기에 원래의 주장은 성립한다고 말할 수도 있다. 즉, 인식 방법만은 인식 방법의 토대 없이 성립하기에 모든 사물이 인식 방법에 근거를 두는 것이 아니라고 하지만 그 이외의 다른 사물들은 인식 방법에 토

대를 두고 성립하기에 모든 사물은 인식 방법에 근거를 둔다고 할 수 있다.

즉, '인식 방법'의 실재성을 소재로 삼아 『니야야 수뜨라』 제5편에 실린 '무궁, 반유 상사' 논법과 그에 대한 니야야 측의 비판에 대입하면 위와 같은 내용의 논쟁이 발생할 것이다. 그러나 위의 논쟁 중 ①~④는 『회쟁론』이나 『광파론』 등 용수의 논서에 등장하는데 ⑤는 등장하지 않는다. 『니야야 수뜨라』 제5편에서는 ④가 '무궁 상사' 논법에 대한 비판, ⑤가 '반유 상사' 논법에 대한 비판으로 간주되고 있었는데, 용수의 논서에서는 '무궁 상사'와 '반유 상사' 논법 모두에 대한 비판으로 ④의 등불의 비유가 채택되고 있다. 따라서, 『니야야 수뜨라』의 저자는 '무궁, 반유 상사' 논법의 의미를 잘못 파악한 상태에서 이를 비판하였던 것은 아닐까 생각된다.

등불의 비유 하나만 들면 『니야야 수뜨라』에 등장하는 '무궁 상사'와 '반유 상사' 논법이 모두 논파될 수 있다. 즉, 등불과 같이 스스로의 자성도 갖고 있으면서 다른 것의 자성을 드러내는 것이 인식 방법이라면, 마치 등불을 보기 위해 다른 제2, 제3의 무한한 등불이 필요하지 않듯이, 인식 방법의 존재성을 성립시키기 위해 다른 제2, 제3의 인식 방법이 요구되지 않는다. 따라서 무한한 인식 방법이 요구되리라는 '무궁 상사'적 비판은 옳지 않다. 또, 등불 스스로가 스스로를 드러내듯이 인식 방법이 인식 방법 자체를 드러내므로, '모든 것이 인식 방법에 의해 드러난다'는 원래의 명제도 해치지 않는다. 이렇게 등불의 비유를 듦으로써, '인식 방법만은 인식 방법에 의해 드러나지 않는 꼴이 된다'는 '반유 상사'적 비판 역시 논박된다.

사실, 용수가 즐겨 구사했던 '무궁, 반유 상사' 논법을 오히려 니야야 논사 측에서 적대자를 논박하는 도구로 애용하는 것이 『니야야 수뜨라』 도처에서 발견된다. 그 예를 들어 보겠다. '인식 대상'과의 3시적 관계에 비추어 보아 '인식 방법'이 성립할 수 없다고 적대자가 '무인 상사' 논법을 동원해 '인식 방법'의 실재성을 비판하자 이에 대해 니야야 논사는 다음과 같이 '무궁, 반유 상사'적으로 논박한다.

> 부정은 불가능하다. [그런 부정 역시] 3시적으로 성립하지 않기 때문에.[66]

이것은 '무궁 상사'적인 비판이다. 여기서는 '반유 상사'적인 비판이 생략되었지만 이를 복원해 보면 다음과 같을 것이다.

부정만은 삼시적으로 성립한다면 그대의 '무인 상사' 논법은 보편적 논법이 아닌 꼴이 된다.

『니야야 수뜨라』에서 '무궁, 반유 상사' 논법이 전형적으로 드러나는 곳이 바로 위의 '2-1-12' 경문에 이어지는 다음과 같은 두 수의 경문이다.

> 모든 '인식 방법'을 부정하기 때문에 부정은 불가능하다.[67]

> 또는, 그것(='인식 방법'의 부정)이 '인식 방법'의 성격을 갖고 있다면 모든 '인식 방법'을 특별히 부정하는 것이 아니다.[68]

---

66) traikālya-asiddheḥ pratiṣedha-anupapattiḥ: 『니야야 수뜨라』, '2-1-12'
67) sarva-pramāṇa-pratiṣedhāc-ca pratiṣedha-anupapattiḥ: 『니야야 수뜨라』, '2-1-13'.
68) tat-pramāṇye vā na sarva-pramāṇa-vipratiṣedhaḥ: 『니야야 수뜨라』, '2-1-14'.

즉, 인식 방법의 실재성을 3시적으로 부정하자, 인식 방법이 없기에 그런 부정 역시 인식되지 않을 테니 부정은 불가능하다고 '무궁 상사'적으로 비판한다.

또, 그와 반대로 인식 방법의 부정이 인식 방법의 성격을 갖고 있다고 하면 예외가 있는 꼴이니 인식 방법 전체의 실재성에 대한 삼시적 부정은 옳지 않다고 '반유 상사'적으로 비판한다.

『니야야 수뜨라』 '2-2-18'~'2-2-20'의 경문에서는 니야야 측의 주장에 대해 적대자가 '무궁, 반유 상사'적 논법을 구사하고 있는데 이는 중관론자가 아니라 미망사 학파의 성상주론자인 듯하다. 따라서 '무궁, 반유 상사' 논법은 비단 중관론자만 아니라 니야야, 미망사 등에 의해서도 상대방을 논파하기 위해 쓰인 논리적 도구였다고 볼 수 있다. 먼저 『니야야 수뜨라』 '2-2-18' 경문을 보자.

> 발음하기 이전에는 [소리가] 인지되지 않으며, 가림[부장(覆障)]등이 인지되지 않기 때문에 [소리는 무상하다].69)

즉, 소리가 상주하지만 잠재되어 있다가 발성 작용에 의해 현현하는 것이라면 현현하기 이전에는 무엇엔가 가려져 있었어야 하는데 그런 가림이 인지되지 않으므로, 상주하는 소리가 현현하는 것이라고 볼 수는 없고, 발성에 의해 새롭게 발생하는 것이라는 비판이다. 이는 인중유과론적인 미망사 학파의 성상주론(=성현현론)을, 인중무과론적 성무상론(성발생론)을 주장하는 니야야 학파가 비판한 경문이다. 이에 대해 미망사 학파는 다음과 같이 '무궁 상사' 논법으로 반박한다.

---

69) prāg-uccāraṇād-anupalabdher-āvaraṇa-ādy-anupalabdeś-ca: 『니야야 수뜨라』, '2-2-18(19)'

> 그것(=가림)의 '인지되지 않음'이 인지되지 않기 때문에 가림은 가능하다.[70]

가림이 인지되지 않기에 소리는 상주하는 것이 아니라고 니야야 측에서 비판하자, 미망사 측에서는 소리의 상주성 비판의 근거로 든, '가림의 인지되지 않음' 역시 '인지되지 않는다'는 근거에 의해 비판된다고 '무궁 상사'적으로 비판하고 있다. 그리고 이어서 다음과 같은 '반유 상사'적 비판을 싣고 있다.

> '인지되지 않음'이 인지되지 않아도 '인지되지 않음'은 실재하기 때문에, '인지되지 않음'에 토대를 두고 가림이 불가능하다고 할 수는 없다.[71]

즉, '인지되지 않음'은 인지되지 않아도 실재한다면 애초에 '인지되지 않는다'는 근거 위에서 내린 '가림이 실재하지 않는다'는 결론은 타당하다고 볼 수 없다는 것이다. 이는 '인지되지 않는 것은 실재하지 않는다.'는 애초의 명제에 위배(반)되는 실례(pratidṛṣṭānta: 반유)이다.

이에 대해 니야야 학파에서는 다음과 같이 재반박을 가하고 있다.

> [가림이] '인지되지 않음'은 '인지되지 않음'을 본질로 삼기 때문에 [위와 같은 반박은] 올바른 이유가 되지 못한다.[72]

---

70) tad-anupalabder-anupalambhād-āvaraṇa-upapattiḥ: 『니야야 수뜨라』, '2-2-19(20)'

71) anupalambhād-apy-anupalabdhi-sabdhāvān-na-āvaraṇa-anupapattir-anupalambhāt: 『니야야 수뜨라』 '2-2-20(21)'

72) anupalambha-ātmakatvād-anupalabdher-ahetuḥ: 『니야야 수뜨라』, '2-2-21(22)'

앞에서 인식 방법의 실재성이 '무궁, 반유 상사' 논법에 의해 비판받자 니야야 논사는 이를 옹호하기 위해 등불의 비유를 들었던 점에 대해 언급한 바 있다. 등불이 스스로도 드러내고 다른 것도 드러내는 역할을 하듯이 인식 방법도 스스로를 드러내고 다른 것도 드러낸다는 것이 그 요점이었다. 즉, 등불의 자성이 그 스스로 성립하듯이 인식 방법의 자성도 그 스스로 성립한다는 것이다. 그런데 위의 인용문에서 '인지되지 않음'이 그 스스로를 본질로 삼는다고 하는 바, 이는 마치 등불의 자성이 그 스스로 성립하듯이 '인지되지 않음'의 자성도 그 스스로 성립한다는 논리인 것이다. 여기에서도 우리는 니야야 학파의 실재론적 세계관을 엿볼 수 있다.

그런데 지금까지 필자가 '무궁, 반유 상사'적 논법의 예로 든 미망사(Mīmāṃṣā) 학파 측의 '성상주론 옹호론' 및 그에 대한 니야야 측의 비판은, 『니야야 수뜨라』 제5편 제1장 제29~30 경문에 등장하는 '불가득 상사' 논법의 한 예 및 그에 대한 니야야 측의 비판과 일치한다. 따라서 『니야야 수뜨라』 제5편 제1장에서 나열하고 있는 24가지 '자띠(jāti)' 이론은 논리적 체계성이 결여된 상태에서 수집, 편집된 것으로 추측된다.

『니야야 수뜨라』 제5편에서 니야야 논사는 '무궁, 반유 상사' 논법에 대해 '등불의 비유'[73]를 들고 '반유 비판의 논리'[74]를 내세워 논박하고 있다. 제2편에서는 구체적으로 '인식 방법'의 실재성에 대해 '무궁, 반유 상사' 논법이 구사되고 있으며 이에 대해서도 등불의 비유 및 제5편과 동일한 맥락의 '반유 비판의 논리'[75]가 동원되고 있다. 먼저 '무궁 상사' 논법에 대해 『니야야 수뜨라』 제5편과 제2편에서 기술하고 있는 비판을 보자.

---

73) 『니야야 수뜨라』, '5-1-10'.
74) 『니야야 수뜨라』, '5-1-11'.
75) 『니야야 수뜨라』, '2-1-20'.

> 그렇지 않다. 마치 등불의 조명이 성립하는 것과 같이 그것이 성립하기 때문이다.(2-1-19)[76)]

> 등(燈)을 취하는 것에 의해서 무궁이 멈추는 것과 같이 그것이 멈춘다(5-1-10).[77)]

앞에서 거론한 바 있듯이 『니야야 브하샤』에서는 이 두 경문 중 '2-1-19' 경문은 등불의 타율적 확실성에 빗대어 '무궁 상사' 논법을 비판한 것이고, '5-1-10'은 등불의 자율적 확실성에 빗대어 '무궁 상사' 논법을 비판한 것으로 본다. 등불이 사물을 드러내는 성질을 갖는다는 것은 다른 양(量)에 의해 인지된다는 것이 타율적 확실성이고 그 스스로에 의해 인지된다는 것이 자율적 확실성이다. 그러나 앞에서 『광파론』이나 『회쟁론』과의 비교를 통해 비판적으로 검토한 바[78)]와 같이 이 두 경문은 표면상으로 동일한 맥락에 서 있는 것이다. 즉, 등불이 그 스스로를 드러내면서 다른 것도 드러내 주듯이 '인식 방법'은 그 스스로의 존재를 성립시키기 위해 다른 인식 방법을 요하지 않는다는 것이다.

그러나 '반유 상사' 논법을 비판하는 경문은 언뜻 보아 제5편과 제2편이 일치하지 않는 듯 보인다. 다음을 보자.

> 왜냐하면 어떤 경우에는 [다른 인식 방법의] 작용 없음을 보기 때문에, 그리고 어떤 경우에는 작용 없음이 아님을 보기 때문에 일정치 않다(2-1-20).[79)]

---

76) na, pradīpa-prakāśa-siddhivat-tat-siddheḥ: 『니야야 수뜨라』, '2-1-19'
77) pradīpa-upādāna-prasaṅga-vinivṛttivat-tad-vinivṛttiḥ: 『니야야 수뜨라』, '5-1-10'
78) 앞에서 필자는 이런 『니야야 브하샤』의 설명이 그릇된 것일 수도 있다고 제안한 바 있다: 본서 제Ⅱ장 1절 4)항 b. 참조.

> 또, 반대되는 실례가 이유일 수 있다면 [원래의] 실례도 이유가 아닐 수 없다(5-1-11).[80]

그러나 이 두 경문 역시 등불의 비유에서와 마찬가지로 서로 동일한 맥락에 있다고 볼 수 있다. 즉, 제5편에 기술된 '반유 상사' 비판의 원칙을 보다 상세하게 설명한 경문이 제2편의 경문인 것이다. 제2편의 경문을 구체적으로 풀어서 기술하면 다음과 같이 될 것이다.

'인식 방법 그 자체'의 경우에는 그 존재성을 위해 '다른 인식 방법'의 작용이 필요치 않지만, 산이나 나무, 돌 등과 같이 다른 사물들의 경우에는 그 존재성을 위해 '인식 방법'의 작용이 없어서는 안되기에, 사물의 존재성을 확립시키기 위해 '인식 방법'이 필요하다는 애초의 명제가 반드시 틀렸다고 할 수는 없다.

이렇게 '무궁, 반유 상사' 논법의 예를 보더라도, 『니야야 수뜨라』 제5편과 제2편 중 어느 쪽이 선행한다고 결정할 수는 없다. 즉, 앞에서[81] 거론했던 '무인 상사'의 예에서와 마찬가지로 제5편에는 '자띠(jāti)' 논법의 원칙이 실려 있고 제2편에서는 그에 대한 구체적인 예가 실린 것일 뿐이지 제2편에서 새로운 논의가 추가된 것이라고 볼 수는 없는 것이다.

2) 『광파론(Vaidalya-prakaraṇa)』에 등장하는 논쟁

79) kvacin-nivṛtti-darśanād-anivṛtti-darśanāc-ca kvacid-anaikāntaḥ: 『니야야 수뜨라』, '2-1-20'

80) pratidṛṣṭānta-hetutve ca na-ahetur-dṛṣṭāntaḥ: 『니야야 수뜨라』, '5-1-11'

81) 본서, Ⅱ-1-1).

『광파론』에 등장하는 '무궁, 반유 상사' 논법의 경우는 앞에서 '도, 부도 상사' 논법을 둘러싼 논쟁에 대해 논의하면서 익히 취급한 바 있다. 그러나 앞에서는 논의의 초점이 '도, 부도 상사' 논법에 주어져 있었기 때문에, '무궁, 반유 상사' 논법의 등장 계기, 또 그에 대한 니야야 측의 비판 등에 대해 상세히 다루지 않았다. 본항에서는 앞에서 소홀히 취급하였던 부분을 보충하면서 『광파론』에 등장하는 '무궁, 반유 상사'에 대해 자세히 분석해 보기로 하겠다.

용수가 '인식 방법'과 '인식 대상'의 3시적 관계가 성립하지 못한다고 '무인 상사' 논법을 동원하여 비판하자 이에 대해 니야야 논사는 저울의 비유를 들어 '인식 방법'의 실재성을 다음과 같이 옹호한다.

> 마치 저울 등이 없으면 헤아리게 될 사물들을 헤아릴 수 없듯이 인식 방법 없이 인식 대상은 인식되지 않는다.[82)]

이에 대해 용수가 '무궁, 반유 상사' 논법을 동원하여 비판하지만 여기서 용수의 비판을 보기 전에 『니야야 수뜨라』의 다음과 같은 경문을 보자.

> 또, 소량(所量, 측량의 대상)은 저울[추]인 능량(能量, 측량 도구)처럼 쓸 수도 있다.[83)]

『니야야 수뜨라』에서도 『광파론』에서와 마찬가지로 '무인 상사' 논법적인 '인식 방법' 비판 이후 위와 같이 저울의 비유를 들어 '인식

82) ji ltar sraṅ la sogs pa med na gṣal bya gzuṅ ba med pa de bṣin du tshad ma med na yaṅ gṣal bya gzuṅ ba med do ṣes smras na(Yuichi Kajiyama, 앞의 책, p.135.).

83) prameya ca tulā prāmāṇyavat: 『니야야 수뜨라』, '2-1-16'

방법'의 실재성을 옹호하고 있으며, 저울의 비유 이후에 바로 '무궁, 반유 상사'적인 논박이 적대자에 의해 제시되는 형식으로 경문이 구성되어 있다. 그러나 양 논서에 등장하는 논쟁 과정에는 미세한 차이가 존재한다. 우선 양 논서에 등장하는 논쟁 전개 과정을 요약하여 비교해 보기로 한다. 다음의 표에서 보듯이 '무궁, 반유 상사' 논법을 둘러싼 논쟁 과정이 『니야야 수뜨라』나 『광파론』 모두 일치하는 듯하다. 그러나 『니야야 수뜨라』에서 '무인 상사' 논법을 비판한 후 제시한 '저울의 비유'는 『광파론』에서의 '저울의 비유'와 그 의미를 달리한다. 『광파론』적인 '저울의 비유' 경문 이후에 '무궁, 반유 상사' 논법을 동원한 비판이 등장하는 것은 논의의 맥락에 일치하나 『니야야 수뜨라』식의 저울의 비유는 사실상 '무궁, 반유 상사' 논법을 비판하기 위해 나중에 제시되었어야 어울릴 듯하다. '소량인 저울추가 능량이 되기도 한다'는 말은 '등불이 자기 스스로도 드러내고 다른 것도 드러낸다'는 식의 논리와 같은 취지를 갖는 것이기 때문이다.

	『니야야 수뜨라』	『광파론』
1	무인 상사 논법으로 인식 비판	무인 상사 논법으로 인식의 존재성 비판
2	소리와 악기의 비유	…
3	저울의 비유 - 소량은 능량처럼 쓸 수가 있다	저울의 비유 - 저울이 있어야 사물을 헤아리듯이 인식 방법이 있어야 사물을 인식한다.
4	무궁, 반유 상사적 비판	무궁, 반유 상사적 비판
5	등불의 비유.	등불의 비유
6	『니야야 수뜨라』 제5편의 도, 부도 상사 논법 비판	도, 부도 상사 논법으로 등불의 비유 비판

7	『니야야 수뜨라』 제5편의 도, 부도 상사 논법 비판 - 항아리와 주문의 비유	‘별의 재난’의 예 인용
8	…	분별 상사 논법으로 ‘별의 재난’의 예 비판外 다양한 비판

따라서 『니야야 수뜨라』의 논쟁 인용에 착오가 있었던 것으로 사료된다. 즉, 『광파론』에서와 같은 의미로 저울의 비유를 하든지, 아니면 ‘무궁, 반유 상사’ 논법 이후에 저울의 비유를 해야 할 것이다.

또하나 특기할 것은 『광파론』에서는 니야야 논사의 등불의 비유에 대해 ‘도, 부도 상사’ 논법으로 비판하고 있지만 『니야야 수뜨라』 제2편에서는 이러한 ‘도, 부도 상사’ 논법에 대한 언급이 없고 제5편에서 비로소 ‘주문’과 ‘항아리’의 예를 들어 반박하고 있다. 따라서 『니야야 수뜨라』 제2편 작성 당시에는 ‘등불의 비유’에 대한 용수의 비판을 니야야 논사가 아직 알지 못하고 있었다고 볼 수 있다. ‘도, 부도 상사’ 논법만 보면 『니야야 수뜨라』 제2편 이후에 『회쟁론』이 작성되고, 그 이후 제5편이 작성되었으며, 다시 그 이후 『광파론』이 작성되었다고 볼 수 있다.

이런 과정을 약술하면 다음과 같다.

니야야 논사: 저울의 비유
용수: ‘무궁, 반유 상사’ 논법에 의한 비판
니야야 논사: 등불의 비유
용수: ‘도, 부도 상사’ 논법에 의한 비판
니야야 논사: 별의 재난, 주문 등에 의한 ‘부도 상사’ 비판
용수: ‘분별 상사’ 논법 등에 의한 재비판

『광파론』에서는 ‘무궁, 반유 상사’ 논법을 이용하여 5지 논증식 중 이유와 소증 간의 관계를 비판하기도 한다. 이를 인용해 보자.

> 다시, 이유에 의해 증명된다고 그대는 말하지만 그것은 옳지 않다. (만일 그렇다면) 이유에도 다시 다른 이유가 없어서는 안 될 것이고, 그것(= 제2의 이유)에도 또 다른 것(= 제3의 이유)이 있어야 된다. 이 경우 무한소급이 될 것이다. 또, 만일 이유에는 다시 (다른) 이유가 있다고 인정하지 않는다면 당연히 그 이유로 이유는 없는 것이 될 것이다. 혹은 이유가 그러하듯이 모든 것은 이유 없이 성립하는 꼴이 될 것이다.[84)]

여기서는 이유와 소증 간의 관계가 ‘무궁, 반유 상사’적으로 불가능함을 밝히고 있는데 『니야야 수뜨라』에서는 이런 소재에 대한 비판을 인용하거나 옹호하고 있는 모습이 발견되지 않는다.

‘무궁, 반유 상사’ 논법이란 앞에서 예로 들었던 ‘무인 상사’ 또는 ‘도, 부도 상사’ 논법과 마찬가지로 어떤 근거에 의해 증명을 한다고 하는 논증 과정 자체의 타당성을 부정하는 논법인 것이다. 단순히 논증식을 놓고 오류를 지적해 내는 논법이 아니라 논증식을 통해 지식을 획득한다는 발상 자체의 불가능성을 역설하는 논법이 이들 ‘자띠(jāti)’ 논법이라고 할 수 있다. 아니 비단 논증식뿐만 아니라 이유와 소증, 능(能)과 所, 인식 방법과 인식 대상 간의 관계의 성립 가능성을 파기하는 논법이 이들 ‘자띠(jāti)’ 논법인 것이다.

---

84) gṣan yaṅ gtan tshig la gtan tshigs med paḥi yaṅ phyir ro// gtan tshig las grub po ṣes brjod pa gaṅ yin pa de ni ma yin te/ gtan tshigs la yaṅ gtan tshigs gṣan thob par ḥgyur ṣiṅ de la yaṅ gṣan yin no// ṣes thug pa med par ḥgyur ro// ḥon te gtan tshigs la yaṅ gtan tshigs yod par mi ḥdod na deḥi phyir gtan tshigs med pa yin no// yaṅ na gtan tshigs bṣin du thams cad kyaṅ gtan tshigs med par grub par ḥgyur ro//(Yuichi Kajiyama, 앞의 책, p.145.).

3) 『회쟁론(Vigraha-vyāvartanī)』에 등장하는 논쟁

앞에서 지적한 바 있지만 『회쟁론』의 제1송과 제2송은 '무궁, 반유 상사' 논법으로 이루어져 있다. 이를 인용해 본다.

> 만일 '그 어디서건 모든 사물에 자성이 없다'면 자성이 없는 그대의 말은 자성을 부정할 수 없다(제1송).[85]

> 이와 달리, 만일 이 말이 자성을 갖고 있는 것이라면 그대의 앞에서의 주장은 깨어진다. 일치하지 않는 것이 있기에 거기에 특별한 이유가 설명되지 않으면 안 된다(제2송).[86]

여기서 제1송은 '무궁 상사' 논법이라고 볼 수 있다. '자성이 없다'는 술어(pedicate)가 능(能)이라면 '모든 사물'이라는 주어(subject)는 소(所)라고 볼 수 있다. '자성이 없다'는 능 역시 모든 사물에 소속되므로 이것이 소가 되는 경우 능인 '자성 없다'는 술어의 지배를 받으므로 이 역시 자성이 없어야 한다.

이와 반대로 '모든 사물은 자성이 없다'는 이 말만은 자성을 갖고 있다면 어떤 것은 자성이 없고 어떤 것은 자성이 있다는 말이 되니 원 주장의 주어를 해치게 된다.

용수는 니야야 논사 측의 이런 비판을 모면하기 위해 '모든 사물은

85) sarveṣāṃ bhāvānāṃ sarvatra na vidyate svabhāvaścet/ tvadvacanamasvabhāvaṃ na nivartayituṃ svabhāvamalam(K. Bhattacharya, 앞의 책, Text, p.10.).
86) atha sasvabhāvametadvākyaṃ pūrvā hatā pratijñā te/ vaiṣamikatvaṃ tasmin viṣeśahetuśca vaktavyaḥ//(K. Bhattacharya, 위의 책, Text, p.11.)

자성이 없다는 이 말이 자성은 없으나, 마치 꼭두각시가 꼭두각시를 제압하듯이 자성을 부정하는 것은 가능하다'[87]고 말한다. 그러나 앞에서 지적한 바 있듯이 이는 니야야 논사 측에서 자신들의 입지를 옹호하기 위해 '등불의 비유'를 들었던 것과 같은 맥락에 서 있다고 볼 수 있다. 용수의 논리는, 마치 등불이 자기 스스로도 드러나게 하면서 다른 것도 드러나게 하듯이 '모든 것은 자성이 없다'는 이 말은 그 스스로의 자성을 파하면서 다른 것의 자성도 파하는 것이라는 구조를 갖추고 있는 것이다. 물론 용수 자신은 이런 식의 의식을 갖고 있지 않았다. 필자가 분석하기에 용수의 공 사상 옹호론에서도 등불의 비유와 같은 맥락의 논리가 동원된다는 것이다. 그러나 표면적으로는, 중관론자의 '무궁 상사' 논법을 극복하기 위해 반대론자에 의해 상투적으로 동원되는 등불의 비유를 용수 자신은 『중론』, 『회쟁론』, 『광파론』 도처에서 다시 논박하고 있는 것이 보인다.

『회쟁론』 제32송에서 용수는 다음과 같이 '무궁 상사' 논법에 의해 '인식 방법'의 실재성을 논파한다.

> 그러나 인식이 또한 다른 인식에 의해 성립된다면 그 과정은 무한히 거슬러 올라가게 된다. 그런 경우 최초의 것이 확인되지 않는다. 중간의 것도 최후의 것도 성립되지 않는다.[88]

이를 도식화하면 다음과 같다.

---

87) nirmitako nirmitakaṃ māyāpuruṣaḥ svamāyayā sṛṣṭam/ pratiṣedhayeta yadvat pratiṣedho 'yaṃ tathaiva syāt//(K. Bhattacharya, 위의 책, Text, p.25.): 『회쟁론』 第23頌.

88) anyairyadi pramāṇaiḥ pramāṇasiddhirbhavettadanavasthā/ nādeḥ siddhistatrāsti naiva madhyasya nāntasya(K. Bhattacharya, 위의 책, Text, p.31.)

[인식 대상인] 사물 ← [최후의] 인식 방법 ← [제2의] 인식 방법 ← … [중간의] 인식 방법 ← …

즉, 인식 방법이 제2의 인식 방법에 의해 성립하고 제2의 인식 방법은 제3의 인식 방법에 의해 성립하고 결국 전 단계의 인식 방법을 성립시키기 위해 무한한 다음 단계의 인식 방법을 필요로 하게 되므로, 그 무한한 계열에서 최초의 인식 방법이 확인되지 않으니 그에 따라 전 단계의 인식 방법들을 인식하는 매개적인 인식 방법들이나, 사물을 인식하는 최후의 인식 방법 역시 성립할 수가 없다는 것이다.

'반유 상사'적인 비판은 다음과 같다.

> 만일 그것(=인식 방법)이 인식 방법 없이 성립한다면 논의는 파괴된다. 거기에는 불일치성이 있다. 또, 특별한 이유가 말해져야 한다(제33송).[89)]

즉, 인식 방법 자체는 제2의 인식 방법 없이 그 스스로 성립한다면 '사물은 인식에 의해 확립된다'고 하는 애초의 논의는 깨진다는 것이다.

그런데 여기서 '불일치성이 있다'는 구절은 『니야야 수뜨라』 제2편의 '2-1-20'의 경문의 취지와 일치한다. 『니야야 수뜨라』 '2-1-20'을 다시 인용해 보자.

> 왜냐하면 어떤 경우에는 [다른 인식 방법의] 작용 없음을 보기 때문에, 그리고 어떤 경우에는 작용 없음이 아님을 보기 때문에 일정치 않다.[90)]

89) teṣāmatha pramāṇairvināprasiddhirvihīyate vādaḥ/ vaiṣamikatvaṃ tasminviśeṣ ahetuśca vaktavyaḥ//(K. Bhattacharya, 위의 책, Text, p.32.)

『니야야 수뜨라』에서는 이 구절을 '반유 상사'적 논법을 니야야 논사 측에서 재비판한 구절로 취급하고 있었는데, 『회쟁론』 제33송의 주석을 보면 용수는 거꾸로 '반유 상사' 논법을 뒷받침하기 위해 이와 동일한 의미의 진술을 하고 있는 것이다. 그에 따라 현대 학자들은 이 구절이 『니야야 수뜨라』의 경문이 아닐 수도 있다는 논란을 벌이기도 한다.[91]

『니야야 브하샤』에서는 인식 대상의 경우는 인식 방법에 의해 스스로를 드러내지만 인식 방법의 경우는 제2의 인식 방법 없이 스스로를 드러냄과 동시에 다른 것도 드러낸다고 주석하고 있다.[92] 즉, 인식 방법과 인식 대상은 그 성격이 다르다는 말이다.

그러나 용수의 경우, 위와 같은 진술을 하는 이유는 '논의에 일관성이 없기 때문에 오류에 빠진다'는 것을 나타내기 위해서였다. 양 논서의 주석에 나타난 설명을 그대로 수용한다면 같은 의미의 문장에 대해서도 니야야 측과 용수 측은 서로 상반된 해석을 하였다고 결론을 내릴 수 있을 것이다.

어쨌든, 위와 같은 '무궁, 반유 상사' 논법을 비판하기 위해 등장하는 것이 바로 등불의 비유이다. 등불의 비유를 듦으로써 '무궁 상사'와 '반유 상사'적 논법을 통한 실재론 비판이 논박되고 실재론적 사고방식은 다시 정립된다. 즉, 마치 등불이 자기 스스로를 드러내고 그와 동시에 다른 것도 드러내듯이 인식 방법도 자기 존재성을 스스로 성립시키고 다른 사물의 존재성도 성립시킨다는 말이다.

『니야야 수뜨라』의 논의는 제2편이건 제5편이건 여기서 종결된다. 그러나 『중론』, 『회쟁론』, 『광파론』 등 용수의 논서에서는 이런 등불

90) kvacin-nivṛtti-darśanād-anivṛtti-darśanāc-ca kvacid-anaikāntaḥ: 『니야야 수뜨라』, '2-1-20'.

91) 梶山雄一, 앞의 책, p.48.

92) 『니야야 브하샤』, 앞의 책, p.649.

의 비유가 혹독하게 비판되고 있는 모습이 발견되다. 『회쟁론』에서는 다음과 같이 비판한다.

> 이것은 결함이 있는 명제이다. 왜냐하면 불은 자기 스스로를 비추지 않기 때문이다. 왜냐하면 그것이 경험되지 않는다는 것은, 어둠 속에 있는 물단지가 경험되지 않는 것과 같은 실례가 아니기 때문이다(제34송).[93]

> 만일 그대의 말과 같이, 이 불이 자기 스스로를 비추고 또 다른 것도 비춘다면 불은 스스로를 태울 것이다(제35송).[94]

> 만일 그대의 말과 같이 불이 자타 양자를 비춘다면 어둠도 그와 똑같이 자타 양자를 덮으리라(제36송).[95]

> 어둠은 광휘(光輝) 속에도 없고 광휘가 머물러 있는 곳인 다른 곳에도 없다. 어떻게 그것이 비춤을 짓겠는가? 왜냐하면 비춤은 어둠의 파괴자이기 때문이다(제37송).[96]

> 발생하는 중인 불이 비춘다는 것은 잘못된 말이다. 왜냐하면 발생하는 중인 불은 어둠에 도달하지 않기 때문이다(제38송).[97]

---

93) viṣamopanyāso 'yaṃ na hyātmānaṃ prakāśayatyagniḥ/ na hi tasyānupalabdhirdṛṣṭā tamasīva kumbhasya(K. Bhattacharya, 앞의 책, Text, p.32.)

94) yadi ca svātmānamayaṃ tvadvacanena prakāśayatyagniḥ/ paramiva nanvātmānaṃ paridhakṣyatyapi hutāśaḥ(K. Bhattacharya, 위의 책, p.33.)

95) yadi ca svaparātmānau tvadvacanena prakāśayatyagniḥ/ pracchādayiṣyati tamaḥ svaparātmānaui hutāśa ivā//(K. Bhattacharya, 위의 책, p.33.)

96) nāsti tamaśca jvalane yatra ca tiṣṭhati parātmani jvalanaḥ/ kurute kathaṃ prakāśaṃ sa hi prakāśo 'ndhakāravadhaḥ//(K. Bhattacharya, 위의 책, p.34.)

97) utpadyamāna eva prakāśayatyagnirityasadvādaḥ/ utpadyamāna eva prāpnoti tamo na hi huyāśaḥ//(K. Bhattacharya, 위의 책, pp.34~35.)

> 또는, 만일 도달하지 않은 광휘가 어둠을 파괴하는 것이라면 바로 여기에 머물러 있는 이것(=등불)이 온 세계의 어둠을 파괴하리라 (제39송).98)

위에 인용한, '등불의 비유에 대한 비판' 가운데 제38송과 제39송은 그 논박이 '부도 상사' 논법에 의해 이루어지고 있다. 즉, 발생하는 중인 등불은 어둠에 도달하지 못하며, 설혹 어둠에 도달하지 못해도 어둠을 비출 수 있다고 한다면 이곳에 있는 등불이 온 세상의 어둠을 파괴해야 할 텐데 실상은 그렇지 못하다는 식으로 논박한다.

따라서 '무궁, 반유 상사' 논법에 대한 『니야야 수뜨라』의 비판과 『회쟁론』에서의 그에 대한 재비판 등의 과정을 요약하여 순서대로 열거하면 다음과 같다.

1. 용수, 『니야야 수뜨라』 '5-1-9', '2-1-17~18': '무궁, 반유 상사' 논법에 의한 '인식 방법의 실재성' 비판
2. 니야야 논사, 『니야야 수뜨라』 '5-1-10~11', '2-1-19~20': '등불의 비유'에 의한 '무궁, 반유 상사' 비판
3. 용수, 『회쟁론』 제34~37송: '등불의 비유' 비판, 제38~39송, 『니야야 수뜨라 '5-1-7': '도, 부도 상사' 논법에 의한 '등불의 비유' 비판
4. 니야야 논사, 『니야야 수뜨라』 '5-1-8'

다음 절에서 상론하겠지만 니야야 논사와 용수 사이에서 벌어지는 이런 논쟁 과정이 『광파론』에서는 『회쟁론』에서보다 몇 단계 더 이어

98) aprāpto 'pi jvalano yadi vā punarandhakāramupahanyāt/ sarveṣu lokadhātuṣu tamo 'yamiha saḥsthito hānyat//(K. Bhattacharya, 위의 책, p.35.)

진다. 『회쟁론』에서는 ‘도, 부도 상사’ 논법에 의해 용수가 ‘등불의 비유’를 비판하면서 ‘무궁, 반유 상사’에서 비롯된 논쟁이 종지부를 찍게 되는데 『광파론』에서는 다시 니야야 논사 측에서 ‘별의 재난’의 비유를 들어 ‘도, 부도 상사’ 논법을 비판하고 있다. 『니야야 수뜨라』 제5편에서도 ‘항아리와 주문’의 예를 들어 ‘도, 부도 상사’ 논법을 비판하고 있다. 『광파론』에서는 용수 역시 이런 비판을 재비판하고 있는 모습이 보인다. 따라서 『니야야 수뜨라』는 『회쟁론』 이후에 작성되었을 것이라고 추측할 수 있다. 『회쟁론』에 등장하는 적대자는 앞에서 보았듯이 용수의 공 사상을 비판하기 위해 ‘무궁, 반유 상사’ 논법을 쓰기도 하고, 아비달마적인 법수(法數)에 自性이 있다고 옹호하기도 한다. 또 인식 방법으로 사량설(四量說)을 내세우긴 하지만 이는 비단 니야야 학파뿐만 아니라 현, 비 이량설을 내세운 진나(Dignāga) 이전의 불교도들도 공유하는 인식 이론이었다. 따라서 『회쟁론』 성립 당시에는 아직 니야야 학파가 학파로서 독립적 명칭을 갖고 있지 못했고 『니야야 수뜨라』도 아직 원시적인 형태에 머물러 있었을 것이라고 추측할 수 있다.

4) 논쟁의 순서에 대한 고찰

‘무궁, 반유 상사’ 논법 역시 다른 ‘자띠(jāti)’ 논법들과 마찬가지로 독립적으로 쓰이는 것이 아니라, 갖가지 ‘자띠(jāti)’ 논법을 동원하여, 하나의 소재에 대해 논쟁이 벌어지는 과정에서 상대의 논리를 논파하는 여러 가지 수단들 중의 하나로 쓰이고 있음을 볼 수 있었다.

먼저, 저울의 비유가 등장하는 경우 용수는 ‘무궁, 반유 상사’ 논법을 구사하여 그를 논파한다. 위에서 살펴보았듯이 『광파론』에 등장하는 저울의 비유는 논쟁의 맥락에 부응하지만 『니야야 수뜨라』에 등장하는 저울의 비유는 오히려 '무궁, 반유 상사' 논법 이후에 이 논법을 비판하기 위해 등장했어야 논리 전개의 추이에 맞았을 것이라고 생각된다.

인식 방법이 있어야 인식 대상이 헤아려질 수 있다고 니야야 논사가 주장하자, 용수는 그런 인식 방법의 실재성을 비판하기 위해 '무궁, 반유 상사' 논법을 동원한다. 인식 방법 그 자체의 존재가 제2의 인식 방법에 의해 성립된다면, 결국 무한한 인식 방법이 필요하게 되는 무한소급의 오류에 빠지고(무궁 상사), 인식 방법만은 인식되지 않아도 그 스스로 성립한다면 다른 대상들도 인식 방법에 의존하지 않고 그 스스로 성립해야 하는 오류에 빠진다(반유 상사).

니야야 논사는 용수의 이런 비판에 대해 등불의 비유를 들어 재비판한다. 즉, 인식 방법만은 다른 사물들과 달라서 마치 등불과 같이 자기 자신도 드러내고 다른 것도 드러낸다는 것이다. 사실 등불이 켜 있을 때 그 등불을 보기 위해 다른 제2의 등불이 필요하지는 않다. 이처럼 인식 방법도 그 스스로 존재성을 성립시키면서 다른 사물들의 존재성도 성립시킨다는 것이다.

'무궁, 반유 상사' 논법에 대한 이런 비판에 대해 『광파론』과 『회쟁론』에서는 다른 '자띠(jāti)' 논법을 이용한 논쟁이 계속되는데 결론적으로 말하면 『광파론』에 등장하는 용수의 비판이 이런 논쟁 과정에서 종장을 장식한다.

4. 용수와 니야야(Nyāya) 논사 간의 논쟁사를 통해 본, 각 경론들의 성립 시기

용수의 논서에서는 『니야야 수뜨라』 제5편 제1장에 열거 정의된 24 가지 '자띠(jāti)' 논법 중 많은 논법들이 구사되고 있기는 하지만, 지금까지 살펴 보았듯이 니야야 논사와의 논쟁 과정에서 주로 사용된 논법은 '무인 상사', '도, 부도 상사' 및 '무궁, 반유 상사'의 세 가지 '자띠(jāti)' 논법이었다. 그리고 논쟁의 순서도 『광파론』에 등장하는 용수의 논쟁이 末尾를 장식하고 있음을 볼 수 있었고, 논쟁의 말미에서 용수가 구사하는 '분별 상사'나 『방편심론』의 '문동(聞同) 상응' 논법에 대한 비판은 『니야야 수뜨라』에서 찾아볼 수 없었다.

이런 과정을 다시 종합적으로 요약해 보면 용수와 니야야 논사 사이에서는 다음과 같은 과정으로 논쟁이 이루어졌으리라고 추측할 수 있다.

* '무인 상사' 논법에서 비롯된 논쟁

1. 니야야: 16구의의 제시, '인식 방법'과 '인식 대상'(『니야야 수뜨라 제1편?)

2. 용수: '무인 상사' 논법에 의한 '인식 방법'의 실재성 비판(『방편심론』이나 기타 논서)

3. 니야야: ①'무궁, 반유 상사' 논법으로 '무인 상사' 논법 비판 ② '소증인 악기'와 '이유인 소리'의 논리로 '무인 상사' 논법 비판(『니야야 수뜨라』 제5편, 제2편)

4. 용수: ①'인허타난'의 오류로 3-①의 비판을 재비판(『광파론』 제13, 14절) ②'소증과 이유의 관계'를 '무궁, 반유 상사'적으로 재비판(『광파론』 제41절)

* '무궁, 반유 상사' 논법에서 비롯된 논쟁

1. 니야야: '인식 방법'의 존재 주장, 저울에 비유(『광파론』 제4절)

2. 용수: '무궁, 반유 상사' 논법에 의해 '인식 방법'의 실재성 비판(『회쟁론』 제32, 33송 및 『광파론』 제4절 주석, 『니야야 수뜨라』 제2편)

3. 니야야: 등불의 비유로 '무궁, 반유 상사' 비판(『회쟁론』 제33송 주석, 『광파론』 제5절, 『니야야 수뜨라』 제2편)

4. 용수: '도, 부도 상사'로 등불의 비유 비판(『회쟁론』 제38, 39송, 『광파론』 제6절)

5. 니야야: '별의 재난', '주문'의 예로 '부도 상사' 비판(『광파론』 제7절, 『니야야 수뜨라』 제5편)

6. 용수: '분별 상사' 논법으로 '별의 재난'의 예 비판(『광파론』 제7절 주석)

7. 용수: '문동 상응' 논법으로 어둠의 실체성 비판(『광파론』 제8절)

8. 용수: 등불의 비춤 비판(『광파론』 제9절, 『회쟁론』 제34~37송)

니야야 논사 측에서 '인식 방법'과 '인식 대상'의 실재성을 주장하자 이에 대해 용수가 비판을 가하면서 논쟁은 시작된다. 용수와 니야야 논사 사이에서는 위에서 보듯이 '무인 상사'적 논법이나 '무궁, 반유 상사'적 논법이 계기가 되는 두 가지 종류의 이질적 논쟁이 있었으리라고 추측된다. 『광파론』에서 『니야야 수뜨라』의 16구의와 그에 대한 정의(lakṣaṇa)가 인용되며 비판되고 있기에 『니야야 수뜨라』 제1편이 『광파론』보다 선행하여 존재했었다는 사실만은 확실하다.

대부분의 현대 학자들은 용수의 『회쟁론』에 『니야야 수뜨라』의 4량설(四量說)이 등장하며 비판되고 있기에 『회쟁론』에 등장하는 적대자는 니야야 논사일 것이라고 추측하고 있다.[99] 그러나 앞에서 살펴

99) 宇井伯壽, 正理學派の成立並に正理經編纂年代, 印度哲學研究1, pp.205~209.

보았듯이 4량설은 『방편심론』의 저자나 현존하는 한역 『중론』의 주석자 중의 하나인 청목(靑目) 등, 진나(Dignāga) 이전의 불교도들도 공유하는 이론이었으며, 『회쟁론』의 적대자는 아비달마적인 법수(法數)의 실체성을 옹호하고 있는 모습이 보이기에, 필자는 그가 니야야 논사가 아니라 어떤 특정 부파의 아비달마 논사일 가능성이 더 높다는 의견을 피력한 바 있다.[100)]

그리고 『회쟁론』에서도 '도, 부도 상사' 논법이 등장하지만 『니야야 수뜨라』 제5편에서 '항아리나 주문의 예'를 들어 이 논법을 비판하고 있기에 『회쟁론』은 『니야야 수뜨라』 제5편 성립 이전에 작성되었을 것으로 추측된다.

그 후 『니야야 수뜨라』 제2편과 제5편이 동시에 작성된다. 왜냐하면 제5편 제1장에 기술되어 있는 '무인 상사'나 '도, 부도 상사', 또 '무궁, 반유 상사' 논법에 대한 설명과 제2편에서 이 논법들이 실질적으로 논쟁 과정에 구사되고 있는 내용에 차이가 없기 때문이다.

카지야마유이치는 제2편이 보다 후대에 작성되었을 것이라고 하면서, '무인 상사' 논법에 대한 비판인 '소리와 악기'의 비유가 제2편에 처음 등장함을 그 근거로 대는데, 앞에서 살펴 보았듯이 '소리와 악기'의 비유는 '이유(hetu)로 인해 소증(sādhana)이 증명된다'는 제5편의 비판 원칙에 대한 구체적 예일 뿐이기에 제5편의 논리보다 발전된 논리가 아니다.[101)]

『니야야 수뜨라』 제5편과 제2편의 비판을 모두 인용하면서 몇 가지 새로운 내용의 니야야 비판을 싣고 있는 논서가 바로 『광파론』이다. 즉, '분별 상사'와 '문동(聞同) 상응' 논법 등에 의해 니야야 측의 '별의 재난'의 비유를 논파하는 논리인데, 이로 인해 『광파론』이 『니

---

100) 본서, Ⅲ-1-3).
101) 본서, Ⅲ-1-1) 참조.

야야 수뜨라』 제2편이나, 제5편보다 후대에 작성되었다고 보는 것이다. 즉, 『광파론』에 등장하는 이 논리가 『니야야 수뜨라』에서 비판되는 모습은 더이상 보이지 않는다.

앞에서[102] 고찰한 바 있듯이 『니야야 수뜨라』 제3편과 제4편에는 용수의 제자 아리야 제바(Ārya Deva)의 『백론』이나 『사백관론』에서 다루어지고 있는 논의에 대한 비판이 등장하기에 이 두 편은 『니야야 수뜨라』 중 가장 후대에 작성되었다고 볼 수 있다. 본 장에서는 '자띠(jāti)' 논법을 중심으로 양 학파 간의 논쟁사를 다루고 있기에 이에 대한 상세한 설명은 앞의 설명을 참조하기 바란다.

지금까지의 논의를 종합하여 양 학파의 경론의 성립 과정을 순서대로 나열하면 다음과 같다.

1. 『방편심론』의 성립
2. 『회쟁론』 및 『니야야 수뜨라』 제1편, 제2편, 제5편의 성립
3. 『광파론』의 성립
4. 아리야 제바의 『백론』, 『사백관론』의 성립
5. 『니야야 수뜨라』 제3편, 제4편의 성립

102) 본서, Ⅲ-1-3).

Ⅳ. 용수의 논서에 등장하는 상응 논법

용수의 오여리론 중 『광파론』, 『회쟁론』, 『중론』, 『공칠십론』은 주로 논리적 문장으로 이루어진 논서들이지만 『육십송여리론』은 그런 논리를 통해 도출된 결론들을 선언적 문장으로 나열하고 있는 논서이다. 또, 『공칠십론』의 내용은 『중론』의 내용의 범위 내에 포함된다. 따라서 본 장에서는 논리적 문장으로 이루어진 논서 중 앞의 세 논서에서 발견되는 '상응' 논법에 대해 고찰해 보기로 하겠다. 카지야마유이치는 『니야야 수뜨라』 제5편에서 니야야 논사에 의해 논파의 대상으로 인용되는 '자띠(jāti: 오난?)' 논법이 총 여섯 가지가 발견되고[1] 『방편심론』에서 정당한 논법으로서 설명되고 있는 '상응' 논법은 총 아홉 가지가 발견된다고 주장한다.[2] 그러나 필자의 졸견으로는 『광파론』에서 『니야야 수뜨라』의 '반유 상사'와 '과 상사'의 논법도 그대로 쓰이고 있는데 카지야마는 이를 간과한 듯하다.[3] 또, 카지야마가 지적한 예 이외에 '불생 상응(≒과 상사)', '무생 상사', '문동 상응', '분별 상사' 논법이 용수의 논서에서 발견된다. 그 밖에 '자띠(jāti)' 논법과 '상응' 논법을 잘못 대응시킨 경우도 눈에 띈다. 본 장에서는 이러한 '상응' 논법들이 용수의 논서에서 어떻게 구사되고 있는지 구체적으로 살펴보고자 한다. 그러면 우이하쿠주나 카지야마유이치 등의 학자가 간과하였던 점에 중점을 두면서 용수의 논서에서 구사되는 빈도의 순서에 맞춰 하나하나 설명해 보기로 하겠다.

---

1) 所立 相似, 到 相似, 不到 相似, 無窮 相似, 無因 相似, 無異 相似: 梶山雄一, 앞의 책, p.42.

2) 偏同 相應, 不偏同 相應, 增多 相應, 損減 相應, 到 相應, 不到 相應, 疑 相應, 時同 相應, 不相違 相應, 喩破 相應, 不疑 相應: 梶山雄一, 위의 책, p.42: '相應·誤謬 對照表' 참조.

3) 또 『광파론』제3, 20, 22, 63節도 時同 相應 논법에 토대를 두고 있다고 볼 수 있는데 이는 本 章 제3절에서 『중론』에 대해 검토할 때 다시 논의하기로 하겠다.

1. 시동 상응(무인 상사: ahetu sama)

『회쟁론』과 『광파론』에서 구사되는 '시동 상응' 논법에 대해서는 앞 장에서 상세히 논의한 바 있기에, 이에 대한 논의는 앞 장으로 미루고 본 장에서는 『중론』에서 구사되는 '시동 상응' 논법에 대해서만 고찰해 보기로 하겠다.

『중론』에서 '시동(時同) 상응(相應)' 논법이 구사되고 있는 곳은 여러 군데 발견되지만 먼저 그 대표적인 예로 제2 관거래품(觀去來品) 제1게를 들어 보자. 이 게송은 『중론』 내 다른 품에서 가장 많이 재언급되고 있는 게송[4]일 뿐만 아니라 그 구조에 입각해 갖가지 다른 개념들이 논파되는 모습이 『중론』 內 도처에서 발견된다. 이를 직역하여 인용해 보자.

> '간 것'은 가지지 않는다. '가지 않는 것'도 역시 가지지 않는다/
> '간 것'과 '가지 않는 것'을 떠난 '가는 중인 것'은 가지지 않는다//[5]

'그가 가는 작용을 간다(gamanam gacchati)'[6]고 하는 입론을 예상

---

4) 第3 觀六精品 제3게, 第7 觀三相品 제14게(梵頌順序), 第10 觀燃可燃品 제13게, 第16 觀縛解品 제7게.

5) gataṃ na gamyate tāvadagataṃ naiva gamyate/ gatāgatavinirmuktaṃ gamyamānaṃ na gamyate//(已去無有去 未去亦無去 離已去未去 去時亦無去): 『중론』, '2-1'.

6) 이러한 문장이 한국어 語法에는 맞지 않지만 산스끄리뜨어에서는 '간다'는 의미의 '√gam' 동사가 타동사로 쓰기에 위와 같은 문장이 가능하다. 또, 가는 작용의 대상을 한국어에서는 處格(locative: ~에)으로 나타내지만 산스끄리뜨어에서는 목

하여, 용수는 그 가는 작용은 ①'이미 간 가는 작용(gata)', ②'아직 가지 않은 가는 작용(agata)', ③'지금 가고 있는 중인 가는 작용(gamyamāna)'이라는 '가는 작용(gamana)'의 3시태(traikalya) 중 어디에도 속하지 않는다는 것을 위와 같은 수동문으로 기술하고 있는 것이다. 여기서 능(能)과 소(所)의 관계를 다음과 같이 설정하면 그 구조를 '상응 논법'에 비교할 수 있게 된다.

전(前, pūrva): 이미 간 것(能)이 간다(所): 4구 분별 중 제1구적인 분별

후(後, paścāt): 아직 가지 않은 것(能)이 간다(所): 4구 분별 중 제2구적인 분별

공(共, saha): 지금 가는 중인 것(能)이 간다(所): 4구 분별 중 제3구적인 분별

청목이나 월칭의 주석을 보면 ①'이미 간 가는 작용(gata)'이나 ②'아직 가지 않은 가는 작용(agata)'을 부정하는 구조에서 '시동 상응' 논법을 발견하는 것은 어렵지 않다. 청목소에서는 "이미 간 것은 이미 가버렸기 때문에, 아직 가지 않은 것은 아직 간다는 사실이 존재하지 않기에, 가는 것이 없다"고 한다.[7] 『방편심론』에서도 '시동 상응' 논법을 설명하면서 "만일 과거라고 말한다면 과거는 이미 소멸하였다. 만일 미래라고 말한다면 이는 아직 존재하지 않는다."고 하기에 '가는 작용'에 대한 제1구와 제2구적인 논파는 그대로 시동 상응 논법이라고 할 수 있다. 그러나 ③'지금 가고 있는 중인 가는 작용(gamyamāna)'에 대한 논파는 '시동 상응' 논법과 그 구조가 다른 듯이 보

적격(~을)으로 나타낸다. 예를 들어 "그는 마을에 간다"가 산스끄리뜨 문에서는 "그는 마을을 간다((nagaram gacchati)"는 형식으로 표현되는 것이다.

7) 『중론』, 靑目疏 第2 觀去來品 第1偈에 대한 註釋.

인다. 즉, '시동 상응' 논법에서는 능(能)과 소(所)가 동시에 있으면 서로 인(因)이 되지 못한다는 의미의 논파를 하는데 반해 여기에서는 '간 것'과 '가지 않은 것'이 없다면 '가는 중인 것'은 있을 수 없다고 논파한다. '가는 중인 것'은 '반은 간 것이고 반은 가지 않은 것'[8]이라고 볼 수 있기에 '간 것'과 '가지 않은 것'의 연언적(連言的, conjunctive) 합성을 의미한다. 따라서 위의 후반 게송은 제1구와 제2구를 떠나서는 그것의 연언 명제인 제3구도 있을 수 없다는 의미인 것이다. 따라서 이것만으로는 '가는 중인 것'에 대한 논파 구조가 '시동 상응' 논법과 유사하다고 볼 수는 없다. '시동 상응' 논법이려면 위에 인용했던 『광파론』 제11절의 구절과 같이 '가는 중인 것'과 '간다'가 동시에 있다면 이는 마치 소의 두 뿔과 같아 서로 인(因)이 되지 못한다'고 해야 할 것이기 때문이다.

그러나 다음과 같은 게송을 보면 제3구인 '가는 중인 것'에 대한 논파도 '시동 상응' 논법에 토대를 둔 것이라는 점을 확인할 수 있다.

> '가는 중인 것'의 '가는 작용'[=가는 작용이 간다]이라고 한다면 '가는 작용'이 둘로 귀결된다. '가는 중인 것' 바로 그것과, 다시 거기[=가는 중인 것]에 있는 '가는 작용'에 의해서[9]

『방편심론』과 용수의 『광파론』 제11절에서는 능과 소가 동시에 있는 경우 능과 소가 마치 소의 두 뿔과 같아 서로 인이 되지 못한다고

---

8) "지금 가고 있는 중인 것은 半은 아직 가지 않은 것이고 半은 이미 가버린 것이다.": 『중론』, 靑目疏 第 2 觀去來品, 第1偈에 대한 註釋(중론, 拙譯, 經書院, 1993, p.53) ; 月稱 역시 다음과 같이 말한다: "여기서 半만 간 것이 가는 중인 것이다(athārdhagataṃ gamyāmanam).", Candrakīrti, *Prasannapadā*, Poussin 本, Bib. Bud. Ⅳ, 1913, p.93.

9) gamyamānasya gamane prasaktaṃ gamanadvayam/ yena tadgamyamānaṃ ca yaccātra gamanaṃ punaḥ//(若去時有去 則有二種去 一謂爲去時 二謂去時去): 『중론』, '2-5'.

설명한다. 즉, 능은 소와 관계없이 존재하고 소는 능과 관계없이 존재하기에 그 둘은 서로 관계하지 않는 자립적 존재라는 말이 되어 오류에 빠진다는 뜻이다. 그런데 위에 인용한 게송도 '가는 중인 것'과 '가는 작용'이 서로 관계하지 않고 자립적으로 존재하는 꼴이 된다는 의미를 띠고 있기에 관거래품(觀去來品) 제1게송의 제3구에 대한 논파 역시 '시동 상응' 논법과 맥락을 같이한다고 볼 수 있다.

한편, 카지야마유이치는 『광파론』 내에서 시동 상응 논법이 제11절과 제35절에 두 번 등장한다고 보았는데 지금까지 고찰해 보았듯이 관거래품의 이러한 논리도 '시동 상응' 논법의 범주에 포함되기에 『광파론』 제3, 20, 63절도 동일한 논법의 토대 위에서 작성된 것이라고 보아야 한다.

이 게송 이외에 '시동 상응 논법'이 그대로 적용되는 게송은 많이 있다. 그 대표적인 예가 제11 관본제품(觀本際品)의 게송들이다. 이 품에서는 윤회는 무시무종(無始無終)하다는 붓다의 선언을 제1게에 실은 후, 제2게 이후 '생(生, jāti)과 노사(老死, jarāmaraṇā)'를 '원인과 결과' 간의 인과관계에 대입하여 '시동 상응' 논법과 유사한 논법으로 논파하고 있는 것이다. 먼저 '생'과 '노사'를, 『방편심론』의 '시동 상응'에 대응되는 논법인, 『니야야 브하샤』의 '무인 상사' 논법에 대입하여 문장을 구성하여 보자.

생은 노사보다 이전인가, 이후인가, 아니면 동시일까? ①만일 이전이라면 노사가 없는 상황에서 무엇이 생이겠는가? ②만일 이후라면 생이 없는 상황에서 그것은 무엇의 노사이겠는가? ③생과 노사가 동시에 있는 상황에서는 두 개가 존재하고 있는 중이니 무엇이 무엇에 대해 생하고 무엇이 무엇에 대해 노사하겠는가? 그러므로 생과 노사는 구별되지 않는다.

이러한 '무인 상사' 논법은 인과 관계(또는 종과 인의 관계)에서 인이 과보다 ①이전(선행: pūrva), ②이후(후속: paścāt), ③동시(saha)일 수 없음을 논증하는 세 가지 논파로 구성되어 있다. 먼저 결과인 로사가 원인인 생보다 '①이전(선행: pūrva)'일 수 없다는 논리를 『중론』 제11 관본제품 제3게와 비교해 보자.

> 만일 생이 앞선 것이고 노사가 나중의 것이라면 노사 없는 생이 되리라. 또 죽지도 않은 것이 생하리라.[10)]

'무인 상사'적 논법으로는 생이 노사

보다 이전에 있다는 생각에 대한 논파를 "①만일 이전이라면 노사가 없는 상황에서 무엇이 생이겠는가?"라고 표현하였는데 『중론』에서는 약간의 변형을 하여 이를 기술하고 있다. 그러나 이런 변형 역시 '상응 논법' 중 '불생 상응(≒과상사)'적으로 이루어진 것이라고 볼 수 있다.[11)] 어쨌든 생이 노사보다 이전에 존재한다면 生은 '자기정체성(self-identity)'을 보지(保持)하지 못한다는 의미에서 『중론』과 『니야야 수뜨라』의 논리는 같은 맥락 위에 있는 것이다.

'②이후(후속: paścāt)'와 '③동시(saha)'에 대한 『중론』의 논파와 『니야야 브하샤』의 '무인 상사' 논리적인 논파를 비교해 보자.

> 『중론』: 만일 생이 나중(para)이고 노사가 먼저라면 무인이며 생이 없는 노사가 어떻게 존재하리요?[12)]

---

10) pūrvaṃ jātiryadi bhavejjarāmaraṇamuttaram/ nirjarāmaraṇā jātirbhavejjāyeta cāmṛtaḥ//(若使先有生 後有老死者 不老死有生 不生有老死): 『중론』, '11-3'

11) '果-相似(24번째 jāti)' 논법은 "①원인 가운데 결과가 없다면 결과는 生할 수가 없고, ②원인 가운데 결과가 있어도 결과는 生할 수가 없다."라는 두 가지 비판 논리로 이루어져 있는데 다. 위의 11-3게송은 이 중 ①의 논리를 이용한 것이다. 본서에서는 시동-상응(=무인-상사)만을 논의의 소재로 삼기에 이에 대한 상세한 논의는 후일로 미루기로 한다.

『니야야 브하샤』적 표현: ②만일 이후(paścāt)라면 생이 없는 상황에서 그것은 무엇의 노사이겠는가?

『중론』: 실로 노사와 생이 동시적(saha)이라는 것은 타당하지 않다. (그렇다면) 지금 생하고 있는 중인 것이 죽어버리게 될 것이며 또 그 양자가 무인의 존재가 될 것이다.[13]
『니야야 브하샤』적 표현: ③생과 노사가 동시(saha)에 있는 상황에서는 두 개가 존재하고 있는 중이니 무엇이 무엇에 대해 생하고 무엇이 무엇에 대해 노사하겠는가?

『중론』 청목소에서는 이를 주석하면서 소의 두 뿔의 비유를 들고 있다. 즉, 생과 노사가 동일한 순간에 생한다면 서로 인이 없이 존재하는 꼴이 되는 바, 비유하자면 소 뿔 두 개가 동시에 솟아 나는 경우 서로 인이 되지 않는 것과 같다고 말한다.[14] 이는 분명히 『방편심론』에 기술되어 있는 '시동 상응'에 대한 주석의 내용[15]과 일치한다.

논의에 약간의 가감이 있긴 하지만, 생이 노사보다 이전(pūrva)일 수도 없고 이후(para)일 수도 없으며 노사와 동시적(saha)일 수도 없다는 맥락에서 생과 노사 개념을 논파하기에 이 역시 '시동 상응' 논법에 토대를 둔 논파라고 볼 수 있을 것이다.

위에 인용하면서 설명한 게송들은 '시동 상응' 논법이 표면적으로 드러나 있는 경우이지만 『중론』 도처에는 3시문(三時門)이라는 형식으로 이 논법이 변형되어 기술되어 있다.

'시동 상응(무인 상사)' 논법 중 마지막 논법인 동시태적(同時態的)

---

12) paścājjātiryadi bhavejjarāmaraṇamāditaḥ/ ahetukamajātasya syājjarāmaraṇaṃ katham//(若先有老死 而後有生者 是則爲無因 不生有老死): 『중론』, '11-4'

13) na jarāmaraṇenaiva jātiśca saha yujyate/ mriyeta jāyamānaśca syāccāhetuka tobhayoḥ//(生及於老死 不得一時共 生時則有死 是二俱無因): 『중론』, '11-5'.

14) 若一時生則無有相因 如牛角一時出 則不相因, 大正30, p.16b.

15) 본서 제Ⅱ장 2절 6)항 참조.

부정 논법 역시 『중론』 도처에서 독립적으로 구사되고 있다. 즉, '능(能)과 소(所)가 동시에 존재한다면 마치 소의 두 뿔과 같이 서로 인(因)이 되지 못한다'는 논법이 동시태적 비판법이었는데 다음과 같은 게송들이 바로 이런 논법에 토대를 두고 작성된 것들이다.

> 만일 불이 연료에 의존한다면 성립된 불이 (또다시) 성립(되는 꼴이)된다. 이와 같은 존재라면 불 없는 연료 역시 존재하리라.[16]

그와 달리 '탐욕'과 '탐욕에 물든 자'의 양자가 동시에 성립한다는 것도 불합리하다. 왜냐하면 '탐욕'과 '탐욕에 물든 자'의 양자는 서로가 서로에 의존하지 못할 것이기 때문이다.[17]

2. 도, 부도 상응(도, 부도 상사: prāpti, aprāpti sama)

'도, 부도 상응' 논법이란 원인이 결과에 접합해 있어도(到) 결과가 생하지 못하고, 접합해 있지 않아도(不到) 결과가 생하지 못한다는 능·소 관계 비판론이다. 『중론』 제7 관삼상품에서 『회쟁론』이나 『광파론』에서와 같이 등불의 '자타(自他) 공조성(共照性)'을 비판하기 위

16) yadīndhanamapekṣyāgniragneḥ siddhasya sādhanam/ evaṃ satīndhanaṃ cā pi bhaviṣyati niragnikam//(若因可燃燃 則燃成復成 是謂可燃中 則謂無有燃): 『중론』, '10-9'.

17) sahaiva punarudbhūtirna yuktā rāgaraktayoḥ/ bhavetāṃ rāgaraktau hi nirapekṣau parasparam//(染者及染法 俱成則不然 染者染法俱 則無有相待): 『중론』, '6-3'.

해 양 논법 중 '부도 상응' 논법이 동원된다. 이에 대해서는 앞장에서 간략히 논의한 바 있으나 이제 보다 구체적으로 조망해 보자.

『중론』 제7 관삼상품에서 '부도 상응' 논법이 등장하는 계기는 다음과 같다: 생주멸 삼상 중 생법이 그 스스로도 생하고 다른 생도 생하게 한다는 비유로 등불이 그 스스로도 비추고 다른 것도 비춘다는 점을 들자, 등불이 어둠을 비춘다는 분별을 논파하기 위해 '부도 상응' 논법이 구사되는 것이다.

생주멸은 유위법의 삼상(三相)이다. 즉, 모든 유위법은 생주멸이라는 특징(lakṣaṇa)을 갖는다. 그런데 아비달마 논서에서는 그런 삼상이 '심불상응행법(心不相應行法)'이라는 유위법에 포함되어 있는 것으로 본다.[18] 따라서 유위법의 특징을 규정짓는 삼상이 역시 삼상에 의해 규정지어져야 할 것이다. 즉, 삼상도 역시 삼상을 가져야 할 것이다. 『중론』 제7 관삼상품을 통해 용수는 삼상설이 봉착하게 되는 이런 역리를 폭로한다.

예를 들어 '생'도 다시 '생주멸'의 삼상을 가질 테니 '생'도 '생'하고 '주'하고 '멸'해야 할 것이다. 생이 생하는 경우 '생하게 한 생'은 '본생(本生)'이고 '생함을 받은 생'은 '생생(生生)'이다. 즉, 능생(能生)이 본생(本生)이고 소생(所生)이 생생(生生)인 것이다. 이와 반대로 본생의 생을 문제 삼을 때는, 생생이 능생이 되고 본생이 소생이 된다. 그러나 이런 논리는 악순환에 빠진다. 용수는 이런 악순환의 오류에 대해 다음과 같이 지적한다.

> 그대에게 있어서 만일 생생이 본생을 생한다면 그대에게 있어서 본생에 의해 생해지지 않은 그것[생생]이 그것[본생]을 어떻게 생하겠는가?[19]

---

18) 金東華, 俱舍學, 東國大學校釋林會, 1982, p.103 참조: 『俱舍論』에서는 有爲法의 相으로 生住滅의 三相이 아니라 生住異滅의 四相을 설한다(世親, 『阿毘達磨俱舍論』, 大正29, p.27b. 참조.).

> 그대의 의견대로 만일 본생에 의해 생해진 것 그것이 본생을 생하게 한다면 어떻게 그것[생생]에 의해 생하지 않은 본생 그것이 그것[생생]을 생할 것인가?[20]

그렇다고 해서 이런 악순환을 피하기 위해 '생하고 있는 중인 것'이라는 새로운 개념을 창안하여 이것이 유위법은 아니면서 다른 것을 생한다고 주장하면 다음과 같은 비판을 받게 된다.

> 만일 비생(非生)이 이 생함을 있게 하는 것, 이것이 가능하다면 그대의 의견대로 이 생시(生時)가 이것을 발생하게 하리라.[21]

즉, '생법이 아닌 것(非生)'이 '생'을 있게 한다면 '생하는 중인 것' 역시 생법이 아니기에[= 非生이기에] '생하는 중인 것이 생함을 있게 한다'고 말할 수 있겠지만 그럴 수는 없다는 것이다. 이런 용수의 비판에 대해 적대자는 다음과 같이 등불의 비유를 들어 '생'이란 자기 스스로도 생하게 하고 다른 것도 생한다는 논리를 펴는 것이다.

> 등불이 자와 타 양자를 함께 비추는 것처럼, 그것처럼 생은 자와 타 양자를 생하는 것이리라.[22]

등불은 다른 것을 드러내는 역할을 하지만 자기 자신의 모습을 드

---

19) utpādotpāda utpādo mūlotpādasya te yadi/ maulenājanitastaṃ te sa kathaṃ janayiṣyati//(若謂是生生 能生於本生 生生從本生 何能生本生): 『중론』 '7-5'.

20) sa te maulena janito maulaṃ janayate yadi/ maulaḥ sa tenājanitastamutpādayate katham//(若謂是本生 能生於生生 本生從彼生 何能生生生): 『중론』, '7-6'.

21) ayamutpadayamānaste kāmamutpādayedimam/ yadīmamutpādayitumajātaḥ śaknuyādayam//(若生生生時 能生於本生 生生尚未有 何能生本生: '7-7', 若本生生時 能生於生生 本生尚未有 何能生生生 '7-8'): 『중론』 '7-7'.

22) pradīpaḥ svaparātmānau saṃprakāśyitā yathā/ utpādaḥ svaparātmānāvutpādayettathā//(如燈能自照 亦能照於彼 生法亦如是 自生亦生彼: '7-9'): 『중론』 '7-8'

러내기 위해 다른 등불의 도움을 필요로 하지 않는다. 이와 마찬가지로 생법 역시 그 자체도 생하게 하고 다른 유위법들도 생하게 한다는 논리이다. 여기서 용수는 논의의 초점을 '등불의 비춤'으로 전환한다. 적대자가 생법의 '자타 공생성(共生性)'을 입증하기 위해 '자타 공조성(共照性)'을 가진 등불의 예를 들었는데 용수는 등불이 어둠을 비춘다는 말은 할 수가 없다고 다음과 같이 비판한다.

> 등불 [그 자체]에는 어둠이 없다. 또 그것이 머무르고 있는 장소에도 [어둠은 없다]. [그렇게 어둠이 존재하지 않으니] 등불이 무엇을 비칠 것인가? 언필칭 비춤은 어둠의 파괴자인데 …[23]

등불의 불빛이 어둠을 비추려면 어둠과 만나야 할 텐데, 불빛과 어둠은 공존할 수 없으니 만날 수가 없다는 말이다. 그렇다고 해서 아직 등불의 자성을 갖추지 않은 '지금 생하고 있는 중인 등불'이 어둠을 물리칠 수 있는 것도 아니다. 이를 설명하기 위해 용수는 다음과 같이 '부도 상응' 논법을 이용한다.

> 어떻게 [지금] 생하고 있는 중인 등불에 의해 어둠이 물리쳐짐을… [말할 수 있을까?] 실로 지금 생하고 있는 중인 등불이 어둠에 도달하지 못하는 상황인데…[24]

혹은 만일 [불빛이] 도달하지 아니하고서도 등불에 의해 어둠이 타파된다면 여기에 존재하는 그것[등불]이 모든 장소에 존재하는 어둠

23) pradīpe nāndhakāro 'sti yatra cāsau pratiṣṭhitaḥ/ kiṃ prakāśayati dīpaḥ prakāśo hi tamovadhaḥ//(燈中自無暗 住處亦無暗 破暗乃名照 無暗則無照: '7-10'): 『중론』 '7-9'.

24) kathamutpadymānena pradīpena tamo hatam/ notpadyamāno hi tamaḥ pradīpaḥ prāpnute yadā//(云何燈生時 而能破於暗 此燈初生時 不能及於暗: '7-11'): 『중론』, '7-10'

을 타파하게 되리라.[25]

능(能, 등불)이 소(所, 어둠)에 도달하건 도달하지 않건 능[등불]의 역할을 할 수가 없다는 것이 '도, 부도 상응'이라는 한 쌍의 논법인데 위의 인용문에서는 '도달하지 않은 경우'만 논파하고 있기에 이 한 쌍의 논법 중 '부도 상응' 논법만 구사한 것이라고 볼 수 있다.

지금까지 필자가 설명한 바와 같이 이러한 구절이 '부도 상응' 논법에 해당하는 것이라는 점에 대해서 우이하쿠주나 카지야마유이치도 의견을 같이하고 있지만, 엄밀히 말해 이는 '부도 상응' 논법이라기보다 '부도 상응' 논법을 설명하기 위해 드는 실례로서의 성격이 강하다.

'상응' 논법이란 양(量, pramāṇa) 비판 논법이기에 단순히 등불이 어둠을 비추지 못한다는 것만이 '도, 부도 상응' 논법의 의미일 수는 없다. 따라서 비단 위와 같은 예뿐만 아니라 다음과 같은 세 가지 경우가 모두 '도, 부도 상응' 논법에 해당된다고 볼 수 있다.

a. 이유(理由, hetu)가 소증(所證, sādhya)과 접합(prāpti)하건 안하건 소증을 증명할 수 없다.
b. 원인(hetu)이 결과(phala)와 접합하건 안하건 결과를 발생시킬 수 없다.
c. 능(能)이 소(所)와 접합하건 안하건 소(所)를 드러낼 수 없다.

즉, '도달(到達, prāpti: 접합)'이라는 단어가 등장하지 않는 경우에도 위와 같은 세 가지 논리를 구사하는 경우는 모두 '도, 부도 상응'

---

25) aprāpyaiva pradīpena yadi vā nihataṃ tamaḥ/ ihasthaḥ sarvalokasthaṃ sa tamo nihaniśyati//(燈若未及暗 而能破暗者 燈在於此間 則破一切暗: '7-12'): 『중론』, '7-11'.

논법을 이용한 것이라고 볼 수 있다. 다음과 같은 『중론』의 게송들을 보자.

> (결과로서의) 사물이 존재했거나 존재하지 않은 연(緣)이 있다는 것은 모두 타당하지 않다. 존재하지 않는다면 연(緣)이 무엇을 위해 있겠으며 존재한다면 연으로 무엇을 할 것인가?(1-6)[26]

> 이와 같이 '탐욕'의 성립은 '탐욕에 물든 자'와 결합된 것도 아니고 결합되지 않은 것도 아니다. '탐욕'과 같이 모든 법의 성립은 결합된 것도 아니고 결합되지 않은 것도 아니다.(6-10)[27]

> 서로 결합한 것이 존재하지 않는 경우에 어떻게 원인이 결과를 생하겠는가? 또 서로 결합한 것이 존재하는 경우에 어떻게 원인이 결과를 생하겠는가?(20-15)[28]

'1-6' 게송의 경우 결과가 미리 존재하는 상태에서 그 결과의 緣이 있다면 결과가 이미 존재하는 것이니 연(緣)이 다시 결과를 만들어낼 필요가 없고, 결과가 미리 존재하지 않는 상태에서 어떤 연(緣)이 있다면 그 연이 무슨 결과를 산출할 것인지 규정할 수 없다는 말이다. 이는 연이 결과와 접합하건 안하건 연으로서의 역할을 할 수 없다는 말이 되기에 위에 열거한 세 가지 유형의 '도, 부도 상응' 논법 중

---

26) naivāsato naiva sataḥ pratyayo 'rthasya yujyate/ asataḥ pratyayaḥ kasya sat aśca pratyayena kim//(果先於緣中 有無俱不可 先無爲誰緣 先有何用緣): 『중론』, '1-6'.

27) evaṃ raktena rāgasya siddhirna saha nāsaha/ rāgavatsarvadharmāṇāṃ sidd hirna saha nāsaha//(如是染染者 非合不合成 諸法亦如是 非合不合成): 『중론』 '6-10'.

28) asatyāṃ saṃgatau hetuḥ kathaṃ janayate phalam/ satyāṃ vā saṃgatau het uḥ kathaṃ janayate phalam//(若不和合者 因何能生果 若有和合者 因何能生果): 『중론』, '20-15'.

‘b’에 해당하는 논법이라고 볼 수 있다.

‘6-10’ 게송의 경우 소작법(所作法)인 ‘탐욕’은 능작자(能作者)인 ‘탐욕에 물든 자’와 결합하여 성립하는 것도 아니고 결합하지 않고 성립하는 것도 아니라는 말이기에 세 가지 유형의 ‘도, 부도 상응’ 논법 중 ‘c’에 해당한다고 볼 수 있다.

‘20-15’ 게송은 ‘1-6’ 게송과 마찬가지로 ‘b’ 형식의 논법에 해당한다.

이렇게 ‘도, 부도 상응’적 사유가 변형되어 표현된 게송은 『중론』 도처에서 발견된다. 그런데 여기서 문제가 하나 남는다. 본서 제Ⅲ장에서 설명한 『방편심론』의 ‘상응’ 논법 중 마지막에 등장하는 ‘불생 상응’ 논법에 대한 필자의 설명이, 지금의 ‘변형된 ‘도, 부도 상응’ 논법과 다르지 않은 것이다. ‘불생 상응’을 ‘원인 속에 결과가 있는 경우건 없는 경우건 결과는 불생이다’라고 ‘인과 관계’를 비판하는 논법이라고 보는 경우 이는 위에 기술한 세 가지 유형의 ‘상응’ 논법 중 ‘b’ 논법에 해당된다. 이렇게 ‘도, 부도 상응’이건 ‘불생 상응’이건 결국 동일한 논리 구조를 갖는 논법인데, 전통적으로 ‘도, 부도 상응’의 경우는 불길과 칼날의 예를 들어 설명되어 왔고, ‘불생 상응’의 경우는 사라수 씨앗과 나무의 예를 들어 설명되어 왔기에 그 실례의 차이를 중시하여 다른 논법으로 분류한 것이었으리라 생각된다.

3. 무궁, 반유 상사(prasaṅga, pratidṛṣṭānta sama)

이 논법은 『방편심론』에는 등장하지 않고 『니야야 수뜨라』에만 소개되어 있는 논법인데 용수의 논서 도처에서 발견될 뿐만 아니라 니야야 논사 측이건 미망사 측이건 인도 철학 제 학파 거의 모두 애용하던 논법이다. 아니, 현대의 서구 논리학에서도 '역설(paradox)'이라는 이름 하에 취급되는 중요한 논리적 소재이다. 즉, 니야야 논사들이건 실재론적 서구 논리학자들이건 논리학의 보편타당성을 신봉하고 있기에 여타의 '상응 논법적 논리 비판'에 대해서는 그 타당성을 인정하지 않겠지만, '무궁, 반유 상사' 논법의 경우는, 양(量)의 오류를 지적하는 논리가 너무나도 명백하기에 모두 그 타당성을 인정하는 것이다.

먼저 『회쟁론』 제17, 18송을 보자. 여기서는 용수가 아니라 적대자인 니야야 논사가 '무궁, 반유 상사' 논법을 구사하여 용수의 空 사상을 비판하고 있다. 이를 인용해 보자.

> 또, 그대에게 있어서 [주장의] 근거는 성립하지 않는다. 무자성하다면 어떻게 그대에게 있어서 [주장의] 근거가 있겠는가? [그대의 주장 내용에] 근거인 것이 성립하지 않는다면 [일체가 무자성하다고 주장하는] 그대의 목적은 성립하지 않는다(제17송).29)

> 만일 그대에게 있어서 [그대가 주장하는] 자성의 차단이 근거 없이 존재한다면, 나에게 있어서도 근거 없이 자성이 존재함이 성립한다(제18송).30)

'모든 것에 본체가 없다.'는 주장을 할 경우에 이런 주장 자체도 모

29) hetośca te na siddhirnaiḥsvābhāvyāt kuto hi te hetuḥ/ nirhetukasya siddhirna copapannāsya te 'rthasya(K. Bhattacharya, *The Dialectical Method of Nāgārjuna(Vigrahavyāvartanī)*, Motilal Banarasidass, 1978, Text, p.21.).

30) yadi cāhetoḥ siddhiḥ svabhāvavinivartanasya te bhavati/ svābhāvyasyāstitvaṃ mamāpi nirhetukaṃ siddham(K. Bhattacharya, 위의 책, p.21.).

든 것에 포함될 테니 근거 없는 주장이 될 것이라고 말하는 제17송은 '본체의 부정'에 대한 '무궁 상사'적 비판이다. 능(能)이 다시 능에 의해 규정받게 되는 경우 자가당착에 빠진다는 것이 '무궁 상사' 논법의 요지였는데 이 경우에도 '모든 것에 본체가 없다'는 선언이 능의 역할을 하고 그 선언의 규정을 받는 모든 것이 소(所)의 역할을 하기에 그 선언을 所의 차원으로 전환시킬 경우 '모든 것에 자성이 없다.'는 자기 규정을 받게 되어 주장 자체가 훼손되고 만다는 것이다. 이것은 분명 '무궁 상사' 논법이다.

이와 반대로 '모든 것에 본체가 없다'는 주장만은 자기 규정을 받지 않고 존재한다면 예외를 인정하는 꼴이 되니 그 주장의 보편성이 훼손되고, 그에 따라 자성이 존재한다는 니야야 측의 주장도 타당할 수 있다는 것이다. 이는 '반유 상사' 논법이다. 『회쟁론』의 이 게송이 니야야 논사에 의해 작성된 것이긴 하지만, 『니야야 수뜨라』에서 중관론자의 주장으로 인용하고 있는 다음과 같은 경문과 동일한 구조를 갖고 있다.

> 혹은, 그것(=다른 '인식 방법')이 작용하지 않기 때문에, ['인식 방법'의 작용 없이도] '인식 방법'이 성립하듯이 '인식 대상(소량)'이 성립한다.[31)]

인식 방법의 실재성에 대해 '무궁 상사'적 비판을 가한 후, 중관론자는 '반유 상사'적으로 위와 같이 비판하는 것이다. '무궁 상사'적 궁지를 모면하기 위해 능의 자성을 인정하여 그 능만은 다른 능을 필요로 하지 않는다고 주장하는 경우 "모든 것이 능에 의해 성립한다."는 능의 보편성이 훼손되기에, 소 역시 능 없이 존재 가능해야 하는 오

31) tad-nivṛtter-vā pramāṇa-siddhivat-prameya-siddhiḥ: 『니야야 수뜨라』, '2-1-18'.

류에 빠진다는 논법인 것이다.

이와 같이, 『회쟁론』에서 니야야 논사가 구사한 '무궁, 반유 상사' 논법이나 『니야야 수뜨라』에서 중관론자가 구사한 '무궁, 반유 상사' 논법은 서로 입지가 상반됨에도 불구하고 동일한 구조를 갖고 있다.

『광파론』 제41절에서 논증식 작성을 비판하기 위해 용수가 구사하는 다음과 같은 논리도 위와 동일한 구조를 갖는 '무궁, 반유 상사' 논법이다. 이를 인용해 보자.

> 이유에 의해 증명된다고 말하지만 그것은 옳지 않다. (만일 그렇다면) 이유에도 다시 다른 이유가 없이는 안되는 것이 될 테고 그 (제2의) 이유에도 또 (다른 제3의) 이유가 있게 된다. 이래서 무한소급이 될 것이다 또, 만일 이유에는 다시 (다른) 이유가 있다고 인정하지 않는다면 당연히 그 이유로 이유는 없는 것이 된다. 혹은 이유가 그러하듯이 모든 것은 이유 없이 성립하고 있는 것이 될 것이다.[32)]

모든 것이 이유에 의해 증명된다면 그런 이유 역시 다른 이유에 의해 증명되어야 할 것이고 결국 무한소급에 빠진다는 것이 '무궁 상사'적 비판이다. 이런 궁지를 벗어나기 위해 이유만은 이유 없이 성립한다고 말한다면 예외[반유(反喩)]를 인정하는 꼴이 되어 애초의 주장의 보편타당성이 훼손된다. 그에 따라 다른 모든 것도 이유 없이 성

---

32) gṣan yaṅ gtan tshig la gtan tshigs med paḥi yaṅ phyir ro// gtan tshig las grub po ṣes brjod pa gaṅ yin pa de ni ma yin te/ gtan tshigs la yaṅ gtan tshigs gṣan thob par ḥgyur ṣiṅ de la yaṅ gṣan yin no// ṣes thug pa med par ḥgyur ro// ḥon te gtan tshigs la yaṅ gtan tshigs yod par mi ḥdod na deḥi phyir gtan tshigs med pa yin no// yaṅ na gtan tshigs bṣin du thams cad kyaṅ gtan tshigs med par grub par ḥgyur ro//(Yuichi Kajiyama, *The Vaidalyaprakaraṇa of Nāgārjuna*, Miscellanea Indologica Kiotiensia, Nos. 6-7, 1965, p.145.).

립한다고 말할 수 있게 된다. 이는 '반유 상사'적 비판이다.

『중론』에서도 용수는 다음과 같이 동일한 구조의 '무궁, 반유 상사' 논법을 구사한다.

> 다른 것(생)이 그것(생)을 생하게 한다면 생은 무한소급이 된다. 그런데 만일 무생으로 생한 것이라면 모든 것이 그와 같이 생해지리라.[33]

'생주멸'의 삼상은 유위법을 규정하는 법(dharma)인데, 그 역시 유위법[34]에 속하니 삼상의 규정을 받지 않을 수 없다. 즉, 생법의 경우 다시 이를 규정하는 생이 있어야 하고 그런 제2의 생 역시 제3의 생에 의해 규정을 받아야 하며 결국 무한한 생이 필요하게 된다고 비판한다. 이것이 '무궁 상사'적 비판이다. 이런 난국을 피하기 위해 생주멸은 삼상의 규정을 받지 않는다고 변명한다면, 다른 유위법 역시 삼상의 규정을 받지 않고 무생으로 생해야 할 것이다. 그러나 그럴 수는 없다. 이것은 '반유 상사'적 비판이다.

이 이외에도 『회쟁론』 제1~2 게송, 제31~33 게송[35], 제41~42 게송과 『광파론』 제4절, 『중론』 제7 관삼상품 제3 게송[36] 등에서도

---

33) anya utpādaytyenaṃ yadyutpādo 'navasthitiḥ/ athānutpāda utpannaḥ sarvam utpadyate tathā//(若謂更有生 生生則無窮 離生生有生 法皆能自生: '7-20'): 『중론』, '7-19'.

34) 『俱舍論』에서는 有爲法 중 心不相應行法에 속한다고 말한다; 金東華, 앞의 책, p.103 참조.

35) 만일 그대에게 있어서 그런 갖가지 대상들이 인식 방법에 의해 성립된다면, 그대에게 있어서 그런 인식 방법들은 어떻게 성립되는지 나에게 말해 다오(31송). 만일 다른 인식 방법에 의해 인식 방법이 성립하게 된다면 이는 無窮함이다. 그런 상황에서는 최초의 성립이 존재하지 않고 중간도 존재하지 않고 끝도 존재하지 않는다(제32송). 만일 그것(=인식 수단)이 인식 수단 없이 성립한다면 의존이 파기된다. 거기에는 불일치성이 있다. 또, 특별한 이유가 말해져야 한다(제33송).

36) 生,住,滅에 있어서 또다른 유위법의 相이 있다면 그야말로 무한하게 된다. (반대

'무궁, 반유 상사' 논법에 토대를 둔 논리를 구사하고 있는 것이 보인다.

4. 불생 상응

'불생 상응' 논법이란 『방편심론』에 등장하는 것으로 그 요점만 추리면 "원인 속에 결과가 내재해도 결과는 생할 수 없고, 원인 속에 결과가 내재하지 않아도 결과는 생할 수 없다."는 논법이다. 다시 말해 인과 관계의 경우 '인중유과론(因中有果論)'이나 '인중무과론(因中無果論'적 '인과 이론' 모두를 비판하는 논법인 것이다. 더 포괄적으로 표현하면 "능(能) 속에 소(所)가 내재하건 내재하지 않건 능은 소를 있게 하지 못한다."는 '능·소 관계 비판' 이론이다.[37] 이 논법 역시 용수가 애용하는 논법이다. 용수의 공성 논리가 십이연기의 중도 인과론에서 도출된 것이기에 '상·단 이변적(二邊的) 인과 이론'을 비판하는 이 논법이 용수에 의해 채택되지 않을 수 없었을 것이다. 용수는 『광파론』 제23절에서, 『니야야 수뜨라』의 16구의(句義, padārtha) 중 하나인 '동기(prayojana: 目的)'를 논파하면서 다음과 같이 '불생 상응' 논법을 이용한다.

> '어떤 사물을 목표해서 사람이 행동을 일으키는 것, 그것이 동기이다.'라고 그대는 말하고 있다. 마치 항아리를 찾아 陶工이 행동을

로) 만일 없다면 그것들(=생,주,멸)은 유위법이 아니다(utpādasthitibhaṅgānāman yatsaṃskṛtalakṣaṇam/ asti cedanavasthaivaṃ nāsti cette na saṃskṛtāḥ// 若謂生住滅 更有有爲相 是卽爲無窮 無卽非有爲).

37) 본서 제Ⅱ장 2절 12)항 참조.

> 일으키는 것과 같은 것이다. (그러나) 만일 점토 속에 (이미) 항아리가 있다면 그 때에는 그의 행동은 쓸모 없는 것이 될 것이다. 또, 만일 없다면 마치 모래 (속에 항아리가 없는 것)처럼 무존재인 까닭에 (도공은) 그에 대해서 행동을 일으킬 수 없는 것이다.[38)]

즉, 원인인 점토 속에 결과인 항아리가 있다면 도공이 항아리를 다시 만들 필요가 없을 것이고, 원인인 점토 속에 결과인 항아리가 없어도 도공은 점토로 항아리를 만들려고 하지 않을 것이라는 말이다. 즉, 원인 속에 결과가 있어도 결과는 생하지 않고[불생], 원인 속에 결과가 없어도 결과는 생하지 않는다[불생].

『중론』의 다음과 같은 게송도 그 논리적 구조가 '불생 상응' 논법에 토대를 둔다고 볼 수 있다.

> 보는 작용이 보는 것도 결코 아니고 보는 작용이 없는 것이 보는 것도 결코 아니다. 보는 작용에 대해 (이처럼) 설명한 것을 가지고 보는 놈도 이해해야 한다.[39)]

여기서 '보는 작용'은 능견(能見, darśanam)이고 '봄[見: paśyati]'은 능견의 결과이다. 즉, '보는 작용'이 원인이고 '봄'이 그 결과이다. 그래서 '봄[見]'이라는 현상이 있을 경우에 그것은 '보는 작용'이 미리 있는 상태에서 존재하게 되는 것도 아니고 '보는 작용'이 아직 있지 않은 상태에서 존재하게 되는 것도 아니라는 말이다. 여기서는 '원인·결과' 관계가 '능견·견'의 관계로 대체되어 있지만, '봄을 가진 보는 작용[= 인중유과]'이 보는 것도 아니고 '봄을 가지지 않은 보는 작용

38) 『광파론』 제23절 주석.

39) paśyati darśanaṃ naiva naiva paśyatyadarśanam/ vyākhyāto darśanenaiva draṣṭā cāpyupagamyatām//(見不能有見 非見亦不見 若已破於見 則爲破見者): 『중론』, '3-5'.

[= 인중무과]'이 보는 것도 아니라는 논리이기에 '불생 상응' 논법과 동일한 구조를 갖는다고 볼 수 있다. 왜냐하면, '불생 상응' 논법 역시 '결과를 가진 원인'이 결과를 생하는 것도 아니고, '결과를 가지지 않은 원인'이 결과를 생하는 것도 아니라는 식으로 표현 가능하기 때문이다. 이런 식의 적용을 하게 되면 『중론』 내의 수많은 게송들이 '불생 상응' 논법에 토대를 두고 있음을 알게 된다. 몇 가지 예를 더 들어 보자.

> 만일 집착[取]이 속박이라면 집착[取]을 (이미) 갖고 있는 자는 속박되지 않고 (지금) 집착[取]이 없는 자는 속박되지 않는다. 그렇다면 어떠한 상태로 되는 것이 속박되는 것이겠는가?[40]

즉, 이미 속박된 자에게도 속박이 생할 수 없고[불생], 아직 속박되지 않은 자에게도 속박이 생할 수 없다[불생]는 말이다. '결과'로서의 속박이 '원인자(原因者)'에게 미리 있어도 결과인 속박이 생할 수 없고, 미리 없어도 결과인 속박이 생할 수 없다는 의미의 게송이기에, '원인 속에 결과가 있어도 결과가 발생할 수 없고 원인 속에 결과가 없어도 결과가 발생할 수 없다'는 '불생 상응' 논법에 토대를 둔 게송이다. 이 이외에 '불생 상응' 논법에 토대를 둔 『중론』 내 게송 몇 수를 열거해 본다.

> 그런데 결과에 덮이지 않은 그것(원인)이 어떻게 결과를 발생시키겠는가? 왜냐하면 원인은 (결과를) 보건 보지 않건 결과를 발생시키지도 못하기 때문이다.[41]

---

40) bandhanaṃ cedupādānaṃ sopādāno na badhyate/ badhyate nānupādānaḥ kimavastho 'tha badhyate//(若身名爲縛 有身則不縛 無身亦不縛 於何而有縛): 『중론』, '16-6'

41) athāvṛtaḥ phalenāsau katamajjanayetphalam/ na hyadṛṣṭvā vā dṛṣṭvā vā hetu

결과가 실체로서 실재한다면 원인은 무엇을 생하게 하겠는가? 결과가 실체로서 실재하지 않는다면 원인은 무엇을 生하게 하겠는가?[42)]

이미 전도된 자에게는 전도들이 발생하지 않는다. 아직 전도되지 않은 자에게도 역시 전도들이 발생하지 않는다.[43)]

그리고 앞에서[44)] '도, 부도 상응' 논법의 예를 들면서 언급했던 게송들 역시 '불생 상응' 논법의 구조를 갖고 있다고 볼 수 있다.[45)]

5. 무생 상사(anutpatti sama)

통상적 인과 관계를 비판하는 중관논리에서는 원인이 없는 경우 결

---

rjanayate phalam//(若因遍有果 更生何等果 因見不見果 是二俱不生): 『중론』, '20-11'

42) phalaṃ svabhāvasadbhūtaṃ kiṃ heturjanayiṣyati/ phalaṃ svavbhāvāsadbhūtaṃ kiṃ heturjanayiṣyati//(若果定有性 因爲何所生 若果定無性 因爲何所生): 『중론』, '20-21'.

43) na cāpi viparītasya saṃbhavanti viparyayāḥ/ na cāpyaviparītasya saṃbhavanti viparyayāḥ/(有倒不生倒 無倒不生倒 倒者不生倒 不倒亦不生): 『중론』, '23-17'.

44) 본서 제Ⅴ장 2절 참조.

45) (결과로서의) 사물이 존재했거나 존재하지 않은 緣이 있다는 것은 모두 타당하지 않다. 존재하지 않는다면 緣이 무엇을 위해 있겠으며 존재한다면 연으로 무엇을 할 것인가(『중론』, '1-6')?/ 이와 같이 '탐욕'의 성립은 '탐욕에 물든 자'와 결합된 것도 아니고 결합되지 않은 것도 아니다. '탐욕'과 같이 모든 법의 성립은 결합된 것도 아니고 결합되지 않은 것도 아니다(『중론』, '6-10')./ 서로 결합한 것이 존재하지 않는 경우에 어떻게 원인이 결과를 생하겠는가? 또 서로 결합한 것이 존재하는 경우에 어떻게 원인이 결과를 생하겠는가?(『중론』, '20-15').

과가 없다는 사실을 역설함은 물론이지만 이와 반대로 결과가 없는 경우에도 원인이 있을 수 없다고 말한다. 그런데 이것이 바로 『니야야 수뜨라』에 실려 있는 '무생 상사(anutpatti-sama)' 논법이다. 『니야야 수뜨라』에서 '무생 상사' 논법을 설명하는 경문을 다시 인용해 보자.

> 발생 이전에는 이유가 없기 때문에 '무생 상사'이다.[46]

즉, 결과(phala)가 발생하기 이전에는 이유(kāraṇa, hetu)가 있을 수 없다는 것이다. 어떤 것에 '이유'라는 이름을 붙이는 것은 그에 해당하는 결과가 발생한 이후에야 가능하다는 것이다. 아직 결과가 발생하지 않은 경우에는 어떤 사물이 무엇에 대한 이유인지 규정할 수가 없는 것이다. 예를 들어, 흙덩이가 우리 눈에 보일 때, 그것을 '항아리의 원인'이라고 부를 수 없다. 왜냐하면 그 흙덩이로 기와나 벽돌을 만들지도 모르니까. 또, 그 흙덩이는 원인이 아니라 우리 눈이라는 인식 기관에 의해 파악된 결과물이라고 볼 수도 있다. 따라서 결과가 존재해야 비로소 그 원인이 무엇이라고 부를 수 있는 것이다.

이와 같은 논거 위에서 인과 관계를 비판하는 논법이 바로 '무생 상사' 논법인데 용수의 『중론』 도처에서 발견된다. 다음을 보자.

> 이것들을 연(緣)하여 [결과가] 발생하기에 실로 이것들은 연(緣)들이다. 이것들이 생하지 않는 그런 경우에 어떻게 비연(非緣)이 아니겠느냐?[47]

즉, '무엇'을 원인으로 삼아 결과가 발생하는 경우 그 무엇에 대해

46) prāg-utpatteḥ kāraṇa-abhāvād-anutpattisamaḥ: 『니야야 수뜨라』, '5-1-12'.
47) utpadyate pratītyemānitīme pratyayāḥ kila/ yāvannotpadyata ime tāvannāprat yayāḥ katham//(因是法生果 是法名爲緣 若是果未生 何不名非緣): 『중론』, '1-5'.

원인이라는 이름을 붙이는데, 결과가 아직 발생하지 않은 경우에는 그 '무엇'이 원인 아닌 것과 다름이 없다는 말이다. 이는 '결과가 발생하지 않은 경우에는 이유도 있을 수 없다'는 '무생 상사' 논법과 동일한 구조가 아닌가? 심지어 다음과 같은 게송도 '무생 상사' 논법에 토대를 둔 게송이라고 볼 수 있을 것 같다.

> 가는 자가 간다고 하는 주장, 그런 주장을 한다면 다음과 같은 오류에 빠진다. 가는 작용 없이 가는 자가 있고 (또 그) 가는 자의 가는 작용을 추구하(게 되는 오류에 빠지)는 것이다.[48]

즉, '가는 자'가 '간다'는 말을 할 경우 '간다'는 술어의 규정을 받기 전에는, '가는 자'는 '간다'는 작용을 가질 수 없다. 따라서 '가는 자'라는 말을 한 시기에는 '간다'는 작용이 있기 이전이기에 '가는 자'는 '가는 자'일 수 없다는 것이다. 여기서 '가는 자'라는 주어(主語, subject)는 원인에 대응되고, '간다'는 술어(述語, predicate)는 결과에 대응된다고 볼 때, 위 게송은 '결과 없이 원인이 있어서 그 원인이 결과를 생하게 되는' 오류에 빠진다는 논리를 담고 있기에 바로 '무생 상사' 논법과 일맥상통한다 할 것이다.

다른 게송을 보자.

> 아무것도 보고 있지 않는다면 보는 작용은 존재하지 않는다. 그런데 보는 작용[見]이 본다는 것이 도대체 어떻게 타당할 수 있겠는가?[49]

---

48) pakṣo gantā gacchatīti yasya tasya prasajyate/ gamanena vinā gantā gantur gamanamicchataḥ//(若謂去者去 是人則有咎 離去有去者 說去者有去: '2-11'): 『중론』, '2-10'.

49) nāpaśyamānaṃ bhavati yadā kiṃ cana darśanam/ darśanaṃ paśyatītyevaṃ kathametattu yujyate//(見若未見時 則不名爲見 而言見能見 是事則不然): 『중론』, '3-4'.

아직 '본다'는 행위가 있기 이전에는 그 행위가 있게끔 한 원인자인 '보는 작용(能見)' 역시 있을 수 없기에 '보는 작용(能見)'이 '본다(見)'는 말을 할 수 없다는 것이다. 여기서도 '보는 작용(能見)'을 '원인'으로 보고 '본다'는 행위를 '결과'로 간주하는 경우 '결과가 없는데 어떻게 원인이 있겠는가?'라는 '무생 상사' 논법의 구조를 갖춘 비판이 구사되고 있다. 이 이외에 다음과 같은 게송들이 모두 '무생 상사' 논법적 논리 구조에 토대를 둔 것이라고 말할 수 있을 것이다.

> 그와 달리 만일 색(色)과는 별도로 '색(色)의 인(因)'이 있다고 한다면 결과 없는 인(因)이 있을 것이라는 말이 된다. 그러나 결과 없는 인은 없다.[50]

> 허공의 상(相)이 있기 이전에는 그 어떤 허공도 존재하지 못한다. 만일 상이 있기 이전에 [허공이] 존재한다고 한다면 상이 없이 존재한다는 오류에 떨어진다.[51]

> 만일 고(苦)가 개체 스스로에 의해 지어진 것이라면, 그렇다면 고를 스스로 짓는 어떤 개체가 고를 떠나서 존재하는 것이겠는가?[52]

---

50) rūpeṇa tu vinirmuktaṃ yadi syādrūpakāraṇam/ akāryakaṃ kāraṇaṃ syād nāstyakāryaṃ ca kāraṇam//(若而色有因 則是無果因 若言無果因 則無有因處): 『중론』, '4-3'.

51) nākāśaṃ vidyate kiṃ citpūrvamākāśalakṣaṇāt/ alakṣaṇaṃ prasajyeta syātpūrvaṃ yadi lakṣaṇāt//(空相未有時 則無虛空法 若先有虛空 卽爲是無相): 『중론』, '5-1'.

52) svapudgalakṛtaṃ duḥkhaṃ yadi duḥkhaṃ punarvinā/ svapudgalaḥ sa katamo yena duḥkhaṃ svayaṃ kṛtam//(若人自作苦 離苦何有人 而謂於彼人 而能自作苦): 『중론』, '12-4'.

6. 소증 상사(sādhya sama)

다른 논법의 경우는 용수의 논서에서 명칭 없이 등장하기에 그 적용 사례를 발견하는 것이 쉽지 않지만, '소증 상사(sādhya-sama)' 논법만은 그 명칭과 함께 구사되고 있다.

먼저 『회쟁론』 제69송의 주석에 '소증 상사'라는 명칭이 등장한다. 그러나, 이는 본서 제Ⅳ장에서 지적한 바 있듯이[53] '사인(似因)' 중에 포함되는 '소증 상사'이다. 같은 '소증 상사'라는 명칭을 사용하지만 '사인(hetvābhāsa)'에 포함되는 경우에는 '이유(hetu)가 소증(sādhya)과 마찬가지로 증명을 요하는 경우'의 오류를 말하고, '자띠(jāti)'에 포함되는 경우에는 '실례(實例, dṛṣṭānta)가 소증(所證, sādhya)과 마찬가지로 증명을 요하는 경우'의 오류를 말한다. 그런데 『회쟁론』 제69송에서는 '적대자가 3시태를 부정하기 위해 내세운 근거인 '부정에 대한 3시태적 부정'이 소증과 마찬가지로 다시 증명을 요하는 것이기에, '이유'와 '소증' 사이에서 문제가 발생한다고 보는 것이다. 따라서 이는 '자띠'가 아니라 '사인'이다. 카지야마유이치는 이를 용수의 논서에 등장하는 '자띠' 논법 중의 하나로 보고 있지만[54] 지금 보듯이 이는 착오이다. 이에 대한 자세한 논의는 본서 제Ⅲ장 1절을 참조하기 바란다.

또, 『회쟁론』 제28송에도 '소증 상사'라는 명칭이 등장한다. 이 게송에서 '소증 상사(sādhya-sama)'라는 술어(術語)가 '이유(hetu)'라는 술어와 함께 쓰이고 있기에 이를 '사인'에 포함되는 '소증 상사'로 오해하기 쉽다. 그러나 그 내용을 살펴보면 이 경우야말로 '사인'이 아니라 '자띠(jāti)'에 포함되는 '소증 상사'인 것이다. 이를 인용해 보자.

53) 본서 제Ⅲ장 1절 3)항.
54) 梶山雄一, 앞의 책, p.42. 相應-誤難 對照表 참조.

> 이런 이유는 소증과 같다. 왜냐하면 소리에 실재성이 없기 때문이다. 또, 우리는 언어 관습을 인정하지 않고서 말하지는 않는다.[55]

적대자는, '자성의 부정'[56]이 마치 '소리내지 마!'라는 말과 같은 것[57]이라고 중관론자가 생각하고 있다고 보고 이를 비판[58]하는데, 이에 대해 용수는 위와 같이 재비판을 가하고 있다. 즉, '소리 내지 마!'라는 '비유'는 '실재하는 소리에 의해 실재하는 소리가 금지되는 것'을 비유한 것이기에 '실재하지 않는 말에 의해 실재하지 않는 것들의 자성을 부정한 명제'에 대한 올바른 비유가 아니라고 하지만, 소리 역시 다른 것에 의존하여 발생하는 것이기에 실재한다고 볼 수 없으니 '소리가 실재한다'는 니야야 논사의 말은 다시 증명을 요하는 것이라고 비판하는 것이다. 여기서, 용수는 니야야 논사가 반대의 비유로 제시한 소리의 실례 역시 증명을 요한다는 의미에서 '소증 상사'라는 술어를 사용하고 있기에, 이 '소증 상사' 논법은 '사인'이 아니라 '자띠(jāti)'에 속한다고 볼 수 있다.

그러면 용수가 위 게송에서 실례(dṛṣṭānta)라는 말보다 이유(hetu)라는 말을 쓴 이유는 무엇일까? 밧따차리야(Bhattacharya)는 여기서

55) athavā sādhyasamo 'yaṃ heturna hi vidyate dhvaneḥ sattā/ saṃvyavahāraṃ ca vayaṃ nānabhyupagamya kathyāmaḥ(K. Bhattacharya, 앞의 책, Text, p.28.)

56) '모든 것은 自性(實體性)이 없다'

57) 座中이 시끄러울 때, 한 사람이 일어나 "소리내지 마!"라고 외칠 경우 그 소리가 사실은 더 시끄럽게 만들었지만 결국은 다른 소리들을 잠재운 것이기에 그 功能이 성립하듯이, '모든 것은 자성이 없다'는 말 그 자체도 자성은 없는 것이지만 다른 것들의 자성을 부정할 수는 있다는 비유. 『大智度論』에서는 이를 中觀論者의 비유로 본다: 大正25, p.105c 참조(…譬如 執事比丘 高聲擧手唱言衆皆寂靜 是爲以聲遮聲非求聲也 以是故雖說諸法空不生不滅 愍念衆生故…).

58) '소리 내지 마!'라는 부정의 경우에는 실재하는 소리에 의해 실재하는 소리가 부정되지만, '모든 것은 공이다'라고 하는 경우에는 그 말이건, 모든 것이건 실재하는 것이 아니기에 올바른 비유가 아니라고 말하는 것.

용수는 이유(hetu)라는 말을 실례(dṛṣṭānta)의 의미로 사용한 것이라고 해설한다.[59] 니야야(Nyāya) 추론 체계에서는 '이유'와 '실례'가 불가분리적으로 연결되어 있는 것으로 보기에 두 술어의 혼용이 가능한 것이다.

『광파론』 제37절에는 명실상부한 '소증 상사' 논법이 등장한다. 『광파론』은 『니야야 수뜨라』의 16구의(padārtha)를 비판하는 내용으로 이루어져 있는데 용수는 16구의 중 제7구의인 '지분(avayava)'을 비판하면서 '소증 상사' 논법을 구사하고 있다.

니야야 학파에서는 '주장(pratijñā)', '이유(hetu)', '비유(udāharaṇa)', '적합(upanaya)', '귀결(nigamana)'의 다섯 가지 지분(avayava)의 힘에 의해 비량(anumāna)이 성립한다고 말하는데, 용수는 이 다섯 가지 지분들 속에 다섯 요소를 합친 '전체성'이 존재하지 않기 때문에 비량은 성립하지 않는다고 비판한다. 즉, 이들 '다섯 요소'와 그 '전체성'이 동일하다면 그 다섯 요소도 하나가 되어버릴 것이고, 이와 반대로 '다섯 요소'와 '전체성'이 다르다면, 논증식에는 모두 여섯 가지 요소가 있는 꼴이 될 것이라고 비판하는 것이다. 이어서 '전체성'에 대한 3시태적 비판을 추가하자 니야야 논사는 다음과 같이 항변한다.

> 그렇지만 바르바자 풀의 경우처럼 전체성도 성립한다. 예를 들면 한 줄기의 바르바자 풀로는 코끼리를 묶을 수 없지만 바르바자 풀의 집합으로는 그것이 가능하다. 그와 같이 주장 등이 집합하고 있을 때 전체성은 거기에 있다.[60]

59) K. Bhattacharya, 앞의 책, Translation, p.22.

60) ḥon te rtsva bal ba dsa bṣin du de yaṅ grub po// ji ltar rtsva bal ba dsa g cig gis glaṅ po che ḥchiṅ bar mi nus kyaṅ rtsva bal ba dsa tshogs pas ni nus pa ltar de bṣin du dambcaḥ ba la sogs pa tshogs pa la yan lag can yod pa yin no//(Yuichi Kajiyama, 앞의 책, p.144.).

부분들과는 별도의 역할을 갖는 '전체성'이 존재한다는 것을 입증하기 위해 바르바쟈 풀의 예를 드는 것이다. 한 줄기의 풀로는 코끼리를 묶어 당길 수가 없다. 힘이 약해 끊어져 버리기 때문이다. 그러나 여러 가닥의 풀을 꼬아 새끼줄을 만들면 코끼리를 묶어 끌어도 끊어지지 않는다. 이와 같이, 부분에는 결여되었던 성질이 '전체'에서 새롭게 발생하므로 '전체성'은 존재한다고 니야야 논사는 주장하는 것이다.

그러자 용수는 '소증 상사'라는 이름 하에 다음과 같은 논법을 구사하며 그런 주장을 비판한다.

> 그렇지 않다. '소증 상사'이기 때문이다. 이는 '석녀(石女)'와 '맹인(盲人)'과 '모래'와 같은 것이다. 한 사람의 석녀가 자식을 낳을 수 없는 것과 마찬가지로 석녀 몇 천 사람이 모인 곳에서도 [자식을] 낳는 일이 가능할 수 없다. [또,] 예를 들어 한 사람의 맹인에게 시력이 없는 것과 마찬가지로 몇 천 사람[의 맹인]이 모여도 시력은 생기지 않는다. [또,] 예를 들면 한 알의 모래에서 기름이 나오지 않듯이 많은 모래를 모아도 [기름은] 나오지 않는다. [원래 기름이] 없기 때문이다.61)

즉, 니야야 논사가 '전체성은 존재한다'는 자신의 주장을 입증하기 위해 '바르바쟈 풀의 예'를 들었는데 '석녀의 예'나 '맹인의 예', '모래

61) ma yin ste/ bsgrub par bya ba daṅ mtshuṅs paḥi phyir ro// ḥdi ni mo gśam daṅ loṅ pa daṅ bye ma lta bu yin te gaṅ gi tshe mo gśam cig gis bu bskyed mi nus pa de bṣin du mo gṣam stoṅ phrag du ma tshogs pas kyaṅ bskyed par nus par mi ḥgyur ro// ji ltar loṅ pa gcig la mthoṅbaḥi nus pa med pa de bṣin du loṅ pa stoṅ phrag du m la yaṅ mthoṅ baḥi nus pa yod pa ma yin no// ji ltar bye ma re re la til mar ḥbyin pa med pa de bṣin du maṅ po tshogs pas ḥbyin pa med de med pa ñid kyi phyir ro//(Yuichi Kajiyama, 위의 책, p.144.).

의 예'와 같이 상반된 결론을 도출시키는 예도 있을 수 있기에 니야야 논사의 주장은 옳지 않다는 것이다. 이를 논증식으로 표현하여 정리하면 다음과 같다.

'니야야 논사'
주장: 논증식에 전체는 존재한다.
실례: 마치 바르바쟈 풀과 같이,

'용수'
주장: 논증식에 전체는 존재하지 않는다.
실례: 마치 石女와 같이[마치 맹인과 같이, 마치 모래와 같이]

이는 분명 '주장'과 '실례' 사이에서 발생하는 논리적 문제이기에, 만일 이 논법의 이름이 '소증 상사'인 것이 확실하다면 '사인(似因)'이 아니라 '자띠'에 포함되는 것이 분명할 것이다.[62] 그런데 여기서 문제가 남는다. 이 논법이 '사인'을 지적하는 것이 아니라 '자띠' 논법인 것은 분명하다고 하더라도 그 내용을 '소증 상사'로 볼 수 있을까? '소증 상사'란 '실례의 성질도 입증되어야 하는 것, 즉 실례도 소증과 동일한 발판에 서 있다고 보이는 경우'[63]를 말한다. 위에 기술한 니야야 논사의 주장을 엄밀한 의미의 '소증 상사' 논법으로 비판하면 다음과 같이 될 것이다.

바르바쟈 풀이 전체성을 갖는 것 역시, 논증식이 전체성을 갖는다는 주장과 마찬가지로 증명을 요하기에 바르바쟈 풀의 비유는 옳지 않다.

---

62) 본서 제Ⅲ장 1절 3)항 참조.
63) 본서 제Ⅱ장 1절 2)항 f. 참조.

그러나 용수는 이런 식의 논리를 구사하지 않고 '바르바쟈 풀의 비유'와 상반된 결론을 야기하는 다른 비유들을 들 뿐이다. '동법적 논증식에 대한 '동법 상사'적 비판'[64]의 경우도 '원래의 비유와 상반된 결론을 야기하는 비유를 드는 논법'이기에 용수가 기술한 문장만 보면 이것이 '동법 상사' 논법인지 아니면 '소증 상사' 논법인지 구분되지 않는다. 엄밀한 의미에서 보면 '소증 상사'보다 오히려 '동법 상사' 논법에 가깝다.

어쨌든 『광파론』 제37절은 용수가 '소증 상사'라는 '자띠(jāti)' 논법을 의식하고 있었다는 점이 분명히 확인되는 곳이다. 다음과 같이, 『중론』 제4 관오음품의 마지막 게송 두 수에서도 '소증 상사(sādhya-sama)'라는 호칭이 발견된다.

> 공성에 의해 지어진 논파에서 누군가가 [어떤 이유(hetu)에 토대를 두고] 반박을 말한다면, 그것[=논파]의 모든 것은 반박되지 않으며 [그 이유(hetu)에서도] 소증과(sādhyena) 동일한 것(samaṃ)이 생한다.[65]

> 공성에 의해 지어진 해설에서 누군가가 [어떤 이유에 토대를 두고] 비난을 말한다면, 그것[=해설]의 모든 것은 비난되지 않으며 [그 이유에서도] 소증과 동일한 것이 생한다.[66]

이 두 수의 게송은 현대 학자들이 『중론』 전체를 통틀어 그 번역

---

64) 본서 제Ⅱ장 1절 1)항 a. 참조.

65) vigrahe yaḥ parīhāraṃ kṛte śūnyatayā vadet/ sarvaṃ tasyāparihṛtaṃ samaṃ sādhyena jāyate//(若人有問者 離空而欲答 是則不成答 俱同於彼疑): 『중론』, '4-8'.

66) vyākhyāne ya upālambhaṃ kṛte śūnyatayā vadet/ sarvaṃ tasyānupālabdhaṃ samaṃ sādhyena jāyate//(若人有難問 離空說其過 是不成難問 俱同於彼疑): 『중론』, '4-9'.

에 가장 애로를 느끼는 게송이지만 '소증 상사' 논법의 의미를 염두에 두면 위와 같은 번역이 가능하다. 어쨌든 「청목소」에서는 '4-8' 게송에 대해 다음과 같이 주석한다.

> 예를 들어 누군가가 '항아리는 무상하다.'고 말했을 때, 질문자가 '어째서 무상한가?'라고 물으니, '무상한 인연에서 생하기 때문에'라고 답했다면 이는 답변이 되지 못한다. 왜 그런가? 그 '인연'이란 것에 대해서도 역시 의심이 생겨 항상된 것인지 무상한 것인지 모르기 때문이다. 그래서 애초의 의문이 그냥 남는다.[67]

즉, 다음과 같은 논증식에서 든 '인연에 의해 생하기에'라는 이유는 주장 내에 있는 '무상하다'는 소증과 마찬가지로(sādhya-sama) 증명을 요한다는 말이다.

주장: 항아리는 무상하다.
이유: 인연에 의해 생하기에

이는 소증(sādhya)과 실례(dṛṣṭānta) 사이에서 일어나는 문제가 아니라 소증(sādhya)과 이유(hetu) 간에 발생하는 문제이다. 그렇다면 여기서 말하는 '소증 상사'란 '자띠(jāti)'에 속하는 것이 아니라 '사인'에 속하는 것이어야 한다. 따라서, 용수의 논서 가운데 소증 상사라는 호칭이 여러 곳 등장하지만 엄밀한 의미의 '자띠'적 '소증 상사' 논법은 『광파론』 제37절에서 '바르바쟈 풀의 비유를 비판하는 구절'뿐이라고 말할 수 있을 것이다.

그러나, 밧따차리야(Bhattacharya)의 지적과 같이[68] 용수는 이유와 실례를 구분하지 않는다고 보면, 위에서 설명한 모든 예가 동일한 '자

---

67) 『중론』, 拙譯, 經書院, p.98(大正30, p.7a).
68) K. Bhattacharya, 앞의 책, Translation, p.22.

띠' 논법에 속한다고 볼 수 있을 것이다.

7. 그 밖의 상응, 상사 논법

a. 동이 상응

카지야마유이치도 지적하고 있는 바와 같이[69] 『광파론』 제27절과 제28절의 다음과 같은 구절은 『방편심론』의 '동이(同異) 상응' 논법에 토대를 둔 것이다.

> 동질적이기 때문에 실로 불은 불의 실례로 되지 않는다. '동질성에 근거하는 실례가 있다.'고 그대가 말한 것은 바르지 않다. 왜냐하면 불을 불의 실례로 삼는 것은 있을 수 없기 때문이다. (그 경우에는) 능증과 소증의 구별이 없어져버리기 때문이다. 만일 어떤 사물이 소증인데 동일한 사물이 능증이 된다면 어떻게 실례가 구별될 것인가?[70]

> 또, 물은 불의 예가 아니다. 이질성이라고 하는 이유에 의해서이다. 차가운 것에 속하는 물은 불의 실례로서는 타당하지 않다. '어떤

69) 梶山雄一, 앞의 책, pp.32~33.
70) chos mthun pa ñid kyi phyir me ni meḥi dpe ñid ma yin no// chos mthun pa ñid kyi phyir dpe ṣes gaṅ brjod pa de ni ma yin no// gaṅ gi phyir me ni meḥi dpe ma yin te/ bsgrub par bya ba daṅ/ sgrub par byed pa dag khyad par med paḥi phyir ro// gal te de ñid sgrub par bya ba yin ṣiṅ de ñid sgrub par byed pa yin na yaṅ ji ltar na dpe khyad par can du ḥgyur/(Yuichi Kajiyama, 앞의 책, p.142.).

> 사람에게 물은 차다. 마치 불처럼.'이라고 말하는 것이 불합리한 것과 같은 것이다.[71]

소증과 동질적인 비유에 토대를 두어도 소증을 증명할 수가 없고, 이질적인 실례에 토대를 두어도 소증을 증명할 수가 없다는 말이다.

b. 문동 상응

'문동(聞同) 상응'이란 각 학파가 동일한 비량을 구사함에도 불구하고 제각각 이설(異說)을 갖는다는 점에 착안하여 비량의 타당성을 비판하는 논법이다.[72] 그런데 『광파론』에서 등불의 불빛이 어둠에 도달한다는 주장을 논파하는 과정에서 용수는 '문동 상응' 논법을 사용한다. 별의 재난이 사람에게 도달한다고 하는 경우, 이는 별의 재난이 사람이라는 '실체'에 도달하는 것이지만, 등불의 불빛이 어둠에 도달한다고 하는 경우, 어둠이 실체인지 아닌지 여부에 대한 견해가 각 학파마다 일치하지 않는다. 즉, 어둠의 실체성 여부에 대해서 각 학파마다 다른 견해를 갖고 있기에 이를 인식 방법의 실재성에 대한 비유로 사용할 수 없다는 것이다. 이를 인용해 보자.

> 그들이 어떤 사물에 대해서 견해를 같이할 때에 그것이 비유[=실례]가 된다고 일반적으로 승인되고 있다. 거기서 비쉬누 학파 등은 빛의 무존재에 지나지 않는 것이 어둠이라고 주장한다. 왜냐하면 (그들은) '어둠이란 빛의 결여에 지나지 않는다.'라고 말하기 때문

71) gṣan yaṅ/ chu ni meḥi dpe ma yin te/ chos mi mthun pa ñid kyi phyir ro// graṅ bar gtogs paḥi chu ni meḥi dper ḥthad pa ma yin te/ la la dag tu chu ni graṅ ba yin te/ dper na me bṣin no ṣes smras pa de daṅ ḥdraḥo//(Yuichi Kajiyama, 위의 책, p.142.).

72) 본서 제Ⅱ장 2절 12)항 참조

이다. 이것이 어둠은 빛이 없는 것이라고 하는 뜻이다. 마찬가지로 다른 연구자들에게 있어서는 어둠이라고 하는 무언가의 실체가 존재한다. 또, 어떤 자에게 있어서는 (실체가) 존재하지 않는다. 그런 이유로 인해 등불이 어둠(이라고 하는 실체)을 비춘다고 하는 것은 (모든 사람들에게) 인정될 이유는 아니다. 그러므로 '등불이 어둠을 제한다'고 하는 이 실례는 타당하지 않다. 그(실례)가 타당하지 않으므로 (그에 의해) 비유되는 대상인 '인식 방법'이라고 하는 것은 성립하지 않는다.[73]

c. 분별 상사(vikalpa sama)

'분별(分別) 상사(vikalpa-sama)'란 '어떤 논증식이 있을 경우 그 논증식에서 다른 성질을 분별해 내어 그 다른 성질이 소증과 항상 수반 관계에 있지 않다는 점을 보임으로써 논증식 작성을 비판하는 논법'이다.[74] 『니야야 와르띠까』에서 제시하는 '분별 상사' 논법의 예는 다음과 같다.[75]

'원 논증식'
소리는 무상하다.

73) de dag don gaṅ la blo mthun pa de ni dper rab tu grub pa yin no // de la khyab ḥjug la sogs pa ni ḥod med pa tsam la mun par ḥdod de/ ji ltar ṣe na/ ḥod med pa ni mun paḥo ṣes brjod paḥi phyir ro// ḥdi ni mun pa yin te / snaṅ ba med pa ṣes bya baḥi don to// de ltar gṣan dag dpyod pa po la mun pa ṣes bya baḥi dṅos po ci ḥdra ba ṣig yod pa yin te/ su ṣig la yaṅ yod pa ma yin no// de bas na mar mes mun pa bsal ba ṣes bya ba ḥdi ma grub pa yin no// deḥi phyir gaṅ mar me ni mun pa sel bar byed paḥo// ṣes bya baḥi dpe ḥdi rigs pa ma yin no//(Yuichi Kajiyama, 앞의 책, p.137.).

74) 본서 제II장 1절 2)항 e 참조.

75) 『니야야 와르띠까』, 앞의 책, p.1676.

만들어진 것이기 때문에
마치 물단지와 같이

'분별 상사적 비판'
소리는 분리[76]에서 생하지만, 물단지는 분리에서 생하지 않는다.
∴ 물단지로 소리를 비유할 수 없다.

그런데 다음과 같은 『광파론』 제7절의 주석을 보면 바로 이와 동일한 논리 구조의 '분별 상사' 논법이 발견된다.

> 이 세간에서는 별에 의해 이루어진 재난은 데바닷따들에게 접촉해서 해를 입히기도 하고 그 신체 등을 포착하기도 하지만 등불이 이룬 해는 어둠 등에 있어서 그와 같은 형태로 있지 않다. 그 때 어떻게 해서 그것이 별에 의해 이루어진 재난과 같은 것이겠는가? 별 등의 유형의 사물이 인간들에 대해 행하는 재해, 불행, 질병, 독사, 역병 등은 신체를 가진 것만을 괴롭히는 것이지만 그와 같은 것은 등불의 경우에는 하등 존재하지 않는 것이다. 그러므로 실례가 비슷하지 않다. 또, 멀리 떨어져 있는 등불이 어둠의 신체와 감관을 해치는 것이 아니다. 그들은 (어둠에) 없기 때문이다. 그러므로 별의 예는 접촉하지 않고 일을 이루는 것에 대해서는 적합하지 않다. …[77]

76) Ex: 대나무가 쪼개짐
77) ḥdir lhas byin la sogs pa la gzas byas paḥi skyon phrad nas gnod pa byed pa ḥam/ raṅ gi lus la sogs pa rnams ḥdsin par byed pa de ltar ni mar mes byas paḥi gnod pa mun pa la yod pa ma yin na ji ltar gzas byas paḥi skyon daṅ mthun pa yin/ gzaḥ la sogs pa lus daṅ ldan pas skyes bu la sogs pa rnams la byed par ḥgyur ba me daṅ/ zag pa daṅ/ chu daṅ/ nad daṇ/ sbrul daṅ/ rims la sogs pa lus can rnams kho nas gnod par byed pa de lta bu nimar me la cuṅ zad kyaṅ yod pa ma yin te/ de nas chos mthun pa ñid

이를 위와 같이 논증식으로 정리하여 기술하면 다음과 같을 것이다.

'원 논증식'
등불은 어둠에 접촉하지 않고 어둠을 비출 수 있다.
마치 별의 재난과 같이

'분별 상사적 비판'
등불은 신체를 갖지 않은 어둠에 관여하지만 별의 재난은 신체를 가진 것에 영향을 미친다. 그러므로 별의 재난으로 등불을 비유할 수 없다.

d. 요증, 불요증 상사(varṇya, avarṇya sama)

'요증(要證) 상사(varṇya-sama)'란 '소증이 주제에 있음이 불확실하기에 증명을 하기 위해 실례를 들었는데 그 실례도 역시 증명을 요하므로 논증식 작성은 타당하지 않다'는 '비량 비판 논법'이다.[78] 즉, 주장이 증명되어야 한다면 실례 역시 증명되어야 한다는 비판법이다. 다음과 같은 『광파론』 제43절의 구절 역시 이러한 '요증 상사' 논법과 일맥상통한다.

또, 만일 주장이 이유에 토대를 두고 증명되는 것이라면 실례 등의

ma yin no// gṣan yaṅ thag riṅ po na yod paḥi mar me ni mun paḥi lus daṅ dbaṅ po la sogs pa la gnod par byed pa ma yin te/ de dag med paḥi phyir ro// de ltar bas na gzaḥi dpe ni ma phrad par sgrub par byed pa la rigs pa ma yin no//(Yuichi Kajiyama, 앞의 책, p.136.).

78) 본서 제Ⅱ장 1절 2)항 c. 참조.

> 논증 요소에는 이유가 없다고 하는 잘못에 빠진다.79)

즉, 주장이 이유에 토대를 두고 증명되어야 한다면 실례 역시 어떤 이유에 토대를 두고 증명되어야 한다는 말이다. 이는 분명 '요증 상사'적 비판이다.

『니야야 브하샤(Nyāya Bhāṣya)』에서는 '요증 상사'나 '불요증 상사' 논법을 비량에만 적용하여 예로 들었는데 앞에서 고찰해 보았듯이80) '자띠' 논법이란 어떤 근거에 의해 무엇을 성립시키는 양(量) 모두에 적용 가능한 논법이기에 『중론』 제10 관연가연품(觀燃可燃品)의 다음과 같은 게송도 '요증 상사'와 '불요증 상사' 논법을 응용한 것이라고 볼 수 있다.

> (무엇인가에) 의존하여 성립된 그런 존재 그것이 아직 성립하지 않았다면 어떻게 의존하겠는가? 뿐만 아니라 이미 성립된 것이 (다시) 의존한다는 것도 의존에 있어서는 타당치 않다.81)

즉, 어떤 존재[불]가 그 의존 쌍인 다른 존재[연료]에 의존하여 성립한다고 할 때, 근거가 불확실한 상태에서도 성립할 수도 없고 근거가 확실하여도 성립할 수가 없다는 것이기에 이 게송의 취지는 바로 '요증, 불요증 상사' 논법의 취지와 동일하다.

---

79) gal te yaṅ dambdaḥ ba ni gtan tshigs las grub pa yin no dpe la sogs pa s grub par byed pa la ni gtan tshigs med par thal bar ḥgyur ro//(Yuichi Kajiyama, 앞의 책, p.145.).

80) 본서 제Ⅱ장 3절 참조.

81) yo 'pekṣya sidhyate bhāvaḥ so 'siddho 'pekṣate katham/ athāpyapekṣate siddhastvapekṣāsya na yujyate//(若法有待成 未成云何待 若成已有待 成已何用待): 『중론』, '10-11'.

e. 무이 상사(aviśeṣa sama)

카지야마유이치도 지적하고 있지만[82] 『광파론』 제29절은 『니야야 수뜨라』의 '무이 상사(aviśeṣa-sama)' 논법에 토대를 둔 구절이다. '무이 상사'란 '주제와 비유가 동일한 성질을 갖기에 모두 무상한 것이라면, 모든 사물은 실재함이라는 동일한 성질을 갖기에 다른 모든 사물들과 무차별해야 한다'고 비량(anumāṇa)을 비판하는 논법이다.[83] 그러면 『광파론』 제29절을 보자.

> 또, '(어떤 것이 실례가 되는 것은) 부분적으로 동질적이기 때문이다.'라고 말한다 하더라도 옳지 않다. 마치 산과 머리카락의 경우와 같이.
> 거기에 대해서 '부분적으로 동질적인 것에 의해 실례가 된다고 말하게 될 것이다.'라고 말할지라도 그렇지 않다. 왜냐하면 이 세상에는 산과 머리칼까지도 존재성, 단일성, 유형성이라는 점에서 부분적으로 동질적이기 때문이다.[84]

즉, 주제(pakṣa)와 실례(dṛṣṭānta)의 일부분이 동질적이기 때문에 실례를 쓰는 것은 옳지 않다는 것이다. 예를 들어 보자. 산을 머리칼에 비유하는 것은 잘못이다. 산과 머리칼은 전혀 다른 이질적인 개념이기 때문이다. 그러나 '일부분이 동질적이기에 어떤 것을 실례로 쓸

82) 梶山雄一, 앞의 책, p.42. 相應-誤難 對照表 참조.
83) 본서 제Ⅱ장 1절 10)항 참조.
84) gṣan yaṅ cuṅ zad chos mthun pa las yin no ṣe na ma yin te ri rab daṅ skra bṣin no// de la cuṅ zad chos mthun pa las dpe yin no ṣes bya ba de ltar ḥgyur ro ṣe na de ni ma yin te/ ga las ṣe na/ ḥdir ri rab daṅ skra dag kyaṅ yod pa ñid daṅ gcig pa ñid daṅ lus can ñid du cuṅ zad chos mthun pa yin no//(Yuichi Kajiyama, 위의 책, p.136.).

수 있는 것'이라면, 산과 머리칼의 경우도 '양자 모두 존재한다는 점', '양자 모두 단일한 개념이라는 점', '양자 모두 모습이 비슷하다는 점'에서 동질적이기에, 서로 비유로 쓸 수 있다는 것이다. 그런데, 이 구절에 '이질적인 모든 것들이 '존재성' 등의 성질을 갖는다는 점에서는 동질적이기에 서로 무차별해야 한다'는 의미가 내포되어 있다고 본다면 이 논법은 '무이 상사' 논법이다.

V. 『중론』의 논리 구조와 상응 논법

앞의 제Ⅳ장에서는 용수의 논서에서 직접 발견되는 ‘상응’ 논법에 대해 조사해 보았다. 특히 『광파론』에서는 ‘상응’ 논법이 큰 변형 없이 구사되는 모습이 보였다. 그러나 용수의 대표적인 논서인 『중론』은 슐로까(Śloka) 형식[1]의 운문체로 이루어져 있기에 ‘상응’ 논법이 그 원형에서 많이 이탈해 있다. 『중론』 내에서 상응 논법의 자취를 찾아 보기 위해서는 게송의 기술 형식보다 그 논리 구조의 유사성에 착안해야 할 것이다. 본 장에서는 『중론』 작성에 미친 상응 논법의 영향을 파악하기 위해, 먼저 『중론』에서 구사되는 중관논리의 구조에 대해 조망해 보고, 이를 다시 상응 논법의 논리 구조와 비교해 보기로 한다.

1. 『중론』의 논리 구조

『중론』에서는 445[2] 수의 게송들을 통해 아비달마적인 ‘법(dharma) 이론’이 다양하게 비판되고 있지만 각 게송들은 그 성격에 따라 몇 가지 유형으로 분류할 수 있다. 즉, ‘증언(證言, śabda)적 성격을 갖는 게송’, ‘비유적 성격을 갖는 게송’, ‘논리적 성격을 갖는 게송’등으로 구분 가능하다.

먼저 단순히 ‘선언적(宣言的) 표현으로 이루어진 게송’들이 있는데

1) 산스끄리뜨 韻文 형식 중의 하나인 슐로까(Śloka) 형식에 대해서는 본서 序論 2절 참조.

2) 月稱 疏에서는 449게송으로 본다.

이는 증언(śabda)적 성격을 갖는다고 볼 수 있다. 경론의 구절을 인용한 게송이나 중관논리를 통해 도출된 결론을 기술한 게송들이 이에 속하는데 귀경게를 비롯하여 다음과 같은 게송들을 그 예로 들을 수 있다.

> 거짓된 사물, 그것은 헛된 것이라고 세존께서 말씀하셨다. 그리고 어디서건 '형성 작용[행(行)]'들은 기만적인 성질을 갖는 것들이다. 그러므로 그것들[행]은 헛되다.[3)]

> 공성이란 일체의 견해에서 벗어나는 것이라고 여러 승자들에 의해 교시되었다. 그러나 공성의 견해를 가진 사람들은 구제불능이라고 말씀하셨다.[4)]

> 보는 작용 따위 이전도 동시도 나중도 존재하지 않는 그것[본주(本住)]이 있다거나 없다거나 하는 분별들은 여기서 사라진다.[5)]

또, '비유를 통해 선언(宣言)하는 게송'들은 다음과 같은 것들이다.

> 마치 환상과 같고 꿈과 같고 신기루와 같다고, 생함과 머무름과 멸함이 각각 그와 같이 설명되었다.[6)]

---

3) tanmṛṣā moṣadharma yadbhagavānityabhāṣata/ sarve ca moṣadharmāṇaḥ saṃskārāstena te mṛṣā//(如佛經所說 虛誑妄取相 諸行妄取故 是名爲虛誑): 『중론』, '13-1'.

4) śūnyatā sarvadṛṣṭīnāṃ proktā niḥsaraṇaṃ jinaiḥ/ yeṣāṃ tu śūnyatādṛṣṭistānas ādhyān babhāṣire//(大聖說空法 爲離諸見故 若復見有空 諸佛所不化: '13-9'): 『중론』, '13-8'.

5) prāk ca yo darśanādibhyaḥ sāṃprataṃ cordhvameva ca/ na vidyate 'sti nāstīti nivṛttāstatra kalpanāḥ//(眼等無本住 今後亦復無 以三世無故 無有無分別): 『중론』, '9-12'.

6) yathā māyā yathā svapno gandharvanagaraṃ yathā/ tathotpādastathā sthāna

> 잘못 파악된 공성은 지혜가 열등한 자를 파괴한다. 마치 잘못 잡은 뱀이나 잘못 닦은 주술과 같이.[7]

그런데 '상응' 논법의 영향이 발견되는 게송들은 위와 같은 선언적 성격의 게송들이 아니라 '논리적 성격을 갖는 게송'들이다. 그리고 용수의 공성 논증의 중관논리는 이러한 논리적 성격의 게송들에 여실히 드러나 있다. 다음과 같은 것이 논리적 성격의 게송이다.

> '가는 중인 것'이 '가는 작용'이라고 하는 자, 그 자는 '가는 것' 없이 '가는 중인 것'이 있다고 하는 오류에 빠진다. 왜냐하면 '가는 중인 것'이 가기 때문이다.[8]

본 절에서는 이러한 '논리적 성격의 게송'들의 유형을 분류하여 용수의 공성 논증의 구조, 다시 말해 중관논리의 구조를 밝혀본 후, 이 구조와 상응 논법의 구조를 비교해 보기로 한다.

1) 사구의 논리적 구조

용수는 인간의 사유가 그 어떤 문제에 대해 이론을 구성해 내더라도 사구(四句)의 범주를 벗어나지 못한다고 보았다.[9] 따라서『중론』

ṃ tathā bhaṅga udāhṛtam//(如幻亦如夢 如乾달婆城 所說生住滅 其相亦如是: '7-35'):『중론』, '7-34'.

7) vināśayati durdṛṣṭā śūnyatā mandamedhasam/ sarpo yathā durgṛhīto vidyā vā duṣprasādhitā//(不能正觀空 鈍根則自害 如不善呪術 不善捉毒蛇):『중론』, '24-11'.

8) gamyamānasya gamanaṃ yasya tasya prasajyate/ ṛte gatergamyamānaṃ gamyamānaṃ hi gamyate//(若言去時去 是人則有咎 離去有去時 去時獨去故):『중론, '2-4'.

9) 그런데 인간의 思惟를 四句로 분류하는 방식은, 용수 이전의 붓다는 물론이고,

에 등장하는 논리적 게송들은, 모두가 4구적 사유 방식을 비판하는 게송들이라고 보아도 좋다. 4구란 무엇일까? 먼저 4구를 논리적 기호로 표현하면 다음과 같다.

제1구: A(A이다)
제2구: ~A(A가 아니다)
제3구: A∩~A(A이면서 A가 아니다)
제4구: ~A∩~~A(A도 아니고 A가 아닌 것도 아니다)

제1구에서는 어떤 논의의 소재를 긍정한다. 제2구에서는 그것을 부정한다. 제3구에서는 제1구적인 긍정과 제2구적인 부정이 공존한다. 제4구에서는 제3구를 다시 부정한다.

붓다 이전의 外道들도 공유하고 있었다. 먼저 '붓다'의 無記說의 경우 10가지 혹은 14가지 難問을 배열하는 방식이 四句的 분류 방식에 토대를 두고 있다. 世間에 대해 有邊인지, 無邊인지, 有邊이면서 無邊인지, 有邊도 아니고 無邊도 아닌지 四句的으로 배열된 질문에 대해 붓다는 답을 하지 않는 것이다. 또, 六師外道 중의 하나인 懷疑論者 '산자야 벨랏티뿟따'의 경우에도 如來 死後의 존재 여부, 業에 따른 果報의 존재 여부, 來世의 有無 여부 등에 대한 물음을 四句的으로 배열하고 있는 모습이 발견된다. 뿐만 아니라 '자이나(Jaina)교'의 'syād-vāda(制限된 不定主義: 鄭泰爀, 印度宗教哲學史, 김영출판사, 1985, pp.56~57 참조.)'에 등장하는 7가지 판단 형식(naya)도 그 토대는 四句에 있다(Jayatilleke, *Early Buddhist Theory of Knowledge* 참조). 따라서 인간의 사고 범주를 四句로 분류하는 방식이 아니라 四句的 난문에 대한 태도의 차이점에서 산자야 벨랏티뿟따와 자이나교, 붓다와 용수의 사상의 특징이 발견된다 하겠다. 이들의 태도의 차이점을 간단히 요약하면, 四句的 난문에 대해 산자야(Sañjaya)는 '회피'하였고 자이나(Jaina)교에서는 '選言的(disjunctive)으로 수용'하였으며 붓다(Buddha)는 無記答 이후 四句的 난문 그 자체를 '치료'하는 緣起說을 설하였다고 볼 수 있다. 용수(Nāgārjuna) 역시 難問을 일으키게 만든 四句的 사고 방식을 '치료'한다는 점에서는 붓다와 일치하나 그 소재를 비단 형이상학적 물음에만 국한하지 않고 인간의 일상적 사고 전체로 '확장'시켰던 것이다(拙稿, 용수의 無記觀, 印度哲學 3, 民族社, 1993. pp.157~177 참조.).

어떤 개념이라고 하더라도 우리 인간이 사유를 통해 그에 대해 규정을 내리는 경우 위와 같은 네 가지 명제들 중 어느 하나를 택하게 마련인데 그 네 가지 명제 모두가 논리적 오류에 빠지고 만다는 사실을 보여주는 것이 용수의 4구 비판의 논리이다. 먼저 『중론』에서 나열하고 있는 4구의 예를 들어 보자.

> 특징[상(相)]이 없는 것에서건 특징이 있는 것에서건 특징의 출현은 없다. 특징이 있으면서 특징이 없는 것에서, 또 다른 곳에서도 역시 출현하지 않는다.[10)]

> 모든 존재가 공하다면 무엇이 무한하고 무엇이 유한하며 무엇이 무한하면서 유한하고 무엇이 무한하지도 않고 유한하지도 않는 것이겠느냐?[11)]

> 이와 같이 과거세에 '나는 존재하지 않았다', '나는 존재했다', '그 양자다', '양자가 아니다'라는 견해, 이것은 성립하지 않는다.[12)]

4구라는 것은 '특징이 나타나는 원인'에 대한 생각이나, '세간이나 자아의 시간적 한계성의 문제', '자아가 과거에 존재했는지 아닌지 여부'의 문제 등 인간이 사유할 수 있는 모든 소재에 대해 우리가 내리게 되는 판단의 네 가지 형식이라고 볼 수 있다. 즉, 형이상학적 문제

10) nālakṣaṇe lakṣaṇasya pravṛttirna salakṣaṇe/ salakṣaṇālakṣaṇābhyāṃ nāpyany atra pravartate//(有相無相中 相則無所住 離有相無相 餘處亦不住): 『중론』, '5-3'
11) śūnyeṣu sarvadharmeṣu kimanantaṃ kimantavat/ kimanantamantavacca nāna ntaṃ nānatavacca kim//(一切法空故 何有邊無邊 亦邊亦無邊 非有非無邊): 『중론』, '25-22'.
12) evam dṛṣṭiratīte yā nābhūmahamabhūmaham/ ubhayaṃ nobhayaṃ ceti naiṣā samupapadyate//(如過去世中 有我無我見 若共若不共 是事皆不然): 『중론』, '27-13'.

는 물론이고 그 어떤 일상적 판단이라고 하더라도 우리는 4구의 범위 밖에서 사유할 수는 없는 것이다. 앞으로 면밀하게 검토해 보겠지만 4구 중 제1구적 사유란 능·소, 인·과, 체·용, 체·상등, 내속(내속, inherence) 관계에 있는 두 개념쌍이 내포(inclusion)적 관계에 있다고 간주하는 사고 방식을 말하며, 제2구란 두 개념 쌍이 배제(exclusion)적 관계에 있다고 간주하는 사고 방식이며, 제3구란 공존적 관계에 있다고 간주하는 사고 방식이고, 제4구란 두 개념 쌍이 무 관계적 관계에 있다고 간주하는 사고 방식을 말한다.

인도철학에서는 인간의 사고 방식을 사구라는 네 가지 범주로 분류하는 전통도 있었지만 이와 달리 두 가지로 분류하는 전통도 있었는데 이를 이변(二邊)이라고 부른다. 그런데 4구와 이변은 다른 분류 방식이 아님을 알 수 있다. 이변이란 상견(常見)과 단견(斷見)을 말한다. 또 상견이란 인중유과론(因中有果論, satkāryavāda)적 사고 방식을 말하고 단견이란 인중무과론(因中無果論, asatkāryavāda)적 사고 방식을 말한다. 인중유과론이란 원인 가운데 결과가 내재한다는 사고 방식이며 인중무과론은 원인 가운데 결과가 내재하지 않는다는 사고 방식이다. 달리 말하면 인중유과론은 내포적 사고 방식이며 인중무과론은 배제적 사고 방식이다. 이는 4구 분별 중 제1구적 사고와 제2구적 사고에 해당된다. 따라서 중론의 '4구 비판'은 '이변 비판'을 함의한다고 볼 수 있다.

그러면 『중론』 내의 다양한 논리적 게송들을 통해 4구적 판단 각각이 어떻게 비판되고 있는지 검토해 보기로 하자.

2) 4구 비판 논리의 토대 - 환멸 연기

『중론』에서는 인간의 4구적 판단이 다양한 논리에 의해 비판되고 있는데 이런 비판 논리의 토대가 되는 사상은 물론 붓다의 연기설이다. 수많은 현대 학자들이, 십이지 연기설은 붓다에 의해 확립된 것이 아니고 후대의 아비달마 논사들에 의해 편집, 완성된 것이라고 주장한다. 그러나, 그 진위야 어찌되었건 용수 자신이 이해하고 있던 연기설은 십이지 연기설이었다. 용수가 『인연심론송(因緣心論頌)』이나 『중론』 제26 관십이인연품을 통해 소개하는 연기설은 분명히 십이지 연기설인 것이다.[13] 4구적 판단을 비판하는 용수의 논리 역시 십이지 연기설에 토대를 두고 있다. 엄밀히 말하면 십이지 연기설의 환멸문(還滅門)에 토대를 둔다. 경전에서 십이지 연기설은 다음과 같은 '연기 공식'으로 설해지기도 한다.

> 이것이 있으면 저것이 있고 이것이 생하면 저것이 생한다. 이것이 없으면 저것이 없고 이것이 멸하면 저것이 멸한다.[14]

---

13) 용수 자신의 저술인 『因緣心論頌Pratītyasamutpāda-hṛdaya-kārikā)』 全文을 인용해 본다: "① 12 종류의 지분은 연기적으로 생긴 것이라고 牟尼에 의해 說示되었지만 그것들은 번뇌(惑)와 業과 苦의 세 가지에 의해 남김 없이 포섭된 진다(제1송). ② 첫째와 여덟째와 아홉째는 번뇌이다. 둘째와 열째가 업이다. 나머지 일곱이 고이다. 열두 가지는 오직 이 삼자에 포섭된다(제2송). ③ 셋에서 둘이 생긴다. 둘에서 일곱이 생긴다. 일곱에서 다시 셋이 생긴다. 이와 같이 참으로 생존의 바퀴는 다음에서 다음으로 굴러간다(제3송). ④ 세계는 모두 원인과 결과로 이루어진다. 이 세상에서 '삶을 살아가는 놈(衆生)'은 결코 존재하지 않는다. 다만 空한 法(dharma)에서 空한 法이 생기는데 불과하다(제4송). ⑤ 暗誦, 등불, 거울, 도장, 태양석, 종자, 신 맛, 소리[와 같은 방식]에 의해 오온이 모여 상속하는 것이지 [어떤 미세한 주체가 있어서] 이동하는 것이 아니라는 것을 지혜로운 자는 마땅히 관찰해야 한다(제5송). ⑥ 지극히 미세한 사물에서도 단멸이 있다고 망상하는 자는 연기적 발생의 의미를 보는 것이 아니다(제6송). ⑦ 이 세상에는 배제될 것도 없고 안립될 것도 없다. 진실을 진실되게 보아야 하고 진실을 보면 해탈한다(제7송)."(한역본: 『因緣心論頌』, 『因緣心論釋』(T. 1654), 티베트본: 『緣起心頌』(5236), 『因緣心解說』(5237), 일본어 번역: 瓜生津隆眞 譯, 大乘佛典14 용수論集, 中央公論社, 1980., 우리말 번역: 東峰 著, 용수의 대승사상(일본어 번역에 의한 重譯)): 이와 같이 용수는 十二支緣起說을 '惑 → 業 → 苦'에 배대시키며 三世兩重因果的으로 이해하고 있다.

14) imasmiṃ sati idaṃ hoti, imassa uppādā idaṃ uppajjati, imasmiṃ asati idaṃ

여기서 '이것이 있음에 저것이 있고'와 '이것이 없음에 저것이 없고'라는 구절은 각 지분 간의 동시, 구기적(俱起的) 의존성을 나타낸 것이고, '이것이 생함에 저것이 생한다.'와 '이것이 멸함에 저것이 멸한다.'는 구절은 각 지분 간의 이시(異時), 계기적(繼起的) 의존성을 나타낸 것이다.

용수는 이런 '연기 공식' 중에서 '이것이 없으면 저것이 없다', 또는 '이것이 멸하면 저것이 멸한다.'는 경문을 4구 비판 논리의 토대로 삼고 있는데 이는 전후 양 지분 간의 동시적 또는 이시적 의존성으로 인해 전 지분이 없으면 후 지분이 환멸에 드는 것을 나타낸 경문이다. 즉, 전 지분의 부정에 의해 후 지분이 부정된다는 십이연기 환멸문을 나타낸 것이다.

그런데 이것이 바로 십이연기설의 최종 목적이다. 유정류의 생사윤회는 십이연기적으로 구성되어 있기에, 무명을 소멸시킴으로써 결국 십이연기 지분 모두가 소멸에 들어 다시는 생사고해에 빠지지 않고 열반에 들게 하는 것이 십이연기설의 목적인 것이다.

'이것이 없으면 저것이 없다'는 십이연기설의 최종 목적에 토대를 두고 용수는 갖가지 개념들의 다양한 '능·소 관계'를 '사구 비판 논리'에 의해 비판함으로써 그 모든 개념들을 환멸에 들게 하는 것이다. 즉, '이것이 없으면 저것이 없다'는 환멸문적 경문이 용수의 사구 비판 논리의 토대가 된다.

그런데 『중론』의 환멸문적 게송들은, 명사(名辭)로 쓰이는 '이것'과 '저것'의 성격에 따라 두 가지 그룹으로 분류된다. 즉, '이것'과 '저것'의 관계가, '능·소' 관계인 경우(a.)가 있고, '긍정·부정' 관계인 경우(b.)가 있다.

a. A 없으면 A' 없다(능·소 관계).

---

na hoti, imassa nirodhā idaṃ nirujjhati(P.T.S.本, *M.N.* Ⅰ, p.262.).

다음과 같은 게송들이 이에 속한다.[15]

> 만일 '가는 자'를 떠난다면 '가는 작용'은 성립되지 않는다. '가는 작용'이 없다면 도대체 어떻게 '가는 자'가 성립하겠는가?[16]

> '색(色)의 인(因)'이 없으면 색은 포착되지 않는다. 색이 없어도 '색의 인'은 보이지 않는다.[17]

> 무엇인가에 의해 누구인가가 표시되며 누구인가에 의해 무엇인가가 표시된다. 어떻게 무엇인가가 없이 누구인가가 있겠으며 어떻게 누구인가가 없이 무엇인가가 있겠는가?[18]

주체와 작용, 원인과 결과, 주체와 형상 등을 포괄하는 개념으로 필자는 '능'과 '소'라는 표현을 사용하였는데, 니야야-와이셰시까적으로 말하면 이런 '능'과 '소'는 내속(samavāya) 관계에 있기에 어느 한 쪽의 부재 시에 다른 한 쪽도 존재할 수 없는 것이다.

b. A 없으면 ~A[19] 없다(긍정·부정 관계).

용수는 어떤 개념의 긍정과 그에 대한 부정도 서로 의존 관계에

15) 이 이외에 『중론』 '2-6', '5-4', '6-2', '9-11', '19-6', '21-8', '23-4'(梵頌 번호)들도 'A 없으면 A' 없다'는 還滅 緣起的 의미의 게송들이다.

16) gantāraṃ cettiraskṛtya gamanaṃ nopapadyate/ gamane 'sati gantātha kuta eva bhaviṣyati//(若離於去者 去法不可得 以無去法故 何得有去者): 『중론』, '2-7'.

17) rūpakāra anirmuktaṃ na rūpamupalabhyate/ rūpeṇāpi na nirmuktaṃ dṛśyate rūpakāraṇam//(若離於色因 色則不可得 若當離於色 色因不可得): 『중론』, '4-1'.

18) ajyate kena cit kaścit kiṃ citkena cidajyate/ kutaḥ kiṃ cidvinā kaścitkiṃ citkaṃ cidvinā kutaḥ//(以法知有人 以人知有法 離法何有人 離人何有法): 『중론』, '9-5'.

19) 본서에서 사용되는 ~A란 not-A를 의미한다.

있다고 말한다. 다음과 같은 게송들이 그 예이다.

> 존재가 존재하지 않는다면 어떤 비존재가 존재하겠느냐? 존재나 비존재가 부정됐는데 누가 존재나 비존재를 인지하겠는가?[20)]

> 생주멸이 성립하지 않기 때문에 유위법은 없다. 유위법이 성립하지 않는다면 어떻게 무위법이 성립하겠느냐?[21)]

> 만일 공하지 아니한 그 무엇이 존재한다면 공한 그 무엇이 존재하리라. 그런데 공하지 아니한 그 무엇이 존재하지 않는데 어떻게 공이 존재하겠는가?[22)]

긍정과 부정에 대한 위와 같은 해석은 서구의 형식 논리학적 해석과 판이하다. 형식 논리학적으로 보면 어떤 명제가 부정되면 그 반대 개념이 긍정되어야 한다. 즉, '내일은 비가 올 것이다.'라는 명제가 부정되면 '내일은 비가 오지 않을 것이다.'라는 반대 명제가 긍정되어야 한다. '여기에 사과가 있다.'는 명제가 부정되면 '여기에 사과 아닌 것이 있다.'는 명제나 '여기에 사과가 없다.'는 명제가 긍정되어야 한다.

따라서 '공하지 않은 것이 있다.'는 명제가 부정되면, 형식 논리학적으로 보아 '공한 것이 있다.'는 명제가 긍정되어야 할 것이다. 그러나 용수는 이와 반대되는 선언을 하는 것이다. 즉, '공하지 않은 것이

20) avidyamāne bhāve ca ksyābhāvo bhaviṣyati/ bhāvābhāvavidharmā ca bhāvā bhāvamavaiti kaḥ//(若使無有有 云可當有無 有無旣已無 知有無者誰): 『중론』, '5-6'.

21) utpādasthitibhaṅgānāmasiddhernāsti saṃskṛtam/ saṃskṛtasyāprasiddhau ca katham setsyatyasaṃskṛtam//(生住滅不成 故無有有爲 有爲法無故 何得有無爲: '7-34'): 『중론』, '7-33'.

22) yadyaśūnyaṃ bhavetkiṃ citsyācchūnyamiti kiṃ cana/ na kiṃ cidastyaśūnyaṃ ca kutaḥ śūnyaṃ bhaviṣyati//(若有不空法 則應有空法 實無不空法 何得有空法: '13-8'): 『중론』, '13-7'.

없다면 공한 것도 있을 수 없다'는 것이다. 이런 선언이 도출될 수 있는 것은 공이라는 긍정 개념과 불공이라는 부정 개념이 서로 '의존관계'에 있기 때문이다.[23]

이를 좀 더 비근한 예에 대입하여 정리하면 다음과 같다.

1. 서구의 형식논리: '사과(A)'가 없다면 '사과 아닌 것(~A)'이 있다.
2. 용수의 중관논리: '사과(A)'가 없다면 '사과 아닌 것(~A)'도 없다.

어째서 용수의 '환멸 연기적 논리'에 의해 도출된 명제와 '서구의 형식 논리'에 의해 도출된 결론이 위와 같이 상반된 것일까?

형식 논리의 경우, '사과가 없다'는 명제는 '사과가 여기에 없다'는 것을 의미한다. 즉, 이 세상에는 사과라는 것이 존재하는데 그것이 여기에만 없다는 판단이다. 이는 철저한 '실재론(Realism)'의 토대 위에서 이루어지는 논리학이다. 또, 이런 부정을 인도 철학에서는 '상대 부정'이라고 불렀다. 이는 '사과 보편'이 아니라 특수한 어떤 사과를 부정하는 판단이다. 따라서 '사과 특수'가 부정되면 사과 아닌 것의 특수가 긍정될 수 있다.

중관논리의 경우, '사과가 없다'는 명제는 '사과가 이 세상 그 어느 곳에도 없다'는 것을 의미한다. 즉, 세상에는 사과라는 것이 존재하지 않는다는 것이다. 중관논리의 경우는 그 배경에 어떤 세계관도 깔고 있지 않다. 또, 이런 부정을 인도 철학에서는 '절대 부정'이라고 불렀다. 이는 특수한 사과의 존재가 아니라 '사과 보편' 개념을 부정하는 판단이다.

이런 논의를 정리하면 다음과 같다.

---

23) 이에 대해서는 본 장 6)항 a.에서 더욱 상세하게 논의하기로 하겠다.

	형식논리	중관논리
논리 적용 범위	제한이 있다	무제한이다
부정의 종류	상대 부정	절대 부정
명사(名辭)의 성격	특수 개념	보편 개념
형이상학적 토대	실재론이다	없다

위와 같은 이유에서 형식 논리학의 법칙에 위배되는 듯이 보이는 'A 없으면 ~A 없다'는 환멸 연기적 선언이 가능한 것이다. 용수는 바로 이런 사고에 토대를 두고 4구적인 판단을 다음과 같이 하나하나 비판한다.

3) 제1구 비판의 논리 - 내포의 오류

a. 중복의 오류

『중론』에는 수많은 논리적 게송이 등장하지만 그들 대부분이 제1구적 분별과 제2구적 분별을 비판하는 내용으로 되어 있다. 결론적으로 말해 용수는 제1구적 분별에 대해서 '내포의 오류(fallacy of inclusion)'를 지적함으로써 비판하고 있고, 제2구적 분별에 대해서는 '배제의 오류(fallacy of exclusion)'를 지적함으로써 비판하고 있다.[24] 먼저

24) 여기서 사용하는 '內包의 오류(the fallacy of inclusion)'와 '排除의 오류(the fallacy of exclusion)'라는 표현은 필자 자신의 考案이다. '내포'나 '배제'라는 모순적 사유는 印度思想史 내의 두 가지 極端(二邊)的 世界觀인 因中有果論 및 因中無果論과 그 構造가 일맥상통한다. 홍성기는 이러한 구조를 '세계의 分割(partition)과 組合(configuration)의 문제'라고 표현하고 있는데, 여기서 '組合'은 필자가 말하는 제1구인 '內包'的 사고 방식에 해당되고 '分割'은 제2구인 '排除'的 사고

하나의 예를 들어 보겠다.

"가는 자가 간다."라는 말을 할 경우, 이는 제1구적으로 이해될 수도 있고 제2구적으로 이해될 수도 있다. 이 문장은 '가는 자'라는 '주어(subject)'와 '간다'라는 '술어(predicate)'로 이루어져 있는데 '술어'의 의미가 '주어'의 의미 속에 내포(inclusion)되어 있다고 보고 발화하는 경우 제1구적인 판단이 된다. 즉, '간다는 작용(술어)을 갖고 있는 가는 자(주어)가 간다(술어)'는 의미의 판단이 된다. 이에 대해 용수는 다음과 같이 비판한다.

> 만일 '가는 자'가 간다면 '가는 작용'이 둘이라는 오류에 빠진다. [그것은] '가는 자'라고 말하는 것, 거기에 있는 '가는 자'와, 또 그 자가 간다는 것이다.[25]

'가는 자' 속에 '간다'는 작용이 이미 내포되어 있었는데 그 자가 다시 간다고 하니 두개의 가는 작용이 있게 되는 오류에 빠진다는 지적이다. 본서에서는 이런 오류를 '내포의 오류' 중 '중복의 오류'라고 명명하기로 한다.

이 이외에 다음과 같은 게송들이 이런 '중복의 오류'를 통해 제1구적인 판단을 비판하는 게송들이다.

> 만일 불이 연료에 의존한다면 성립된 불이 (또다시) 성립(되는 꼴이)된다. 이와 같은 존재라면 불 없는 연료 역시 존재하리라.[26]

방식에 해당된다고 볼 수 있을 것 같다: 洪聖基, 용수의 緣起說 解釋과 否定의 意味, 哲學 第42輯, 1994. p.54 참조.

25) gamane dve prasajyete gantā yadyuta gacchati/ ganteti cocyate yena gantā sanyacca gacchati//(若去者有去 則有二種去 一謂去者去 二謂去法去: '2-10'): 『중론』, '2-11'.

26) yadīndhanamapekṣyāgniragneḥ siddhasya sādhanam/ evaṃ satīndhanaṃ cā pi bhaviṣyati niragnikam//(若因可燃燃 則燃成復成 是謂可燃中 則謂無有燃): 『중

> 만일 업이 확립되어 있기 때문에 그 때문에 자성이 존재하는 것이라고 한다면 이미 익은 과보[이숙(異熟)]가 그야말로 다시 익게 될 것이라는 꼴이 된다.[27]

"불이 연료에 의존한다."고 할 경우 이를 제1구적으로 이해하여 '타고 있는 불이 연료에 의존하여 탄다'고 판단하게 되면 이미 성립된 불이 다시 성립된다는 오류에 빠진다는 것이고, 업에 자성이 있어서 과보를 받는 것이라면 과보를 받고 나서도 업은 사라지지 않을 테니 다시 또 과보를 받는 오류에 빠진다는 것이다.

b. 무한소급의 오류

'무한소급의 오류'를 지적하는 경우도 '내포의 오류'를 지적하는 제1구 비판이라고 볼 수 있다. 그 예를 보자.

> 생, 주, 멸에 있어서 또다른 유위법의 상(相)이 있다면 그야말로 무한하게 된다. (반대로) 만일 없다면 그것들(=생, 주, 멸)은 유위법이 아니다.[28]

생주멸이란 유위법의 특징을 규정하는 개념들인데 이 개념들 역시 유위법에 '내포'된다고 보는 경우 생주멸이라는 특징을 다시 갖지 않을 수 없다. 그럴 경우 위의 전반 게송에서 말하듯이 무한소급의 오

론』, '10-9'.

27) tadvipakvavipākaṃ ca punareva vipakṣyati/ karma vyavasthitaṃ yasmāttasmātsvābhāvikaṃ yadi//(若言業決定 而自有性者 受於果報已 而應更復受): 『중론』, '17-25'.

28) utpādasthitibhaṅgānāmanyatsaṃskṛtalakṣaṇam/ asti cedanavasthaivaṃ nāsti cette na saṃskṛtāḥ//(若謂生住滅 更有有爲相 是卽爲無窮 無卽非有爲): 『중론』, '7-3'.

류에 빠지고 만다.

『회쟁론』이나 『광파론』에서 '인식 방법'의 존재를 비판하면서 '무궁상사' 논법을 쓰는 경우[29], '인식 방법'이 '인식 대상'에 '내포'되는 경우의 오류를 지적하는 것이기에 위와 같이 제1구 비판적 논리와 같은 구조를 갖는다.[30]

이런 '무한소급의 오류'는 '주어'와 '술어'의 관계가 아니라 '능'과 '소'의 관계 속에서 '소'가 '능'에 내포된다고 보는 경우의 오류를 지적하는 논법인 것이다.

c. 인중유과의 오류

원인이 결과를 생한다고 할 때 그 원인 속에 결과가 내재한다고 보는 경우 결과를 생할 수 없다는 논법을 필자는 '인중유과(因中有果)의 오류'라고 명명한다. 다음과 같은 게송이 그 대표적인 예이다.

만일 원인과 연(緣)들의 결합에 의해 (결과가) 생하고 또 그 결과는 (이미) 결합에 존재한다면 (결과는) 어떻게 결합에 의해 생하겠는가?[31]

---

29) "만일 다른 인식 방법에 의해 인식 방법이 성립하게 된다면 이는 무궁함이다. 그런 상황에서는 최초의 성립이 존재하지 않고 중간도 존재하지 않고 끝도 존재하지 않는다"(『회쟁론』 제32, 33송)/ "그러나 만일 그대가 모든 것은 인식 방법에 의해 성립하는 것이라고 한다면 모든 인식 방법도 그 자신과는 다른 인식 방법에 의해 성립되는 것이 되어 버린다. 인식 방법도 모든 것에 포함되어 있기 때문이다. 만일 인식 방법 자신은 인식 방법에 의해 성립될 필요가 없다고 한다면 모든 것은 인식 방법에 의해 성립한다는 주장은 무너진다"(『광파론』 제4절 주석).

30) 인식 방법이 인식 대상화되었을 때 그를 인식하기 위해 제2의 인식 방법이 필요하게 되고 결국 무한한 인식 방법이 필요하게 된다는 비판이기에, 인식 방법에 인식 대상의 의미가 '내포'되는 경우를 비판한 것이라고 볼 수 있다.

31) hetośca pratyayānāṃ ca sāmagryā jāyate yadi/ phalamasti ca sāmagryāṃ sāmagryā jāyate katham//(若衆緣和合 而有果生者 和合中已有 何須和合生): 『중론

원인 가운데 이미 결과가 내포(inclusion)되어 있다면 다시 결과가 생할 필요가 없다는 말이다. '미리 존재한다면 다시 생할 필요가 없다'는 의미의 게송들이 모두 이런 형식에 속한다.[32]

d. 같음의 오류

『중론』에서는 능(能)과 소(所)가 같다고 볼 때 발생하는 오류 역시 다음과 같이 지적하고 있다.

> 만일 가는 작용이 가는 놈이라는 사실, 그런 사실이 도대체 있을 수 있다면 행위자와 행위가 하나의 존재라는 오류에 빠지고 만다.[33]

> 또 취(取)가 바로 자아(나)는 아니다. 그것[취]은 멸하고 또 생한다. 도대체 취가 어떻게 취하는 주체가 되겠느냐?[34]

능과 소가 같다고 볼 때 발생하는 오류 역시 능과 소가 서로 내포되어 있다고 볼 때 발생하는 것이라고 볼 수 있다. 왜냐하면 '같음'이란 논리학적으로 양 항이 '동치 관계'에 있는 것을 말하고, 동치 관계란 상호 내포 관계를 의미하기 때문이다.

능 → 소, 소 → 능, ∴ 능 ≡ 소

』, '20-1'.

32) 『중론』 '7-13' 후반, '20-16' 후반 등.

33) yadeva gamanaṃ gantā sa eva hi bhavedyadi/ ekībhāvaḥ prasajyeta kartuḥ karmaṇa eva ca//(若謂於去法 卽爲是去者 作者及作業 是事卽爲一): 『중론』, '2-19'.

34) na copādānamevātmā vyeti tatsamudeti ca/ kathaṃ hi nāmopādānamupādātā bhaviṣyati//(但身不爲我 身相生滅故 云何當以受 而作於受者): 『중론』, '27-6'.

따라서 '같음'의 오류를 지적하는 논법 역시 인중유과론의 오류 등과 마찬가지로 제1구적 사고 방식을 비판하는 논법이라고 볼 수 있다.

4) 제2구 비판의 논리 - 배제의 오류

a. 주어 불성립의 오류

'가는 자가 간다'는 말을 할 경우, 제1구적인 이해와 다르게 아직 '간다'는 '술어(predicate)'의 의미가 '주어(subject)'인 '가는 자'에 내포되지 않은 상태의 '가는 자가 간다'고 볼 경우, 이는 제2구적인 판단이 된다. 즉, '간다는 작용을 갖지 않는 가는 자가 간다'는 의미의 판단이 된다. 이런 제2구적인 판단에 대해 용수는 다음과 같이 비판한다.

> '가는 작용'이 없는 '가는 자'가 실로 성립하지 않는다면 '가는 자'가 간다고 하는 것이 도대체 어떻게 성립되겠느냐?[35]

'가는 작용' 없는 '가는 자'는 있을 수가 없는데 가기 전의 어떤 자가 있어서 가겠느냐는 비판이다. 이는, 주어에서 술어를 배제시킬 경우 발생하는 오류를 지적하는 논법이다. 이를 '배제의 오류' 중 '主語 불성립의 오류'라고 명명해 두자. 다음과 같은 게송들이 이에 속한다.

> 아무것도 보고 있지 않는다면 능견(能見)은 존재하지 않는다. 그런데 능견이 본다는 것이 도대체 어떻게 타당할 수 있겠는가?[36]

35) gantā tāvadgacchatīti kathamevopaoatsyate/ gamanena vinā gantā yadā nai vopapadyate//(若言去者去 云何有此義 若離於去法 去者不可得): 『중론』, '2-9'.

> 만일 고(苦)가 개체 스스로에 의해 지어진 것이라면, 그렇다면 고를 스스로 짓는 어떤 개체가 고를 떠나서 존재하는 것이겠는가?[37]

> 만일 무언가 미생(未生)인 존재가 어디엔가 존재한다면 그것이 생하리라. (그러나) 그것이 없는데 어떤 존재가 생하겠느냐?[38]

'술어'인 '봄'이 배제(exclusion)된 '주어'인 '능견'은 있을 수가 없고, 고(苦) 없는 개체도 있을 수 없으며, 발생하지도 않은 존재는 있을 수 없기에 그런 것들이 '주체(=주어)'가 되어 어떤 작용(=술어)을 지을 수는 없다는 논법이다.[39]

b. 순환논리의 오류

상호 의존하고 있는 한 쌍의 개념의 근거를 다른 짝에서 구하는 경우 순환 논리에 빠진다. 즉, 이쪽 짝은 다른 짝 없이 존재할 수가 없기에 이쪽 짝이 다른 짝에 의존한다는 말을 할 수가 없다는 논법인데 이는 다른 짝을 배제(exclusion)시킨 경우의 오류를 지적하는 것이다. 흔히, 연기설이란 '의존 관계'를 의미한다고 하지만 용수는 순환논리의 오류를 지적함으로써 '의존 관계'조차 비판하고 있다. 따라서 진정한 '연기'란 단순한 의존 관계일 수는 없다. 예를 들어 보자.

---

36) nāpaśyamānaṃ bhavati yadā kiṃ cana darśanam/ darśanaṃ paśyatītyevaṃ kathametattu yujyate//(見若未見時 則不名爲見 而言見能見 是事則不然): 『중론』, '3-4'.

37) svapudgalakṛtaṃ duḥkhaṃ yadi duḥkhaṃ punarvinā/ svapudgalaḥ sa katamo yena duḥkhaṃ svayaṃ kṛtam//(若人自作苦 離苦何有人 而謂於彼人 而能自作苦): 『중론』, '12-4'.

38) yadi kaścidanutpanno bhāvaḥ saṃvidyate kva cit/ utpadyeta sa kiṃ tasminb hāva utpadyate 'sati//(若有未生法 說言有生者 此法先已有 更復何用生: '7-18'): 『중론』, '7-17'.

39) 『중론』 '5-2', '12-5', '16-7', '20-22', '22-6' 등의 게송들도 이에 속한다.

> 만일 불이 연료에 의존해 있고 연료가 불에 의존해 있다면 그 둘 중의 어느 쪽이 미리 성취되어 있어서 불이나 연료가 의존하게 되겠느냐?[40]

이 논법은 '주어 불성립의 오류'가 의존 개념 쌍 양측 모두에서 파악되는 경우라고 말할 수 있다. 즉, '불이 연료에 의존하여 성립한다'고 할 경우 주어인 '불'이 연료에 의존하기 이전에 의존할 주체로 성립해 있을 수 없으니 오류에 빠진다는 논리이다. 예를 들어 '긴 것'이 '짧은 것'에 의존하여 성립한다'고 할 경우 '긴 것'의 의존 대상인 '짧은 것'이 있으려면 미리 '긴 것'이 있었어야 하고, 또 그 '긴 것'이 있으려면 다시 짧은 것이 있었어야 하기에 악순환에 빠진다는 것이다. 다음과 같은 것이 모두 이런 '순환 논법의 오류'를 표현한 게송들이다.

> 만일 의존되어질 것, 그것이 무엇인가에 의존하여 성립되는 그런 존재, 실로 그런 것[존재]에 의존하여 성립한다면 무엇이 무엇에 의존하여 성립할 것인가?[41]

> 그대에게 있어서 만일 생생(生生)이 본생(本生)을 생한다면 그대에게 있어서 본생에 의해 생해지지 않은 그것[생생]이 그것[본생]을 어떻게 생하겠는가?[42]

---

40) yadīndhanamapekṣyāgnirapekṣyāgniṃ yadīndhanam/ kataratpūrvaniṣpannaṃ yadapekṣyāgnirindhanam//(若因可燃燃 因燃有可燃 先定有何法 而有燃可燃): 『중론』, '10-8'.

41) yo 'pekṣya sidhyate bhāvastamevāpekṣya sidhyati/ yadi yo 'pekṣitavyaḥ sa sidhyatāṃ kamapekṣya kaḥ//(若法因待成 是法還成待 今則無因待 亦無所成法): 『중론』, '10-10'.

42) utpādotpāda utpādo mūlotpādasya te yadi/ maulenājanitastaṃ te sa kathaṃ janayiṣyati//(若謂是生生 能生於本生 生生從本生 何能生本生): 『중론』, '7-5'.

> 그대의 의견대로 만일 본생에 의해 생해진 것 그것이 본생을 생하게 한다면 어떻게 그것[생생]에 의해 생하지 않은 본생 그것이 그것[생생]을 생하게 할 것인가?[43]

c. 인중무과의 오류

원인 중에 결과가 배제(exclusion)되어 있어도 결과는 생할 수 없다는 논법이다. 이 논법은 두 가지 방향에서 논의된다. 첫째는, 원인 중에 결과가 배제된 상태에서는 결과가 생할 수 없다는 비판이고, 둘째는, 원인 중에 결과가 배제된 상태에서 결과가 생하는 것이라면 원인 아닌 것에서도 결과가 생할 것이라는 비판이다. 예를 들어 보자.

> 만일 원인과 연(緣)들의 결합에 의해 (결과가) 발생하고 그 결합에는 결과가 존재하지 않는다면 (결과는) 어떻게 결합에 의해 발생하겠는가?[44]

> 그런데 그것이 없어도[= 만일 결과가 연(緣)에 없어도] 그 연으로부터 (결과가) 나타난다면 연이 아닌 것에서는 무엇 때문에 결과가 나타나지 않는 것일까?[45]

원인 속에 결과가 전혀 존재하지 않는다면 그 원인에 해당하는 결

---

43) sa te maulena janito maulaṃ janayate yadi/ maulaḥ sa tenājanitastamutpādayate katham//(若謂是本生 能生於生生 本生從彼生 何能生生生): 『중론』, '7-6'.

44) hetośca pratyayānāṃ ca sāmagryā jāyate yadi/ phalaṃ nāsti ca sāmagryāṃ sāmagryā jāyate katham//(若衆緣和合 是中無果者 云何從衆緣 和合而果生) 『중론』, '20-2'.

45) athāsadapi tattebhyaḥ pratyayebhyaḥ pravartate/ apratyayebhyo 'pi kasmānnābhipravartate phalam//(若謂緣無果 而從緣中出 是果何不從 非緣中而出): 『중론』, '1-12'

과가 나타나야 하는 법은 없다는 비판이다. 이 역시 원인 속에 결과가 배제되어 있다는 사고를 비판하는 논법이기에 제2구 비판 논법에 속한다.

d. 다름의 오류

『중론』에서는 능과 소가 다르다고 보는 경우의 오류를 지적하고 있는데 이는 능과 소가 서로를 전적으로 배제(exclusion)하고 있다고 보는 사고 방식이다. 다음과 같은 게송에서는 '근본 주체[능]'와 '감관[소)], '전생의 천신[능]'과 '현생의 인간[소]'이 다르다고 보는 경우 오류에 빠진다는 것을 보여주고 있다.

> 만일 보는 작용 따위 없이도 그것[本住]이 확립되어 있다면 그것들[= 보는 작용 따위] 역시 그것[本住] 없이 존재하리라는 것은 의심의 여지가 없다.[46]

> 만일 인간이 천신과 다르다면, 그렇다면 상주하지 않는 것이 되리라. 만일 인간이 천신과 다르다면 상속이 성립되지 않는다.[47]

이는 4구 비판 논리의 토대로 제시되었던 '환멸 연기'를 나타내는 게송에 위배되는 사고방식이기에 옳지 않은 것이다. 즉, 'A 없이 B는 있을 수 없는 것'이기에 A와 B가 전혀 다르다고 하면 위와 같은 오류가 발생한다는 것이다.

---

46) vināpi darśanādīni yadi cāsau vyavasthitaḥ/ amūnyapi bhaviṣyanti vinā tena na saṃśayaḥ//(若離眼耳等 而有本住者 亦應離本住 而有眼耳等): 『중론』, '9-4'.

47) devādanyo manuṣyaścedaśāśvatamato bhavet/ devādanyo manuṣyaścetsaṃt atirnopapadyate//(若天異於人 是卽爲無常 若天異人者 是則無相續): 『중론』, '27-16'.

5) 제3구 비판의 논리

a. 상호모순의 오류

제3구 분별이란 긍정과 부정이 연언(連言)되는 것을 말한다. 이에 대해『중론』에서는 다음과 같이 비판한다.

> 어떻게 열반이 비존재와 존재의 양자가 되겠느냐? 열반은 작위(作爲)되지 않은 것[무위법]이며 존재와 비존재는 작위된 것[유위법]인데.48)

> 어떻게 열반에 비존재와 존재의 양자가 되겠는가? 이 양자는 같은 곳에 존재하지 않는다. 그것은 마치 밝음과 어둠과 같다.49)

> 만일 일부분은 천신에 속하고 일부분은 인간에 속한다면 비상주와 상주가 (동시에) 존재하는 꼴이 되리라. 그러나 그것은 타당하지 않다.50)

어떤 개념에 대한 긍정과 부정이 동시에 존재한다는 것은 형식논리학적으로 보아 '모순율'에 위배된다. 즉, 위의 '25-14' 게송에서 보듯

---

48) bhavedabhāvo bhāvaśca nirvāṇamubhayaṃ katham/ asaṃskṛtaṃ ca nirvāṇam bhāvābhāvau ca saṃskṛtau//(有無共合成 云何名涅槃 涅槃名無爲 有無是有爲):『중론』, '25-13'.

49) bhavedabhāvo bhāvaśca nirvāṇa ubhayaṃ katham/ na tayorekatrāstitvamālokatamasoryathā//(有無二事共 云何是涅槃 是二不同處 如明暗不俱):『중론』, '25-14'.

50) divyo yadyekadeśaḥ syādekadeśaśca mānuṣaḥ/ aśāśvataṃ śāśvataṃ ca bhavettacca na yujyate//(若半天半人 則墮御二邊 常及於無常 是事則不然):『중론』, '27-17'.

이 제1구(有: bhāva)와 제2rn(無: abhāva)가 함께 있다는 제3구(有無: bhāvābhāva)는, 마치 어둠과 빛과 같은 서로 모순된 사태가 함께 한다는 말이 되어 오류에 빠진다는 것이다. 그런데 이런 제3구는 우리의 사유로 포착 가능한 판단의 한 형식이라기보다 제1구와 第2구를 연언하여 형식적으로 만들어 낸 명제라고 볼 수 있다.

b. 공존의 오류

'주어'와 '술어', '원인'과 '결과', 또는 '능'과 '소'가 공존한다면 서로 의존하지 않고 존재하는 오류에 빠진다는 비판법이다. 이런 한 쌍의 의존 개념이 공존하는 것도 제2구적 명제라고 말할 수 있다. '유, 무, 유무, 비유비무'라는 4구적 존재 양식에서도 제2구인 '무'는 제1구인 '유'에 의존하는 개념이다.[51] 이렇게 의존적 개념을 병치시킨 것이 '유무'라는 제3구이기에 서로 의존하는 개념인 '능'과 '소' 등을 병치시키는 것도 제3구라고 볼 수 있는 것이다. 예를 들어보자.

> 그와 달리 '탐욕'과 '탐욕에 물든 자'의 양자가 동시에 성립한다는 것도 불합리하다. 왜냐하면 '탐욕'과 '탐욕에 물든 자'의 양자는 서로가 서로에 의존하지 못할 것이기 때문이다.[52]

---

51) 有가 만일 성립하지 않는다면 無가 어떻게 성립하겠는가? 有라는 法이 있기 때문에 有가 파괴될 수 있고 그것을 無라고 부른다: 有若不成者 無云何有成 因有有法故 有壞名爲無(bhāvasya cedaprasiddhirabhāvo naiva sidhyati/ bhāvasya hyanyathābhāvamabhāvaṃ bruvate janāḥ// 만일 존재가 성립하지 않는다면 비존재도 실로 성립하지 않는다. 왜냐하면 존재가 변화함을 사람들은 비존재라고 말하기 때문이다.): 『중론』, '15-5'.

52) sahaiva punarudbhūtirna yuktā rāgaraktayoḥ/ bhavetāṃ rāgaraktau hi nirapekṣau parasparam//(染者及染法 俱成則不然 染者染法俱 則無有相待): 『중론』, '6-3'.

만일 원인이 '원인이 되는 것'을 결과에 주고서 소멸하는 것이라면 '준 것'과 '소멸한 것'이라고 하는, 그 실체가 두개인 원인이 존재하게 되리라.53)

더욱이 만일 결과가 결합과 동시에 출현하는 것이라면 '발생케 하는 것'과 '발생된 것'이 같은 시간에 존재한다는 꼴이 된다.54)

차후에55) 다시 검토해 보겠지만 이는 '무인 상사' 논법 중 '동시태(同時態)'를 논파하는 논리와 같은 맥락에 있다. 즉, 능과 소가 동시에 존재한다면 능과 소는 마치 소의 두 뿔과 같아 서로 인(因)이 되지 못한다.56)

c. 1, 2구 부재의 오류

제3구란 제1구와 제2구의 연언적 합성이기에 제1구와 제2구가 존재하지 않는다면 제3구 역시 존재할 수 없는 것이다. 다음과 같은 게송이 그 예이다.

'간 것'은 가지 않는다. '가지 않는 것'도 역시 가지 않는다. '간 것'과 '가지 않는 것'을 떠나서 '가는 중인 것'은 가지 않는다.57)

---

53) hetukaṃ phalasya dattvā yadi heturnirudhyate/ yaddattaṃ yanniruddhaṃ ca hetorātmadvayaṃ bhavet//(若因與果因 作因已而滅 是因有二體 一與一則滅):『중론』, '20-5'.

54) phalaṃ sahaiva sāmagryā yadi prādurbhavetpunaḥ/ ekakālau prasajyete janako yaśca janyate//(若衆緣合時 而有果生者 生者及可生 則爲一時共):『중론』,'20-7'.

55) 본서 제Ⅴ장 2절 4)항.

56) 본서 제Ⅱ장 1절 80항 참조.

57) gataṃ na gamyate tāvadagataṃ naiva gamyate/ gatāgatavinirmuktaṃ gamyamānaṃ na gamyate//(已去無有去 未去亦無去 離已去未去 去時亦無去):『중론』,

앞에서 설명한 바 있지만[58] 여기서 '가는 중인 것'은 '반은 간 것이고 반은 가지 않은 것'을 의미하기에 '간 것'과 '가지 않은 것'이 공존하는 제3구라고 볼 수 있다. '간 것'이란 제1구이고 '가지 않은 것'이란 그에 대한 부정인 제2구이기에 위의 게송은 '제1구와 제2구가 없기에 제3구 역시 있을 수 없다'는 의미를 나타낸다고 볼 수 있다. 이는 '실체'로서의 '감'과 '현상'으로서의 '가는 것'의 관계 속에서 1, 2, 3구를 비판하는 게송인데 다음과 같이 '주체'와 '작용' 간의 관계에서도 1, 2, 3구는 비판될 수 있는 것이다.

> '가는 자'는 가지 않는다. '가지 않는 자'도 역시 결코 가지 않는다. '가는 자'나 '가지 않는 자'와 다른 제3의 어떤 자가 도대체 가겠는가?[59]

6) 제4구 비판의 논리

a. 제3구 부재의 오류

제4구란 제3구적 연언을 부정하는 것을 말한다. 예를 들어 '있으면서 없다'는 명제가 제3구라면 이를 부정한 '있지도 않고 없지도 않다'는 명제가 제4구가 된다. 따라서 제3구가 성립해야 그 부정 판단인 제4구도 있을 수 있다. 긍정이 있어야 그에 대한 부정도 있을 수 있기에 긍정이 없으면 부정이 있을 수 없다고 보는 것이 중관논리의 독특한 점이다. 그러나 로빈슨(Robinson)과 같은 현대 학자들은 바로 이 점으로 인해 용수가 논리적 오류인 '전건부정(前件否定)의 오류'를

'2-1'.

58) 본서 제IV장 1절 참조.

59) gantā na gacchati tāvadagantā naiva gacchati/ anyo ganturagantuśca kastṛtīyo hi gacchati//(去者則不去 不去者不去 離去不去者 無第三去者): 『중론』, '2-8'.

범했다고 주장한다.[60] 전건부정의 오류란 다음과 같은 것이다.

A→B 만일 그것이 고래라면[전건], 그것은 포유동물이다[후건].
not A 그런데 그것은 고래가 아니다[전건부정].
∴ not B 그러므로 그것은 포유동물이 아니다.

이 논증식은 당연히 논리적 오류를 범하고 있다. 그것이 고래가 아니라고 하더라도 포유동물일 수는 있기 때문이다. 여기서 고래는 포유동물에 '내포'된 개념이다. 한편, 용수의 논리는 다음과 같다.

> 만일 공하지 아니한 그 무엇이 존재한다면 공한 그 무엇이 존재하리라. 그런데 공하지 아니한 그 무엇이 존재하지 않는데 어떻게 공이 존재하겠는가?[61]

이는 다음과 같이 분석된다.

만일 공하지 아니한 그 무엇이 존재한다면[전건] 공한 그 무엇이 존재한다[후건].
그런데 공하지 아니한 그 무엇은 존재하지 않는다[전건부정].
그러므로 空은 존재하지 않는다.

이 게송은, '가정문'과 '전건의 부정'으로 이루어져 있기에 그 문장 형식이 '전건부정의 오류'를 범하고 있는 앞의 문장과 다르지 않다.[62]

60) Robinson, *Some Logical Aspects in Nāgārjuna's System*, Philosophy East and West 6, p.297 ff.: 이에 대한 자세한 논의는 下記의 논문을 참조하기 바람: Sung-ki Hong, *Pratītyasamutpāda bei Nāgārjuna, Eine logische Analyse der Argumentations struktur in Nāgārjunas Madhyamakakārikā*, Saarbrücken, 1993.

61) yadyaśūnyaṃ bhavetkiṃ citsyācchūnyamiti kiṃ cana/ na kiṃ cidastyaśūnyaṃ ca kutaḥ śūnyaṃ bhaviṣyati//(若有不空法 則應有空法 實無不空法 何得有空法: '13-8'):『중론』, '13-7'.

62) Roinson은 이 게송 이외에『중론』, '3-2', '4-3', '5-1', '19-1', '19-6', '25-

그러나, 이 게송에서 쓰이고 있는 명사(名辭, term)의 성격을 면밀히 검토해 보면 이는 '전건부정의 오류'를 범하고 있는 문장에서 쓰이고 있는 명사와 그 성격이 다름을 알 수 있다. '전건부정의 오류'를 예시할 때 사용된 '고래'와 '포유동물'이라는 명사 간에는 '내포 관계'가 성립하는 데(: 고래⊂포유동물) 용수의 게송에 등장하는 명사들은 '내포 관계'가 아니라 '의존 관계'에 있다. 의존 관계에 있는 개념 쌍의 경우에는 어느 한 개념이 부정되면 다른 개념 역시 부정되지 않을 수 없는 것이다.[63] 이런 논의의 토대 위에서 용수가 제4구를 비판하는 다른 게송들을 인용해 보자.

> 열반이 존재도 아니고 비존재도 아니라고 상정하는 것, 그것은 존재와 비존재의 성립이 존재할 때에 성립한다.[64]

> 만일 비상주(非常住)와 상주의 양자가 함께 성립한다면 상주도 아니고 비상주도 아닌 것도 멋대로 성립하려고 할 것이기 때문이다.[65]

> 유한하기도 하고 무한하기도 하다는 양자가 만일 성립한다면 유한하지도 않고 무한하지도 않는다는 것도 기꺼이 성립할 것이다.[66]

5', '27-7'도 '前件否定의 誤謬'를 범하고 있다고 주장한다: Robinson, *Early Mādhyamika in India and China*, 앞의 책, p.52 참조.

63) 비현실적 가정문의 경우도 '전건부정의 오류'가 적용되지 않는다.

64) naivābhāvo naiva bhāvo nirvāṇamiti yā 'ñjanā/ abhāve caiva bhāve ca sā siddhe sati sidhyati//(分別非有無 如是名涅槃 若有無成者 非有非無成: '25-16'): 『중론』, '25-15'.

65) aśāśvataṃ śāśvataṃ ca prasiddhamubhayaṃ yadi/ siddhe na śāśvataṃ kāmaṃ naivāśāśvatamityapi//(若常及無常 是二俱成者 如是則應成 非常非無常): 『중론』, '27-18'.

66) antavaccāpyanantaṃ ca prasiddhamubhayaṃ yadi/ siddhe naivāntavatkāmaṃ naivānantavadityapi//(若亦有無邊 是二得成者 非有非無邊 是則亦應成): 『중론』,

존재이면서 비존재인 것, 비상주이면서 상주인 것 등은 제3구적인 연언(連言) 명제가 가능해야 그를 부정하는 제4구도 가능할 것이라는 말이다. 그러나 제3구적인 연언 명제의 가능성은 위 게송 직전에 논파하였기에 제4구적인 부정 역시 불가능하다. 그리고 앞에서 검토해 보았듯이 이런 부정은 제3구와 '내포관계'가 아니라 '의존관계'에 있기에 결코 '전건부정의 오류'를 범한다고 볼 수가 없다.[67)]

b. 무인론의 오류

제4구는 제3구를 재부정하는 형식으로 표현되기도 하지만 다음과 같은 게송에서 보듯이 '무인(無因)'이라는 표현으로 대체되기도 한다.

> 그 어떤 것이건 어느 곳에 있건 간에, 자체로부터건 남[他]에서건
> 그 양자에서건 무인으로건 사물[존재]들의 발생은 결코 존재하지

'27-28').

67) 이는 '緣起 公式'의 경우에도 해당된다. "이것이 있으면 저것이 있고 이것이 없으면 저것이 없다"는 연기 공식 역시 그 표면적 문장 구조만 보면 전건부정의 오류를 범하고 있는 듯이 보인다. 그러나 여기서 말하는 '이것'과 '저것'은 '內包' 관계에 있는 것이 아니라 '依存' 관계에 있기에 형식논리적 오류 이론을 적용시킬 수 없는 것이다. 현대 서구 논리학에서 "非現實的 假定文(If …, then ~)"의 경우는 '전건부정의 오류'에서 벗어나 있다고 한다. 예를 들어 "만일 어제 비가 왔다면 나는 소풍을 가지 않았을 것이다."와 같은 문장이 비현실적 가정문이다. 이 경우에는 前件(어제 비가 왔다)을 부정할 경우 後件(소풍을 가지 않았을 것이다)도 부정되며 논리적 오류가 발생하지도 않는다. 그런데 위에 인용한 『중론』의 논리나, "이것이 있으면 저것이 있고 이것이 없으면 저것이 없다"는 '緣起 公式' 역시 다음과 같은 "비현실적 가정문"의 형식으로 이해될 수 있기에 '전건부정의 오류'를 범하지 않는다고 생각할 수도 있으리라; "실제는 이것이나 저것이랄 것이 없는데 만일 그대가 이것이 있다고 착각한다면, 그렇다면 저것이 있을 수 있으리라. 따라서 이것이 없다고 착각하지 않는다면 저것이 없으리라."(Sung-ki Hong, *Pratītyasamutpāda bei Nāgārjuna, Eine logische Analyse der Argumentations struktur in Nāgārjunas Madhyamakakārikā*, Saarbrücken, 1993. 참조)

않는다.[68]

어떤 사람들은 고(苦)를 '스스로 짓는다, 남이 짓는다, (스스로와 남의) 양자가 짓는다, 무인이다'라고 주장한다. 그런데 그것[苦]이 지어지리라는 것은 불합리하다.[69]

만일 [自와 他] 각각이 짓는 고(苦)라면 양자가 함께 짓는 것이 되리라. (그러나 그럴 수는 없다. 또) 다른 것이 짓지 않고 스스로 지은 것도 아닌 고인데 어떻게 무인의 것이겠느냐?[70]

여기서는 '무인론'이 어째서 오류에 빠지는지 논리적으로 해명하고 있지는 않다. 용수는 무인론에 문제가 있다는 것은 자명하다고 보았다.

앞에서 인용한 바 있지만[71] 제4구는 제3구를 재 부정하는 모습으로 표현되는 것이 통례이다. 그러나 '인과 관계'에서 결과가 '발생'하는 이론을 4구적으로 정리할 경우 용수는 제4구를 무인론으로 규정하여 비판하고 있는 것이다.

어쨌든, 다음과 같은 게송을 보면 제4구 역시 제3구와 마찬가지로 우리의 사유에 의해 포착되는 판단 형식이 아니라 제3구를 부정하여 만들어낸 형식적 명제일 뿐이라는 사실을 알 수 있다.

---

68) na svato nāpi parato na dvābhyāṃ nāpyahetutaḥ/ utpannā jātu vidyante bhāvāḥ kvacana ke cana//(諸法不自生 亦不從他生 不共不無因 是故知無生): 『중론』, '1-3'.

69) svayaṃ kṛtaṃ parakṛtaṃ dvābhyāṃ kṛtamahetukam/ duḥkhamityeka icchanti tacca kāryaṃ na yujyate//(自作及他作 共作無因作 如是說諸苦 於果則不然): 『중론』, '12-1'.

70) syādubhābhyāṃ kṛtaṃ duḥkhaṃ syādekaikakṛtaṃ yadi/ parākārāsvayaṃkāraṃ duḥkhamahetukaṃ kutaḥ//(若此彼苦成 應有共作苦 此彼尙無作 何況無因作): 『중론』, '12-9'.

71) 본서 제VI장 1절 6)항 a. 참조.

> 만일 '존재도 아니고 비존재도 아닌' 열반이 존재한다면 비존재도 아니고 존재도 아니라는 그것이 무엇에 의해 표시되겠느냐?[72]

7) 『중론』의 논리 유형

『중론』에는 갖가지 법개념에 대한 인간의 4구적인 분별 가운데 제1구와 제2구를 비판하는 논리가 가장 많이 등장한다. 그런데 제1구란 '능' 속에 '소'가 내포(inclusion)되어 있다고 보는 분별이고 제2구란 '능'에서 '소'의 요소가 배제(exclusion)되어 있다고 보는 분별이다. 주어(subject)와 술어(predicate)로 이루어진 문장의 경우 술어의 의미가 주어 속에 내포되었다고 보는가, 아니면 배제되어 있다고 보는가에 따라 제1구와 제2구적인 분별이 있게 된다. 원인과 결과로 이루어진 인과 관계의 경우 원인 속에 결과가 내포되어 있다고 보는가, 아니면 배제되어 있다고 보는가에 따라 제1구와 제2구적인 분별이 있게 된다. 주체와 작용의 경우도 이와 마찬가지이며, 실체와 현상의 경우도 이와 마찬가지이다. 이를 정리하면 다음과 같다.

	인과 관계	긍정과 부정	주어와 술어	실체와 현상	주체와 작용
능	원인	긍정(부정)	주어	실체	주체
소	결과	부정(긍정)	술어	현상	작용

이러한 '능·소 관계'에 대해 우리는 4구적으로 분별을 하여 파악하게 되는데 『중론』에서는 다양한 개념들에 대한 그런 분별들을 몇 가지 논법에 의해 논파하고 있는 것이다. 비판의 대상이 되는 '개념 쌍'

72) naivābhāvo naiva bhāvo nirvāṇaṃ yadi vidyate/ naivābhāvo naiva bhāva iti kena tadajyate//(若非有非無 名之爲涅槃 此非有非無 以何而分別: '25-15'): 『중론』, '25-16'

들을 '능·소의 쌍'으로 환원시키게 되면 그 비판 논법들은 다음과 같이 몇 가지 유형으로 요약된다.

A. '환멸 연기적 선언'
A-1. 능 없으면 소도 없다.
A-2. 소 없으면 능도 없다.

B. '제1구 비판 - 내포의 오류'
B-1. 능 속에 소가 이미 존재한다면, 능에서 생한 소는 중복하여 발생하는 꼴이 된다.
B-2. 능의 존재성이 다른 능에 의해 확립된다면, 무한한 능이 필요하게 된다.
B-3. 능 속에 소가 이미 존재한다면, 능은 다시 소를 생할 필요가 없으리라.
B-4. 능이 소와 같다면 오류에 빠진다.

C. '제2구 비판 - 배제의 오류'
C-1. 소을 내포하지 않은 능이라면, 능이라고 볼 수 없다.
C-2. 능에 의해 소가 있다면, 그 능은 무엇에 의해 성립하는 것이겠느냐?
C-3. 능 속에 소가 없는데도 소가 생한다면, 어디서나 소가 생하리라.
C-4. 능이 소와 다르다면 오류에 빠진다.

D. '제3구 비판'
D-1. 능과 소가 동시에 있다면 모순에 빠진다.
D-2. 능과 소가 공존한다면 서로 의존하지 못한다.

D-3. 능과 소 각각이 없다면 능·소의 공존도 없다.

E. '제4구 비판'
E-1. 능과 소의 공존이 없다면 능과 소의 부존도 없다.
E-2. 발생이 능, 소에 의한 것이 아니라면 무인론에 빠진다.

『중론』의 게송 전체가 이런 유형들에 의해 모두 포괄되는 것은 아니다. 『중론』 내에는 선언적 게송도 있고 비유적 게송도 있다. 또, 논리적 게송이라고 하더라도 형식 논리의 법칙에 의거하여 비판하는 게송들도 많이 보이고[73] 가정문을 통해 비판하는 게송들도 다수 있다. 그러나 중관 특유의 공성 논증의 논법을 구사하고 있는 게송들은 대부분 위와 같은 논법의 범주 내에 있다.

2. 중관논리와 상응 논법

『방편심론』의 상응 논법이나 『니야야 수뜨라』에 등장하는 자띠(jāti) 논법이 모두 그대로 용수의 논서에서 구사되고 있는 것은 아니다. 또, 용수의 논서에서 구사되고 있는 논법들 모두가 상응 논법에 포함되는 것도 아니다. 그러나 상응 논법이나 용수의 논법 모두 '어떤 근거'에 의해 '소증'을 드러낸다는 '양성(量性)을 비판하는 논법'인 점에서 그 맥을 같이한다. '어떤 근거'에 토대를 두고 '소증'을 드러낸다는 것은, 현량(現量, pratyakṣa)의 경우는 '인식 기관'에 의해 '인식 대상'을 드러내는 것을 의미하고 비량(比量, anumāṇa)의 경우에는 '이

73) 『중론』 '1-13', '17-22', '17-26', '24-21', '25-5', '25-8'.

유와 실례라는 근거'에 의해 '소증'을 입증하는 것을 의미한다. 일반적으로 논리를 이용하여 상대방의 주장을 비판하는 경우에는 자기 자신이 신봉하고 있는 어떤 주장이 있어야 한다. 그러나 용수의 '중관논리'나 '상응 논법' 모두 어떤 주장을 내세우기 위해 논리를 구사하는 것이 아니라 '논리를 구사한다'는 사실 그 자체를 비판하고 있는 것이다.

뿐만 아니라 중관논리와 상응 논법에서는 인과, 체용 관계까지 비판되고 있다. 원인이 있을 때 결과가 있다는 생각이건, 어떤 실체가 작용을 한다는 분별 모두가 논리적 오류에 빠진다고 지적한다. 한 마디로 말해 그 어떤 능·소 관계건 모두 논리적 오류에 빠지기 때문에 성립할 수 없다는 것이다.

그러면 양 논법의 공통점에 대해 구체적으로 검토해 보기로 하자.

1) 제1구 비판과 상응 논법

'능·소 관계'에 대한 제1구적 분별이란 '소'가 '능'에 내포된 상태에서 양자가 관계한다는 사고 방식이다. 이에 대해 『중론』에서는 '중복의 오류', '무한소급의 오류', '인중유과의 오류', '같음의 오류'를 지적함으로써 논파하고 있다.[74] 그런데 이런 비판법은 상응 논법에서도 발견된다. 즉, '도 상응', '동이 상응' 논법의 일부, '무궁 상사', '불생 상응' 논법의 일부, 또 용수의 논서에서 응용되는 '무인 상사' 논법의 일부 등도 제1구적 사고방식을 비판하는 논법인 것이다.

먼저, '도 상응'이란 이유가 소증에 접합해 있는 경우에 소증을 증명할 수 없다는 논법인데, 이는 소증에 이유가 내포되어 있다는 사고 방식이기에 제1구적 분별에 대한 비판법인 것이다. 즉 이유가 소증에 도달해 있는 경우에는 어느 것이 이유이고 어느 것이 소증인지 구별

74) 본서 제Ⅴ장 1절 3)항 참조.

되지 않기 때문에 논증식 작성이 불가능한 것이다.

'동이 상응' 중 '동'에 대한 비판은 이유가 소증과 같을 수가 없다는 논법이기에 제1구적인 비판법 중 '같음의 오류'와 맥락을 같이한다고 볼 수 있다. 물론, '동이 상응' 논법에서는 '이유'와 '소증'의 관계가 아니라 '비유'와 '소증'의 관계를 비판하고 있지만, 비유와 이유는 모두 소증을 증명하는 '근거'에 해당되기에 양자 모두 근거가 소증에 내포되어 있다고 보는 제1구 비판법이다.

비유와 소증의 관계에서 비유에 대한 근거를 다시 묻는 것이 '무궁 상사' 논법이다. 그런데 이는 비유가 소증이 되는 경우를 말하는 것이다. 즉, 비유가 소증에 내포되는 경우를 말한다. 더 포괄적으로 설명하면 '능'과 '소'의 관계에서 '능'이 '소'에 내포되는 경우의 오류를 지적하는 논법이 바로 '무궁 상사' 논법이다. 예를 들어 인식 방법이 모든 인식 대상을 인식한다고 할 경우 '인식 방법'과 '모든 인식 대상'의 관계에서, 그런 '인식 방법' 역시 '모든 인식 대상'에 포함된다고 보는 경우 그를 인식하는 제2의 인식 방법이 존재해야 하고, 그런 제2의 인식 방법을 인식하기 위한 제3의 인식 방법이 존재해야 하며 결국 무한한 인식 방법이 필요하게 되어 오류에 빠진다는 논법이다. 이 역시 '능'인 '인식 방법'이 '소'인 '인식 대상'에 내포(inclusion)되는 경우의 오류를 지적하는 것이므로 제일구적인 분별을 비판하는 논법이라고 볼 수 있다.

'불생 상응' 논법은 인중유과론적 사고 방식과 인중무과론적 사고 방식 모두를 비판하는 논법인데 이 중 '원인 중에 결과가 내포되어 있다'고 보는 인중유과론의 오류를 지적하는 논법이 제1구적인 분별에 대한 비판법이라고 볼 수 있다.

지금까지 고찰해 보았듯이 『방편심론』의 상응 논법이나 『니야야 수뜨라』의 자띠(jāti) 논법에 제1구적인 사고 방식에 대한 비판이 등장한다. 이들을 정리하면 다음과 같다.

또, 도달하여 인이 되는 것이라면 도달하자마자 인(因)의 이치가 없어진다. 이를 '도'라고 부른다(『방편심론』, '도 상응').

[이유가 소증과] 접합한다면 [이유와 소증은] 구별되지 않는 것으로 된다(『니야야 수뜨라』, '도 상사').

예를 들어 자아를 입론할 때 허공을 비유로 삼는다. 자아와 허공이 하나라면 하나의 법인데 어떻게 허공으로 자아를 비유할 수 있겠느냐(『방편심론』, '동이 상응')?

비유의 근거를 지목하지 않기 때문에 … 무궁 상사이다(『니야야 수뜨라』, '무궁 상사').

그대가 원인이 있기에 자아가 존재함을 아는 것이라고 한다면, '파라수(樹)'의 씨앗은 이미 존재하므로 응당 '다라[수(樹)]'를 생해야 하리라. … 자아도 역시 이와 마찬가지이다. 만일 실제로 존재한다면 감관에 지각되지 않음을 인으로 삼을 필요가 없다. … (『방편심론』, '불생 상응' 논법의 일부)

2) 제2구 비판과 상응 논법

'능·소 관계'에 대한 제2구적 분별이란 '능'과 '소'가 서로를 배제한 상태에서 관계한다는 사고 방식이다. 『중론』에 등장하는 '주어 불성립의 오류', '순환 논리의 오류', '인중무과의 오류'등을 지적하는 논법이 이에 대한 비판이다. 『방편심론』의 상응 논법과 『니야야 수뜨라』의 자띠(jāti) 논법에 등장하는 '부도 상응', '시동 상응(=무인 상사)' 논법 중 일부, '동이 상응' 논법 중 일부, '반유 상사', '불생 상응' 논법 중 일부, 또 '소증 상사' 논법 등도 제2구적인 분별을 비판하는 논법들이다.

먼저, '부도 상응' 논법이란 소증이 이유와 접합하지 않는 경우에 소증을 증명할 수 없다고 '능증-소증' 관계를 비판하는 논법이다. 즉, 소증과 이유가 전혀 별개의 것인 경우를 비판하는 논법이기에 이는 제2구적 사고 방식을 비판하는 것이라고 볼 수 있다.『중론』에 등장하는 '인중무과의 오류'가 이에 해당된다.

'시동 상응' 논법, 또는 '무인 상사' 논법에서는 '능'이 '소'보다 선행할 수도 없고, '능'이 '소'보다 후속할 수도 없다'고 비판하고 있는데, 이는 '능'과 '소'가 서로를 배재한다고 보는 경우의 오류를 지적하는 것이기에 '능-소 관계'에 대한 제2구적인 분별을 비판하는 논법이다.『중론』에서 '주어 불성립의 오류'를 지적하는 논법이 이에 해당된다.

'동이 상응' 논법에서는 소증과 비유가 같을 수도 없고 다를 수도 없다고 비판하는데, 이 중 다를 수도 없다는 비판은 소증과 비유를 서로 별개의 것으로 보는 것을 비판하는 것이다.『중론』의 '다름의 오류' 비판이 이와 같은 맥락 위에 있다.

'반유 상사' 논법이란, 적대자가 '무궁 상사'적 비판을 피하기 위해 예외를 인정할 경우 발생하는 오류를 지적하여 적대자를 비판하는 논법이다. 예를 들어, '모든 것은 인식 방법에 의해 성립한다'는 주장이 있는 경우, '인식 방법' 그 자체의 성립을 위해 결국 무한한 '인식 방법'을 필요로 하게 된다는 오류를 피하기 위해 '인식 방법' 그 자체는 다른 '인식 방법'의 작용 없이 그 스스로 성립한다'고 하는 경우, 애초의 명제에서 예외를 인정하는 꼴이 되니 오류에 빠진다는 논법이다. 이는 애초의 명제가 규정하는 대상에서 '인식 방법'을 배제(exclusion)시킨 것을 비판하는 것이기에 제2구적인 사고 방식에 대한 비판이라고 볼 수 있다.

'불생 상응' 논법 중 '원인' 중에 '결과'가 없다고 보는 경우에 발생하는 오류를 지적하는 논법이 『중론』의 '인중무과의 오류'를 지적하는 논법과 동일한 구조를 갖고 있다. 즉, 원인 가운데 결과가 배제되어 있다는 사고 방식인 第二句的인 사고 방식에 대한 비판 논법인 것이다.

'소증 상사' 논법이란, 어떤 논증식이 있는 경우 실례 역시 주제와 마찬가지로 소증을 갖는 것이 증명되어야 한다고 비판하는 논법이다. 이 역시 소증이 배제(exclusion)된 상태의 실례는 실례로서의 역할을 할 수 없다는 비판법이기에 제2구적인 사고방식을 비판하는 논법인 것이다. 『중론』에서 '순환 논리의 오류'를 지적하는 경우가 이에 해당된다. 즉, 불이 연료에 의존하여 성립한다고 할 경우 불이라는 소증을 성립시켜 주는 연료 역시 그 성립을 위해 불이라는 소증을 필요로 하기에 순환 논리의 오류에 빠지게 되는데 이런 논리 구조가 '소증 상사'적 비판법과 동일한 것이다.

지금까지 거론한 『방편심론』과 『니야야 수뜨라』의 제2구 비판 논법을 정리하면 다음과 같다.

> 만일 능증이 이전에 존재한다면 소증이 존재하지 않는데 무엇을 능증하겠는가? 만일 이후에 존재한다면 능증이 존재하지 않는데 이것은 무엇의 소증이겠는가(『니야야 브하샤』, '무인 상사' 주석)?

> 예를 들어, 자아의 상주성을 입론할 때에는 허공을 끌어대어 비유로 삼는다. 자아와 허공이 … 만일 다른 것이라면 서로 비유가 되지 못한다(『방편심론』, '동이 상응').

> 또, 반대의 비유에 의해 반대되기 때문에 반유 상사이다(『니야야 수뜨라』, '반유 상사').

> 만일 [원인이] 없기에 [결과가] 없음을 아는 것이라면 '다라수'의

> 씨앗 가운데 나무의 형상이 없으므로 생할 수가 없어야 하리라. … 존재하지 않아도 생하지 않는다. 자아도 역시 이와 마찬가지이다. … 만일 자아가 실제로 존재하지 않는 것이라면 감관에 지각되지 않으니 존재하게 만들 수 없다(『방편심론』, '불생 상응' 논법의 일부).

> 실례의 성질도 입증되어야 하는 것, 즉 입증을 위해 내세운 실례가 소증과 동일한 발판에 서 있다고 보이는 경우(『니야야 와르띠까』, '소증 상사' 주석).

3) 제1, 2구 비판의 양도논법과 상응 논법

『방편심론』에 소개되어 있는 '불생 상응' 논법은 원인 속에 결과가 미리 존재한다고 해도 결과가 생하지 않고 원인 속에 결과가 미리 존재하지 않는다고 해도 결과가 생하지 않는다는 논법이다. 즉, 인중유과론적 상견과 인중무과론적 단견 모두를 비판하는 논법이며 제1구와 제2구적 사고 방식을 동시에 논파하는 논법이다. 이를 『중론』적 가정문으로 표현하면 다음과 같이 될 것이다.

> 만일 원인 속에 결과가 존재한다면 어떻게 결과가 생하겠는가? 만일 원인 속에 결과가 존재하지 않는다면 어떻게 결과가 생하겠는가?

또, 평서문으로 표현하면 다음과 같이 바꿔 쓸 수 있다.

> 원인 속에 결과가 존재한다면 결과는 생하지 못한다. 원인 속에 결과가 존재하지 않는다면 결과는 생하지 못한다.

앞에서[75] 언급한 바 있지만 이는 『니야야 수뜨라』 제5장의 '과(果)

상사(phala sama)' 논법과 그 구조가 유사하다. '과 상사' 논법은 다음과 같이 정리된다.

주장: 소리가 있다.
이유: 원래 있던 것이 지어짐에 의해 나타남으로써

주장: 소리가 있다.
이유: 원래 없던 것이 지어짐에 의해 발생함으로써

이를 『중론』적인 게송과 같이 표현하면 다음과 같이 될 것이다.

소리는 원래 있었어도 지어져 나타날 수 있으며, 소리는 원래 없었어도 지어져 발생할 수 있다.

이를 가정문의 형식으로 표현하면 다음과 같이 될 것이다.

만일 소리가 원래 없던 것이 발생하는 것이라면 소리는 지어는 것일 테고, 만일 소리가 원래 있던 것이 발생하는 것이어도 소리는 지어지는 것이리라.

그런데 『중론』에 등장하는 딜레마(dilemma: 양도논법) 형식의 수많은 게송들이 '불생 상응'이나 '과 상사(phala sama)' 논법과 유사한 구조를 갖고 있음을 알 수 있다.

만일 동일한 것에 합하는 존재라고 한다면 그것은 [결합(結合)할] 짝이 없이도 그렇게 되는 꼴이 되고 만일 다른 것에 합하는 존재라

---

75) 본서 第3章 2-20)

고 한다면 그것은 [결합할] 짝이 없이도 그렇게 되는 꼴이 된다.76)

이를 ‘2지 작법’의 논증식으로 풀어보자.

‘원 논증식’
주장: 그것은 [결합할] 짝이 없이도 그렇게 된다.
이유: 동일한 것에 합하는 존재이기 때문이다.

‘반대 논증식’
주장: 그것은 [결합할] 짝이 없이도 그렇게 된다.
이유: 다른 것에 합하는 존재이기 때문이다.

이와 같이 第1, 2句의 딜레마 형식으로 이루어진 게송은『중론』도처에서 발견되며 모두 위와 같이 풀어 쓸 수 있기에, 이들이 오직 ‘불생 상응’이나 ‘과 상사’ 논법에만 토대를 둔 것이라고 볼 수 있을까? 반드시 그렇지만은 않다. ‘불생 상응’이나 ‘과 상사’ 논법에서는 제1구 비판과 제2구 비판이 동시에 이루어지지만 ‘동법 상사(sādharmya sama)’를 위시하여 ‘이법 상사(vaidharmya sama)’, ‘증익 상사(utkarṣa sama)’, ‘손감 상사(apakarṣa sama)’등에서는 적대자가 제1구(또는 제2구)적 논증식을 제시하면 제2구(또는 제1구)적 주장을 논증식화하여 제시해 줌으로써 적대자의 주장을 논파하는데, 적대자와 자띠론자(jātivādin) 간의 이러한 대론을 한꺼번에 기술하게 되면 위와 같은 딜레마 형식의 게송이 얻어지게 되는 것이다. 그런데, 위에 인용한 2지-논증식은 ‘자띠(jāti)’ 논법의 경우와 달리 ‘주장’과 ‘비유’의 2

76) ekatve sahabhāvaścet syātsahāyaṃ vināpi saḥ/ pṛthaktve sahabhāvaścet syātsahāyaṃ vināpi saḥ//(若一有合者 離伴應有合 若異有合者 離伴亦應合):『중론』, ‘6-5’.

지가 아니라 '주장'과 '이유'의 2지로 구성되어 있다. 물론, '동법 상사'나 '이법 상사'등의 상응 논법은, '주장'과 '비유' 간의 관계에서 오류를 지적하는 논법이긴 하지만, 용수 당시 인도 논리학에서는 '이유(hetu)'와 '비유(dṛṣṭānta)'를 명확히 구분하지 않는 경향이 있었다.[77] 용수의 『중론』도 '주장'과 '이유'만으로 이루어진 '2지 작법(two-membered syllogism)'의 '원시 논증식(proto-syllogism)'을 이용한 게송이 대부분을 차지한다.[78] 또, '무궁, 반유 상사' 논법이나 '무인 상사' 논법의 경우에도 『니야야 수뜨라』 제5편 제1장에서는 '주장'과 '비유' 간의 문제로 규정하고 있었는데, 『니야야 수뜨라』 제2편이나, 용수의 『광파론』, 『회쟁론』에서는, 이들 논법이 '주장'과 '이유', 또는 '결과'와 '원인', 또는 '능'과 '소'의 관계에 적용되고 있는 것을 볼 수 있다. 따라서, 위와 같은 2지-논증식을 작성하는 것이 '상응' 논법의 본래적인 취지에서 이탈해 있다고 볼 수는 없다. 다른 예를 들어보자.

> 만일 세간에 한계가 있다면 어떻게 후세[내생]가 존재하겠는가? 그렇다고 세간이 무한하다고 하면 어떻게 후세가 존재하겠는가?[79]

'원 논증식'

---

77) "여기서 '이유(hetu)'라는 술어는 '실례(dṛṣṭānta)'의 의미로 쓰이고 있다. 가우다빠다(Gauḍapāda)의 『*Āgamaśāstra*(*Māṇḍūkyakārikā*)』 IV, 20에서 이와 유사한 예들이 풍부하게 발견된다. 샹까라(Śaṅkara)는 뒷 줄을 다음과 같이 주석한다: hetu iti dṛṣṭānto 'trābhipretaḥ, gamakatvāt. prakṛto hi dṛṣṭānto na hetuḥ. 니야야 추리론에서는 '이유'와 '실례'가 항상 서로 수반하고 있는 점에 대해 주목하시오"(Bhattacharya, 앞의 책, Translation, p.22.).

78) Peter Della Santina, *Madhyamaka Schools in India*, Motilal Banarsidass, Delhi, 1986, p.54.

79) antavān yadi lokaḥ syātparalokaḥ kathaṃ bhavet/ athāpyanantavāṃl lokaḥ paralokaḥ kathaṃ bhavet//(若世間有邊 云何有後世 若世間無邊 云何有後世): 『중론』, '27-21'.

주장: 후세는 존재하지 않는다.
이유: 세간에 한계가 있기 때문이다.

'상응 논증식'
주장: 후세는 존재하지 않는다.
이유: 세간에 한계가 없기 때문이다.

위의 두 가지 논증식을 보게 되면, 그 중 어느 것도 용수가 자파의 주장으로 간주하고 있지 않다는 것은 명약관화하다. 두 가지 주장 모두 붓다의 무기설의 소재가 되는 난문들이기에 그 어느 한 쪽도 용수의 주장일 수는 없다. 여기서 용수는 다만 상반된 결론이 도출되는 두 가지 논증식을 병치시켜 놓음으로써 그 어느 쪽 논증식도 타당하지 않다는 사실을 보여줄 뿐이다. 그러나 다음과 같은 게송의 경우는 그 해석에 논란의 여지가 있다.

> 만일 자성이 존재하지 않는다면 어떻게 사물이 변모되겠느냐? 만일 자성이 존재한다면 어떻게 사물이 변모되겠느냐?[80]

'원 논증식'
주장: 사물은 변모되지 않는다.
이유: 자성이 존재하지 않기 때문에.

'상응 논증식'
주장: 사물은 변모되지 않는다.

80) kasya syādanyathābhāvaḥ svabhāvaścenna vidyate/ kasya syādanyathābhāvaḥ svabhāvo yadi vidyate//(若諸法有性 云何而得異 若諸法無性 云何而有異: '13-5'):『중론』, '13-4'.

이유: 자성이 존재하기 때문에.

여기서 “만일 자성이 존재한다면 어떻게 사물이 변모되겠느냐?”라는 구절의 배후에 “사물은 무자성하다”는 용수의 주장이 깔려 있는 것은 아닐까? 즉, 두 가지 논증식 모두 배척하기 위해 위 게송을 작성한 것이 아니라 어느 한 쪽에 용수의 주장을 담기 위해 위의 게송을 작성한 것은 아닐까? 이에 대해 두 가지 상반된 견해가 가능할 것이다. 즉, 이 게송은 ‘세간의 한계와 후세의 존재’에 대해 논하는 앞의 게송(『중론』, ‘27-21’)과 성격이 다른, 용수의 주장을 깔고 있는 게송이라는 것이 그 하나이고, 이 게송 역시 앞의 게송과 마찬가지로 상반된 두 주장을 병치시켜 놓음으로써 양자 모두 상쇄(相殺)시키는 게송이라는 견해가 다른 하나이다. 차후[81]에 다시 논의하겠지만 이에 대해 필자는 전자의 견해를 선택하고자 한다. 『중론』에 등장하는 제1, 2구 양도논법적 게송들은 크게 두 가지로 대별된다고 보아야 할 것이다. 한 가지는, 병치시킨 상반된 주장 모두를 파기하는 게송들이고, 다른 한 가지는 용수의 주장이 배후에 깔려 있는 게송들이다. 어쨌든 용수는 반대되는 논증식을 상대의 논증식과 병치함으로써 상대의 논증식을 비판하는 ‘상응’ 논법의 정신을 이용하여 양도논법(dilemma) 형식의 수많은 『중론송』들[82]을 작성하였다고 볼 수 있는 것이

---

81) 본서 제VI장, 제4절 참조.

82) 참고로 이러한 형식의 『중론』 게송들의 번역문을 몇 首 인용해 본다: 이미 滅하여 상실된 것이 어떻게 이미 발생해 있는 결과를 발생시키겠는가? 결과에 가려진 상태로 머물러 있는 원인도 역시 어떻게 (결과를) 발생시키겠는가?(20-10)// 서로 결합한 것이 존재하지 않는 경우에 어떻게 원인이 결과를 생하겠는가? 또 서로 결합한 것이 존재하는 경우에 어떻게 원인이 결과를 생하겠는가?(20-15)// 만일 원인이 결과에 대해서 空(虛)하다면 어떻게 결과를 생하겠는가? 만일 원인이 결과에 대해 空하지 않다면 어떻게 결과를 생하겠는가?(20-16)// 空하지 않은 결과는 발생하지 않으리라. 空하지 않은 것은 소멸하지 않으리라. 空하지 않은 그것은 不滅이며 不生으로 되리라.(20-17)// 空한 것이 어떻게 생하겠는가? 空한 것

다.

4) 제3구 비판과 상응 논법

『니야야 수뜨라』의 '무인 상사'와 『방편심론』의 '시동 상응' 논법에서 '능'과 '소'의 동시적 관계를 비판하는 논법'이 『중론』에서 제3구적 분별을 비판하는 논법과 같은 맥락 위에 있다. 즉, '능'과 '소'가 공존한다면 마치 소의 두 뿔과 같아 서로 인이 되지 못한다는 비판법이 이 논법인데 이는 『중론』에서 제3구를 비판하면서 '공존의 오류'를 지적하는 논법과 완전히 동일한 구조를 갖고 있다. 양자를 인용해 본다.

> 만일 능증과 소증의 양자가 동시에 존재한다면, 무엇이 무엇을 능증하고 무엇이 무엇의 소증이겠느냐? [능증인] 이유는 이유 아닌 것과 구별되지 않는다(『니야야 브하샤』, '무인 상사' 주석).

> 그와 달리 '탐욕'과 '탐욕에 물든 자'의 양자가 동시에 성립하는 것도 불합리하다. 왜냐하면 '탐욕'과 '탐욕에 물든 자'의 양자는 서로가 서로에 의존하지 못할 것이기 때문이다(『중론』, '6-3').

5) 중관논리와 상응 논법의 관계

지금까지 『중론』의 4구 비판 구조를 몇 가지 '상응' 논법 구조와 비교해 보았다. 물론 『중론』에 등장하는 4비구판의 논리가 모두 『니

이 어떻게 멸하겠는가? 空한 그것은 不滅이기도 하고 不生이라는 오류에 빠진다. (20-18)// 결과가 실체로서 실재한다면 원인은 무엇을 생하게 하겠는가? 결과가 실체로서 실재하지 않는다면 원인은 무엇을 生하게 하겠는가?(20-21)

야야 수뜨라』나 『방편심론』의 '상응' 논법에 등장하는 것도 아니고 '상응' 논법이 모두 『중론』에서 구사되고 있는 것도 아니다. 다시 말해 수십 가지의 상응 논법 중 단지 몇 가지 논법만이 『중론』에서 구사되고 있는 것이다. 또, 『중론』에서 구사되는 '제4구 비판의 논리'나 '환멸 연기적 선언'등은 '상응 논법'에 등장하지 않는다. 이렇게 다만 몇 가지 논법에서만 공통점이 발견되고 있기는 하지만 그 논법을 구사하는 정신만은 양자가 일치한다. 즉, 어떤 주장을 위해 논리를 구사하는 것이 아니라 '논리를 구사하여 어떤 주장을 한다'는 행위 자체가 불가능함을 입증하는 독특한 논법이 바로 용수의 '중관논리'이고 『방편심론』등의 '상응 논법'인 것이다.

'능증·소증' 관계에 의한 어떤 이론이 있을 때 그 이론을 비판하기 위해 다른 이론을 내세우는 것이 아니다. 다만 '능증·소증' 관계 자체의 성립 불가능성을 지적함으로써 상대의 이론을 비판하는 것이 '상응 논법'이다. 『중론』의 비판 논리 역시 어떤 이론을 비판하기 위해 다른 이론을 내세우는 것이 아니다. 상대방의 이론에 내재되어 있는 4구 분별을 포착해 내어 어떤 이론이건, 이론 구성 자체가 불가능함을 보여주는 것이 바로 『중론』의 '4구 비판' 논법인 것이다. 그래서 '능증' 내에 '소증'이 내포되어 있다고 보든지, '능증'과 '소증'이 같다고 보는 사고 방식을 비판하는 '상응' 논법은 바로 『중론』의 제1구 비판 논법과 맥을 같이한다고 볼 수 있다. 이와 반대로 '능증'과 '소증'이 서로를 배제하고 있다고 보든지, '능증'과 '소증'이 다르다고 보는 사고 방식을 비판하는 논법은 『중론』의 제2구 비판 논법과 맥을 같이한다. 또, 용수는 '동법 상사', '이법 상사', '증익 상사', '손감 상사'등 주장과 비유 간의 관계를 문제삼는 상응 논법의 정신을 수용하여 제1구와 제2구 비판의 딜레마적 게송을 작성하였다고 볼 수 있다.

한편, 『중론』에 등장하는 '환멸연기적 선언'이나 '제4구 비판'의 논리 등은 상응 논법의 논리학이 아니라, 붓다의 십이연기설이나 무기설(無記說)에서 채택된 것이다. 따라서, 십이연기설의 환멸문에 등장하는 '이것이 없으면 저것이 없다'는 선언과, 붓다의 무기설에서 난문을 배열하는 방식인 '4구 구조' 및 『방편심론』의 '상응' 논법'이 종합되어 용수의 『중론(Mādhyamika Śāstra)』을 탄생시켰다고 볼 수 있다.

Ⅵ. 상응 논법의 의의

1. 양(量, pramāṇa)을 비판하는 논리

『니야야 수뜨라』의 주석자들도 '자띠(jāti)' 논법이라는 것이 어떤 주장을 내세우기 위해 구사되는 것이 아니라는 사실에 대해 숙지하고 있었다. 『니야야 수뜨라』의 24가지 '자띠' 논법에서는 각 논법의 호칭 뒤에 'sama(상사)'라는 술어(術語)를 부가하고 있다. 우다야나(Udayana)는 『보다싯드히(Bodhasiddhi)』에서, '상사(sama)'라는 술어의 의미에 대한 각 주석자들의 설명을 聚合하고 있는데 이를 요약하면 다음과 같다.

1. 『니야야 와르띠까』: '동등하게 만들다(equalizing)'는 의미로 사용한다. 즉, '자띠'란 애초의 논증의 효과를 중화시키거나 평형으로 만들기 위한 목적에서 제시되기에 '상사'란 말을 쓴다.
2. 『니야야 브하샤』: 애초의 논증에는, 지금 내세운 논증과 구별되는 것이 아무것도 없다는 사실을 보여주기 위해 '자띠'를 제시하는 것이기에 '상사'란 말을 쓴다.
3. 다른 사람들: '자띠'란 애초의 논증자를, '자띠'를 제시하는 적대자와 전적으로 동일한 발판에 놓이게 하는 것을 의미하기에 '상사'란 말을 쓴다.
4. 우다야나 등: '자띠'에서는 애초의 논증자의 논증도 부수지만, 제시된 반증 자체도 애초의 논증과 마찬가지로 부서진다는 의미에서 '상사'란 말을 쓴다.[83)]

83) Gaṅgānātha Jhā Trs., *The Nyāya-Sūtras of Gautama*, 앞의 책, p.1660, 각

'상사(sama)'라는 술어에 대한 각 주석자들의 설명을 종합해 보면, '자띠(jāti)' 논법이란, 어떤 주장을 통해 상대를 비판하기 위해서 구사되는 것이 아님을 알 수 있다. 상대의 논증식을 비판하기 위해, 상대방의 주장과 동등한(sama) 논리적 타당성을 갖는 다른 논증식을 제시해 보여주는 것일 뿐이다. 그리고 상대가 그러한 반대 논증식의 성립 가능성을 시인하게 되면 논쟁은 끝이 난다. 그리고 제시된 반대 주장 역시 파기된다.

이는 일종의 '오류론'이다. 즉 오류를 지적하는 논리란 말이다. 그러나 상대방의 오류를 지적함으로써 자신의 다른 주장을 내세우는 것이 아니라, 우리 인간의 사유가 '능증·소증' 관계에 의해 무엇인가를 논증하는 과정 자체가 불가능함을 보여주는 논법이다.

이는 논리를 비판하는 논리라고 부를 수 있을 것이다. 서구 논리학에서도 '논리적 오류론'[84)]을 이야기하고 있는데 이는 자신의 어떤 주장을 입증하기 위해 상대의 주장에 내재하는 논리적 허점을 지적하는 것이다. 그러나 '상응' 논법의 경우에는 상대가 어떤 근거에 의해 어떤 주장을 내세울 경우 그렇게 주장을 내세운다는 행위 자체가 문제가 있다는 것을 지적한다. 따라서 '상응' 논법이란 단순한 '논리적 오류론'이 아니라 '논리 부정론'이라고 말할 수 있을 것이다.

위에 인용한 각 주석자들의 설명을 보게 되면 '상응' 논법이 논리학만을 부정하는 논법이라고 오해할 우려가 있다. 『니야야 브하샤』의 저자 왓스야야나 이후 상응 논법을, 인도적 논리학인 비량(anumāṇa)

주.

84) 이 가운데에는 歸謬法(*reductio ad absurdum*)도 포함된다. 용수의 중관논리를 귀류법으로 번역을 하게 되면 논리학을 인정하는 테두리 내의 논법임을 含意하게 된다. 따라서 필자는 쁘라상가(prasaṅga) 논법을 단순한 귀류법이 아니라 '비정립적 비판 논법'이라고 번역하고자 한다. 즉, 자신이 내세운 논리를 신봉하지 않음에도 불구하고 상대를 비판할 수 있는 논법이 바로 쁘라상가 논법이기 때문이다. 이에 대해서는 본 장, 제4절에서 상세히 논의하기로 하겠다.

비판 논법인 것으로 해석해 왔는데, 『광파론』이나 『회쟁론』등 용수의 논서에서 구사되고 있는 상응 논법을 보면 그 원래적 용도는 비단 비량뿐만 아니라 현량(pratyakṣa)과 성언량(śabda)은 물론 인과, 체용, 체상 관계 모두를 비판하는 데 있었음을 알게 된다.

우선, '상응' 논법에서는 능증(sādhana)과 소증(sādhya) 간의 관계만 문제삼는 것이 아니라 능량(pramāṇa: 인식 방법)과 소량(prameya: 인식 대상) 각각의 존재나 양자 간의 관계도 성립할 수 없음을 폭로하고 있다. 즉, 논리학과 인식론 모두가 상응 논법에 의해 비판되고 있는 것이다. 어떤 논증식을 비판한다고 하여 다른 논증식을 주장하는 것이 아니며, 어떤 인식 방법을 비판한다고 하여 다른 인식 방법의 존재를 인정하는 것이 아니다. 논리의 영역이건 인식의 영역이건 어떤 근거에 의해 무엇을 확인해 낸다는 분별 행위 자체에 내재하는 오류를 지적하는 논법인 것이다.

그 이외에도 원인과 결과 간의 관계를 비판하는 인과론 비판, 주체와 작용의 관계를 비판하는 체용론 비판 등 모든 '능·소 관계'가 상응 논법에 의해 비판되는 모습이 발견된다. '능'이 '소'와 관계하기 위해서는 '능'이나 '소'의 자성이 실재한다는 전제가 있어야 한다. 즉, 능증과 소증이 관계하는 '논리학', 능량과 소량이 관계하는 '인식론', 원인과 결과가 관계하는 '인과론', 주체와 작용이 관계하는 '체용론' 등은 모두 실재론적 세계관의 토대 위에서나 가능한 것이다. 그러나 이 세상은 실재론적으로 이루어져 있지 않다. 어떤 개념이나 사물을 실체시하는 우리 인간의 사고방식이 이 세상을 실재론적으로 보이게 만든 것이다. 따라서 종교와 철학의 영역에서 그러한 세계관의 토대 위에 어떤 이론을 구성하려고 하게 되면, 그렇게 이론을 구성하는 행위 자체는 '상응 논법'에 의해 비판을 받지 않을 수 없는 것이다.

2. 연기의 중도성과 상응 논법

용수의 수많은 논서들 중 중관적 공의 논리가 가장 다양하고 극명하게 구사되고 있는 논서가 바로 『중론(Mādhyamīka Śāstra)』이다. 그리고 『중론』에서는 총27품, 445게송[85]에 걸쳐 아비달마적인 법(dharma) 이해에 대해 비판하고 있으며, 그러한 비판정신이 집약되어 있는 게송이 바로 서두의 귀경게이다. 이를 인용해 보자.

> 소멸하지도 않고 생겨나지도 않으며 단절되지도 않고 항상하지도 아니며 동일한 의미도 아니고 다른 의미도 아니며 오는 것도 아니고 가는 것도 아닌 [연기(緣起)], 희론을 적멸하는 상서로운 연기를 가르쳐 주신 정각자, 제1의 설법자이신 그 분께 예배합니다.[86]

여기서 용수는 '연기(緣起, pratītyasamutpāda)'란 "소멸하지도 않고 생겨나지도 않으며 항상되지도 않고 단절된 것도 아니며 동일한 의미도 아니고 다른 의미도 아니며 오는 것도 아니고 가는 것도 아"니라고 말한다. 이는 도대체 무슨 의미일까? 초기불전에서는 5지, 9지, 10지, 12지등 다양한 연기설이 등장하는데[87], 용수의 『인연심론송』이나 『중론』 제26 관십이인연품을 보게 되면 용수가 이해하던 연

---

85) 漢譯 靑目疏나 티베트본 無畏疏에는 445게송으로 보나, 산스끄리뜨本인 月稱疏(『*Prasannapadā*』)에서는 449게송으로 구분한다.

86) 『중론』, 歸敬偈: anirodham anutpādam anucchedam aśāśvatam/ anekārtham anānārtham anāgamam anirgamam// yaḥ pratītyasamutpādaṃ prapañcopaśamam śivam/ deśayāmāsa saṃbuddhastaṃ vande vadatāṃ varam//: 不生亦不滅 不常亦不斷 不一亦不異 不來亦不出 能說是因緣 善滅諸戱論 我稽首禮佛 諸說中第一

87) 崔鳳秀, 初期佛敎의 緣起思想 硏究, 東國大學校 博士學位論文, 1989, pp.11~13. 참조.

기설은 십이지연기설이었음을 알게 된다. 십이연기설이란 초기불전에 산재되어 있는 다양한 연기설이 수렴, 정리된 것으로 초기불전에서는 "무명을 연하여 행이 있고 행을 연하여 식이 있으며 … 생을 연하여 노사우비고뇌(老死憂悲苦惱)가 있다."는 유전문(流轉門)의 형식이나 "무명이 멸함에 행이 멸하고 행이 멸함에 식이 멸하며 … 생이 멸함에 노사우비고뇌가 멸한다."는 형식의 환멸문의 형식으로 표현하기도 한다. 혹은 이를 간략하게 공식화하여 "이것이 있음에 저것이 있고, 이것이 생함에 저것이 생한다. 이것이 없음에 저것이 없고, 이것이 멸함에 저것이 멸한다"[88]고 기술하기도 한다.

그런데 용수는 이러한 연기가 바로 팔불(八不)이라고 宣言하고 있는 것이다. 『중론』 청목소나 무외소(無畏疏)에서 '씨앗'과 '싹'의 비유를 들어 이에 대해 설명하기는 하지만, '십이연기설'과 '팔불게'의 관계에 대한 설명은 찾아 볼 수 없다. 이는 월칭소의 경우도 마찬가지이다. 그런데 『도간경(稻芉經, Śālistamba Sūtra)』[89]을 보면 '씨앗'과 '싹' 간의 인과 관계가 십이연기의 인과 관계에 대비되는 것임을 알게 된다. 『도간경』에서는 연기에는 내연기(內緣起)와 외연기의 두 가지가 있다고 말한다. 즉, '종자 → 싹 → … → 꽃 → 열매'로 이어지는 것이 외연기이고 '무명 → 행 → … 생 → 로사'로 이어지는 것이 외연기이다. 그리고 이러한 외연기와 내연기의 인과 관계에 대해 『도간

88) imasmiṃ sati idaṃ hoti, imassuppādā idam uppajjati, imasmim asati idaṃ na hoti imassanirodhā idam nirujjhati(*Saṃyutta-Nikāya* Vol.Ⅱ, 37.5, P.T.S., p.65).

89) 『稻芉經』의 漢譯本으로는 『了本生死經』, 『佛說稻芉經』, 『慈氏菩薩所說大乘緣生稻芉喩經』, 『大乘舍黎娑擔摩經』, 『佛說大乘稻芉經』이 있으며(大正16, pp.815~816), 티베트 역본으로는 『*Ḥphags-pa sāluḥi shes bya-ba theg-pa chen-poḥi mdo*』(北京版, Vol. 34; 303-2-8~306-3-8)와, 『稻芉經』의 내용을 요약하여 詩偈로 만든 용수 作 『*Ḥphags-pa sāluḥi ljaṅ-baḥi tshig leḥu*』 두 편(北京版, Vol. 103; 169~270), 『稻芉經』에 대한 용수의 주석이라는 『*Ārya-śālistambaka nāma mahāyana-sūtra-ṭikā*』(北京版, Vol. 104; 12~29)이 현존한다.

경』에서는 오불적(五不的)인 설명을 부가하고 있는 것이다. 외연기의 경우는 '종자 → 싹 → … → 꽃 → 열매'의 인과 관계가 '불상(不常), 부단(不斷), 불거(不去), 불일(不一), 불이(不異)'[90]의 오불적으로 이루어지고 '무명 → 행 … 생 → 노사'의 인과 관계 역시 그렇게 오불적으로 이루어진다고 관찰하는 것이 오종관(五種觀)이라고 설명한다.

전통적으로 십이지연기설은 삼세양중인과적(三世兩重因果的)으로 해석되었다. 즉, 과거의 '무명', '행' 두 지분이 원인이 되어 현재의 '식', '명색', '육입', '촉', '수' 다섯 지분의 결과를 야기하고 현재의 '애', '취', '유'의 세 지분이 원인이 되어 미래의 '생', '노사' 두 지분의 결과를 야기한다는 것이다. 그런데 『도간경』에서는 이러한 삼세양중인과 관계가 위와 같이 오부중도적으로 이루어진다고 말한다. 그리고 이러한 오불 사상이 용수에 의해 수용되어 『중론』 귀경게의 팔부중도사상으로 나타난 것이다.

이것이 바로 연기의 중도적 성격인 것이다. 즉, 십이연기의 삼세양중인과 관계건 씨앗[因]과 싹[果]의 인과 관계건, 결과는 원인과 관계없이 새롭게 생하는 것이 아니고[不生] 결과가 생할 때 원인이 완전히 사라져 버리는 것도 아니며[不滅], 원인이 그대로 결과에까지 이어지는 것도 아니고[不常] 원인과 결과가 단절되어 있는 것도 아니며[不斷], 원인과 결과가 같은 것도 아니고[不一] 원인과 결과가 완전히 다른 것도 아니며[不異], 결과가 원인 아닌 다른 그 어디에서 오는 것도 아니고[不來[91]] 원인이 그대로 결과로 가는 것도 아니다[不去].

90) 원문에서는 五種觀을 不常(rtag-par ma yin pa), 不斷(chad-par ma yin pa), 不移(ḥpho-par ma yin pa), 從於小因而生大果(rgyu chuṅ ṅu las ḥbras bu chen-po mṅon par ḥgrub-pa), 與彼相似(de daṅ ḥdra-paḥi rgyuu)이라고 기술하고 있지만 그 의미로 보아 不移는 不去(또는 不一)에 해당되고 從於小因而生大果는 不一에 해당되며 與彼相似는 不異에 해당된다: 拙稿, 八不中道思想의 始原으로서의 稻竿經과 緣起의 中道的 意味, 佛敎硏究8, 1992, p.131~132 참조.

초기불전에서 십이연기설이 기술되어 있는 경우 상견과 단견의 이변을 떠난 중도의 교설이라는 말이 부가되어 있는 것을 볼 수 있는데 용수는 『중론』 귀경게를 통해 상견과 단견은 물론 생멸, 일이, 거래 등의 총 팔견(八見)을 떠난 중도의 교설이 바로 연기설이고 이것이야말로 붓다의 정각의 내용이라고 선언하였던 것이다. 즉, 유정류의 생사 윤회나 무정물의 인과 관계에 대해, 우리의 사유는 생멸, 상단, 일이, 거래라는 상반된 네 쌍의 총 여덟 가지 이론[八見]을 통해 이해를 하게 되는데 그 여덟 가지 이론 모두 다만 사유에 의해 구성(construction)된 것일 뿐이라는 것이 『중론』 귀경게의 가르침이다.

또, 십이연기설의 최종 목적은 십이연기의 소멸에 있다. 즉, 연기의 중도적 성격을 자각함으로써 무명이 멸하게 되면 이어서 행이 멸하고, 행이 멸하면 식이 멸하며 급기야 생과 노사까지 모두 적멸에 드는 환멸문이 십이연기설의 최종 목적인 것이다. 이를 십이연기설의 환멸문적 목적이라고 할 수 있다.

용수는 이렇게 십이연기설의 중도적 성격과 환멸문적 목적에 토대를 두고 『중론』을 작성하였던 것이다. 『중론』 청목소에서는 귀경게를 설명하면서 '팔부중도 공식'에 '원인'과 '결과'의 의미를 갖는 '씨앗[種]'과 '싹[芽]'이라는 '변항(variable)'만을 대입하고 있지만[92] '팔부중도 공식'에 대입 가능한 변항은 '체·용'일 수도 있고, '능·소'일 수도 있다. 그래서 십이연기설에서 체득한 연기의 '중도적 의미'와 '환멸문적 목적'을 '체·용', '능·소', '인·과'등 갖가지 법수에 대입하여, 각 법(dharma)들의 실체성을 비판하고 있는 논서가 바로 용수의 『중론』인 것이다. 초기불전의 십이연기설에서는, 연기의 이러한 '중도적 의미'와 '환멸문적 목적'을 유정류의 계기적인 생사윤회에 대입함으로써 아공

---

91) 歸敬偈에 대한 鳩摩羅什의 漢譯文에는 不去가 아니라 不出로 되어 있다. 그러나 이는 五言絶句라는 漢詩 形式의 韻律을 맞추기 위한 배려에서 그런 것이기에 특별한 의미를 찾을 필요는 없을 것 같다.

92) 『중론』, 拙譯, 1993, 經書院, pp.31~33.

(我空, pudgala-nairātmya: 人無我) 사상을 천명하는데 치중하고 있었는데, 용수에 이르러서는 이것이 '눈[眼]'과 '시각대상', '불'과 '연료'등 공존적인 법쌍(法雙)의 상호 관계에 대입되어 법공(dharma-nairātmya) 사상이 천명되고 있는 것이다.[93)]

그렇다면 이렇게 용수의 '공성 사상'의 토대가 되었던 십이연기설과, '상응' 논법은 어떤 관계가 있을까? 한 마디로 말하여 십이연기설이나 '상응' 논법 모두 사유에 의한 이론 구성(construction)을 부정한다는 점에서 공통된다. 즉, 십이연기설에서는 결과로서의 세계와 그 원인이 되는 무명 등의 관계가 불상불단의 관계에 있다는 점을 밝히고 있다. 상캬(Sāṃkhya)나 베단따(Vedānta) 등의 사상에서는 원인자 속에 결과로서의 세계가 내재해 있다는 인중유과론(satkārya-vāda)적인 세계관을 주장하였고 와이셰시까(Vaiśeṣika)에서는, 원인체와 결과로서의 세계는 단절되어 있다는 인중무과론(asatkārya-vāda)적인 세계관을 표방하였다. 그런데 이렇게 상반된 두 가지 세계관은 인간의 이성이 어떤 이론을 만들어내기 위해 그 활동을 시작하는 한 필연적으로 빠지게 만드는 이성의 이율배반적 구조로 인해 도출된 것이다. 즉, 인간의 사유가 활동을 벌이는 한 반드시 인중유과론적인 상견이

93) 安井廣濟는 십이연기설의 一方向의 연기관이 용수에 와서 雙方向의 연기관으로 바뀌었다고 한다(安井廣濟, 中觀思想の展開, 法藏館, 京都, 1970, p.14 참조). 즉, 無明에서 老死로 이어지는 십이연기설에서는 "이것이 있음에 저것이 있고 이것이 없으면 저것이 없다"는 식으로 彼緣生果的인 일방향의 연기관을 말하고 있었는데 용수에 이르러 "이것이 있으면 저것이 있고 저것이 있으면 이것이 있다"는 식으로 相依相對的인 쌍방향의 연기관으로 바뀌었다고 말한다. 그러나 이는 전적인 오해이다. 용수에 이르러 彼緣生果的 연기관이 相依相對的 연기관으로 바뀐 것이 아니라 연기관을 적용하는 대상이 바뀐 것일 뿐이다. 즉, 십이연기설에서는 '중도성'과 '환멸문'을 핵심으로 하는 연기관을 유정류의 윤회생사라는 繼起的 事態에 적용하였기에 불가역적인 彼緣生果적 교설이 나타난 것이고 용수에 이르러서는 그런 연기관을 法(dharma)과 法(dharma)의 관계라는 俱起的, 共存的 事態에 적용하였기에 相依相對的 교설이 등장하게 되는 것이다; 拙稿, 八不中道思想의 始原으로서의 稻竿經과 緣起의 中道的 意味, 佛敎硏究8, 1992, p.135~136 참조.

나 인중무과론적인 단견에 떨어지게 마련인 것이다. 십이연기설의 취지 중 하나는 이런 이변적 사고를 비판하는 것이었다. 극단에 치우친 이변적 사고에 대한 비판은 사고 그 자체에 대한 비판이다. 그리고 이렇게 '분별적 사고를 비판'한다는 점에서 십이연기설과 '상응' 논법의 취지는 일맥상통한다. 왜냐하면 '상응' 논법에서도 '원인'과 '결과'의 관계건, '능증'과 '소증' 간의 관계건, '작용자(능)'와 '피작용체(소)' 간의 관계를 사유에 의해 설정하는 행위 자체를 비판하고 있기 때문이다. 앞에서 고찰해 보았듯이, '어떤 '근거(sādhana: 능증)'에 의해 '소증(sādhya)'을 증명하려고 논증식을 작성하거나, 어떤 '원인(hetu)'에 의해 어떤 '결과(phala)'가 발생한다고 이론(見: dṛṣṭi)을 구성하는 행위'는 논리적 오류에 빠지고 만다는 사실을 폭로하는 것이 상응 논법의 취지이다.

따라서 용수는 '상응' 논법과 십이연기설의 양자가 모두 "사유에 의해 이론을 구성하는 행위 자체를 비판한다."는 공통점을 갖고 있음을 발견하여 '상응' 논법을 공성(śūnyatā) 논증의 논법으로 응용하였다고 볼 수 있다.

3. 공성의 중도성과 상응 논법

공성(śūnyatā)이란 무자성(niḥsvabhāva)으로 정의된다.[94] 즉, 자아(ātman)건 법(dharma)이건 실체(svabhāva: 自性)가 없다는 것을 공성이라고 한다. 『중론』에서는 이러한 공성의 현양이 변증법적으로 진

94) "sarvabhāvāḥ niḥsvabhāvatvāt śūnyā(모든 존재는 無自性이기에 空이다)": 『회쟁론』 第21頌 註釋(Bhattacharya, 앞의 책, Text, p.23.).

행되는 것을 볼 수 있다.

a. 먼저, '불'이라는 법(dharma)의 공성에 대해 설명해 보자. 우리는 '불이 연료를 태운다'는 생각을 한다. 이는 지극히 상식적이고 일상적인 생각이고 말이지만, 이러한 생각과 말이 반야 공관의 조망을 받게 되면 그 실체성은 증발되고 만다. 즉, 불이 연료를 태운다고 하지만, 연료에 닿기 전의 불만 외따로 존재하는 경우는 이 세상 그 어디에도 없다. 장작에 불을 붙이려고 성냥 불을 그은 순간 성냥 막대라는 연료에 결부되어 불이 존재하게 되는 것이지 불 그 자체가 따로 존재할 수는 없다. 즉, 불 그 자체는 결코 실체로서 존재하지 않는다. 즉 불은 무자성하다. 이런 의미를 담고 있는 논의가 『중론』 제10 연가연품(觀燃可燃品)에서는 다음과 같이 표현되어 있다.

> 만일 연료인 것, 그것이 불이라면 행위자와 행위가 동일성의 것으로 된다. (반대로) 만일 불이 연료와 다르다면 (불은) 연료 없이도 존재하리라.[95]
>
> (연료 없는 불이 있다면) 실로 영원히 타오르게 되며 타오름의 원인이 되는 것도 없게 되리라. 더욱이 (점화의) 시작이 헛수고가 될 테니 이와 같다면 행위도 존재하지 않게 되리라.[96]
>
> 다른 것에 의존하지 않기 때문에 타오름은 원인 없는 것이 된다. 더욱이 항상 탄다면 (점화의) 시작이 헛수고가 되는 과실에 빠진다.[97]

---

95) yadindhanaṃ sa cedagnirekatvaṃ kartṛkarmaṇoḥ/ anyaścedindhanādagnirindhanādapyṛte bhavet//(若燃是可燃 作作者則一 若燃異可燃 離可燃有燃): 『중론』, '10-1'.

96) nityapradīpta eva syādapradīpanahetukaḥ/ punarārambhavaiyartyamevaṃ cākarmakaḥ sati//(如是常應燃 不因可燃生 則無燃火功 亦名無作火): 『중론」, '10-2'.

불은 연료와 관계없이 존재할 수 없다는 것이다. 왜냐하면 불은 연료와 별개의 것이 아니기 때문이다(10-1). 만약 연료 없이 존재하는 불이 있는 것이라면 이 세상에서 불을 켜는 행위(점화)라는 것이 아예 없었을 것이다(10-2). 즉, 불은 연료 없이 외따로 홀로 존재할 수는 없다. 이 세 수의 게송을 통해 용수는 불에 실체[자성: svabhāva]가 있다는 사고방식(見: dṛṣṭi)을 논파한다.

b. 이를 보고 혹자는 "불 그 자체는 실체가 없으며 연료에 의존해서(apekṣya) 존재한다."는 이론을 구성해내려고 할 수도 있을 것이다. 그리고 흔히 "A와 B가 서로 의존하여 존재한다."는, 이런 식의 명제가 연기의 의미라고 말한다. 그러나 용수는 이러한 사고방식마저 비판한다. 왜냐하면 이 역시 우리의 사유에 의해 구성된 이론일 뿐이기 때문이다. '의존'에 대한 용수의 비판을 보자.

> 만일 불이 연료에 의존해 있고 연료가 불에 의존해 있다면 그 둘 중의 어느 쪽이 미리 성취되어 있어서 불이나 연료가 의존하게 되겠느냐?[98]

> 만일 불이 연료에 의존한다면 성립된 불이 (또다시) 성립(되는 꼴이)된다. 이와 같은 존재라면 불 없는 연료 역시 존재하리라.[99]

---

97) paratra nirapekṣatvādapradīpanahetukaḥ/ punarārambhavaiyarthyaṃ nityadīptaḥ prasajyate//(燃不待可燃 則不從緣生 火若常燃者 人功則應空): 『중론』, '10-3'.

98) yadīndhanamapekṣyāgnirapekṣyāgniṃ yadīndhanam/ kataratpūrvaniṣpannaṃ yadapekṣyāgnirindhanam//(若因可燃燃 因燃有可燃 先定有何法 而有燃可燃): 『중론』, '10-8'.

99) yadīndhanamapekṣyāgniragneḥ siddhasya sādhanam/ evaṃ satīndhanaṃ cāpi bhaviṣyati niragnikam//(若因可燃燃 則燃成復成 是謂可燃中 則謂無有燃): 『중론』, '10-9'.

불이 연료에 의존함으로써 존재하게 되는 것이라면 의존하기 이전에 미리 불이 성립되어 있어야 한다는 말이다. 즉, 불의 존재를 성립시키기 위해 불의 존재를 필요로 하는 꼴이 된다. 용수는, 이렇게 '의존'등의 '관계'[100]를 나타내는 개념이 '순환 논법의 오류'에 빠짐을 보여준다.[101] 그리고 이러한 '관계' 이론은 4구분별 중 제3구적인 분별에 포함된다. 즉, 불과 연료가 '상호의존'이라는 '관계'를 가지려면 불과 연료가 공존하고 있어야 한다. 즉, 지금 타오르고 있는 현장에서 '불'과 '불 아닌 것(=연료)'이 공존하고 있어야 '불'과 '불 아닌 것(=연료)'은 상호의존할 수 있는 것이다. 물론, 이를 '연료'의 측면에서 조망하면 '연료'와 '연료 아닌 것(=불)'이 공존하고 있다고 표현된다. 그런데 이는 '$A \cap \sim A$' 형식의 제3구인 것이다. 불이 연료를 태우는 사태에 대한 4구적 판단은 다음과 같이 정리된다.

---

100) '關係'의 개념은 四句分別 中 第三句分別에 속한다. 그에 따라 第10 觀燃可燃品 第10偈 이후 第12偈에 이르기까지 용수는 '의존'이라는 '관계' 개념의 無實體性을 역설하고 있다. 이를 인용해 본다: "만일 의존되어질 것, 그것이 무엇인가에 의존하여 성립되는 그런 존재, 실로 그런 것(=존재)에 의존하여 성립한다면 무엇이 무엇에 의존하여 성립할 것인가?'10-10'"/ "(무엇인가에) 의존하여 성립된 그런 존재 그것이 아직 성립하지 않았다면 어떻게 의존하겠는가? 뿐만 아니라 이미 성립된 것이 (다시) 의존한다는 것도 의존에 있어서는 타당치 않다'10-11'."/ "불은 연료에 의존하지 않는다. 불은 연료에 의존하지 않는 것도 아니다. 연료는 불에 의존하지 않는다. 연료는 불에 의존하지 않는 것도 아니다'10-12'."

101) 용수는 이렇게 관계를 나타내는 개념이 第三句 분별에 빠져 있기에 순환 논법의 오류를 범한다고 비판하지만, 緣起(pratītya) 관계의 경우는 비판의 메스를 들지 않는 것을 볼 수 있다. 즉, 용수는 緣起(pratītya)라는 술어에 대해서만은 八不中道的 의미를 개입시킨 독특한 位相을 부여한 듯하다: "행위자는 행위에 緣하며 행위는 그 행위자에 緣하여 일어난다. 우리들은 그것 이외의 다른 것으로부터 비롯되는 원인의 성립을 보지 못한다(pratītya kārakaḥ karma taṃ pratītya ca kārakam/ karma pravartate nānyatpaśyāmaḥ siddhikāraṇam//: 『중론』, '8-12')"/ "시간이 사물을 緣하여 존재한다면 사물을 떠나서 시간이 어떻게 존재하겠는가? 그리고 어떠한 사물도 존재하지 않는데 어떻게 시간이 존재하겠는가(bhāvaṃ pratītya kālaścetkālo bhāvādṛte kutaḥ/ na ca kaścana bhāvo 'sti kutaḥ kālo bhaviṣyati//: 『중론』, '19-6'.)"

제1구: '불'로 인해 타오름이 있다.
제2구: '불 아닌 것(=연료)'으로 인해 타오름이 있다.
제3구: '불'과 '불 아닌 것(=연료)'으로 인해 타오름이 있다.
제4구: '불'도 아니고 '불 아닌 것도 아닌 것(=연료)'으로 인해 타오름이 있다.

그런데 '불과 불 아닌 것이 의존적으로 관계함으로써 타오름이 있다'는 판단은 '불'과 '불 아닌 것(=연료)'으로 인해 타오름이 있다'는 제3구적 사고방식에 해당된다고 볼 수 있는 것이다. 그런데 위에 인용한 게송에서 보듯이 용수는 이러한 사고방식이 '순환 논리의 오류'에 빠지게 된다는 점을 지적하고 있다. 따라서 '불'과 '연료'는 물론 '의존 관계'도 그 실체(=자성: svabhāva)가 있을 수 없다.

c. 이와 같이 '불'도 그 실체가 없고 '연료'도 그 실체가 없을 뿐만 아니라 [불과 연료 간의] '관계'도 그 실체가 없는 것이다. 그리고 실체가 없는 것은 공이다. 그러나 '공한 것이 있다'고 하게 되면 이 역시 오류에 빠진다. 다음을 보자.

> 만일 공하지 아니한 그 무엇이 존재한다면 공한 그 무엇이 존재하리라. 그런데 공하지 아니한 그 무엇이 존재하지 않는데 어떻게 공이 존재하겠는가?[102]

이는 연기(緣起)의 환멸문적 목적[103]에 토대를 두고, 공역부공(空亦復空, 공도 역시 실체가 없다)을 천명하고 있는 게송이다. 즉, 사물

102) yadyaśūnyaṃ bhavetkiṃ citsyācchūnyamiti kiṃ cana/ na kiṃ cidastyaśūnyaṃ ca kutaḥ śūnyaṃ bhaviṣyati//(若有不空法 則應有空法 實無不空法 何得有空法: '13-8'): 『중론』, '13-7'.
103) 이것이 없으면 저것이 없다…는 식으로 표현되는 十二緣起의 還滅門.

에 자성이 없음을 교시하기 위해 공을 말하나, 그 공 역시 실체가 있는 것이 아니다.

'불'에 실체가 있다고 보는 경우, 연료와의 '의존 관계'에 의해 불의 실체성을 논파한다(a). 이런 논파를 보고 불과 연료의 '의존 관계'는 있다고 보는 경우, '공의 논리'에 의해 '의존 관계'의 실체성을 논파한다(b). 다시 이것을 보고 '공'에 실체가 있다고 보는 경우, '공의 논리에 의해 공의 실체성을 논파'한다(c). 공성(śūnyatā)의 진정한 현양을 위해서는 이와 같이 무한한 변증적 파기(dialectical destruction)의 과정을 겪지 않을 수 없다. 제1구나 제2구, 또는 제3구의 극단적 사고에 토대를 둔 판단이나 개념에 내재한 오류를 지적해 보임으로써 그 판단이나 개념에 대한 실재론적 이해가 해체되는데, 이것이 바로 공성의 중도적 성격이다. 다시 말해, 유견(有見)이나 무견(無見), 일견(一見)이나 이견(異見), 상견(常見)이나 단견(斷見) 등의 이변(二邊)이나 유, 무, 역유역무(亦有亦無), 비유비무의 4구적 사고 방식에서 벗어난다는 의미에서 공성은 중도적 성격을 갖는 것이다. 그렇다고 하여 '공성적 해체' 그 자체가 실재하는 것도 아니다. 사태(facts)의 실체성을 해체하는 도구로서의 공성이었지만 이를 사태화하여 우리 사고의 틀 속에 대입하게 되면 다시 이변에 빠지게 된다. 공성이 있다(유견)거나 공성이 없다(무견)는 판단이 그것이다. 그에 따라 공성의 조명 하에서는 공성조차 해체되고 만다[空空].

앞에서[104] 고찰한 바 있지만 '상응' 논법의 경우도 그 비판 대상이 공성의 경우와 일치한다. 즉, '상응' 논법 역시 제1구나 제2구, 또는 제3구적 분별을 비판한다는 점에서 공성과 그 '비판 대상'을 공유한다.

뿐만 아니라, 양자의 취지 역시 일치한다. '상응' 논법에서는 반대

---

104) 본서 제Ⅴ장 제2절.

논증식에 의해 원 논증식을 비판하기는 하지만, 이는 단지 상대의 논리에 따라 상반된 논증식이 도출 가능함을 보여주는 데 목적이 있는 것이다. 이렇게 자신이 내세운 반대 논증식을 자신의 주장으로 삼지 않는다는 '상응' 논법의 '도구적 성격' 역시 공성의 성격과 공통된다. 공성 역시 공의 이론(空見)을 제시함을 그 목적으로 하지 않고 다만 일체의 세계관(dṛṣṭi: 見)을 내려놓게 해 주는 '도구적 성격'을 갖고 있기 때문이다.

『니야야 브하샤』에서 '상응' 논법을 구사하는 당사자로 간주되는 '성상주론자(聲常住論者)'의 경우와 같이, 상대를 비판하면서 상대의 주장에 대응되는 자파의 주장을 내세우기 위해 이 논법을 구사[105]하게 되면, '상응' 논법에 의한 이러한 비판은, '자띠(jāti)'에 대한 현대 학자들의 번역어와 같이 '그릇된 비판(誤難, futile rejoinder)'이 되지 않을 수 없는 것이다. 『니야야 수뜨라』에서 '상응' 논법을 비판하는 이유도 적대자가 자파의 주장을 내세우기 위해 '상응' 논법을 구사하고 있는 것으로 생각했기 때문이었다. 그러나 자파의 주장 없이 상대의 주장만 논파할 뿐인 중관적 '상응' 논법에서는, 다만 상대가 견지하고 있는 사견(邪見)의 희론(戱論)만 내려놓게 할 뿐이다. 요컨대, '상응' 논법이란 희론을 적멸시키는 공성의 논법인 것이다.

4. 쁘라상가(prasaṅga) 논법과 상응 논법

현대 학자들은 쁘라상가 논법을 현대적인 논리학 용어로 귀류법(reductio ad absurdum)이라고 번역한다. 귀류법이란 "어떤 명제의 참

105) 본서 제II장 제1절 참조.

임을 직접 증명하는 대신 그 명제의 부정 명제가 참이라는 가정에서 결국 그것이 모순에 귀결한다는 것을 지적하여 간접적으로 원 명제가 참이 아니면 안된다는 것을 주장하는 추리 증명법"106)이다. 그런데 월칭(月稱)은 자파(自派)의 논법에 대해 다음과 같이 설명한다.

> [중관론자가 내세우는 명제에는] 이유(hetu)도 실례(dṛṣṭānta)도 없기 때문에 다만 [적대자의] 주장(pratijñā)에 맞춰서 자기가 내세운 주장의 의미를 증명할 뿐이다. 부당한 주장(nirupapattikapakṣa)을 수용하는 것이기 때문에 이것은 다만 자기 자신(svātmānam)과 모순될 뿐이며, 적대자(para)에 의해 확정(niścaya)되는 일도 있을 수 없다.107)

예를 들어 "눈은 다른 것을 본다."라고 적대자가 주장하는 경우 다음과 같은 논증식을 세워 적대자의 주장을 논파한다.

> 실례[喩]: 무릇, 자기 자신을 보지 못하는 것은 다른 것도 보지 못한다. 마치 항아리와 같이.
> 적용[合]: 그런데 눈은 자기 자신을 보지 못한다.
> 결론[結]: 그러므로 그것[=눈]은 다른 것을 보는 것도 결코 아니다.108)

'눈에 자기 자신을 보지 못하는 성질'이 있다고 인정하는 사람들은, [그런 성질과] '다른 것을 보는 성질' 간의 불가분리성(avinābhāvitva)

---

106) 世界哲學大事典, 敎育出版公社, 1980, p.114.
107) hetudṛṣṭāntāsambhavāt pratijñānusaratayaiva kevalaṃ svapratijñātārthasādhanamupadatt iti nirupapattikapakṣābhyūpagamāt svātmānamevāyaṃ kevalaṃ visaṃvādayan na śaknoti pareṣāṃ niścayamādhātūmiti/ Candrakīrti, 앞의 책, p.19.
108) Candrakīrti, 위의 책, p.34.

을 인정하기 때문에, 그들이 인정하는 입장에서 본다면 위와 같이 상반된 결론이 도출되는 논증식이 가능하게 되며,[109] 이런 식으로 적대자가 수용하는 논거에 입각해 상반된 결론이 도출되는 것을 보여줌으로써 적대자의 주장을 논파하는 것이 쁘라상가 논법인 것이다. 귀류법(reductio ad absurdum)이란 원래의 주장과 반대되는 주장이 오류에 빠짐을 보여줌으로써 원래의 주장의 타당성을 입증하는 간접 증명법인데 위에서 보듯이 월칭이 든 예는 귀류법과 그 성격이 다르다.

그렇다면 월칭적인 쁘라상가 논법의 본질은 무엇일까? 앞에 인용했던 월칭의 설명에 따르면, 중관론자는 자파의 '이유'도 '실례'도 갖고 있지 않을 뿐만 아니라 어떤 '주장'을 하는 것이 아니어야 하는데, 만일 월칭이 "눈은 다른 것을 본다."는 적대자의 주장을 논파하기 위해 위와 같은 논증식을 주장한 것이라면 자신의 설명에 모순되는 행위가 아닐 수 없다. 그러나 이는 '적대자도 인정하는 세속의 논리에 따르더라도[110] 위와 같은 상반된 논증식이 작성 가능하다'는 사실을 보여줌으로써 적대자의 문제점을 드러내는 것일 뿐이지, 결코 자신이 세운 논증식을 자파의 주장으로써 인정하는 것이 아니다. 따라서 반대 논증식에서 내세운 이유나 실례는 중관론자의 입장일 수는 없다. 이것이 월칭식 쁘라상가(prasaṅga) 논법의 본질이다. 이는 적대자의 논의와 동등한(sama) 타당성을 갖는 상반된 논증식을 도출해 냄으로써 적대자의 논의에 과오(prasaṅga)가 생한다(jāyate)는 것을 보여주는 것[111]이기에 그 구조는 '상응 논법' 중 '비량 비판 논법'과 동일하다

109) Candrakīrti, 위의 책. p.35.

110) Candrakīrti, 위의 책, pp.35-36.

111) 『니야야 브하샤』의 저자 왓스야야나(Vātsyāyana: 400~450)는 『니야야 수뜨라』, '1-2-18'을 주석하면서 'jāti'에 대해 다음과 같이 설명하고 있다: 이유가 제시되는 경우에 어떤 쁘라상가(prasaṅga)가 생하는 것(yaḥ prasaṅga jāyate)이 자띠(jāti)이다. 그리고 그런 쁘라상가는 공통성과 상위성에 의한 반대(pratyavasthāna)이며, 논파이고 부정(pratiṣedha)이다.

고 볼 수 있다. 이러한 비량 비판적 쁘라상가 논법이 용수의 『중론』에서도 발견될 수 있을까? 『중론』 제20 관인과품(觀因果品) 제21게송을 보자.

> 결과가 실체로서 실재한다면 원인은 무엇을 생하게 하겠는가? 결과가 실체로서 실재하지 않는다면 원인은 무엇을 生하게 하겠는가?[112)]

이 게송은 다음과 같은 식의 '원래의 논증식'과 '상응 논증식'에 토대를 두고 작성된 것이라고 추측할 수 있을 것이다.

'원래의 논증식'
주장: 원인이 결과를 생한다.
이유: 결과가 실체로서 실재하기 때문에

'상응 논증식'
주장: 원인이 결과를 생한다.
이유: 결과가 실체로서 실재하지 않기 때문에

용수는 인중유과론을 주장하는 자를 비판하기 위해 인중무과론을 주장하는 논증식이 작성가능함을 보여준다. 이로 인해 인중유과론이 논파되지만 그렇다고 하여 용수가 인중무과론을 주장하는 것은 아니다. 용수는 이 두 가지 논증식 모두를 병치시켜 놓음으로써 양자 모두를 파기한다. 이것이 위와 같이 결과가 실체로서 실재하건 실재하지 않건 원인은 결과를 생할 수 없다는 게송으로 정리된다. 따라서

112) phalaṃ svabhāvasadbhūtaṃ kiṃ heturjanayiṣyati/ phalaṃ svavbhāvāsadbhūtaṃ kiṃ heturjanayiṣyati//(若果定有性 因爲何所生 若果定無性 因爲何所生): 『중론』, '20-21'.

월칭(Candrakīrti)적인 쁘라상가(prasaṅga) 논법뿐만 아니라 용수의 중관논리도 '상응 논법'의 정신을 구현하고 있다고 볼 수 있다.

이는 동일한 결과(주장)가 발생하는 경우에도 그 원인(이유)은 상반될 수 있다는 점을 이용하여 적대자의 공격을 물리치는 '불생 상응' 논법인 것이다. 여기서 적대자를 비판하는 용수가, 자신이 내세운 논증식의 결론을 주장하려는 것이 아님은 쉽게 파악된다. 차후[113]에 다시 논의하겠지만 이는 『짜라까 상히따』 'Ⅲ-8' 제25항의 '답파(答破, uttara)'[114]의 구조에 그대로 일치한다. 이를 정리해 보자.

'원래의 주장'
결과: 질환이 있다.
원인: 그 질환과 동질적 성격의 원인 때문에
실례: 마치 냉병(冷病)과 같이, 한기(寒氣)가 느껴지는 질환인 냉병의 원인은 한기와의 접촉이다.

---

113) 본서 제Ⅶ장 제1절.

114) "그러면 '答破(uttara)'란 무엇인가? '답파'라는 것은 동질성(sādharmya)에 의해 지목된 원인(hetu)에 대해 이질성(vaidharmya)을 말하거나 이질성에 의해 지목된 원인에 대해 동질성을 말하는 것이다. 예를 들어 원인이 동질적인 질환들이 있다. 冷病은 [그] 원인과 동질적이라고 말한다. 즉, [냉병의 원인은] 추운 계절 찬 바람과의 접촉이라고 말한다. [이에 대한 '答破'로] 다른 자는 [다음과 같이] 말할 것이다: 원인과 이질적인 질환들이 있다. 예를 들면 다음과 같다. 신체의 일부분에 있어서 타는 듯 뜨겁게 부패하는 동상의 경우는 원인과 이질적이다. [그 원인은] 추운 계절 찬 바람과의 접촉이다. 이와 같은 반대를 담고 있는 것이 '답파'이다"(atha uttaraṃ. uttaraṃ nāma sādharmyopadiṣṭe vā hetau vaidharmyavacanaṃ vaidharmyopadiṣṭe vā hetau sādharmyavacanaṃ, yathā hetusadharmāṇo vikārāḥ, śītakasya hi vyādher hetubhir sādharmyavacanaṃ himaśiśiravātasaṃsparśā iti bruvataḥ, paro brūyāt, hetuvaidharmāṇo vikārāḥ, yathā śarīrāvayavānāṃ dāhauṣṇyakothaprapacane hetubhir vaidharmyaṃ himaśiśiravātasaṃsparśā iti, etat saviparyayam uttaraṃ.): 『짜라까 상히따』 Ⅲ-8, 제15항.

'답파적 비판'
결과: 질환이 있다.
원인: 그 질환과 이질적 성격의 원인 때문에
실례: 마치 동상과 같이, 작열감이 느껴지는 질환인 동상의 원인은 한기와의 접촉이다.

이 경우에도 '답파(uttara)'적 비판을 구사하는 자가 자신이 구사하는 논증식만을 진리로서 간주하고 있지 않은 것이 분명하다. 즉, 질환과 그 질환의 원인은 동질적이라고 상대가 주장하니까 질환의 원인이 그 질환과 이질적인 경우도 있다는 것을 보여줄 뿐이지 모든 질환이 그 원인과 이질적이라고 주장하는 것은 아니다. 그런데 이런 '답파'적 서술 방식이 『중론』 도처에서 발견된다.

『중론』 제24 관사제품(觀四諦品)에서 공 사상을 비판하는 적대자의 공격에 대한 용수의 응수(應酬) 역시 '상응' 논법의 구조를 갖고 있다. 적대자의 공격은 다음과 같다.

> 만일 이 모든 것이 공하다면 생기도 없고 소멸도 없다. (그래서) 그대는 사성제도 존재하지 않다는 오류에 빠진다.[115]

이에 대해 용수는 아래와 같이 '상응' 논법적으로 항변한다.

> 만일 이 모든 것이 공하지 않다면 생기도 없고 소멸도 없다. (그래서) 그대는 사성제도 존재하지 않는다는 오류에 빠진다.[116]

---

115) yadi śūnyamidaṃ sarvamudayo nāsti na vyayaḥ/ caturṇāmāryasatyānāmabhāvaste prasajyate//(若一切皆空 無生亦無滅 如是則無有 四聖諦之法): 『중론』, '24-1'.
116) yadyaśūnyamidaṃ sarvamudayo nāsti na vyayaḥ/ caturṇāmāryasatyānāmabhāvaste prasajyate//(若一切不空 則無有生滅 如是則無有 四聖諦之法): 『중론』, '2

이 문답(praśnottara)은 다음과 같이 정리될 수 있을 것이다.

' 적대자의 논증식'
주장: 생기도 없고 소멸도 없기에 사성제도 없다.
이유: 모든 것이 공하기 때문에

'용수의 비판적 논증식'
주장: 생기도 없고 소멸도 없기에 사성제도 없다.
이유: 모든 것이 공하지 않기 때문에

그런데 여기서 문제가 하나 남는다. 이 두 게송[117]은 그 외형이 앞의 게송[118]과 같이 상응 논법적 구조를 갖고 있으나, 비판적 게송[119]에 용수의 주장이 깔려 있다는 점에서 앞의 게송과 취지가 다른 듯하다. 즉, '모든 것이 공하기에 생기도 있고 소멸도 있으며 사성제도 있는 것'이라는 주장이 그것이다. 한 가지 더 예를 들자면, 다음과 같은 『중론』 제25 관열반품의 두 게송도 이와 구조가 같다.

'적대자의 비판'

만일 이 모든 것이 공하다면 생은 존재하지 않고 멸은 존재하지 않는다. 어떤 제거나 소멸로부터 열반이 추구되겠는가?[120]

'용수의 반박'

4-20'.

117) 『중론』, '24-1'과 '24-20'.

118) 『중론』, '20-21'.

119) 『중론』, '24-20'.

120) yadi śūnyamidaṃ sarvamudayo nāsti na vyayaḥ/ prahāṇādvā nirodhādvā kasya nirvāṇamiṣyate//(若一切法空 無生無滅者 何斷何所滅 而稱爲涅槃): 『중론』, '25-1'.

> 만일 이 모든 것이 공하지 않다면 생은 존재하지 않고 멸은 존재하지 않는다. 어떤 제거나 소멸로부터 열반이 추구되겠는가?[121]

따라서 '상응' 논법적 구조를 갖는 『중론』의 게송들이 그 성격상 두 가지로 대분된다고 보아야 할 것이다. 한 가지는 '20-21'과 같이 양측의 주장 모두를 파기하기 위해 작성된 게송이고 다른 한 가지는 위의 두 예와 같이 용수의 주장이 깔려 있는 게송들이다.

어쨌든 이런 식으로 동등한 타당성을 갖는 반대 논증식[122]을 작성해 제시함으로써 상대의 논증식을 비판하는 '상응' 논법은 '동법 상사', '이법 상사', '증익 상사', '손감 상사'등 많은 종류가 있지만 '상응' 논법 가운데는 이러한 비량 비판만 있는 것이 아니다. '무궁·반유 상사', '상주 상사', '불가득 상사'등의 역설을 이용한 비판 논법도 있고 '시동 상응(=무인 상사)', '도·부도 상응(=상사)'등의 현량 비판 논법도 있는 것이다. 앞에서 지적한 바 있지만 한 마디로 말해서 '상응' 논법이란 '양(量) 비판 논법'인 것이다. 더 포괄적으로 말하면 '인·과', '능·소', '체·용' 관계 비판 논법인 것이다. 다시 말해 어떤 개념 쌍이건 '인·과', '능·소', '체·용' 관계가 성립한다면 오류에 빠지고 만다는 점을 지적하는 논법이 바로 상응 논법인 것이다.

이렇게 볼 때 용수가 자신의 논서 도처에서, 비단 반대 논증식 작성에 의해 원래의 주장을 비판하는 논법만 구사하고 있는 것이 아니라, 인과 관계나 능소 관계, 체용 관계를 비판하는 논법까지 구사하는

---

121) yadyaśūnyamidaṃ sarvamudayo nāsti na vyayaḥ/ caturṇāmāryasatyānāmabhāvaste prasajyate//(若諸法不空 則無生無滅 何斷何所滅 而稱爲涅槃): 『중론』, '25-2'.

122) 『중론』이나 『空七十論』, 『회쟁론』에는 '主張'과 '理由'만으로 이루어진 二肢作法(two-membered syllogism)에 의한 논증식이 다수 등장한다. 이는 五肢作法이나 三肢作法이 성립되기 전의 '原始-論證式(proto-syllogism)'이라고 할 수 있다: Peter Della Santina, *Madhyamaka Schools in India*, Motilal Banarsidass, Delhi, 1986, p.54.

것이 이해된다. 왜냐하면 이 모든 논법들이 '상응 논법'의 범위에 포함되기 때문이다. 그래서 용수는 『중론』을 통해 원인과 결과의 관계[123], 허공의 능상(能相, lakṣaṇa)과 소상(所相, lakṣya)의 관계[124], 행위자와 행위의 관계[125]가 모두 오류에 빠진다는 사실을 역설하고 있는 것이다. 이러한 용수의 '상응' 논법은 월칭(月稱, Candrakīrti)에까지 그대로 계승되었는데, 청변(淸辯, Bhāvaviveka)의 자립적 논증식에 대해 월칭이 상응 논법적 비판을 가하는 모습만 보고 현대 학자들이 월칭의 쁘라상가(prasaṅga) 논법을 '귀류논증법'이라고 오해했던 것 같다.

그렇다면 이러한 '쁘라상가 논법'을 어떻게 번역하면 될 것인가? 불호(佛護)에서 월칭으로 이어지는 중관파를 쁘라상기까(prāsaṅgika)라고 규정하고 청변적인 중관파를 스와딴뜨리까(svatantrika)라고 명명한 것은 티베트 불교인들에 의한 것이었다. 이들은 쁘라상기까(prāsaṅgika)야말로 용수와 아리야제바의 정신을 계승하였다고 말한다. 그런데, 쁘라상가(prasaṅga)란 용어는 비단 불교 중관파뿐만 아니라 인도 내 모든 학파의 공용어였다. 이는 "귀결하다", "부착하다"는 뜻을 갖는 어근(dhātu) √prasañj에서 파생된 명사(名詞)로 문장 중에서 동사화될 때는 'prasajyate(오류에 빠진다)'라는 수동태의 모습을 띠는 것을 흔히 볼 수 있다. 『중론송』에서는 비단 용수만 이 술어를 구사하는 것이 아니다. 적대자 역시 용수에 대해 이 술어(術語)를 구사하는 모습도 발견된다. 먼저 적대자의 게송을 보자.

> yadi śūnyamidaṃ sarvamudayo nāsti na vyayaḥ/ caturṇāmāryasatyānāmabhāvaste prasajyate//(若一切皆空 無生亦無滅 如是則無有四聖諦之法): 『중론』, '24-1'.[126]

---

123) 『중론』, 第20 觀因果品.
124) 『중론』, 第5 觀六種品.
125) 『중론』, 第8 觀作作者品.

이에 대해 용수는 동일한 술어를 사용하여 적대자를 역공격한다.

yadyaśūnyamidaṃ sarvamudayo nāsti na vyayaḥ/ caturṇāmārya satyānāmabhāvaste prasajyate//(若一切不空 則無有生滅 如是則無有 四聖諦之法): 『중론』, '24-20'.[127]

이 이외에 √prasañj의 파생어가 쓰이고 있는 게송들을 몇 가지 나열하면 다음과 같다.

gamyamānasya gamane prasaktaṃ gamanadvayam/ yena tadgam yamānaṃ ca yaccātra gamanaṃ punaḥ//(若去時有去 則有二種去 一謂爲去時 二謂去時去): 『중론』, '2-5'[128]

dvau gantārau prasajyete prasakte gamanadvaye/ gantāraṃ hi tir askṛtya gamanaṃ nopapadyate//(若有二去法 則有二去者 以離於去者 去法不可得): 『중론』, '2-6'.[129]

gamane dve prasajyete gantā yadyuta gacchati/ ganteti cocyate y ena gantā sanyacca gacchati//(若去者有去 則有二種去 一謂去者

126) 만일 이 모든 것이 空하다면 生起도 없고 消滅도 없다. (그래서) 그대는 四聖諦도 존재하지 않는다는 오류에 빠진다.

127) 만일 이 모든 것이 空하지 않다면 生起도 없고 소멸도 없다. (그래서) 그대는 四聖諦도 존재하지 않는다는 오류에 빠진다.

128) '가는 중인 것'에 '가는 작용'이 있다고 하면 '가는 작용'이 둘로 되는 오류에 빠진다. '가는 중인 것'인 그것과, 다시 거기(=가는 중인 것)에 있는 '가는 작용'에 의해서 (둘로 되는 오류에 빠진다). 이 게송이 『般若燈論』에서는 波羅頗蜜多羅(Prabhākaramitra)에 의해 다음과 같이 漢譯되어 있다: 若去時中去 復及此行去 <u>則墮二去過</u> 此義則不然

129) '가는 작용'이 두 개라는 오류에는 '가는 놈'이 둘이라는 오류가 수반된다. 왜냐하면 '가는 놈'을 떠나서 '가는 작용'이 있다는 것은 성립되지 않기 때문이다.

去 二謂去法去:'2-10'): 『중론』, '2-11'.[130]

pakṣo gantā gacchatīti yasya tasya prasajyate/ gamanena vinā gantā ganturgamanamicchataḥ//(若謂去者去 是人則有咎 離去有去者 說去者有去:'2-11'): 『중론』, '2-10'.[131]

yadeva gamanaṃ gantā sa eva hi bhavedyadi/ ekībhāvaḥ prasajyeta kartuḥ karmaṇa eva ca//(若謂於去法 卽爲是去者 作者及作業 是事卽爲一): 『중론』, '2-19'.[132]

phale 'sati na mokṣāya na svargāyopapadyate/ mārgaḥ sarvakriyāṇāṃ ca nairarthakyaṃ prasajyate//(若無罪福報 亦無有涅槃 諸可有所作 皆空無有果): 『중론』, '8-6'.[133]

『중론』 내에는 약 24수의 게송에서 어근 '√prasañj'의 파생어가 발견된다.[134] 'prasajyate'라는 '수동형' 동사로 쓰인 예가 대부분이고 'prasakta'라는 '과거수동분사형'이 몇 군데 보이며 'prasajyeta'라는 '원망법'과 'prasajyete'라는 '중간태(Ātmanepada)'도 쓰이고 있는 반

130) 만일 '가는 놈'이 간다면 '가는 작용'이 둘이라는 오류에 빠진다. '가는 놈'이라고 말하는 것과, 존재하는 '가는 놈', 그 놈이 또 간다는 사실에 의해서.

131) 가는 놈이 간다고 하는 주장, 그런 주장을 한다면 다음과 같은 오류에 빠진다. 가는 작용 없이 가는 놈이 있고 (또 그) 가는 놈의 가는 작용을 추구하(게 되는 오류에 빠지)는 것이다.

132) 만일 가는 작용이 가는 놈이라는 사실, 그런 사실이 도대체 있을 수 있다면 행위자와 행위가 하나의 존재라는 오류에 빠지고 만다.

133) 果報가 존재하지 않는다면 해탈을 위한, 昇天을 위한 道가 존재하지 않는다. 또 일체의 작용들이 무의미하다는 오류에 빠진다.

134) 『중론』, '2-4', '2-5', '2-6', '2-10', '2-11', '4-2', '5-1', '8-6', '8-8', '15-11', '17-16', '17-23', '20-7', '20-9', '20-18', '21-14', '21-16', '24-1', '24-13', '24-20', '24-31', '25-4', '27-11', '27-12'(각 게송의 번호는 梵頌의 순서에 의한 것이다).

면, ‘prasaṅga’라는 용례는 제24 관사제품 제13게에 단 한번 등장할 뿐이다. 이를 인용해 보자.

> śūnyatāyāmadhilayaṃ yaṃ punaḥ kurute bhavān/ doṣaprasaṅgo nāsmākaṃ sa śūnye nopapadyate//(汝謂我著空 而爲我生過 汝今所說過 於空則無有): 『중론』, ‘24-13’.[135]

그런데 이와 같은 게송들에 대한 구마라습의 한역문 대부분에서는 ‘√prasañj’의 파생어들에 해당되는 역어로 어떤 특수한 술어를 쓰고 있지 않다. 굳이 그에 해당되는 한역어를 찾는다면 ‘則(즉)’이 가장 많이 발견되고, ‘8-6’과 같이 대응되는 한역어를 쓰지 않고 게송의 의미 속에 매몰시킨 경우도 많이 있으며, ‘則爲’[136], ‘卽墮’[137], ‘卽爲’[138]등의 용례도 보인다. ‘24-13’에서 ‘汝今所說過’의 ‘過’는 ‘prasaṅga’가 아니라 ‘doṣa’에 해당되는 번역어이다. 제27 관사견품(觀邪見品) 제11게송[139]에서 ‘오류(過)’의 의미가 내포된 한역문이 발견되는데 그 다음 게송[140]을 보게 되면 이 역시 ‘prasajyate’라는 단어 하나

135) 그대는 다시 空性인 것에 집착을 짓는다. 오류에 집착하는 것은 우리들의 것이 아니다. 그것(집착)은 공성에서는 성립하지 않는다.

136) 『중론』, ‘15-11’.

137) 『중론』, ‘21-14’.

138) 『중론』, ‘21-16’.

139) ucchedaḥ karmaṇāṃ nāśas tathānyena kṛtakarmaṇām/ anyena paribhogaḥ syād evamādiprasajyate(斷滅이고, 業들의 소멸이다. 그래서 다른 이에 의해 지어진 業들이 다른 이에게 수용되는, 그런 따위의 오류에 빠지리라.)//(如是則斷滅失於業果報 彼作而此受 有如是等過): 『중론』, ‘27-11’.

140) nāpyabhūtvā samudbhūto doṣo hyatra prasajyate/ kṛtako vā bhavedātmā sambhūto vāpyahetukaḥ(존재하지 않았는데 발생하는 것도 아니다. 왜냐하면 여기서는 [다음과 같은] 過失에 떨어지기 때문이다. 자아가 [새롭게] 만들어진 것으로 되든지 혹은 원인 없이 발생하는 것이 되리라.)//(先無而今有 此中亦有過 我則是作法 亦爲是無因): 『중론』, ‘27-12’.

의 번역이라기보다 'evam(그와 같이)'에 내포된 행간의 의미인 'doṣa(과오)'를 살려낸 번역임을 알게 된다. 다만 제2 관거래품 제4게송에서만 'prasajyate'를 '오류'의 뜻 내포된 '유구(有咎)'로 번역하고 있다. 이를 인용해 보자.

> gamyamānasya gamanaṃ yasya tasya prasajyate/ ṛte gatergamyamānaṃ gamyamānaṃ hi gamyate//(若言去時去 是人則有咎 離去有去時 去時獨去故): 『중론』, '2-4'.[141]

'유구'란 '허물이 있다'는 의미로 『주역』에서는 이와 상반된 '무구(无咎)'란 표현이 자주 등장한다.[142] 구마라습이 『중론』을 한역하는 과정에서 그 당시 중국의 전통적인 현학에서 구사되던 술어들을 격의(格義) 차용한 모습이 이 게송에서 발견된다. 어쨌든 『중론』을 번역할 때 구마라습이 '√prasañj'를 '과오로 귀결된다'는 의미로 간주한 경우도 있기는 하지만, 주로 '~인 꼴이 된다(귀결).'는 의미로 번역하였다고 볼 수 있다.

한편 청변의 『반야등론(般若燈論)』의 번역자 바라파밀다라(波羅頗蜜多羅, Prabhākaramitra)의 번역어를 보게 되면 '√prasañj'에 '과오'의 의미를 포함시켜 번역한 사례가 구마라습의 경우보다 많이 발견된다. 즉, '則墮…咎(곧 …인 허물에 떨어진다)'[143], '…墮…(…에 떨어진다)'[144], '卽是…過(바로 …인 過失이다)'[145], '則墮…過(바로 …인 과

141) '가는 중인 것'이 '가는 작용'이라고 하는 자, 그 자는 '가는 것' 없이 '가는 중인 것'이 있다고 하는 오류에 빠진다. 왜냐하면 '가는 중인 것'이 가기 때문이다.

142) ☰ 乾爲天. 乾元亨利貞 潛龍勿用 見龍在田 利見大人 君子終日乾乾 夕惕若厲无咎 或躍在田 <u>无咎</u> 飛龍在天 利見大人 亢龍有悔 見羣龍无首吉(『周易』, 金敬琢 譯著, 明文堂, 1984, p.81)

143) 『중론』, '2-11'.

144) 『중론』, '4-2'.

145) 『중론』, '15-11'.

실에 떨어진다)'[146], '得…過(…인 과실을 얻게 된다)'[147], '有…過咎(…인 과실의 허물이 있다)'[148]와 같이 '오류'의 의미를 내포시켜 '√prasañj'의 파생어를 번역하고 있는 것이다.

월칭의 『정명구론(淨明句論, Prasannapadā)』에도 '√prasañj'의 파생어인 'prasaṅga'란 술어(術語)가 다수 등장하는데 그 중 일부를 인용해 보자.

> pratiṣedhe cābhyupetabādhāprasaṅgāditi cet[149]
> na tu pakṣacatuṣṭayābhyupagamena sasvabhāvavādaprasaṅgāt[150]
> pramāṇāntarāderapyabhyupagamaprasaṅgāt[151]
> nirheturkatvaprasaṅgāt[152]

---

146) 『중론』, '20-9'.
147) 『중론』, '24-1'.
148) 『중론』, '27-10'.
149) 부정하는 경우, 만일 (자기가) 승인한 것을 논파하는 쁘라상가가 있게 된다고 말한다면: Candrakīrti, 앞의 책, p.26, 3~4째줄: If this were denied, it would follow that the contrast which we assume (between the absolute thing in itself and phenomenal reality) does not exist(Stcherbatsky의 번역: Stcherbatsky, *The Conception of Buddhist Nirvāṇa*, Academy of Science of the U.S.S.R., Leningrad, 1927, p.106.).
150) 그러나 네 가지 주장을 승인하는 것에 의하면 (세간의 관습의 성립은 인정됨이)아니다. 왜냐하면 (네 가지 주장에서는 사물이) 본성을 갖는다고 하는 쁘라상가가 있게 되기 때문이다: Candrakīrti, 위의 책, p.54, 11~12째줄: It cannot be established otherwise than by denying the four theories (of causation just examined), since they necessarily imply the realistic view (of a plurality of substances having their own reality). (Stcherbatsky, 위의 책, p.134.)
151) 다른 인식 수단도 승인한다는 쁘라상가가 있게 되기 때문이다: Candrakīrti, 위의 책, p.67, 2째줄: you will be oblidged equally to admit (their number) of additional sources of cognition and other things also(Stcherbatsky, 위의 책, p.151.).
152) 원인이 없다는 쁘라상가가 있게 되기 때문이다: Candrakīrti, 위의 책, p.78, 10째줄.

kriyādvayāprasaṅgāt kartṛdvayaprasaṅgācca[153)]
janyajanakayorekatvaprasaṅgāt[154)]
yaugapadyabhāvaprasaṅgāt[155)]
tatra yadeva kliṣṭaṃ tadevakleśā iti na yujyate dagdhṛdāhyorapy ekatvaprasaṅgāt[156)]

필자는 각주에서, 위에 인용한 범문을 번역하면서 'prasaṅga'란 술어만은 원문 그대로 사용하였다. 이제 이 술어를 어떻게 번역하는 것이 좋을지 검토해 보기로 하자. 혼다메구무(本多惠)는 '과실이 부수한다(過失が 附隨する)'고 번역하며[157)], 오구즈미타케키(奧住毅)는 '과실로서 부수하여 생한다(過失として 附隨して 生ずる).'고 번역한다[158)]. 한편, 체르밧스키(Stcherbatsky)의 경우는 'prasaṅga'를 특수한 술어로 취급하지 않고 이 단어가 들어간 문장 전체를 의역하고 있다. 각주에 인용하였듯이 'it would follow that',이라든지 'they necessaril y imply', 'you will be equally oblidged to'가 'prasaṅga'에 해당되는 체르밧스키의 영역문이다. 즉, 'prasaṅga'를 단순히 '귀결하다', '부수하다', '그와 마찬가지로 …하지 않을 수 없다'는 의미로 보았지 '과실'이라는 의미를 포함시켜 이해하지는 않은 듯하다.

---

153) 두 개의 운동이라는 쁘라상가가 있게 되기 때문이며, 두 사람의 행위자라는 쁘라상가가 있게 되기 때문이다: Candrakīrti, 위의 책, p.100, 8째줄.

154) 생하게 한 것과 생한 것이 동일하다는 쁘라상가가 있게 되기 때문이다: Candrakīrti, 위의 책, p.376, 3째줄.

155) (종자와 싹이) 동시에 있다는 쁘라상가가 있게 되기 때문에: Candrakīrti, 위의 책, p.253, 17째줄.

156) 여기서 번뇌에 물든 사람이 바로 번뇌라고 하는 것은 타당하지 않다. 왜냐하면 불과 연료가 하나라는 쁘라상가가 있게 되기 때문이다: Candrakīrti, 위의 책, p.455, 2~3째줄.

157) 本多惠, 앞의 책, p.41 등.

158) 中論註釋書の硏究, チャンドラキールティ『プラサンナパター』和譯, 奧住毅 譯, 大藏出版株式會社, 東京, 1988, p.125 등.

지금까지는 용수와 월칭이, 상대를 논파하는 문장 중에서 쁘라상가라는 술어를 구사하고 있는 용례에 대해 검토해 보았다. 그런데 이러한 쓰임은 쁘라상기까적 중관파 고유의 독특한 쓰임은 아니다. 단순히 상대의 주장이나 논증식에서 오류가 지적되었다는 의미로 쓰이고 있는 것이다. 쁘라상기까적 중관파의 독특한 논법을 이해하기 위해서는 자파의 논법에 대한 월칭 자신의 생각을 검토해 보아야 한다. 월칭의 설명을 인용해 보자.

> 또, 쁘라상가에 의해 상반된 의미와 결합하는 것은 그야말로 적대자의 경우에 해당되는 것이지 우리들의 경우는 아니다. 왜냐하면 [우리들은] 스스로의 주장이 없기 때문이다.159)

즉, 상대가 어떤 주장을 할 경우 쁘라상가 논법에 의해 상대를 비판하게 되는데, 그 경우 상대의 주장은 논파하였지만 상대의 주장과 반대되는 주장을 용인한 꼴이 되는 경우가 있다. 그러나 이는 적대자의 경우에나 해당되는 것이지 중관론자에게는 해당되는 것이 아니다. 왜냐하면 중관론자는 아무 주장도 갖고 있지 않기 때문이다.

여기서, 우리는 쁘라상가 논법이 비단 쁘라상기까(prāsaṅgika)에 속한 중관논사만 구사하는 것이 아니라는 사실을 파악할 수 있다. 다른 논사의 경우는, 논파 대상과 상반된 명제를 주장하기 위해 쁘라상가 논법을 구사하는데 반해, 쁘라상기까적 중관론자는 다만 논파만 할 뿐이지 상반된 명제를 주장하는 것이 아니라는 것이다.

따라서 쁘라상가 논법을 구사하는 경우에도 '상반된 다른 주장을 하기 위해 구사하는 경우'와, '상반된 다른 주장 없이 구사하는 경우'의 두 가지 경우가 있을 수 있다고 볼 수 있다. 그리고 용수나 월칭

159) prasaṅgaviparītena cārthena parasyaiva saṃbandho/ nāsmākaṃ svapratijñā yā abhāvāt/: Candrakīrti, 앞의 책, p.23, 3째 줄.

적인 쁘라상가 논법은 후자에 해당된다.

그러면 용수나 월칭적인 쁘라상가(prasaṅga) 논법을 현대어로 어떻게 번역해야 할 것인가? 체르밧스키(Stcherbatsky)는 쁘라상가 논법을 '상반된 논증식(counter-syllogism)'이라고 번역한 바 있다.[160] 그러나 이런 번역어는 쁘라상가 논법 중 비량(anumāṇa) 비판 논법의 경우에만 사용 가능할 뿐이다. 용수의 논서에서는 비단 비량뿐만 아니라 현량(pratyakṣa)이나 성언량(śabda)등 모든 종류의 양성(量性)이 비판되고 있기 때문이다. 어쨌든 체르밧스키의 번역어는 '반대 논증식을 제시한다'는 의미에서 쁘라상가 논법 중 일부에는 해당된다고 볼 수 있는데 시대가 흐르면서 쁘라상가 논법에 대한 이해는 더 악화되었다. 즉 '귀류논증법(reductio ad absurdum)'이라는 번역어가 그것이다. '쁘라상가 논법'을 일관되게 '귀류논증법'으로만 번역하는 것은 현대 중관학에서 무르띠(T. R. V. Murti)[161] 이후인 듯하다.[162] 그 이후 구미는 물론 일본의 모든 학자들은 prasaṅga에 대한 번역어로 이 술어를 애용해 왔다. 그러나 쁘라상가 논법을 단순히 귀류논증법으로 번역하는 경우 용수의 논서에서 구사되고 있는 다양한 논법들이 제외된다. 그렇다면 '쁘라상가 논법'을 어떻게 번역해야 할 것인가?

『중론』을 위시하여 용수의 논서에서는 실재론을 비판할 때 '~이 아니다' 또는 '~이 없다'는 부정 표현을 사용하고 있다. 그런데 이런 부정의 의미에 대한 심도 있는 연구가 청변(Bhāvaviveka)에 의해 시

---

160) Stcherbatsky, *Buddhist Logic* Ⅰ, Dover Publications Inc., New York, 1962, p.344./ *The Conception of Buddhist Nirvāṇa*(Stcherbatsky)에서는 'prasaṅga-vākhya'를 '*deduction ad absurdum*'(p.94), 'undesirable consequence'(p.93)로 번역하기도 하여 문맥에 따라 번역어를 달리 사용한다.

161) *The Central Philosophy of Buddhism*, George Allen and Unwin Ltd., 1960, p.131.에서 Murti는 'prasṅgāpādanam'을 '*reductio ad absurdum*'으로 번역한다.

162) 물론 Stcherbatsky도 중관적 논법에 대해 'reducing its every possible predicates ad absurdum'이란 표현을 쓰기도 하지만(*Buddhist Logic* Ⅰ, p.17.) 이것만이 쁘라상가(prasaṅga) 논법의 代用語라고 보지는 않았다.

도된 바 있다. 즉, 청변은 부정을 '정립적(定立的) 부정(paryudāsa[163])-pratiṣedha: 상대부정[164], 명사(名辭)적 부정: nominally bound negation[165])'[166]과 '비(非)정립적 부정(prasajya[167])-pratiṣedha: 절대부정, 명제(命題)적 부정: verbally bound negation[168])'[169]으로 양분[170]하면서 용수의 부정은 '비정립적 부정'이라고 규정한다.[171] 이는

---

163) 語根(dhātu) 'pary-ud-√as(to reject, exclude)'에서 파생된 말로 'exception, prohibitive rule'의 뜻: Monier-Williams ed., *Sanskrit-English Dictionary*, Oxford University Press, 1982, p.608. 참조.

164) 이는 카지야마유이치의 번역어이다. 이하 절대부정이라는 번역어도 마찬가지이다. 그런데 『飜譯名義大集』에서는 이와 반대로 'prasajya pratiṣedha'를 상대부정, 'paryudasa pratiṣeda'를 절대부정이라고 설명하고 있다(『飜譯名義大集』, p.301참조).

165) Matilal의 번역어이다: B. K. Matilal, *The Navya-Nyāya Doctrine of Negation*, p.156.

166) "이 사람은 바라문이 아니다."가 정립적 부정이라면 바라문이라는 名辭를 제외하고 "바라문이 아닌 자"인 구체적인 명사가 도입되는 것을 의미한다. 즉, 끄샤뜨리야라는 것일 수 있다. 이와 같이 다른 어떤 것을 定立하는 기능을 가진 부정을 정립적 부정이라고 한다: 江島惠敎, 앞의 책, p.115. 참조.

167) "附隨하다. 들러붙다, 귀결하다, 잇따르다, 어떤 것의 귀결이 되다, ~꼴이 되다(to attach to, to cling to, to result, to follow, be the consequence of anything)"등의 다양한 의미를 갖지만 이 경우에는 이 가운데 "귀결하다, ~꼴이 되다"의 의미로 이해하는 것이 좋을 듯하다: Monier-Williams ed., 앞의 책, p.696. 참조.

168) Matilal의 번역어이다: B. K. Matilal, 앞의 책.

169) "이 사람은 바라문이 아니다."가 비정립적 부정이라면 이 사람이 바라문이긴 하지만 바라문답지 못하다는 것을 의미하는 경우이다. 즉, 다른 어떤 것을 정립하기 위한 부정이 아니라 이 사람이 바라문답다는 사실을 부정만 할 뿐인 부정인 것이다. Patañjāli는 『*Mahābhāṣya*』에서 비정립적 부정이란 "[부정의 대상인] 동작, 또는 속성을 적용해 보고 그런 연후에 [그 적용을] 파기해 버리는 것(prasajyāyaṃ kriyāguṇau tataḥ paścān nivṛttiṃ karoti)"이라고 설명한다. 즉,부정 대상인 개념을 일단 적용하고 나중에 이루어지는 부정이 비정립적 부정인 것이다(江島惠敎, 위의 책, p.115.). 여기서 prasajya란 적용해 보다(application)는 의미로 쓰인다고 볼 수 있다.

170) 정립적 부정은 名辭의 '特殊' 개념을 부정하는 것이라면 비정립적 부정은 명사

원래 고대 인도의 문법학에서 채용하고 있던 부정 분류법으로[172] 후대에 와서는 육파철학 중 하나인 미망사(Mīmāṃṣā) 학파에 의해서도 채택[173]된다.[174] 청변이 중관 사상을 주석할 때 이를 최초로 도입[175]

의 '普遍' 개념을 부정하는 것이라고 볼 수도 있을 것이다. 즉, "이 사람은 바라문이 아니다"라는 문장이 정립적 부정인 경우는 이 사람의 신분이 끄샤뜨리야나 바이샤, 수드라등인 것을 나타내기에 四姓 계급 중 특수 개념으로서의 바라문임을 부정하는 것이고, 비정립적 부정인 경우는 특수한 바라문 계급이긴 하지만 바라문性(tva)이라는 보편을 갖지 못하고 있다고 부정하는 것이기에 보편 개념으로서의 바라문임을 부정하는 것이라고 볼 수 있다. 따라서 용수의 부정은 비정립적 부정이기에 부정의 대상은 특수 개념이 아니라 보편 개념이어야 하는 것이다. 이에 대해서는 본서 제VI장 1)-② '四句 批判 論理의 토대 - 還滅 緣起'에서 확인한 바 있다.

171) 비단 용수의 부정뿐만 아니라, 붓다의 무아설에서 아뜨만의 존재를 부정하는 無(an~)의 의미도 비정립적 부정이라고 해석되어야 것이다. 즉, 五蘊無我를 말할 때 五蘊 이외의 그 어딘가에 自我가 있다는 것이 아니기 때문이다.

172) 인도 고대의 문법학에서는 문법적 규정의 올바른 해석과 운용을 추진하기 위한 규정(paribhāṣā)으로서 부정을 두 가지로 나누었다: 江島惠敎, 위의 책, p.122..

173) Bhartṛhari는 이러한 두 가지 부정에 대해 다음과 같이 설명한다: "부정사(否定辭)가 후속하는 말과 관련이 있는 경우 그것은 paryudāsa라고 알아야 할 것이다. 그런데 부정사가 [동사 개념으로서의] 동작과 관련하고 있는 경우는 prasajya-pratiṣedha이다(paryudāsaḥ saviñeyo yatrottarapadena nañ/ prasajya-pratiṣedho 'yam kriyayā sahayatra nañ)": 『*Mīmāṃṣānyāprakāśa*』, 江島惠敎, 위의 책, p.116.에서 재인용.

174) 江島惠敎, 中觀思想の展開, 春秋社, 東京, 1980, p.114 ; B. K. Matilal, *The Navya-nyāya Doctrine of Negation*, HOS. XLVI, 1968, p.156f ; J. F. Staal, *Negation and the Law of Contradiction in Indian thought*, a comparative study, BSOAS(Bulletine of the School of Oriental and African Studies), XXV-1, 1962, pp.52~71. 참조.

175) 『중론』 주석가 중의 하나인 데와샤르만(Devaśarman)의 『중론』 주석에서도 다음과 같이 2종 부정의 사고가 엿보이긴 하지만 그 술어가 다르다(이는 Avalokitavrata의 주석으로부터 추출한 내용이다): "『중론』에서는 說을 세우지 않는 방법을 채용하는 것에 의해 [존재자의] 무자성성을 설해야한다. 따라서 부정 대상은 두 가지이다. 즉, 표현(vacana)에 대한 집착과 표현 대상(vācya)에 대한 집착이다." (江島惠敎, 위의 책, pp.118~119.).

하면서 공성논증이 수반되는 부정판단은 '정립적 부정(paryudāsa-pratiṣedha)'[176]이 아니라 '비정립적 부정(prasajya-pratiṣedha)'[177]이라고 규정하였는데[178] 월칭(Candrakīrti) 역시 청변의 이런 견해를 그대로 계승하고 있는 것이다.[179] 그런데 '절대 부정', 또는 '비정립적 부정'이라고 번역되는 'prasajya-pratiṣedha'의 'prasajya'는 어근 √prasañj에서 파생된 단어이다. 따라서 'prasajya-pratiṣedha'란 "부수하여 일어나는 것도 부정함"[180]이란 의미를 갖는다고 볼 수 있다.

용수의 논법인 '쁘라상가(prasaṅga) 논법', 다시 말해 '자띠(jāti: 生過) 논법'에서는 상대의 논리나 주장에 대응되는 자신의 논리나 주장을 내세우지 않는다. 상대의 논리나 주장을 부정할 경우 그와 동등한 타당성을 갖는(sama: 相似) '반대 논리'나 '반대 주장'을 내세워 보여줄 뿐, 부정과정에서 "부수하여(prasajya)" 동원된 그런 반대 논리나 반대 주장을 비판자 자신이 신봉하고 있지는 않다. 상대가 어떤 주장을 내세우는 경우 상대의 논리학에 입각해 상반된 결론이 도출되는 것을 보여주게 되는데, 이 경우 그런 상반된 주장이 자파의 주장인 것은 아닌 것이다. 즉, 이 논법에 의해 상대의 주장이 파기되면 그와 동시에 자신이 제시한 주장 역시 던져 버리는 것이 바로 쁘라상가(prasaṅga) 논법이다. 그런데, 'prasaṅga'라는 술어는 어근 √prasañj에서 파생된 단어이기에 "쁘라상가 논법" 역시 '중관적 부정'인 'prasajya-pratiṣedha'와 같은 맥락 위에 있으리라고 추측할 수 있다. 따라서

176) 티베트어: med par dgag pa. 漢譯: 無而滅者, 無滅. 의미: 물단지가 땅위에 없다고 하는 것과 같이 절대적으로 없는 것(『飜譯名義大集』, 4509).

177) 티베트어: ma yin bar dgag pa. 漢譯: 不是而滅者. 의미: 물단지는 옷감이 아니라고 하는 것과 같은 것(『飜譯名義大集』, 4510).

178) 江島惠敎, 앞의 책, p.113.

179) 月稱뿐만 아니라 護法(Dharmaphāla: 530~561) 역시 『大乘廣百論釋論』에서 이런 분류법을 채용한다(江島惠敎, 위의 책, p.119.).

180) 이는 本多惠의 번역이다(『チャンンドラキールテイ中論註和譯』, 本多 惠(國書刊行會, 1988), 大韓傳統佛敎硏究院 影印本, 1988, p.11.).

'부수하여(prasajya) 일어나는 것도 부정'하는 'prasajya-pratiṣedha'를 '비정립적 부정'이라고 번역하듯이, '부수하여 일어나는 그 어떤 논증식도 수용하지 않는' 논법인 'prasaṅga-anumāṇa'도 '귀류논증법(reductio ad absurdum)'이 아닌 '비정립적 비판 논법'181)이라고 번역하는 것이 보다 원뜻에 근접한 표현일 듯하다. 즉, 용수의 논법은, '양(量) 비판 논법'인 『방편심론』의 '상응 논법', 또는 『니야야 수뜨라』에서 비판되는 '자띠(jāti) 논법'에 토대를 두고 있기에, 다만 양(量, pramāṇa)에 의한 상대방의 정립을 비판만 할 뿐이지, 양에 의해 자신의 주장을 정립(定立)하지는 않는 '비정립적 논법'인 것이다. 이와 같이 용수의 중관적 부정도 '비정립적 부정'이고, 논리적으로 상대의 주장

---

181) 江島惠教는 '非定立的'이라는 술어를 채택한 이유에 대해 상세한 설명은 하지 않는다. 그러나 이 번역어를 헤겔(Hegel)적 의미의 反定立(anti-thesis)에 관계된 것으로 보아서는 안될 것이다. 사르트르(Sartre)적 의미의 無立場(non-position)과 가까운 의미를 갖는다고 보아야 한다. 사르트르에 의하면, '정립적(positional)'이란 '의식이 대상에 대해 어떤 위치나 입장을 가진다'는 의미이다. 의식은 일반적으로 '~의 의식'이기에 이러한 의식은 '~에 대해서' 어떤 위치나 입장을 취하게 된다. 사르트르에 의하면, "반성적 의식은 반성된 의식을 자기의 대상으로 세워 놓는데, … 그 경우 대상에 관한 모든 정립적인 의식은 동시에 그 자체에 관한 '非定立的(non-positional)'인 의식이다(the reflecting consciousness posits the consciousness reflected-on, as its object. … every positional consciousness is at the same time a non-positional consciousness of itself: Sartre, *Being and Nothingness*, H. E. Barnes Trs., Gramercy Books, New York, p.liii.)." '정립적(positional)'이라는 술어는 대상에 대해 어떤 하나의 입장을 갖는 것을 의미한다. 즉, 對自(pour soi)가 卽自(en soi)로서의 대상적 물체를 파악할 때 무한한 가능성 중 어떤 하나의 입장을 취하는 것을 定立的(positional)이라고 한다. 이와 달리 對自는 자기자신에 대해서는 非定立的(non-positional)이다. 對自(pour soi)의 이러한 비정립적(non-positional) 성격으로 인해 인식의 自己-正體性은 무한소급적 오류에서 벗어날 수 있으며 인간의 自由意志 역시 보장되는 것이다(사르트르, 梁元達 譯, 存在와 無, 乙酉文化社, 1994, pp.9~18).. 그와 마찬가지로 용수나 月稱的인 '쁘라상가 논법' 역시, 어떤 논증식도 自派의 주장으로 수용하지 않는 '非定立的(non-positional) 비판법'이기에 상대의 논리를 비판한 후 상대에 의해 재비판을 당해야 하는 自家撞着에서 벗어날 수 있다.

을 논파하는 중관적 논법도 '비정립적 논법'인 것이다. 상대의 오류를 지적해 낸다는 귀류법적 의미를 이 술어의 번역에 굳이 포함시킨다면 '비정립적 귀류논법'이라고 부를 수도 있을 것이다. 여기서 '귀류'라는 호칭 속에는 '상대의 논증식을 부정한다'는 의미가 담겨 있고 '비정립'이라는 호칭 속에는 '자신이 내세운 논증식도 파기된다'는 의미가 담겨 있다. 따라서 월칭의 쁘라상가 논법은 여타의 학파들과 공유하는 단순한 쁘라상가 논법이 아니라, 자신이 내세운 논증식 자체도 파기해 버리는 '비정립적 논법'이라고 보아야 한다. 이런 식의 중관 해석은 월칭(Candrakīrti)에 의해 계승되었으며 티베트 전승에서도 이를 중관파의 정계로 간주한다.[182]

한편, 청변(Bhāvaviveka)은 용수의 중관적 부정이 '비정립적 부정'이라는 점에 대해서는 월칭과 의견을 같이하나 그 논법에 대해서는 '비정립적 논법'이 아니라 종(pratijñā), 인(hetu), 유(dṛṣṭānta)를 갖춘 '정립적 논법'이어야 한다고 주장한다. 그러나 중관논리의 기원이 된 '상응' 논법의 취지[183]나 붓다 교설의 방편적 성격[184]에 비추어 볼 때 월칭(Candrakīrti)적인 중관 해석이 옳을 듯하다.

지금까지 간단히 고찰해 보았듯이 용수에 의해 채택되어 구사되었던 '상응 논법'적 논파 방법은 월칭에 의해서 '쁘라상가(prasaṅga) 논법', 즉 '비정립적 논법'으로 계승되었던 것이다. 그런데 이런 상응 논법은 상대가 사용하면 오류가 되고 용수 자신이 사용하면 정당한 논법이 된다. 그 이유는 무엇일까? 월칭이 『정명구론(Prasannapadā)』에서[185] 『회쟁론』을 인용하며 밝힌 바 있듯이 중관론자들은 어떠한 주장도 갖지 않는다.[186] 적대자의 주장을 반박은 하지만 이를 위해 내

182) 鄭泰爀, 印度宗敎哲學史, 김영사, 1985, p.106.
183) 논리를 구사하여 상대를 논파하지만 그 논리가 自派의 주장은 아니라는 것.
184) 이에 대해서는 本章 다음 절에서 略述하기로 하겠다.
185) Candrakīrti, 앞의 책, p.16(박인성 역, 쁘라산나빠다, 민음사, 1996, pp.31~33. 참조).

세운 논리식이 중관론자의 주장은 결코 아닌 것이다. '상대가 어떤 논증식을 제시할 경우 그와 동등한 타당성을 갖는 이러한 반대 논증식도 가능한 꼴이 된다'고 적대자에게 제시하는 역할만 하는 것이 중관론자의 논리이다. 이렇게 '자신의 주장 없이 상대의 오류를 지적한다'는 맥락 위에서만 '상응 논법'은 정당한 논파법으로서의 가치를 갖는다. 그러나 니야야 측에서는 '상응 논법'의 효용을 잊은 채 이를 잘못 이용해 자신의 '주장'을 반증하려고 하는 것이다.

『니야야 수뜨라』의 자띠(jāti) 이론에서 『방편심론』의 상응 논법이 비판을 받는 것도 이를 하나의 주장으로 오해했기 때문이다. 예를 들어 『니야야 수뜨라』 제5편 제1장에서 '가능 상사(upapatti-sama)'를 비판하는 내용을 보면 니야야 학파 측에서 '상응 논법'을 하나의 주장으로 생각했다는 점이 명확히 드러난다.

가능 상사(upapatti-sama)란 "양방의 이유가 가능함을 보임으로써"[187] 상대의 주장을 논파하는 논법인데, 어떤 주장과 그에 대한 이유가 있을 때 그와 다른 이유가 가능하기에 반대 주장도 성립한다는 것을 보여 주는 것이다. 그런데 니야야 측에서는 이를 역으로 이용하여, "그런 '반대 주장'이 가능하다면 자파(니야야)의 '원 주장'은 그 '반대 주장에 대한 반대 주장'이니 거꾸로 자파의 원 주장에 의해 그 반대 주장이 가능 상사(upapatti-sama)적으로 논파 가능하다"는 의미의 반론을 편다. 이런 식의 반박은 논파를 위해 제시된 '상응 논법'적 논증식을 하나의 '주장'으로 오해함에서 비롯된 부당한 반박인 것이

186) "만일 나에게 무언가 주장이 있다면 바로 그 때문에 나에게 과실이 있으리라. 그런데 우리들에게 주장은 없다(yadi kācana pratijñā syānme tata eṣa me bhaveddoṣaḥ/ nāsti ca mama pratijñā tasmānnaivāsti me doṣaḥ)": 『회쟁론』, '第29頌'(K. Bhattacharya, *The Dialectical Method of Nāgārjuna*(*Vigrahavyāvartanī*), Motilal Banarasidass, 1978, Text, p.29.).

187) 양방의 [주장의]이유가 가능하기 때문에 [相對의 주장이 성립치 않는다고 논파하는 것이] '可能 相似'이다(ubhaya-kāraṇa-upapatter-upapattisamaḥ): 『니야야 수뜨라』, '5-1-25'.

다.

5. 붓다 교설의 방편적 성격과 상응 논법

용수가 중관 논서들을 작성하면서 수용했으리라고 추정되는 『방편심론』의 '상응 논법'이나 『니야야 수뜨라』의 '자띠(jāti) 논법'과, 그와 동일 구조를 갖고 있는 월칭의 쁘라상가(prasaṅga: 비정립적 귀류) 논법은 그 성격이 붓다 교설의 방편적 성격과 일치한다고 볼 수 있다. 붓다는 '뗏목의 비유(船筏譬喩)'를 들어 교설의 방편성에 대해 설명하고 있다. 뗏목을 타고 공포스러운 차안에서 안온한 피안으로 건너 간 사람이 그 뗏목을 다시 짊어지고 가려는 생각이 어리석은 것이듯이, 붓다가 설시한 선법조차 뗏목과 같은 방편일 뿐이지 목적은 되지 못한다는 것이다.[188]

붓다의 설법은 응병여약(應病與藥)과 같은 대기설법(對機說法)이기에 어떤 사람에게는 '자아가 있다'고 설하고 다른 사람에게는 '자아가 없다'고 설하기도 하며 다른 이에게는 '자아가 있는 것도 아니고 없는 것도 아니다'라고 설하기도 한다.[189] 교설의 방편적 성격으로 인해 붓다는 경우에 따라 서로 상충되는 설법을 베풀기도 한다. 이렇게, 45년간 장광설을 펼쳐 보이긴 했지만, 붓다의 깨달음[覺]은 어떠한 학설도 아니고 견해도 아니며 무엇을 주장하는 것도 아닌 변증적 침묵(dialectical silence)이다. 이는 문제 자체를 해소시켜 주는 변증적 파기법(dialectical destruction)[190]인 것이다. 붓다의 교설은 무엇인가를

188) 增壹阿含經, 卷 第三十八, 大正2, 760a.
189) 『中論』, 第18 觀法品 第6偈.

주장하기 위한 것이 아니라 상대방의 분별적 사고 방식이 구성해 내는 갖가지 주장을 파기해 주기 위한 것이다. 즉, 붓다의 교설은 교설 그 자체가 목적이 아니라 뗏목과 같이 다만 방편적 성격을 가질 뿐이다.

그런데, '쁘라상가(prasaṅga) 논법'이나 '상응 논법'에서도 적대자의 어떤 주장을 보고, 그를 반대하기 위해 다른 주장을 내세우는 것이 아니다. 적대자의 논리에 의거하여 적대자의 주장과 상반된 주장이 도출 가능함을 보여줄 뿐이다. 즉, 중관론자가 적대자를 논파하기 위해 내세운 진술은 다만 상대방이 내세운 주장의 문제점만 드러낼 뿐이지 그 진술 자체를 자신들의 주장으로 삼지 않기에 마치 강을 건너게 해주는 뗏목과 같은 역할을 한다고 볼 수 있다.

이와 같이 붓다(Buddha)의 '방편적 교설'이나, 『방편심론』의 '상응 논법', 월칭의 '쁘라상가 논법'은 '말과 논리'로 이루어지지만 그 '말과 논리'는 그 자체가 목적이 아니라 단지 수단일 뿐이라는 점에서 맥을 같이하는 것이다.[191]

190) 이 술어는 Stcherbatsky가 *Buddhist Logic* I 에서 처음으로 구사하였다: Stcherbatsky, *Buddhist Logic* I , Dover Publications, New York, 1962, p.8, p.10.

191) 大乘 菩薩의 理想을 六波羅蜜이라고 한다. 육바라밀이란 세속적인 공덕을 짓되 그에 대한 집착이 씻어진 상태에서 지어지는 것을 말한다. 그래서 布施波羅蜜의 경우 세속적인 布施는 행하되 그에 대해 티를 내거나 집착치 않는 '無住相布施'를 말한다. 즉, 진제적 공관과 속제적 덕행이 병존하는 것이 대승적 바라밀행인 것이다. 이는 행함이 없이 행하는 것이고, 사물에 실체가 없음을 자각한 상태에서 실체와 같이 쓰는 것이다. 그런데 '비정립적 비판 논법'인 '상응 논법'이나 '쁘라상가 논법'의 경우도 논리를 구사하기는 하지만 그 논리의 실체성을 파기한 상태에서 구사한다는 점에서, 眞諦的 空觀과 世俗行이 竝存하는 바라밀 사상과 동일한 구조를 갖고 있다고 볼 수 있다.

Ⅶ. 중관논리의 기원에 대한 종합적 고찰

본서 제Ⅲ장에서 고찰한 바 있지만 '시동 상응(=무인 상사: ahetu sama)'이나 '무궁, 반유 상사(prasaṅga, pratidṛṣṭānta sama)', '도, 부도 상응(=도, 부도 상사: prāpti, aprāpti sama)'등 몇 가지 상응 논법의 경우는, 그 타당성을 둘러싸고 용수와 니야야 논사 간에 여러 차례의 논쟁이 벌어졌다. 이 때 용수는 이 상응 논법들이 자파의 논법이라는 명확한 의식을 갖고 니야야 논사의 비판에 대응한다. 또, 제Ⅳ장과 제Ⅴ장에서 고찰해 보았듯이 이들 논법 이외의 다양한 상응 논법들을 이용하여 용수가 반대론자의 견해(darśana)를 비판하는 모습이 『광파론』과 『회쟁론』, 『중론』등 용수의 논서 도처에서 발견된다. 이렇게 용수는 상응 논법을 수용하여 중관논리를 성립시켰다. 이제 필자는 본 논문을 통해 지금까지 이루어진 논의에 의거하여 '중관논리의 기원'에 대해 종합적으로 고찰해 보고자 한다. 이를 위해 우선 중관논리의 기원에 대한 현대 학자들의 견해에 대해 비판적으로 검토해 보기로 하겠다. 그리고 나서 상응 논법과 중관논리의 선후 관계에 대해 보다 구체적으로 조망해 본 후, 본서 제Ⅴ, Ⅵ장의 논의 내용에 의거하여 '상응 논법'과 '중관논리'의 공통점에 대해 논의해 보기로 하겠다. 이런 종합적 고찰로 인해 중관논리가 상응 논법에 그 기원을 둔다는 사실이 보다 명확해 질 것이다.

1. 중관논리의 기원을 상응 논법에서 찾는 이유

앞에서 지적한 바 있지만 우이하쿠주는 『방편심론』의 '상응' 논법이 『니야야 수뜨라(Nyāya Sūtra)』의 ‘자띠(jāti)’ 논법과 동일한 성격의 잘못된 논법이라고 간주하였다.[192] 그러나 카지야마유이치는 『방편심론』의 20가지 ‘상응’ 논법이나 『니야야 수뜨라』의 24가지 ‘자띠(jāti)’ 논법 중 많은 논법들이 『광파론』이나 『회쟁론』 등 용수의 논서에서 정당한 논법으로 수용되었다고 주장한다.[193] 이러한 카지야마유이치의 연구는 ‘중관논리’의 기원에 대한 연구로는 세계 학계에서 독보적인 것이다.

우이하쿠주는 물론이지만, 『니야야 수뜨라』의 현대어 번역자인 위드야부사나(Vidyābhusaṇa)[194], 강가나트하 즈하(Gaṅgānaṭha Jhā)[195], 미야사카유우쇼(宮坂宥勝)[196], 또 『방편심론』을 산스끄리뜨文으로 복원한 뚜찌(Tucci)[197], ‘자띠’ 논법을 포함한 인도 철학 내의 오류론에 대해 분석적 연구를 시행한 고칼레(Gokhale)[198], ‘자띠’ 논법과 ‘상응’ 논법 모두에 대한 포괄적 연구를 시도한 바 있는 E. A. 솔로몬(Solomon)[199]등 다른 어떤 학자들도 『니야야 수뜨라』의 ‘자띠(jāti)’ 논법이나 『방편심론』의 ‘상응’ 논법을 ‘중관논리’와 연관시키고 있지 않다. 오직 카지야마유이치만이 중관논리의 연원으로서 ‘자띠’ 또

192) 본서 제Ⅱ장 3절.

193) 梶山雄一, 佛敎知識論の形成, 講座大乘佛敎9 認識論と論理學, 春秋社, 東京, 1984, pp.16.

194) Vidyābhuṣana Trs., *The Nyāya Sūtras of Gotama*, Oriental Book Print Corp., Delhi, 1975.

195) Gaṅgānaṭha Jhā Trs., *Nyāya Sūtras of Gautama* Vol.Ⅳ, Motilal Banarasidass, 1984.

196) 宮坂宥勝, ニャーヤ·バジュヤの論理學, 山喜房書林, 東京, 1956.

197) G. Tucci, *Pre Diṅnāga Buddhist Texts on Logic from Chinese Sources*, Vesta Publications, madras, 1981.

198) Pradeep p.Gokhale, *Inference and Fallacies Discussed in Ancient Indian Logic*, Sri Satguru Publications, Delhi, 1992.

199) Esther A. Solomon, *Indian Dialectics - Method of Philosophical Discussion -*, Gujarat Vidya Sabha, Ahmedabad, 1976.

는 '상응' 논법을 들고 있는 것이다.

카지야마는 '자띠' 논법뿐만 아니라 『니야야 수뜨라』에서 그릇된 논증법으로 배척되던 '궤변(chala)', '부처(負處, nigrahasthāna)'등도 중관논리의 형성에 영향을 주었다고 말한다.[200] 그러나 이 두 논법이 용수에 의해 자파의 논법으로 수용되었던 것은 아니다. 이에 대해 간략히 검토해 보기로 하자.

첫째 '부처'에 대해 검토해 보자. '부처(nigrahasthāna)'란 논쟁 과정에서 패배(負)하게 되는 조건으로 "'잘못된 이해'나 '이해를 못하는 것'"을 말한다.[201] 『니야야 수뜨라』에서는 '부처(nigrahasthāna)'의 종류로 다음과 같이 22가지가 있다고 말한다.

> 1.괴종(壞宗), 2.이종(異宗), 3.모순종(矛盾宗), 4.사종(捨宗), 5.이인(異因), 6.이의(異義), 7.무의(無義), 8.불가해의(不可解義), 9.결의(缺義), 10.부지시(不至時), 11.결감(缺減), 12.증가(增加), 13.중언(重言), 14.불능송(不能誦), 15.부지(不知), 16.불능난(不能難), 17.피둔(避遁), 18.인허타난(認許他難), 19.난힐(難詰)해야 될 것의 간과(看過), 20.난힐해서는 안 되는 것의 난힐, 21.이정설(離定說), 22.사인(似因)들이 부처(負處, 敗北의 조건)들이다.[202]

용수가 이 중 유일하게 '인허타난(matānujñā)'의 오류를 이용하여 니야야 논사를 공격하는 모습이 『광파론(Vaidalya-Prakaraṇa)』 제13절에서 발견되긴 하지만 이것은 용수가 자신의 논법이라고 생각하고

---

200) 梶山雄一, 中觀思想の歷史と文獻, 講座大乘佛敎7 中觀思想, p.6.

201) vipratipatti-apratipattiś-ca nigrahasthānam: 『니야야 수뜨라』, '1-2-19'.

202) pratijñāhāniḥ pratijñāntaraṃ pratijñāvirodha pratijñāsamnyāso hetvantaram-arthāntaraṃ nirarthakam-avijñātārtham-apārthakam-aprāptakālaṃ nyūnam-adhikaṃ punaruktam-ananubhāṣaṇam-ajñānam-apratibhā vikṣepo matānujñā paryanuyoja-upekṣaṇam niranuyojya-anuyogo 'pasiddhānto hetvābhāsāś-ca nigrahasthānāni: 『니야야 수뜨라』, '5-2-1'.

구사한 것이 아니라, '용수의 논리를 역이용하여 용수를 공격하는 니야야 논사'를 역공격하기 위해 니야야적 오류 이론을 역이용한 것일 뿐이다.[203] 따라서 용수가 '부처'를 이용하여 중관논리를 성립시켰다고 볼 수는 없다.

둘째, '궤변'에 대해 검토해 보자. 『니야야 수뜨라』에서는 '궤변(chala)'[204]의 종류로 '말의 궤변(vākchala)', '일반화의 궤변(sāmānyachala)', '비유(=은유)의 궤변(upacārachala)'의 세 가지를 든다.[205] '말의 궤변'이란 "의미가 구별 없이 말해질 때, 화자의 의도와는 다른 의미로 만들어 버리는 것이다."[206] 예를 들어 "새(nava) 옷을 가져오라"고 했을 때 "아홉(nava) 벌의 옷은 없다"고 하거나 "밤(먹는 밤)을 삶아라."고 했을 때 "밤(저녁 이후)은 삶을 수 없다"고 대꾸하는 것이 '말의 궤변'이다. '일반화의 궤변'이란 "의미를 너무 넓은 일반성과 결합시켜 적용함으로써, 있을 수 없는 의미로 만들어버리는 것이다."[207] 예를 들어 "바라문은 학식과 지도력을 갖춘 사람이다."라고 말할 때 이를 부정하면서 "바라문 중에는 어린 아이도 있기에 그런 말은 할 수 없다."고 하는 것이 '일반화의 궤변'이다. '비유의 궤변'이란 "성질을 분별하여 보여줄 때 [문자 그대로의 의미에 의해] 그 의미의 실상을 부정하는 것이다."[208] 예를 들어 "[화가 나서] 가슴이 다 찢어진

203) 본서 제Ⅳ장 1-2) 참조.

204) 의미의 多技性이 가능함을 이용하여 명제를 파괴하는 것이 '궤변'이다(vacana-vighāto 'rthavikalpā-upapattyā-chalam): 『니야야 수뜨라』, '1-2-10'.

205) 그것은 세 가지로 '말의 궤변', '일반화의 궤변', '비유(=은유)의 궤변'이다(tat-trividham-vākchalaṃ sāmānyachalam-upacārachalaṃ ca-iti): 『니야야 수뜨라』, '1-2-11'.

206) aviśeṣa-abhihite 'rthe vaktur-abhiprāyād-arthāntara-kalpanā vākchalam: 『니야야 수뜨라』, '1-2-12'.

207) sambhavato 'rthasya-atisāmānya-yogād-asambhūta-artha-kalpanā sāmānyacchalam: 『니야야 수뜨라』, '1-2-13'.

208) dharma-vikalpa-nirdeśe 'rhta-sadbhāva-pratiṣedha upacāracchalam: 『니야야 수뜨라』, '1-2-14'.

다."고 비유적으로 말할 때 "네 가슴은 멀쩡하지 않느냐?"고 사실적으로 부정하는 것이 '비유의 궤변'이다. 그런데 이런 세 가지 '궤변'을 수용한 모습은 용수의 논서에서 발견되지 않으며 이런 식의 논법이 '중관논리'의 요점이라고 볼 수는 없다.

또, 우이하쿠주나 카지야마유이치는 니야야 논리학의 '사택(思擇, tarka)'이 '중관논리'의 성립에 영향을 주었다고 주장하지만[209] 『니야야 수뜨라』 성립 당시의 고(古)니야야(Pracīna Nyāya) 학파에서는 사택을 귀류법으로 보지 않았다. 『니야야 수뜨라(Nyāya Sūtra)』, '1-1-40'에서 사택(tarka)에 대해 설명하는 경문을 보자.

> 대상의 진리성이 알려지지 않은 경우에 이유를 근거로 삼아 실상을 인식하기 위해 이루어지는 숙고가 '사택'이다.[210]

즉, 아직 결정적 인식에 이르지 못한 단계에서 심사숙고하는 상태가 '사택(tarka)'의 원래적 의미다. 그러나 왓스야야나(Vātsyāyana: 기원 후 400~450경)가 『니야야 브하샤(Nyāya Bhāṣya: 正理疏)』에서 이를 상반된 두 가지 주장에 대한 양자 택일의 기로에서 어느 한 쪽을 선택하는 과정이라고 주석[211]하고 있기에, 현대 학자들이 '사택(tarka)'을 양자 중 어느 한 주장의 오류성을 확인함으로써 다른 나머지 주장의 타당성을 간접적으로 증명하는 귀류법이라고 간주하게 된 듯하다. 그러나 위에 인용한 『니야야 수뜨라』의 경문에서는 귀류법을 암시하는 모습이 보이지 않는다. 뿐만 아니라, 전통적으로 인도 내의 다양한 학파의 많은 논리학 서적의 호칭에 'tarka'라는 이름이 쓰이고 있기에[212] 'tarka'의 보편적 의미는 '귀류논증법'이 아니라 현대적 의

---

209) 梶山雄一, 앞의 책, p.6.

210) avijñāta-tattve 'rthe kāraṇa-upapattitas-tattvajñāna-artham-ūhas-tarkaḥ: 『니야야 수뜨라』, '1-1-40'.

211) 『니야야 브하샤』, 앞의 책, pp.446~447.

미의 '논리적 탐색'이라고 볼 수 있다. 또, 'tarka' 속에 네 가지 '쁘라상가(prasaṅga)' 논법[213]을 포함시킨 논리가는 『니야야 와르띠까 땃뜨빠리야띠까 빠리숫디(Nyāya Vārṭika Tātparyaṭīkā Pariśuddhi: 正理評釋眞義註解明)』의 저자인 우다야나(Udayana: 기원 후 984경)였다.[214] 용수(Nāgārjuna: 기원 후 150~250경)가 '중관논리'에 '사택(tarka)'을 도입했다면 시기적으로 볼 때, 『니야야 수뜨라』적 의미에서였지 『니야야 브하샤』(기원 후 400~450경)나 『니야야 와르띠까 땃뜨빠리야티까 빠리숫디』(기원 후 984)적 의미에서일 수는 없다. 『니야야 수뜨라』에 설명되어 있는 '사택(tarka)'은 결코 귀류법이 아니다. 따라서 용수의 중관논리가 쁘라상가(prasaṅga) 논법적 의미의 '사택(tarka)'에서 비롯되었다고 볼 수는 없는 것이다.

현대 학자들은 월칭(Candrakīrti)에 의해 해석된 중관적 논법인 쁘라상가(prasaṅga) 논법을 '귀류논증법(reductio ad absurdum)'이라고 번역하지만[215] 중관적 공의 논리를 현대적 의미의 '귀류법'이라고 단순히 규정할 수도 없다. 귀류법이란 "어떤 명제의 참임을 직접 증명하는 대신 그 명제의 부정 명제가 참이라는 가정에서 결국 그것이 모

---

212) 예를 들어, Mokṣakaragupta의 『*Bauddha-Tarka Bhāṣya*(*A Manual of Buddhist Logic*)』와 『*Tarkabhāṣā*(*The Language of Logic*)』나 Annambhaṭṭa의 『*Tarkasaṃgraha*(*Elements of Indian Logic*)』등.

213) ① ātmaśraya ② itaretaraśraya ③ cakraka ④ anavasthā.

214) p.p.Gokhale, *Inference and Fallacies Discussed in Ancient Indian Logic*, Sri Satguru Publications, Delhi, 1992, p.190.

215) Stcherbatsky는 Prasaṅga anumāṇa를 'counter-syllogism'이라고 번역하지만 (*Buddhist Logic* Ⅰ, p.344.) Murti 이후의 학자들은 이를 '*reductio ad absurdum*'이라고 번역한다. 월칭(Candrakīrti)이 말하는 Prasaṅga 논법을 『방편심론』의 상응 논법이나 『니야야 수뜨라』의 '자띠(jāti)' 논법과 비교해 보게 되면 이는 단순한 귀류법이 아님을 알게 된다. Stcherbatsky가 사용하는 'counter-syllogism'이라는 번역어도 Prasaṅga의 의미에 그대로 부합되는 것은 아니지만 '*reductio ad absurdum*'보다는 더 근접한 표현이라고 볼 수 있다. 이에 대한 논의는 본서 제Ⅶ장 3절을 참조하기 바란다.

순에 귀결한다는 것을 지적하여 간접적으로 원 명제가 참이 아니면 안된다는 것을 주장하는 추리 증명법"[216]이다. 이렇게 귀류법에서는 그 논법을 구사하는 당사자가 자신의 주장을 갖고 있을 뿐만 아니라 논리학 자체에 대한 신뢰도 그 전제로서 깔려 있다. 그러나 월칭(Candrakīrti)이 『회쟁론』을 인용하면서 설명하듯이 중관론자는 그 어떤 주장도 갖지 않는다.[217] 『중론』에는 논리적 역설(paradox)을 이용하여 상대를 논파하는 게송도 발견되고[218] 과거, 현재, 미래 3시에 걸쳐 능·소 관계가 불가능함을 역설하는 게송도 발견된다.[219] 이는 논증식 구성 자체가 불가능함을 보여주는 논법이지 다른 어떤 주장을 위해 상반된 주장의 오류를 드러내는 귀류논증법은 아니다. 능증(sādhana)과 소증(sādhya) 간의 관계나 능량(能量, pramāṇa)과 소량(prameya) 간의 관계 자체를 비판하고 있기에 중관논리는 기존의 '논리학'이나 '인식론'을 신봉하지 않는 반(反)논리적 논리인 것이다. 따라서 중관논리 전체를 단순한 귀류법이라고 규정할 수는 없다. 그런데 '역설적(逆說的) 비판 논법'과 '3시문적(三時門的) 비판 논법'등 용수의 논서에 등장하는 많은 논법들이 『방편심론』이나 『니야야 수뜨라』에서 '상응' 논법이나 '자띠(jāti)' 논법이라는 이름으로 소개되어 있는 것을

216) 世界哲學大事典, 教育出版公社, 1980, p.114.

217) "만일 나에게 주장이 있다면 바로 그로 인해 나에게 잘못이 있으리라. 그러나 나에게 주장은 없다. 그러므로 나에게 잘못이 없다(yadi kācana pratijñā syānme tata eṣa me bhaveddoṣaḥ/ nāsti ca mama pratijñā tasmānnaivāsti me doṣaḥ).": 『회쟁론』 제29송(Candrakīrti, *Prasannapadā*, p.16에 인용됨).

218) 第7 觀三相品 第3頌: "生,住,滅에 있어서 또다른 유위법의 相이 있다면 그야말로 무한하게 된다. (반대로) 만일 없다면 그것들(=생,주,멸)은 유위법이 아니다(utpādasthitibhaṅgānāmanyatsaṃskṛtalakṣaṇam/ asti cedanavasthaivaṃ nāsti cette na saṃskṛtāḥ// 若謂生住滅 更有有爲相 是卽爲無窮 無卽非有爲)."

219) 第11 觀本際品 第6頌: "前이라거나 後라거나 同時라는 여러 가지 체계들이 성립되지 않는 상황인데 그런 生과 그런 老死에 대해 戱論하는 것은 어찌된 일인가(yatra na prabhavantyete pūrvāparasahakramāḥ/ prapañcayanti tāṃ jātiṃ tajjarāmaraṇaṃ ca kim// 若使初後共 是皆不然者 何故而戱論 謂有生老死)?"

볼 수 있다.

어쨌든 지금까지 고찰해 보았듯이 '중관논리'가 '궤변(chala)'이나 '부처(nigrahasthāna)', 또는 '사택(tarka)'에서 비롯되었다고 볼 수는 없다. 카지야마유이치가 '중관논리'의 형성에 영향을 미쳤을 것이라고 제안한 논법들 중 오직 '자띠(jāti: 오난?)' 또는 '상응' 논법만이 '중관논리'의 토대가 되었다고 말할 수 있다. 『니야야 수뜨라』의 '자띠' 논법은 『방편심론』의 '상응' 논법에 해당되는데 이 논법의 타당성에 대해서 『니야야 수뜨라』의 저자와 『방편심론』의 저자는 견해를 달리한다. 『니야야 수뜨라』의 저자는 '자띠' 논법을 부당한 논법이라고 간주하였기에 제5편 제1장에서 24가지 '자띠' 논법을 소개하면서 각 논법에 대한 설명 뒤에 그에 대한 비판도 싣고 있다. 한편, 송판대장경에서 용수의 저술로 포장하고 있는 『방편심론』의 著者는 『니야야 수뜨라』에서와 달리 '상응' 논법을 정당한 논법으로 간주하고 있는 것이다. 따라서 용수의 '중관논리'는 '상응' 논법에 대해 비판적 시각을 갖고 있던 『니야야 수뜨라』 계통의 논서가 아니라 '상응' 논법을 자파의 논법으로 인정하던 『방편심론』 계통의 논서에 그 연원을 둔다고 볼 수 있을 것이다.

2. 중관논리와 상응 논법의 선후 관계에 대한 고찰

『방편심론』이나 『니야야 수뜨라』에 상응 논법이 소개되어 있고, 그러한 논법이 『광파론』이나 『회쟁론』, 『중론』등에도 등장하기에 상응 논법이 용수의 중관논리의 형성에 토대가 되었다고 볼 수 있다. 그러나 이 역시 학문적 가설일 뿐이다. 이러한 가설과는 반대로 중관 논서의 형성이 선행하고 용수가 이들 논서를 통해 구사하던 논법들이 『방편심론』 제4품에서는 '상응'이라는 이름 하에 타당한 논법으로 수용되었으며, 『니야야 수뜨라』 제5편에서는 '자띠(jāti)'라는 이름 하에 부당한 논법으로 비판받았던 것은 아닐까? 그러나 그럴 개연성은 거의 없다. 그 까닭에 대해 먼저 간략히 열거 해명해 보기로 하자.

첫째, 용수 이전에 기술된 인도 고대의 내과의학서적인 『짜라까 상히따』 제Ⅲ장 8절 제15항에서 '답파(答破, uttara)'[220]라는 항목에 대해 상응 논법의 의미와 유사한 설명을 부가하고 있다.[221] 즉, "동질성(sādharmya)에 의해 지목된 원인(hetu)에 대해 이질성(vaidhārmya)을 말하거나 이질성에 의해 지목된 원인(hetu)에 대해 동질성을 말하는 것"이 '답파'라고 설명한다. 앞에서 소개한 바 있지만 『짜라까 상히따』의 저자가 '답파'의 의미를 설명하기 위해 든 예문[222]을 '상응' 논법

220) 'uttara'에는 "upper", "nothern", "later"등의 여러 가지 뜻이 있지만 미망사(Mīmāṃsā) 철학에서는 "answer(답변)"이라는 뜻으로 사용하였고 법률에서는 "defence(항변)"라는 뜻으로 쓰이기도 한다(Monier Williams ed., *Sanskrit Dictionary*, p.178.). 따라서, 'uttara'에 '상대가 제시한 주장을 반박하여 답변한다'는 '상응' 논법적 의미가 내재해 있다고 볼 수 있다. '答破'는 우이하쿠주의 번역어이다.

221) 이에 대해서는 본서 제Ⅰ장 제2)절에서 상술한 바 있다.

222) "그러면 '答破(uttara)'란 무엇인가? '답파'라는 것은 동질성(sādharmya)에 의해 지목된 원인(hetu)에 대해 이질성(vaidharmya)을 말하거나 이질성에 의해 지목된 원인에 대해 동질성을 말하는 것이다. 예를 들어 원인이 동질적인 질환들이 있다. 冷病은 [그] 원인과 동질적이라고 말한다. 즉, [냉병의 원인은] 추운 계절 찬 바람과의 접촉이라고 말한다. [이에 대한 '答破'로] 다른 자는 [다음과 같이] 말할 것이다: 원인과 이질적인 질환들이 있다. 예를 들면 다음과 같다. 신체의 일부분에 있어서 타는 듯 뜨겁게 부패하는 동상의 경우는 원인과 이질적이다. [그 원인은] 추운 계절 찬 바람과의 접촉이다. 이와 같은 반대를 담고 있는 것이 '답파'이다"(atha uttaraṃ. uttaraṃ nāma sādharmyopadiṣṭe vā hetau vaidharmyavacanaṃ vaidharmyopadiṣṭe vā hetau sādharmyavacanaṃ, yathā hetusadharmāṇo vikārāḥ, śītakasya hi vyādher hetubhir sādharmyavacanaṃ himaśiśiravātasaṃsparśā iti bruvataḥ, paro brūyāt, hetuvaidharmāṇo vikārāḥ, yathā śarīrāvayav

적으로 정리하면 다음과 같다.

'원래의 주장'
결과: 질환이 있다.
원인: 그 질환과 동질적 성격의 원인 때문에
실례: 마치 냉변(冷病)과 같이, 한기(寒氣)가 느껴지는 질환인 냉병의 원인은 한기와의 접촉이다.

'답파적(答破的) 비판'
결과: 질환이 있다.
원인: 그 질환과 이질적 성격의 원인 때문에
실례: 마치 동상과 같이, 작열감이 느껴지는 질환인 동상의 원인은 한기와의 접촉이다.

'답파(uttara)'의 의미를 설명하기 위해서 든 보기가 『니야야 브하샤』에서와 같이 논증식으로 구성되어 있지는 않지만 '동질성'과 '이질성'을 거론하며 대론이 등장한다는 점에서 '답파'와 '상응' 논법은 같은 계열의 논법이라고 간주할 수 있을 것 같다. 왜냐하면, '상응' 논법이 반드시 비량(anumāṇa) 하나에 대한 비판법은 아니기 때문이다. 용수는, 논증식의 구성 요소인 '주장(pratijñā)', '이유(hetu)' '실례(dṛṣṭānta)' 간의 관계에 대입하여 '상응' 논법을 구사하기도 하지만 '결과'와 '원인' 간의 관계나 '인식 방법(pramāṇa)'과 '인식 대상(prameya)'[223], '긍정'과 '부정'의 관계에 대입하여 상응 논법을 구사하기도

ānāṃ dāhauṣṇyakothaprapacane hetubhir vaidharmyaṃ himaśiśiravātasaṃsparśā iti, etat saviparyayam uttaraṃ.): 『짜라까 상히따』 Ⅲ-8, 제15항.

223) '인식 방법'은 '인식 대상'보다 선행(pūrva)하여 존재할 수도 없고 후속(paścāt)하여 존재할 수도 없다. 또 양자가 공존(saha, yugapat)할 수도 없다는 것은 '時同 相應(=無因 相似: ahetu sama)' 논법적 비판이고 모든 것이 인식 방법에

한다. '상응' 논법이 비량(anumāṇa)에만 해당된다고 간주한 것은 『니야야 브하샤(Nyāya Bhāṣya)』의 주석가인 왓스야야나(Vātsyāyana) 이후이다. 『짜라까 상히따』에서 '답파(uttara)'를 설명하기 위해 든 보기는 『니야야 브하샤』에 의해 그 의미가 축소, 왜곡되기 전의 상응 논법의 원래적 의미에 의거한 것이며 이는 『광파론』이나 『회쟁론』, 또 『니야야 수뜨라』에 등장하는 상응 논법의 취지에서 이탈해 있지 않다. 따라서 용수 이전의 『짜라까 상히따』 시절에 이미 '상응' 논법적 비판법이 존재했었다고 보아야 한다.

둘째, 『방편심론』과 『니야야 수뜨라』, 그리고 『광파론』과 『회쟁론』에 등장하는 용수와 니야야 논사 간의 논쟁 과정을 복원해 보면 '자띠' 논법, 즉 '상응' 논법이 용수 이전에 성립되었다는 사실이 확인된다. 그 일례로 『방편심론』에 기술되어 있는 '도, 부도 상응' 논법에 대한 『니야야 수뜨라』의 비판[224]이 『광파론』 제7절을 통해 용수에 의해 재비판되고 있는 것을 볼 수 있다.[225] 또, 필자는 본서 제Ⅲ장에서 용수와 니야야 논사 간의 논쟁을 재구성한 바 있는데, 비단 '도,

---

의해 인식된다고 주장한다면 그런 인식 방법 그 자체를 인식하기 위해서는 제2의 인식 방법이 필요하게 되고 다시 제2의 인식 방법을 인식하기 위해 제3의 인식 방법이 필요하게 되어 무한소급의 오류에 빠지게 되어 애초의 주장이 성립할 수 없으며, 그와 반대로 인식 방법만은 인식 방법에 의해 인식되지 않는다면 애초의 주장에 예외가 있는 꼴이 되어 애초의 주장이 성립하지 않는다고 비판하는 것이 '無窮, 反喩 相似(prasaṅga, pratidṛṣṭānta sama)' 논법이다. 이에 대한 자세한 논의는 본서 제Ⅳ장 제1절(시동 상응)과 제3절(무궁, 반유 상사)을 참조하기 바란다.

224) 도, 부도 상사 논법과 그에 대한 니야야 측의 비판: "이유가 접합하고서 또는 접합하지 않고서 소증이 있다. 접합함으로써 구별되지 않는 것으로 되며, 접합하지 않음으로써 비논증성의 것으로 되기 때문에 [相對의 주장이 성립치 않는다고 논파하는 것이] '到, 不到 相似'의 兩者이다(『니야야 수뜨라』, '5-1-7')." → "부정은 옳지 않다. 왜냐하면 항아리의 완성을 보기 때문에, 또 해칠 때 주문에 의하기 때문에(『니야야 수뜨라』, '5-1-8')."

225) 본서 제Ⅲ장 2절 2)항 참조.

부도 상응' 논법뿐만 아니라 '시동 상응(=무인 상사)'[226], '무궁, 반유 상사'[227] 논법의 경우도 용수가 『니야야 수뜨라』 제5편 제1장에 등장하는 '상응' 논법을 숙지한 상태에서 구사하고 있기에 용수의 논의가 『방편심론』이나 이들 논법들의 성립 시기보다 후속한다는 점이 확인된다. 따라서 용수가 『광파론』이나 『회쟁론』등의 논서를 작성하기 이전에 이미 '상응' 논법이 성립되어 있었다고 볼 수 있다.

셋째, 용수 이후 활동한 세친(世親, Vasubandhu)[228]이나 불교논리가인 진나(陳那, Dignāga)[229]등이 상응 논법을 부당한 논법으로 간주하고 있었기에 용수 이후에 상응 논법이 성립되었다고 볼 수 없다. 만일 『방편심론』등의 논서에 등장하는 상응 논법이 용수의 논법들을 정리하여 용수 이후에 성립된 것이라면 세친이나 진나가 그에 대해 비판적 태도를 취했을 리 없다. 물론 중관파와 유식학파가 대립하는 경우도 있지만 유식학파에서 용수의 사상 자체를 부당한 것이라고 배척했던 것은 결코 아니다. 왜냐하면 용수의 『중론』 주석서 가운데에는 무착(無着, Asaṅga)[230]이나 안혜(安慧, Sthīramati)[231]등 유식가에 의해 쓰여진 것들이 있기 때문이다. 유식가들과 불교 논리가들은 중관 사상가 중에 다만 악취공(惡取空)에 빠진 무리들을 비판한 것일 뿐이다. 그런데 세친의 『여실론(如實論)』이나 진나의 『인명정리문론』에서는 '상응' 논법들을 '과류(過類)'[232], 또는 '반질난(反質難)'이라는

226) 본서 제Ⅲ장 1절 참조.
227) 본서 제Ⅲ장 3절 참조.
228) 『如實論』(大正32)에서 世親은 상응 논법을 비판적으로 설명한다.
229) 陳那(大城龍菩薩)의 『因明正理門論本』(大正32) 참조.
230) 『중론』 주석서인 『順중론』을 저술하였다.
231) 『중론』 주석서인 『大乘中觀釋論』을 저술하였다.
232) "prasaṅga jāti"의 번역어인 듯하다. "jāti"는 "生하다"는 의미의 語根(dhātu) "√jan"에서 파생된 단어로 캐스트(Caste) 제도에서 出身種姓을 의미하기도 한다. 즉 어느 部類에서 탄생하였는가에 따라 캐스트가 달라지기에 각 개인의 출신 종성을 jāti라고 부르기도 했다. 이 경우 "jāti"는 "生하다"는 의미에서 "部類"라는

명칭 하에 설명하면서 그릇된 논법이라고 비판하고 있다. 즉, 정당한 것처럼 보이지만 실상은 그릇된 논파법인 '사이비(似而非) 논파법[似能破: dūṣaṇābhāsa]'이라고 말한다.[233] 따라서 세친이나 진나 등의 불교논리가들은 '상응' 논법과 용수의 연관성에 대해 전혀 알고 있지 못했다고 볼 수 있다. 따라서 '상응' 논법의 형성 시기가 중관 논서들의 성립 시기보다 선행한다고 보아야 타당하다.

이상 세 가지 근거로 인해 '상응' 논법은 중관논리의 성립 이전에 이미 형성되어 있었다고 볼 수 있는데, 이 세 가지 중 가장 결정적인 증거는 두 번째의 논의이다. 즉, 『니야야 수뜨라』나 『회쟁론』, 『광파론』등을 이용하여 니야야 논사와 용수 간의 논쟁사를 재구성해 보게 되면 '상응' 논법이 용수 이전에 이미 성립되어 있었다고 보지 않을 수 없다.

3. 중관논리와 상응 논법의 공통점에 대한 고찰

의미로 轉移된다. 『因明正理門論本』의 漢譯者인 玄奘은 이런 의미에서 "jāti"를 "類"로 번역하고 "prasaṅga"를 "過"로 번역하였을 것이라고 추정된다. 그러나 『광파론』 제68절에서 보듯이 용수는 "jāti"를 단지 "생하다"는 의미를 갖는 것으로 파악하였다(본서 제Ⅱ장 제4절 참조). 또, 『니야야 수뜨라』 제1편의 jāti에 대한 定義(1-2-18)나 제5편 제1장에서는 jāti를 논리학적 술어로 간주하지만 제2편에서는 jāti를 언어의 普遍(generality), 즉 類의 의미를 갖는 언어학적 술어로 설명하고 있다(『니야야 수뜨라』, '2-2-71': "공통된 것을 일으키는 것을 본질로 하는 것이 '類'이다(samāna-prasavātmikā jātiḥ)"). 따라서, 過類라는 玄奘의 번역어의 산스끄리뜨 原語가 'prasaṅga(過)-jāti(類?)'라면 이는 전적인 誤譯이다. 따라서 '過類'가 아니라 '生過'가 jāti의 원뜻에 가까운 번역어라고 볼 수 있겠다.

233) Esther A. Solomon, *Indian Dialectics: Method of Philosophical Discussion* Ⅰ, Gujarat Vidya Sabha, 1976, p.194.

앞에서 고찰해 보았듯이 '상응' 논법이 중관논리 이전에 이미 성립되어 있었다고 하더라도 상응 논법이 중관적 비판 논리의 연원이 된다는 점이 분명해지려면 양 논법의 공통점이 확인되어야 할 것이다. 본 절에서는 본서 제Ⅴ장과 제Ⅵ장의 논의에 의거하여 이에 대해 종합적으로 고찰해 보기로 하겠다. 제Ⅴ장에서 벌인 논의는 '비판 대상의 공통점'이라는 제목으로 다시 정리하였고 제Ⅵ장의 논의는 '취지의 공통점'이라는 제목으로 정리하였다.

1) 비판 대상의 공통점 - 분별적 사고에 대한 비판

'상응' 논법이란 인식 방법(量)의 타당성을 비판하는 논법이라고 볼 수 있다. 니야야 학파에서는 전통적으로 '현량(pratyakṣa)', '비량(anumāṇa)', '비교량(upamāṇa)', '성언량(śabda)'등 네 가지 인식 방법(pramāṇa: 量)을 타당한 인식 방법으로 인정하고 있었다. 불교에서는 '현량'과 '비량'의 두 가지만 타당한 인식 방법으로 인정하였다고 하는데, 이는 불교 전체가 아니라 진나나 법칭등 불교논리가들의 경우에 국한된 이야기이다. 이들 이전에 성립된 『중론』 청목소 제18 관법품(觀法品)이나 『방편심론』 제1 명조론품(明造論品)에서는 네 가지 인식 방법을 모두 타당한 인식으로 간주하고 있었다.

그런데 『방편심론』 제4 상응품에 기술되어 있는 '상응' 논법'이란 양(量, pramāṇa: 認識 方法)의 타당성을 비판하는 논법이다. 『니야야 수뜨라』의 저자의 경우는 '상응' 논법이 '인식 방법'의 타당성을 비판하는 논법이기에, 네 가지 '인식 방법'을 인정하는 자파의 교리에 위배되는 논법이라는 점에 대해 자각하고 있었다. 그에 따라 『니야야 수뜨라』 제5편 제1 「자띠(jāti)장」에서는 24가지 자띠(jāti) 논법들을 소개하면서 이에 대한 니야야 학파적 비판도 併記하고 있을 뿐만 아니라 『회쟁론』이나 『광파론』을 보게 되면 인식 방법의 타당성을 옹호하기 위해 용수와 논쟁을 벌인 모습도 발견된다. 그러나 『방편심론』의 저자는 제1 명조론품에서 네 가지 인식 방법의 타당성을 인정하기도 하지만 제4 상응품에서는 인식 방법 자체의 타당성을 부정하는 논법인 '상응' 논법을 자파의 논법으로 소개하고 있는 것이다. 다시 말해, 『니야야 수뜨라』의 기술 태도는 실재론으로 일관하고 있지만 『방편심론』은 실재론적 논리관과 공관적 논리관이 혼재되어 있는 논서라고 볼 수 있다. 즉, 용수의 공관적 논리관이 형성되는 과정에 작성된 논서이다. 만일 공관적 논리관에 충실한 논서이려면 네 가지 인식 방법 모두의 타당성을 부정하면서 '상응' 논법을 소개해야 했을 것이다. 일관된 공관적 논리관이 등장하는 것은 『중론』이나 『회쟁론』등 용수의 논서에 이르러서이다.

일관성이 없는 논서이기는 하지만, 어쨌든 『방편심론』 제4품에서는 우리의 분별적 사고가 구성해 내는 논증식을 비판하는 논법인 '상응' 논법을 소개하고 있다. 본서 제Ⅱ장[234]에서 고찰한 바 있지만 『방편심론』에서 '상응' 논법을 설명하면서 든 예는 거의 모두가 비량(anumāṇa) 작성을 비판하는 내용이었고, 오직 '문이(聞異) 상응' 논법만이 성언량(śabda) 비판 논법이었다.

『니야야 수뜨라』 제5편 제1 「자띠(jāti)장」에 등장하는 24가지 '자띠(jāti)' 논법의 경우도 『니야야 브하샤』를 통해 이해할 경우에는 모두 '비량' 비판 논법이라고 보아야 하겠지만 『니야야 수뜨라』 제2편[235]에 소개되어 있는 '자띠(jāti)' 논법의 예나, 용수의 『광파론(Vaidalyaprakaraṇa)』[236]과 『회쟁론(Vigrahavyāvartanī)』[237]에서 구사되고 있는 '자띠(jāti)' 논법의 모습을 보게 되면 이 논법이 비단 '비량'

234) 본서 제Ⅱ장 3절.
235) 『니야야 수뜨라』, '2-1-8'~'2-1-20'.
236) 『광파론』, 제4, 5, 6, 7, 10, 12절.
237) 『회쟁론』, 제20송, 제31~33송, 제38~51송, 69송.

뿐만 아니라 '현량'에도 적용 가능한 논법이며, 더 나아가 능·소, 인·과, 체·용, 체·상 관계 모두의 타당성을 비판하는 논법임을 알게 된다.

인간의 분별적 사고는 위에 열거한 네 가지 인식 방법이나 능·소, 인·과, 체·용, 체·상 관계에 의해 사태를 파악하고 그에 대한 어떤 이론을 구성해 낸다. 그러나 '상응' 논법에서는 분별적 사고의 "이론 구성 행위" 자체가 언제나 오류에 빠진다는 사실을 보여주고 있다.

인간의 분별적 사고는 능량(能量, pramāṇa: 인식 방법)과 소량(所量, prameya: 인식 대상), 능·소, 인·과, 체·용, 체·상등의 관계를 4구라는 사고의 범주에 대입하여 이해하게 된다. 4구적 사고란 본서 제V장 제1절에서 설명하였듯이, 내속(內屬) 관계에 있는 두 개념 쌍을 "내포적 관계에서 이해하든지(제1구), 배제적 관계에서 이해하든지(제2구), 공존적 관계에서 이해하든지(제3구), 비(非)관계적 관계로 이해하는 것(제4구)을 말한다. 용수의 『중론』에 등장하는 논리적 게송들은 모두 이러한 4구 비판의 범주 내에 포섭되며, 사구 중 특히 제1구와 제2구적 사고 방식에 대한 비판이 대부분이다.

그런데 『방편심론』이나 『니야야 수뜨라』의 상응(또는 자띠) 논법에서 논파의 대상으로 삼고 있는 것도 이와 마찬가지이다. 두 개념 쌍 간의 관계에 대한 제1구와 제2구적 이해에 대한 논파가 주류를 이룬다.[238]

먼저, '시동 상응(=무인 상사: ahetu sama)' 논법이란 제1, 제2 제3구적 사고 방식을 논파하는 논법이다. 『방편심론』의 설명이 너무 간략하기에 이를 『니야야 수뜨라』의 '무인 상사' 논법에 의거해 이해한다면 제1구적 사고방식에 대한 비판은 능(能, Ex; pramāṇa)이 선행하고 소(所, Ex; prameya)가 후속한다는 사고 방식에 대한 비판이고,

238) 물론, 第三句的 이해에 대한 비판은 '時同 相應(=無因 相似: ahetu sama)'에만 등장하며 第四句的 이해에 대한 비판은 보이지 않긴 하지만 四句 分別의 핵심은 第一句와 第二句라는 二邊的 思考를 비판하는 데 있기에, '상응' 논법의 논파 대상은 중관논리의 논파 대상과 일치한다고 볼 수 있다.

제2구적 사고 방식에 대한 비판은 능이 후속하고 소가 선행한다는 사고 방식에 대한 비판이며, 제3구적 사고방식에 대한 비판은 능과 소가 공존한다는 사고 방식에 대한 비판이라고 볼 수 있다.

그리고 용수가 애용하는 논법 중 하나인 '무궁, 반유 상사(prasaṅga, pratidṛṣṭānta sama)' 논법은, 상대의 주장을 논리적 역설(paradox)에 빠뜨림으로써 논파하는 방식인데 이러한 역설 논법 역시 사구분별 중 제1구와 제2구적 사고 방식에 내재하는 오류를 지적하는 논법인 것이다. 예를 들어, "능량(pramāṇa)이 모든 것을 인식한다."고 실재론자가 주장할 때, "바로 그 능량을 인식하기 위해 제2의 능량이 필요하고, 다시 제2의 능량을 인식하기 위해 제3의 능량이 필요하게 되어 결국 무한소급에 빠진다"는 '무궁 상사'적 비판은 능량의 대상에 능량이 다시 내포된다는 사고 방식에 대한 비판이기에 제1구적 사고 방식을 비판한 것이라고 볼 수 있으며, "그와 달리 그런 능량만은 능량의 대상에 포함되지 않는다고 한다면 예외가 있는 꼴이 되어 능량이 모든 것을 인식한다는 애초의 주장이 훼손된다."는 '반유 상사'적 조망은 능량이 능량의 대상에서 배제되어 있다고 보는 제2구적 사고 방식에 대한 비판인 것이다.

'도, 부도 상응(=도, 부도 상사: prāpti, aprāpti sama)' 논법 역시 능과 소가 접합(도: prāpti)해 있다고 보는 사고 방식을 비판하든지 접합해 있지 않다(부도: aprāpti)고 보는 사고 방식을 비판하는 것이기에 제1구적 사고 방식이나 제2구적 사고 방식에 대한 비판인 것이다.

그 이외의 다양한 '상응' 논법들이 있지만 그 요점은, 제1구적 구조의 주장을 내세우면 이를 제2구적 주장을 내세워 줌으로써 비판하고 제2구적 구조의 주장을 내세우면 이를 제1구적 주장을 내세워 줌으로써 비판하는 것이기에 4구분별 비판 논법이라고 볼 수 있는 것이다. 용수는 『중론』을 통해 이러한 제1, 2구 비판의 정신을 딜레마적 게송으로 표현하였다. 즉, 이러한 제1구적 2지(支) 논증식과 제2구적 2지 논증식을 슐로까(Śloka)형식으로 하나의 게송에 동시에 병치함으로써 양 논증식을 모두 파기해 버리는 것이다.

예를 들어 '동법 상사' 논법의 경우는 비유와의 동질성(sādharmya)이나 이질성(vaidharmya)에 토대를 두고 어떤 주장을 내세울 때, 비유와의 동질성에 토대를 두고 이와 상반된 주장을 내세워 줌으로써 애초의 주장을 파기하는 논법이다. 즉, 애초의 주장이 제1구적 구조를 갖고 있다면 이를 제2구적 주장에 의해 논파하고 애초의 주장이 제2구적 구조를 갖고 있다면 이를 제1구적 주장에 의해 논파하는 것이다.『중론』내의 게송에서는 양 주장이 병치된다.

'이법 상사' 논법의 경우는 반대 주장을 제시할 때 비유와의 이질성에 토대를 두는 경우일 뿐 그 대강은 '동법 상사' 논법과 마찬가지다.

'증익(증다) 상사(상응)'나 '손감 상사(상응)' 논법은, 애초의 주장자가 어떤 문제에 대해 제1구나 제2구적 판단을 말하는 경우, 비유에 없는 성질을 부가(증익)하거나, 있는 성질을 제거(손감)함에 의해 상반된 판단을 말하는 것을 말하기에 이 역시 제1, 2구 비판 논법인 것이다.

'요증 상사'란 "소증이 능증 없이는 불확실한 것이라면 능증도 제2의 능증 없이는 불확실한 것이다"라고 논증식 작성 자체를 비판하는 논법이다. 이는 소증에서 능증성이 배제되어 있다고 보는 경우에 발생하는 오류를 지적하는 논법이기에 '능증·소증' 관계에 대한 제2구적 이해를 비판하는 논법이라고 볼 수 있다.

'불요증 상사'란 "능증이 제2의 능증 없이 확실하다면 소증도 능증 없이 확실하다"고 논증식 작성 자체를 비판하는 논법이다. 이는 능증에 능증성이 내포되어 있다고 보는 경우의 오류를 지적하는 논법이기에 '능증·소증' 관계에 대한 제1구적 이해를 비판하는 논법이라고 볼 수 있다.

'분별 상사'란, 제1구적 판단을 주장하면 비유에서 다른 성질을 분별해 내어 제2구적 판단을 주장하고 제2구적 판단을 주장하면 비유에서 다른 성질을 분별해 내어 제1구적 판단을 주장함으로써 애초의 주장의 오류를 지적하는 논법이다.

이 이외에도 '소증 상사'[239], '무생 상사'[240], '의 상사'[241], '동이 상응'[242], '문다답소 상응'[243], '문소답다 상응'[244], '인동 상응'[245] 등 거의 모든 상응 논법이 제1구와 제2구적 판단을 비판하는 논법인 것이다.

따라서 『방편심론』이나 『니야야 수뜨라』에 기술되어 있는 '상응' 논법들의 논파 대상은 어떤 특정 소재의 주장이 아니라 그런 주장을 구성하는 방식인 4구분별이라고 볼 수 있는 것이다. 이는 용수가 『중론』이나, 『광파론』, 『회쟁론』등에서 논파의 대상으로 삼는 것과 마찬가지이다. 용수는 『중론』을 통해 연기(緣起), 거래(去來), 업, 여래, 속박, 해탈, 불[火]과 연료등 다양한 개념[法: dharma]들의 실재성을 논파하고 있는데, 이 때 용수가 구사하는 '중관논리'의 특징은 그러한 法들의 실재성을 부정한다는 점에 있는 것이 아니라 그러한 개념들을 4구적으로 이해하는 사고 방식을 논파한다는 점에 있다. 이렇게 '상

239) 주제가 실례에 의해 소증을 갖는 것이 증명된다면 실례도 제2의 실례에 의해 소증을 갖는 것이 증명되어야 한다는 것이기에 실례와 소증 간의 내포적 사고 방식을 비판하는 논법이다. 즉, 第一句 비판 논법이다.

240) 第二句 비판 논법.

241) 第一句的 판단이 옳은지, 第二句的 판단이 옳은지 의심이 있기에 어느 한 쪽 판단을 내릴 수 없다는 비판법이다.

242) 소증과 비유가 第一句的 관계(同)일수도 없고 第二句的 관계(異)일 수도 없다는 비판.

243) 第一句的 주장에 대해 간략한 비판(答少)을 하는 것이다.

244) 第一句的 주장에 대해 장황한 비판(答多)을 하는 것.

245) 주제와 비유는 다르기에 능증을 공유할 수는 없다는 비판으로 주제와 비유 간의 관계를 第一句的으로 이해하는 데에 대한 비판이다.

응' 논법이나 '중관논리' 모두 4구 분별적 사고방식을 비판의 대상으로 삼았다는 점이 공통된다.

2) 취지의 공통점 - 방편적 논리

인도의 전통적 논리학인 니야야(Nyāya) 논리학에서는 상대의 주장을 논파하는 것이 자파의 주장을 내세우기 위함이다. 즉, 니야야 학파에서는 5지작법이나 3지작법에 의해 "아뜨만은 상주한다."든지 "소리는 무상하다."는 자파의 주장을 정립하기 위해 상대의 주장에 내재하는 논리적 오류를 지적하는 것이다. 논쟁 상대가 사인(似因, hetvābhāsa)의 오류를 범하든지, 부처(負處, nigrahasthāna)에 빠지든지 궤변(chala)을 행하거나 자띠(jāti: 誤難)를 범하게 되면 이를 비판하면서 자파의 주장을 내세우는 것이다. 이렇게 니야야 학파에서는 사인, 궤변, 오난, 부처 모두를 논쟁 중에 범하는 오류라고 보았다. 『방편심론』에서도 그 구성은 다르지만 사인[246], 궤변[247], 부처[248]에 대해 『니야야 수뜨라』와 동일한 입장에서 설명하고 있는데 오난(jāti)에 대해서는 양 논서의 입장이 상반된다. 즉, 『니야야 수뜨라』에서 부당한 논

246) 『방편심론』에서는 似因이라는 이름으로 총 8가지 경우를 거론하지만 그 중에서 '言異', '說同', '相違', '類同', '疑似因', '過時語'만이 『니야야 수뜨라』적 의미의 似因(hetvābhāsa)에 해당되는 것이고, '隨其言橫爲生果'와 '就同異爲生果'는 『니야야 수뜨라』에서 말하는 '말의 궤변(vāk-chala)'과 '일반화의 궤변(sāmānya chala)'에 해당된다.

247) 『방편심론』에서는 그 호칭을 '隨語難(말에 따라 힐난하기)'라고 하면서 다음과 같은 예를 든다. "'말에 따라 힐난하기' 새로운 옷을 입었다고 했을 때 곧바로 비난하여 "옷은 시간이 아닌데 어째서 '새로운'이라 하는가?"라고 말하는 것이다. 이런 것들이 '말에 따라 힐난하기'이다(隨言難者如言新衣 卽便難曰 衣非是時 云何名新 如是等名隨言難也)." 그런데 『니야야 수뜨라』적 의미에서 詭辯(chala)에 해당되는 것은 위에서 설명했듯이 似因 속에 포함시키고 있다.

248) 총 17종의 負處(nigrahasthāna)를 들고 있다.

법으로 비판받고 있는 '자띠(jāti)' 논법이 『방편심론』에서는 '상응' 논법이라는 제목 하에 정당한 논법으로 설명되고 있는 것이다. 앞[249]에서 검토해 본 바 있지만, 『니야야 수뜨라』의 4대 주석가 중의 하나인 우다야나(Udayana)는 '자띠' 논법에 '상사(sama)'라는 호칭을 부가한 이유에 대해 다음과 같이 설명한다.

> '자띠(jāti)'에서 애초의 논증자의 논증도 부수지만, 제시된 반증 자체도 애초의 논증과 마찬가지로 부숴진다는 의미에서 '상사(sama)'란 말을 쓴다.[250]

즉, 상대가 제시한 논증식의 오류를 지적하면서 상반된 결론이 도출되는 논증식을 제시하지만 자신이 제시한 논증식을 자파의 주장으로 삼지 않는 논법이 바로 '자띠(jāti)' 논법인 것이다. 그런데 이는 네 가지 인식 방법 중 비량(anumāṇa)에만 해당되는 설명이다. 『니야야 수뜨라』 제2편이나 『광파론』, 『회쟁론』등에서 볼 수 있듯이 '자띠' 논법은 비단 '비량(anumāṇa)'뿐 아니라 '현량(pratyakṣa)'을 위시한 모든 인식 방법(pramāṅa: 量)들의 실재성을 비판하는 경우에도 쓰일 수 있는 논법이다. 따라서 우다야나(Udayana)의 위와 같은 설명은 『니야야 브하샤(Nyāya Bhāṣya)』의 저자 왓스야야나(Vātsyāyana) 이후, '비량' 비판 논법으로 그 의미가 축소된 '자띠' 논법에만 해당된다고 볼 수 있을 것이다. 어쨌든 '자띠론자(jātivādin)'가 '인식 방법(pramāṇa)' 전체의 실재성을 비판할 때에 그것이 다른 제3의 대안을 주장하기 위함은 아니다.

그런데 '자띠(jāti)' 논법의 이러한 취지는 '중관논리'의 취지와 일맥상통한다. 월칭(Candrakīrti)이 『회쟁론(Vigrahavyāvartanī)』을 인용하

---

249) 본서 제VI장 제1절.

250) 출전; 우다야나(Udayana)의 『보다싯드히(*Bodhasiddhi*)』(Gaṅgānātha Jhā, *The Nyāya-Sūtras of Gautama*, 앞의 책, p.1660, 각주에서 재인용).

며 밝히고 있듯이 중관론자는 그 어떤 주장도 갖지 않는다. 다만 상대가 제시한 주장만 논파할 뿐이다.[251] 심지어 공성(śūnyatā)의 교설이라고 하더라도 다만 상대의 견해만 씻어줄 뿐이지 자파의 교리로 취하고 있는 것은 아닌 것이다. 『중론(Mādhyamika Śāstra)』 제13 관행품(觀行品)의 다음과 같은 게송[252]을 보자.

> 공성이란 일체의 견해에서 벗어나는 것이라고 여러 승자(勝者)들에 의해 교시되었다. 그러나 공성의 견해를 가진 사람들은 구제불능이라고 말씀하셨다.[253]

공성의 논리를 통해 다만 갖가지 사견(邪見)에서 벗어나면 되는 것이지 공성을 자신의 주장으로 삼고 있는 것은 아니란 말이다. 공성이란 사견을 버리게 하는 방편(upāya)일 뿐이지 결코 목적(artha)이 될 수는 없다. 왜냐하면 공이라는 것을 실체시할 수는 없기 때문이다. 위와 같은 게송 직전의 게송에 용수는 다음과 같이 기술하고 있다.

> 만일 공하지 아니한 그 무엇이 존재한다면 공한 그 무엇이 존재하리라. 그런데 공하지 아니한 그 무엇이 존재하지 않는데 어떻게 공이 존재하겠는가?[254]

---

251) "만일 내가 어떤 주장이 있다면, 그에 따라 이 오류는 나의 것이 되리라. 그러나 나의 주장은 없으므로 나의 잘못 역시 없다": 『회쟁론』, '제29송'.

252) 이 게송은 元曉가 後學들이 空見을 갖지 않도록 경계해 주기 위해 『菩薩戒本持犯要記』에서도 인용하고 있다: 李箕永, 佛敎의 人間學的 寄與, 韓國佛敎硏究, 韓國佛敎硏究員出版部, 1982, p.557. 참조.

253) 『中論』, '13-8': śūnyatā sarvadṛṣṭīnāṃ proktā niḥsaraṇaṃ jinaiḥ/ yeṣāṃ tu śūnyatādṛṣṭistānasādhyān babhāṣire//大聖說空法 爲離諸見故 若復見有空 諸佛所不化(漢譯 13-9).

254) 『中論』, '13-7': yadyaśūnyaṃ bhavetkiṃ citsyācchūnyamiti kiṃ cana/ na kiṃ cidastyaśūnyam ca kutaḥ śūnyaṃ bhaviṣyati//若有不空法 則應有空法 實無不空法 何得有空法(漢譯 13-8)

필자가 본서 제Ⅴ장[255]에서 정리한 바 있지만 이는 4구 비판의 토대인 환멸연기적 선언에 입각한 게송이다. 설혹 다른 모든 개념(법: dharma)들의 실재성을 해체(deconstruction)시키는 공성의 교리라고 하더라도 반야 지혜의 조명 하에 놓이게 되면 다시 해체되지 않을 수 없는 것이다. 따라서 그 어떤 교리라고 하더라도 모두 열반이라는 목적을 위한 방편(upāya)일 뿐이다. 용수는 공성의 방편적 성격을 다음과 같이 표현하기도 한다.

> 꼭두각시가 꼭두각시를 [부정할 수 있으며], 허깨비가 스스로의 마술에 의해 만들어낸 것을 부정할 수 있으리라. 그와 같이 이런 부정은 바로 그러하리라.[256]

즉, '모든 것은 자성이 없다'고 부정하는 말 역시 모든 것 속에 포함되기에 자성이 없지만 마치 자성이 없는 꼭두각시가 자성이 없는 다른 꼭두각시를 제압할 수 있듯이 자성이 없다는 말로 다른 것의 자성을 부정할 수 있다는 것이다. 또, 좌중이 시끄러울 때 한 사람이 일어나 "소리내지 마!"라는 더 시끄러운 소리를 내는 경우 좌중이 조용해지는 것과 같이 "모든 것은 자성이 없다"는 공성의 교리는 자가당착에 빠져 있긴 하지만 그 공능(功能)은 있다고 한다.[257] 마치 장작더미를 태울 때 장작 하나를 집어 불쏘시개로 사용하여 태우다가 마지막에는 그 장작마저 던져 버리는 것과 같이 공성(śūnyatā)의 교리는 다른 모든 개념들에 대한 실체론적 이해를 세척해 주지만 궁극에 가서는 그 공성의 교리조차 파기해 버리고 마는 방편적 성격을 갖는 것이다. 다시 말해 공성은 어떤 지체(知體)를 갖는 개념일 수 없다.

---

255) 제Ⅴ장 1절 2)항.

256) nirmitako nirmitakaṃ māyāpuruṣaḥ svamāyayā sṛṣṭam/ pratiṣedhayeta yadvat pratiṣedho 'yaṃ tathaiva syāt//: 『회쟁론』, '제23송'.

257) 『大智度論』(大正25, p.105c.)

다만 지식(止息), 파견(破遣)하는 공관(空觀)의 전오방식(轉悟方式)을 말할 뿐 실유(實有)의 유소득견(有所得見)이 있는 것이 아니다.[258] 공성 자체를 실제로 있다고 보는 경우 약이 일체의 병을 없애버리지만 위장에 머물러서 나오지 않는 경우와 같이 병은 더욱 심해질 것이다.[259]

이렇게 논리를 구사하긴 하지만 자신이 구사한 논리를 신봉하는 것이 아니며, 적대자의 주장과 상반된 결론을 제시해 보이긴 하지만 자파 나름의 어떤 주장을 갖는 것은 아니란 점에서 논리학의 타당성, 아니 더 나아가 양(量)의 타당성 자체를 부정하는 논법으로서 '상응논법'과 공성(空性)의 논리, 즉 '중관논리'의 취지는 동일한 것이다. 본서 제Ⅵ장 제5절에서 약술한 바 있지만 이는 붓다(Buddha) 교설의 방편적 성격의 취지에도 그대로 부합되는 논법인 것이다.

---

258) 金夏雨, 《中論》觀行品第十三, 印度學印度哲學 創刊第1輯, 民族社, 1989, p.36.

259) 위의 책, p.38.

결론

지금까지 필자는, 용수가 『광파론』이나 『회쟁론』에서 구사했던 중관논리가 『방편심론』 제Ⅳ장 「상응품」이나 『니야야 수뜨라(Nyāya Sūtra)』 제5편 제1 '자띠(jāti)이론'에서 발견된다는 카지야마유이치의 연구 업적에 토대를 두고, 『방편심론』과 『니야야 수뜨라』의 '상응' 논법이 용수의 논서 작성에 끼친 영향과 이 논법의 진정한 의미에 대해 면밀히 검토해 봄으로써 용수의 중관논리가 '상응' 논법에 기원을 둠을 확인해 보았다.

이를 위해 먼저 제Ⅰ장을 통해 먼저 『방편심론』과 「상응품」의 성격에 대해 문헌학적 검토를 시행하였다. 『방편심론』을 용수의 저술로 포장하는 것은 '송판대장경' 편집자의 오류라는 우이하쿠주의 주장은 충분한 개연성이 있다. 왜냐하면 '고려대장경'의 편집자는 『개원석교록(開元釋教錄)』에 토대를 두고 국·송·단 3본의 오류를 시정하고 있는데 『개원석교록』에서는 『방편심론』의 저자를 명기하고 있지 않기 때문이다. 그러나 『방편심론』의 내용을 보고 그 저자를 용수 이전의 소승불교도였을 것이라고 추정하는 우이하쿠주의 논지는 대승적 공 사상에 대한 우이하쿠주의 오해에서 비롯되었다고 볼 수 있다. 즉, 우이하쿠주는 십이인연이나 사성제 등의 교리를 공 사상에서 배척하였다고 보았기에, 이런 교리를 붓다의 정의(正義)로 간주하는 『방편심론』은 소승불교도에 의해 쓰여진 것이라고 착각했던 것이다. 공 사상에서는 아비달마 교리를 배척하는 것이 아니라 아비달마 교리에 대한 취착된 이해만을 시정하는 것이라는 점에서 우이하쿠주의 논지는 반박된다. 또, 공 사상을 거론하는 구절은 우이하쿠주가 지적하는 부분 이외의 것도 다수 발견된다. 『방편심론』의 저자가 용수인지 아닌지 여부에 대해 본 논문에서 어떤 단정을 내릴 수는 없지만, 설혹 『방편심론』의 저자가 용수가 아니라고 하더라도 『짜라까 상히따』에 '답파

(uttara)'라는 이름으로 상응 논법이 소개되어 있기에 『방편심론』의 '상응' 논법이나 『니야야 수뜨라』의 '자띠(jāti)' 논법이 용수 이전에 이미 성립되어 있었던 논법이라고 볼 수 있는 것이다(제Ⅰ장, 2절).

우이하쿠주는 『방편심론』을 용수와 무관한 소승불교도의 작품으로 보았기에 제4 상응품도 『니야야 수뜨라』 제5편 제1 「자띠(jāti)장」과 같은 취지에 있는 것으로 오해하였다. 그러나 '상응' 논법에 의해 비판되고 있는 논증식이 불교도인 저자의 사상과 상반된 아뜨만 상주론이라는 점, 『니야야 수뜨라』에서와 달리 『방편심론』에서는 각각의 '상응' 논법적 비판 이후에 그에 대한 재비판이 실리지 않는다는 점으로 미루어 볼 때 「상응품」과 「자띠장」은 그 성격이 정반대라고 볼 수 있는 것이다. 즉, 불교도인 저자는 상응 논법을 적대자를 비판하는 정당한 논법으로 간주했음에 틀림없다(제Ⅰ장, 3절).

카지야마유이치는 『방편심론』 「상응품」에 등장하는 '상응'의 원어가 'prasaṅga-jāti'일 것이라고 추정한다. 이와 달리 뚜찌는 'sambandha', 필자는 'sama'라고 생각한 바 있지만 진제가 번역한 두 논서인 『아비달마구사석론』과 『여실론』에 쓰인 술어들을 대조해 보면 '상응'이란 단순히 'prasaṅga'의 역어일 것 같다. 또, 현대 학자들은 'jāti'를 '오난(誤難, 그릇된 비난)'이나 'Futile Rejoinder(하찮은 말대꾸)' 등 부정적인 의미로 번역을 하고 있는데 이는 『니야야 학파』의 비판적인 시각이 개입된 번역으로 원래적인 의미는 아님을 알 수 있었다. 왓스야야나의 『니야야 브하샤』, 용수의 『광파론』 등에서 보듯이 그 원래적인 의미는 '[쁘라상가를] 발생한다'는 것으로 '상응 논법'의 효용을 의미하는 것이지, '오난'등의 역어에서 보듯이 '상응 논법'에 대해 비난하는 의미가 내포되어 있지는 않았다(제Ⅰ장, 4절).

그렇다면 고대 인도의 이성비판 논법인 이러한 '상응' 논법은 그 기원을 어디서 찾을 수 있을 것인가? 현존하는 문헌 자료가 없기에 그에 대해서는 개연적인 추측만 할 수 있을 뿐이다. 먼저 『니야야 수뜨라』에는 '상응' 논법을 성상주론자(聲常住論者)인 미망사(Mīmāṃsā) 학도가 구사하는 것으로 되어 있고 『방편심론』에는 불교도가 구사하는 것으로 되어 있다. 따라서 상응 논법의 기원은 이 두 학파가 아닌 제3의 학파에 있었으리라고 짐작할 수 있다. 상응 논법은 양(量) 비판 논법인데 그 중에서도 특히 비량(anumāṇa)을 비판하는 논법이 다수 있다. 그런데 고대 인도에서 비량을 부정하는 학파는 유물론자들의 집단인 순세파(Lokayata)였다. 비량이 성립하기 위해서는 소증(sādhya)과 이유(hetu) 간의 '주연관계(vyāpti)'의 진리성이 전제되어야 하는데 이들 순세파에서는 '주연관계'의 타당성을 부정하였던 것이다. '상응' 논법 중 비량을 비판하는 논법들도 이와 같이 주연관계의 부정에 토대를 두고 있기에 상응 논법을 성립시킨 제3의 학파는 이들이었을 것이라고 추측된다. 이들은 단멸론적 주장을 위해 비량을 비판하였지만 용수는 단멸론과 상주론의 양 극단(二邊)을 지양하는 '중도 실상'을 천명하기 위해 '상응' 논법을 구사하였다는 점에서 이들과 차이가 난다(제Ⅰ장, 5절).

다음으로 제Ⅱ장을 통해 필자는 『방편심론』의 20가지 '상응 논법'과 『니야야 수뜨라』의 24가지 '자띠(jāti)논법'의 의미에 대해 개관해 보았다. '시동 상응(=무인 상사: ahetu sama)'이나 '도 상응', '부도 상응'등은 양 논서가 공유하는 논법이었으나 양 논서에 쓰여 있는 많은 논법들이 서로 무관한 독자적 논법임을 알 수 있었다. 특기할 것은 『방편심론』의 '문이(聞異) 상응'은 성언량(śabda) 비판 논법으로 『니야야 수뜨라』에서는 찾아볼 수 없는 독특한 논법이라는 점이다. '시동 상응'등의 논법에 의해 현량(pratyakṣa)이 비판되고, '동법 상사'등의 논법에 의해 비량(anumāṇa)이 비판되며, '문이 상응' 논법에 의해 성언량(śabda)이 비판되는 점으로 보아 상응 논법이 단순한 비량 비판 논법이 아니라 양(量) 전체를 비판하는 논법임을 알 수 있다.

제Ⅲ장에서는 『광파론』과 『회쟁론』, 『니야야 수뜨라』에 등장하는 논쟁을 토대로 용수와 니야야 논사 간의 논쟁 과정을 복원해 보았다. 용수와 니야야 논사는 '무인 상사' '도·부도 상사', '무궁·반유 상사' 논법을 중심으로 그 정당성을 둘러싸고 토론을 벌이고 있었다. 카지야마유이치는 '무인 상사' 논법에 대한 고찰을 토대로 『니야야 수뜨라』 제2편이 제5편 이후에 작성되었을 것이라는 논지를 폈지만 필자는 제5편과 제2편은 동시에 작성되었을 것이라는 결론을 얻을 수 있었다. '도·부도 상사'의 경우도 니야야 측에서는 물단지의 제작과 주문의 예를 들어 부당한 논법이라고 비판하고 있는 반면 용수 측에서는 '분별 상사(vikalpa sama)' 논법을 이용해 니야야 측의 논리를 비판하고 있는 모습을 볼 수 있었다. 이렇게 이 두 가지 논법의 경우는 용수 측의 논법으로 간주되었는데 '무궁·반유 상사' 논법의 경우는 『회쟁론』 제1송에서 보듯이 니야야 측에서도 '제법개공(諸法皆空)'의 선언을 비판하기 위해 구사하고 있는 모습을 볼 수 있다. 또 이에 대한 용수의 반박도 등불의 비유를 통한 반박과 같은 구조를 갖고 있다. 즉, '제법개공'이라는 말은 그 스스로도 공한 말이지만 다른 제법도 공하다고 표현하는 공능이 있다는 것이다.

제Ⅳ장에서는 용수의 논서에서 발견되는 '상응' 논법을 모두 조사해 보았다. 『광파론』이나 『회쟁론』에서는 '상응' 논법이 원형에서 그리 이탈하지 않고 그대로 쓰이고 있었는데 슐로까(Śloka) 형식의 『중론』에서는 다소 변형을 거쳐 쓰이고 있었다. 어쨌든 '시동 상응(무인 상사: ahetu sama)', '무궁, 반유 상사(prasaṅga, pratidṛṣṭānta sama)', '도, 부도 상응(prāpti, aprāpti sama)' 논법을 위시하여 '불생 상응', '무생 상사(anutpatti sama)', '소증 상사(sādhya sama)', '동이 상응', '문동 상응', '분별 상사(vikalpa sama)', '요증 상사(varṇya sama)', '무이 상사(aviśeṣa sama)' 논법들이 용수에 의해 구사되고 있는 모습을 확인할 수 있었다.

제Ⅴ장에서는 용수의 대표적인 논서인 『중론(Mādhyamika Śāstra)

』의 논리 구조를 간략히 정리한 후 이를 '상응' 논법의 구조와 비교해 보았다. 『중론(Mādhyamika Śāstra)』에 기술되어 있는 게송들은 그 성격에 따라 '선언적 게송'과 '비유적 게송'과 '논리적 게송'으로 분류할 수 있는데 이 중에서 '중관논리'가 반영되어 있는 게송은 '논리적 게송'이다. 그리고 이러한 논리적 게송은 '환멸연기적 선언을 한 게송'과 '4구 비판적 게송'으로 대분되는데 '상응' 논법 역시 제1, 제2, 제3구적 사고방식을 비판한다는 면에서, 그 비판 대상이 『중론』의 논리적 게송의 비판 대상과 일치한다.

그리고 제Ⅵ장을 통해 '상응' 논법의 의의에 대해 고찰해 보았다. 먼저, 량을 비판하는 논리로서의 '상응' 논법이란 고대 인도의 이성비판 논법이라고 볼 수 있을 것이다. 또, 이는 '사유에 의해 구성된 상견이나 단견적 인과론'을 지양하는 연기나 공성의 중도성과 그 취지를 같이한다. 월칭이 용수의 논법이라고 규정한 '쁘라상가(prasaṅga) 논법'이 현대 학자들에 의해 '귀류논증법'이라고 번역되고 있지만 용수에 의해 구사되는 '상응' 논법은 단순한 '귀류논증법'이 아니라, 이성에 의해 구성(construct)되는 모든 양성(量性) 자체를 비판하는 논법인 것이다. 즉, 다만 상대의 정립적(定立的) 명제(positional proposition)만 비판할 뿐 자신의 주장 명제를 내세우지 않는다는 의미에서 '쁘라상가 논법'은 단순한 '귀류논증법'이 아닌 '비정립적 논법', 또는 '비정립적 귀류 논법'이라고 번역되는 것이 옳다. 이는 중관적 부정인 비정립적 부정(prasajya-pratiṣedha)과 쁘라상가 논법이 어원을 같이 한다는 점에 착안한 번역어였다. 이렇게 볼 때 '상응' 논법이란, 논리에 의해 상대방의 논리를 비판하지만 자신이 내세운 논리조차 파기해 버린다는 점에서 붓다가 교설의 방편성을 설명하기 위해 예로 든 뗏목과 같은 역할을 한다고 볼 수 있다.

마지막으로 제Ⅶ장을 통해 '중관논리'와 '상응 논법'의 관계에 대해 종합적으로 고찰해 봄으로써 '중관논리'가 '상응 논법'에 기원을 둔다는 점을 확실히 하였다. 카지야마유이치는, 용수가 궤변(chala), 오난(jāti), 부처(nigrahasthāna)등을 역이용하여 중관논리를 성립시켰으며 쁘라상가(prasaṅga) 논법 역시 『니야야 수뜨라』에 등장하는 사택(tarka)을 논증에 적용한 것이라고 주장한 바 있지만, 필자는 용수가 궤변이나 부처를 자파의 논법으로 수용한 예는 찾아볼 수 없었으며, 사택(tarka) 역시 그 원래적 의미는 쁘라상가 논법이나 귀류법과 별 상관이 없음을 알 수 있었다. 따라서 이 가운데 오난(誤難)이라고 번역된 '자띠(jāti)' 논법, 즉 '상응' 논법만이 중관논리에 도입이 되었다고 볼 수 있는 것이다(제Ⅶ장 1절). 그리고 상응 논법이 시기적으로 용수의 논서들보다 선행하는 이유에 대해 재검토해 보았다(제Ⅶ장 2절). 『니야야 수뜨라』와 『방편심론』, 『광파론』과 『회쟁론』에 등장하는 용수와 니야야 논사 간의 논쟁을 복원해 보게 되면 용수의 논서가 '상응 논법'보다 후속함을 알게 된다. 그리고 나서 '중관논리'와 '상응 논법'의 공통점에 대해 고찰해 보았는데(제Ⅶ장 3절), 양 논법 모두 4구적 사고 방식을 비판의 대상으로 한다는 점과 비판은 하되 자신의 주장은 내세우지 않는 방편적 논법이라는 점에서 동일한 취지를 갖는다고 볼 수 있다. 이렇게 '상응 논법'은 그 성립 시기가 '중관논리'보다 앞설 뿐만 아니라, 용수에 의해 논서에서 자파의 논법으로 채택되고 있었으며, '중관논리'의 구조와 동일한 구조를 갖기에, '상응 논법'이 토대가 되어 용수(Nāgārjuna)의 '중관논리'가 성립되었다고 볼 수 있는 것이다.

참고문헌

사전류 및 문법서

望月佛教大辭典, 世界聖典刊行協力會, 1933.
梵和大辭典, 講談社, 東京, 1986.
世界哲學大事典, 敎育出版公社, 서울, 1980.
佛敎史年表, 法藏館, 東京, 1979.
飜譯名義大集, 榊亮三郞, 眞言宗京都大學, 大正 5年.
阿毘達磨俱舍論索引, 平川彰, 大藏出版, 東京, 1977.
Monier Williams, Sanskrit Dictionary, Oxford University Press, 1982.
Macdonell, A Sanskrit Grammar for Students, Oxford University Press, 1927.

원전 및 원전 번역서

龍樹, 方便心論, 漢譯本: 大正32. 日本語 飜譯: 宇井伯壽, 方便心論の註釋的硏究, 印度哲學硏究2, 東京, 1965. 산스끄리뜨 復元本: Tucci, Pre Diṅnāga Buddhist Texts on Logic from Chinese Sources, Vesta Publications, Madras, 1981.
龍樹, 廻諍論(Vigrahavyāvartanī), 산스끄리뜨 원문 및 영역: Bhattacharya, The Dialectical Method of Nāgārjuna(Vigrahavyāvartanī), Motilal Banarasidass, Delhi, 1978. 日本語 飜譯: 龍樹論集(大乘佛

典14), 中央公論社, 1980. 우리말 飜譯: 東峰 著, 龍樹의 大乘思想(日本語 飜譯에 의한 重譯)

龍樹, 廣破論(Vaidalyaprakaraṇa), 티베트본: Yuichi Kajiyama, The Vaidalyaprakaraṇa of Nāgārjuna, Miscellanea Indologica Kiotiensia, Nos. 6-7. 日本語 飜譯: ヴィダルヤ論, 龍樹論集(大乘佛典14), 中央公論社, 1980. 우리말 飜譯: 東峰 著, 龍樹의 大乘思想(日本語 飜譯에 의한 重譯)

龍樹, 中論(Mādhyamika Śāstra), 漢譯본: 中論, 靑目疏: 大正30. 우리말 飜譯: 金星喆 譯, 中論, 經書院, 1993. 산스끄리뜨 원문: Candrakīrti, Prasannapadā, Poussin 本, Bib. Bud. Ⅳ, 1913. 일본어 번역: ① 中論註釋書の硏究, チャンドラキールティ『プラサンナパター』和譯, 奧住毅 譯, 大藏出版株式會社, 東京, 1988. ②『チヤンンンドラキールテイ中論註和譯』, 本多 惠(國書刊行會, 1988), 大韓傳統佛教硏究員 影印本, 1988. 우리말 飜譯(제Ⅰ장~제Ⅵ장): 朴仁成, 쁘라산나빠다, 民音社, 1996.

龍樹, 空七十論(Śūnyatāsaptati) 本頌에 대한 티베트어 譯文과 산스끄리뜨 短篇 및 英譯: Lindtner, Nagarjuniana, Motilal Banarasidass, 1982. 日本語 飜譯: 梶山雄一 譯, 大乘佛典14 龍樹論集, 中央公論社, 1980. 우리말 飜譯: 李芝洙, 伽山學報 第3緝.

龍樹, 六十頌如理論(Yuktiṣaṣṭikā). 日本語 飜譯: 瓜生津隆眞 譯, 大乘佛典14 龍樹論集, 中央公論社, 1980.

龍樹, 因緣心頌(Pratītyasamutpāda-hṛdaya-kārikā). 漢譯本: 因緣心論頌(大正32). 日本語 飜譯: 瓜生津隆眞 譯, 大乘佛典14 龍樹論集, 中央公論社, 1980. 우리말 飜譯: 東峰 著, 龍樹의 大乘思想(日本語 飜譯에 의한 重譯).

龍樹, 寶行王正論(Ratnāvalī: 一連의 寶珠). 漢譯本: 寶行王正論(大正32). 日本語 飜譯: 瓜生津隆眞 譯, 大乘佛典14 龍樹論集, 中央

公論社, 1980. 우리말 飜譯: 東峰 著, 龍樹의 大乘思想(日本語 飜譯에 의한 重譯).

龍樹, 勸誡王頌(Suṛllehkha: 친구의 편지). 漢譯本: 龍樹菩薩爲禪陀迦王說法要偈, 勸發諸王要偈, 龍樹菩薩勸誡王頌(大正 32). 日本語 飜譯: 瓜生津隆眞 譯, 大乘佛典14 龍樹論集, 中央公論社, 1980. 우리말 飜譯: 東峰 著, 龍樹의 大乘思想(日本語 飜譯에 의한 重譯)

龍樹, 大智度論(大正25)

阿利耶 提婆, 百論(大正30)

阿利耶 提婆, 廣百論本(大正30)

護法, 大乘廣百論釋論(大正30)

陳那(Dignāga: 大城龍菩薩), 因名正理門論(大正32).

世親(Vasubandhu), 如實論(大正32).

世親(Vasubandhu), 玄奘 譯, 阿毘達磨俱舍論(大正29).

稻芉經, 漢譯本: 『了本生死經』, 『佛說稻芉經』, 『慈氏菩薩所說大乘緣生稻芉喩經』, 『大乘舍黎娑擔摩經』, 『佛說大乘稻芉經』(大正16, pp.815~816). 티베트본: 『Ḥphags-pa sāluḥi shes bya-ba theg-pa chen-poḥi mdo』(北京版, Vol. 34; 303-2-8~306-3-8). 『Ḥphags-pa sāluḥi ljaṅ-baḥi tshig leḥu』(北京版, Vol. 103; 169~270). 『Ārya-śālistambaka nāma mahāyana-sūtra-ṭikā』(北京版, Vol. 104; 12~29).

增壹阿含經(大正2)

Majjhima Nikāya I (P.T.S本)

Saṃyutta Nikāya II (P.T.S.本)

Caraka Saṃhitā, 산스끄리뜨本: ①Caraka Saṃhitā, R. K. Sharma and V.B. Dash Trs., Chowkhamba Sanskrit. Series Offi., New Delhi, 1985. ②宇井伯壽, 印度哲學硏究2, 東京, 1965. 일본어 번역:

宇井伯壽, チャラカ本集に於ける論理說, 印度哲學研究2, 岩波書店, 1965. 英譯本: R.K. Sharma and V.B. Dash, Agniveśa's CARAKA SAṂHITĀ, Chowkhamba, 1985宇井伯壽, 印度哲學研究2, 東京, 1965.

Nyāya-Sūtra(正理經), Gautama. 산스끄리뜨本: Nyāyadarśanam Ⅰ, Ⅱ, Rinsen Book co., Kyoto, 1982. 日本語 번역: ニャーヤ·バーシュヤ, ニャーヤ·バーシュヤの論理學, 宮坂宥勝 譯, 山喜房佛書林, 東京, 1956. 英譯本: Nyāya-Sūtras of Gautama Vol. Ⅰ~Ⅳ, Gaṅgānāṭha Jhā Trs., Motilal Banarsidass, 1984. The Nyāya Sūtras of Gotama, Vidyābhuṣana Trs., Oriental Book Print Corp., Delhi, 1975.

Nyāya-Bhāṣya(正理疏), Vātsyāyana. 산스끄리뜨本: Nyāyadarśanam Ⅰ, Ⅱ, Rinsen Book co., Kyoto, 1982. 日本語 번역: ニャーヤ·バーシュヤ, ニャーヤ·バーシュヤの論理學, 宮坂宥勝 譯, 山喜房佛書林, 東京, 1956. 英譯本: Nyāya-Sūtras of Gautama Vol. Ⅰ~Ⅳ, Gaṅgānāṭha Jhā Trs., Motilal Banarsidass, 1984.

Nyāya Vārṭika(正理評釋), Uddyotakara. 산스끄리뜨本: Nyāyadarśanam Ⅰ, Ⅱ, Rinsen Book co., Kyoto, 1982. 英譯本: Nyāya-Sūtras of Gautama Vol. Ⅰ~Ⅳ, Gaṅgānāṭha Jhā Trs., Motilal Banarsidass, 1984.

Nyāya Vārṭika Tātparyaṭīkā(正理評釋眞義註), Vāchaspati Miśra. 산스끄리뜨本: Nyāyadarśanam Ⅰ, Ⅱ, Rinsen Book co., Kyoto, 1982.

開元釋敎錄(大正55)

高麗國新雕大藏校正別錄, 守其(高麗大藏經 卷38), 우리말 번역: 한글대장경 135권, 東國譯經院, 1994.

古今譯經圖記(大正55)

大唐內典錄(大正55)

大周刊定衆經目錄(大正55)
大唐西域記, 玄奘(大正51)
衆經目錄(大正55)
周易, 金敬琢 譯著, 明文堂, 1984.

연구서

Chattopadhyaya, Lokayata, People's Publishing House, New York, 1978.

Pradeep P.Gokhale, Inference and Fallacies Discussed in Ancient Indian Logic, Sri Satguru Publications, Delhi, 1992.

Chr. Lindtner, Nagarjuniana; Studies in the Writings and Philosophy of Nāgārjuna, Motilal Banarasidass, Delhi, 1987.

B. K. Matilal, The Navya-Nyāya Doctrine of Negation, HOS. XLVI, 1968.

T. R. V. Murti, The Central Philosophy of Buddhism, George Allen & Unwin Ltd., 1960.

Radhakrishnan, Indian Philosophy, Vol. Ⅱ, George Allen and Unwin Ltd., New York. 1977.

H. N. Randle, Indian Logic in the Early Schools, Oriental Books Reprint Corporation, New Delhi, 1976.

Robinson, Early Mādhyamika in India and China, Motilal Banarasidass, Delhi, 1978.

Peter Della Santina, Madhyamaka Schools in India, Motilal Ban arasidass, Delhi, 1986.

J. P. Sartre, Being and Nothingness, H. E. Barens Trs., Gramercy Books, New York, 1956.

Stcherbatsky, The Conception of Buddhist Nirvāṇa, Publishing Office of the Academy of Sciences of the USSR, Leningrad, 1927.

Stcherbatsky, Buddhist Logic Ⅰ, Dover Publications, New York, 1962.

F. J. Streng, Emptiness - A Study in Religious Meaning, Abingdon Press, New York, 1967.

Tucci, Pre Diṅnāga Buddhist Texts on Logic from Chinese Sources, Vesta Publications, Madras, 1981.

S. C. Vidyabhusana, A History of Indian Logic, Motilal Banarasidass, Delhi, 1920.

Y. Kajiyama, Studies in Buddhist Philosophy, Rinsen Book Co., Ltd., Kyoto, 1989.

講座大乘佛教7 中觀思想, 春秋社, 東京, 1984.

講座大乘佛教9 認識論と論理學, 春秋社, 東京, 1984.

中村元, インド論理學の理解のために 印度論理學·術語集成, 平樂寺書店, 京都, 1983.

江島惠教, 中觀思想の展開, 春秋社, 東京, 1980.

安井廣濟, 中觀思想の研究, 法藏館, 京都, 1970.

宇井伯壽, 佛教論理學, 大東出版社, 東京, 1944.

宇井伯壽, 印度哲學研究 卷1~5, 岩波書店, 1965.

山口益, 中觀佛教論攷, 山喜房佛書林, 東京, 1965.

泰本隆, 東洋論理の構造, ニヤーヤ學說の研究, 法政大學出版局, 1976.

平川彰 編, 佛教研究入門, 大藏出版, 東京, 1984.

中村元, 이재호 역, 용수의 삶과 사상, 불교시대사, 1993.
야지마 요우기찌, 송인숙 譯, 空의 철학, 대원정사, 1992
뿔리간들라, 李芝洙 譯, 印度哲學, 民族社, 1992.
사르뜨르, 梁元達 譯, 存在와 無, 乙酉文化社, 1994.
楊惠南, 金哲洙 譯, 中觀哲學, 經書院. 1995.
金東華, 俱舍學, 釋林會, 1982.
金東華, 大乘佛敎思想, 寶蓮閣, 1992.
金容雲 金容局 共著, 集合論과 數學, 祐成文化社, 서울, 1991.
金仁德, 中論頌硏究, 佛光出版部, 1995.
元義範, 現代佛敎思想, 集文堂 1982.
鄭泰爀, 印度宗敎哲學史, 김영사, 1985

논문류

Johannes Bronkhorst, Nāgārjuna and Naiyāikas, J. I. P., Vol. 1 3, No. 2, 1985.

Robinson, Some Logical Aspects in Nāgārjuna's System, Philoso phy East and West Vol.Ⅳ, No. 4, Jan., 1957.

J. F. Staal, Negation and the Law of Contradiction in Indian t hought; A Comparative study, BSOAS, ⅩⅩⅤ-1, 1962.

Sung-ki Hong, Pratītyasamutpāda bei Nāgārjuna, Eine logische Analyse der Argumentations struktur in Nāgārjunas Madhyamakak ārikā, Saarbrücken, 1993.

今西順吉, 言語世界の構造とその破壞 - 『中論』の言語哲學につい

て -, 印度哲學佛教學 2號, 北海島印度哲學佛教學會, 1987.
宇井伯壽, 方便心論の註釋的硏究, 印度哲學硏究2, 東京, 1965.
宇井伯壽, 正理學派の成立並に正理經編纂年代, 印度哲學硏究1, 1965.
宇井伯壽, 陳那以前に於ける佛教の論理說, 印度哲學硏究5, 1965.
宇井伯壽, 勝論正理兩學派と吠陀並に聲常住論との關係, 印度哲學硏究1, 1965.
宇井伯壽, 論證方法の發達と正理派の論理說, 印度哲學硏究5, 1965.
梶山雄一, 中觀思想の歷史と文獻, 講座大乘佛教7 中觀思想, 1984.
梶山雄一, 佛教知識論の形成, 講座大乘佛教9, 認識論と論理學, 1984.
眞野龍海, 龍樹における般若經の理解, 龍樹教學の硏究, 大藏出版, 東京, 1983.
金善根, 간디의 宗教觀 硏究, 印度學印度哲學 創刊第1輯, 民族社, 1989
金星喆, 八不中道思想의 始原으로서의 稻芋經과 緣起의 中道的 意味, 佛教硏究 8緝, 1992.
金星喆, 龍樹의 無記觀, 印度哲學 3緝, 民族社, 1993.
金星喆, 中觀論理의 起源에 대한 基礎的 硏究, 印度哲學 5緝, 民族社, 1995.
金夏雨, 《中論》觀行品第十三, 印度學印度哲學 創刊第1輯, 民族社, 1989
徐盛源, 雜阿含에 나타난 Vatsagotra의 질문, 佛教思想論叢, 鏡海法印 申正午博士華甲紀念會, 1991
徐盛源, 『倶舍論』과 『成業論』을 통해 본 種子(bīja)說, 伽山學報

第5號, 伽山文庫, 1996

李箕永, 高麗大藏經 그 歷史와 意義, 高麗大藏經 第48卷 總目錄 解題 索引, 1976.

李箕永, 佛敎의 人間學的 寄與, 韓國佛敎硏究, 韓國佛敎硏究員出版部, 1982,

李芝洙, 니야야(正理) 學派의 認識論·論理學, 印度哲學 2緝, 民族社, 1992.

李芝洙, 나가르주나의『空七十論』, 伽山學報 第3號, 1993.

鄭承碩, 무아 윤회의 反불교적 예증, 印度哲學 第5輯, 民族社, 1995

千惠鳳, 初雕大藏經의 現存本과 그 特性, 高麗大藏經硏究資料集 Ⅱ(성균관대 대동문화연구11집에서 採錄), 海印寺出版部, 佛紀 2533(1989).

崔鳳秀, 初期佛敎의 緣起思想 硏究, 東國大學校 博士學位論文, 1989.

洪聖基, 龍樹의 緣起說 解釋과 否定의 意味,『哲學』第42輯, 1994 가을號.

찾아보기